高等职业教育土木建筑类"十四五"技能型人才培养实用教材

建 筑 力 学

主　编　袁西贵

西南交通大学出版社
·成　都·

内容提要

建筑力学属于力学范畴，是为建筑工程类专业学生开设的一门理论性、实践性较强的技术基础课，旨在培养学生应用建筑力学的基本原理，分析和研究建筑结构和构件在各种条件下的强度、刚度和稳定性的能力。通过本课程的学习，使学生了解结构的基础知识，熟练掌握静力学的基本知识，掌握基本杆件的强度、刚度和稳定性计算，掌握平面结构体系的平衡条件及分析方法，掌握平面结构的几何组成规律，掌握平面静定结构的内力分析和位移计算方法，掌握简单平面超静定结构体系的受力分析思路和方法，了解力学实验的基本过程，为后续的专业课程奠定必要的基础。

图书在版编目（CIP）数据

建筑力学 / 袁西贵主编. —成都：西南交通大学出版社，2023.4

高等职业教育土木建筑类"十四五"技能型人才培养实用教材

ISBN 978-7-5643-9206-2

Ⅰ.①建… Ⅱ.①袁… Ⅲ.①建筑科学 – 力学 – 高等职业教育 – 教材 Ⅳ.①TU311

中国国家版本馆 CIP 数据核字（2023）第 047858 号

高等职业教育土木建筑类"十四五"技能型人才培养实用教材

Jianzhu Lixue

建筑力学

主编　袁西贵　　　　责任编辑／韩洪黎
　　　　　　　　　　封面设计／何东琳设计工作室

西南交通大学出版社出版发行

（四川省成都市金牛区二环路北一段 111 号西南交通大学创新大厦 21 楼　610031）

发行部电话：028-87600564　　028-87600533

网址：http://www.xnjdcbs.com

印刷：四川森林印务有限责任公司

成品尺寸　185 mm×260 mm

印张　18.75　字数　467 千

版次　2023 年 4 月第 1 版　　印次　2023 年 4 月第 1 次

书号　ISBN 978-7-5643-9206-2

定价　56.00 元

课件咨询电话：028-81435775

图书如有印装质量问题　本社负责退换

版权所有　盗版必究　举报电话：028-87600562

PREFACE 前言

为推动党的二十大精神进教材、进课堂、进头脑，充分发挥教材的铸魂育人功能，作者在总结了多年工程实践和本专科教学经验的基础上，将立德树人、为党育人、为国育才等思政要素融入这本《建筑力学》中。

《建筑力学》是结合了土木建筑类、水工类、交通类等专业学生对力学知识的教学需要，根据高等职业教育、应用型本科教育及其本、专科学生培养计划和课程标准的要求编写而成的一门理论性、实践性较强的专业基础课。

本书从力学理论的系统性与连贯性出发，把传统的理论力学、材料力学和结构力学三大力学知识有机贯通，汇成一体，形成建筑力学新体系。力求体现高职高专、职业本科、应用型本科教育和改革的特点，以培养面向生产、建设、服务和管理第一线需要的高素质的应用技术型和职业技能型高等专业人才为目标，以应用为目的，以必需、够用为原则而编写的。既体现了系统性、完整性（兼顾多专业教学需要，覆盖内容较广），又突出了针对性、实用性（可根据不同专业对力学的教学需要选取适合的教学内容）；遵循读者的认知规律，图文配合紧密，内容简明扼要，由浅入深，通俗易懂；重视概念、重视理解，简化公式，突出工程应用。

通过本课程的学习，使读者掌握物体的受力分析、平衡条件及应用，掌握构件的基本变形及其强度、刚度和稳定性的分析计算方法；掌握结构的几何组成规律；掌握各种静定、超静定结构的内力及位移的计算方法。通过本课程的学习，学生在理解和掌握了力学的基本原理的基础上，具有初步对实际工程中力学问题的分析能力，能分析和研究简单建筑结构和构件在各种条件下的强度、刚度、稳定性。为学习有关后继专业课程和从事结构概念设计奠定力学基础。

《建筑力学》可用于高职高专、职业本科、应用型本科院校水工类专业（港口工程、航道工程、水利工程、水电站建筑、海工建筑等）、建筑类专业（建筑工程、工程造价、工程监理、建筑装饰、建筑设计、建筑学、城市规划、工程管理等）、交通类专业（道路工程、桥梁工程、市政工程、轨道交通等）以及开设《工程力学》的工科类院校本、专科专业的学生及成人教育院校的相关专业的本、专科学生教学使用，亦可作为相关工程技术人员的参考书。

全书共分十八章，主要内容为静力学基本知识、结构的计算简图与荷载分类、力系的合成（简化）、平面力系作用下的物体及物体系统的静力平衡条件；轴向拉伸和压缩、剪切与挤压、平面图形的几何性质、扭转、平面弯曲、组合变形、应力状态和强度理论、压杆稳定、平面体系的几何组成分析、静定结构的内力分析、静定结构的位移计算、力法求解静定结构。

为照顾部分对力学有多学时要求的专业教学需要及部分学有余力和对结构静力学感兴趣的读者深入学习的需要，书中编写了部分拓展知识。

考虑到读者自学的需要，书中对力学概念均做了较为详尽的描述。

全书由成都职业技术学院城建学院袁西贵高级工程师（国家一级注册结构工程师）担任主编，贵州大学空间结构研究所袁波博士后（正教授）担任主审。

由于编者水平有限，书中难免不妥之处，恳请广大读者提出宝贵意见。

袁西贵

2023年3月于成都职业技术学院桃李园

CONTENTS 目录

绪　论 ……………………………………………………………………………… 001

第一章　静力学基本概念 …………………………………………………………… 008
　　第一节　力和平衡 ………………………………………………………………… 008
　　第二节　静力学基本公理 ………………………………………………………… 010
　　第三节　约束与约束反力 ………………………………………………………… 014
　　第四节　物体的受力分析与受力图 ……………………………………………… 019
　　第五节　结构的计算简图及荷载分类 …………………………………………… 022

第二章　平面汇交力系 ……………………………………………………………… 028
　　第一节　平面汇交力系的合成与平衡（几何法） ……………………………… 028
　　第二节　平面汇交力系的合成与平衡（解析法） ……………………………… 029

第三章　力矩与平面力偶系 ………………………………………………………… 032

第四章　平面一般力系 ……………………………………………………………… 039
　　第一节　力的等效平移定理 ……………………………………………………… 039
　　第二节　力系的简化 ……………………………………………………………… 040
　　第三节　平面任意力系的平衡条件及其应用 …………………………………… 042
　　第四节　刚体系统的平衡问题 …………………………………………………… 046

第五章　摩擦 ………………………………………………………………………… 050
　　第一节　摩擦现象 ………………………………………………………………… 050
　　第二节　滑动摩擦 ………………………………………………………………… 051
　　第三节　考虑滑动摩擦时物体的平衡问题 ……………………………………… 054

第六章　平面体系的几何组成分析 ………………………………………………… 057
　　第一节　几何组成分析的目的 …………………………………………………… 057
　　第二节　平面体系的自由度 ……………………………………………………… 059
　　第三节　几何不变体系的组成规则 ……………………………………………… 060
　　第四节　几何组成分析的应用 …………………………………………………… 062

第七章　材料力学基础知识 ………………………………………………………… 065
　　第一节　可变形固体及其基本假设 ……………………………………………… 065

第二节 杆件变形的基本形式……066

第八章 轴向拉伸与压缩……068
第一节 轴向拉伸与压缩的概念……068
第二节 轴向拉（压）杆的内力与轴力图……069
第三节 轴向拉（压）时横截面上的应力……072
第四节 轴向拉伸与压缩时的变形……077
第五节 材料在拉伸与压缩时的力学性能……081
第六节 安全因数、许用应力及拉压杆的强度条件……088

第九章 剪切与扭转……093
第一节 剪切及连接件的强度计算……093
第二节 扭转的概念及外力偶矩的计算……098
第三节 圆轴扭转时横截面上的内力及扭矩图……099
第四节 等直圆轴扭转时横截面上的切应力……101
第五节 等直圆轴扭转时的强度计算……106
第六节 等直圆轴扭转时的变形及刚度条件……107

第十章 平面图形的几何性质……110
第一节 重心和形心……110
第二节 静　矩……112
第三节 惯性矩、极惯性矩、惯性积、惯性半径的定义……115
第四节 形心主惯性轴和形心主惯性矩的概念……120

第十一章 梁的弯曲内力……123
第一节 工程中梁弯曲的概念……123
第二节 梁的内力（剪力和弯矩）……124
第三节 梁的内力图　剪力图和弯矩图……128
第四节 弯矩、剪力与分布荷载集度之间的关系……132
第五节 普通叠加法作梁的弯矩图……137
第六节 区段叠加法作梁的内力图……138

第十二章 静定结构的内力分析……141
第一节 多跨静定梁的内力计算……141
第二节 静定平面刚架……147
第三节 静定平面桁架……155
第四节 静定结构的基本特性……164

第十三章 梁的强度及刚度……165
第一节 梁的正应力强度条件……165
第二节 梁的剪应力强度条件……171

第三节　提高梁强度的主要措施……173
   第四节　梁的变形计算……177
   第五节　梁的刚度条件及提高梁刚度的措施……185

第十四章　组合变形……190
   第一节　组合变形的概念……190
   第二节　斜弯曲……191
   第三节　偏心拉（压）构件……197
   第四节　截面核心……199

第十五章　应力状态与强度理论……202
   第一节　应力状态的概念……202
   第二节　平面应力状态下任意斜截面上的应力——解析法……204
   第三节　主应力和最大剪应力……206
   第四节　二向应力状态分析——图解法……211
   第五节　三向应力圆的概念……215
   第六节　平面状态下应力-应变关系……216
   第七节　复杂应力状态下的变形比能……221
   第八节　强度理论及其应用……223
   第九节　梁的主应力和主应力迹线……232

第十六章　静定结构的位移计算……234
   第一节　概　述……234
   第二节　虚功原理和单位荷载法……242
   第三节　静定结构在荷载作用下的位移计算……244
   第四节　图乘法……251
   第五节　静定结构由于支座移动所引起的位移……257

第十七章　力法求解超静定结构……259
   第一节　静定与超静定的概念……259
   第二节　力法求解简单超静定结构……266

第十八章　压杆稳定……274
   第一节　压杆稳定的概念……274
   第二节　临界力和临界应力……275
   第三节　压杆的稳定计算……281
   第四节　提高压杆稳定的措施……288

参考文献……291

绪 论

一、为何学习建筑力学

建筑力学属于力学的范畴，学好建筑力学，至少有以下几方面的用途。

1. 建筑力学可以解决日常生活中的很多问题

通过对建筑力学的学习，不仅可以将力学知识用于建筑工程专业的设计、施工以及运营和管理上，在日常生产实践和生活中，也可以用它来分析和解决许多力学相关的问题。

例如，将无动力作用的小船无初速度置于长而直的均匀流明渠中（图0-1），在达到稳定状态时，船的行驶速度和水流速度相比哪一个更快呢？

通过受力分析，我们知道船的受力主要包括自重、垂直于倾斜水面的浮力以及水流的阻力。由于小船处于平衡状态，水流的阻力应该是与水流方向相反，也就是船会受到向后的阻力。这说明了船的速度相对水流的速度向前。因此很容易得知船比水快这一结论。

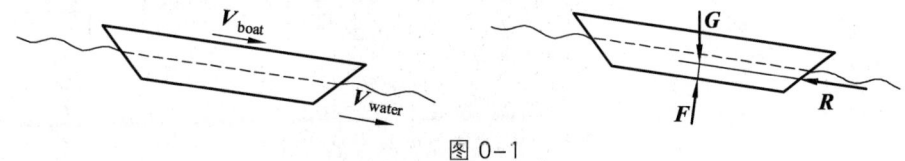

图 0-1

粉笔受扭后破坏面（图0-2）为什么呈螺旋状呢？

通过建筑力学中有关受扭构件的学习，我们将知晓受扭构件在其横截面上取得最大（小）剪应力；在与横截面成45°角的斜截面上取得最大拉（压）应力（内力）。同时，通过对建筑力学中有关强度理论的学习，我们会了解到脆性材料通常会沿其最大拉应力（或最大拉应变）相应的斜截面发生断裂。

"一个和尚挑水吃、二个和尚抬水吃、三个和尚没水吃"的故事大家都听说过。经过对建筑力学的学习，这三个和尚吃水的问题便可迎刃而解。

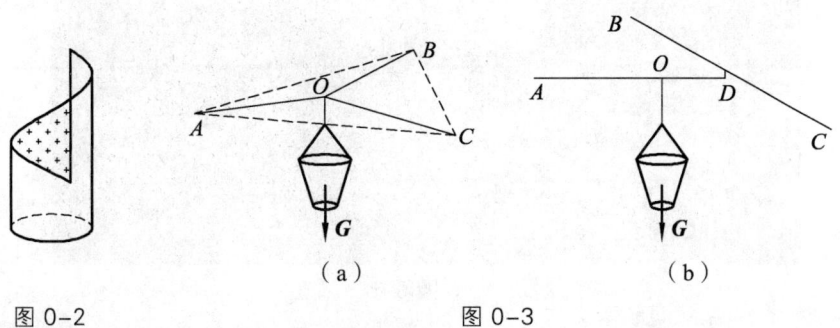

图 0-2　　　　　　图 0-3

如图 0-3（a）所示，只要将水桶挂在刚结在一起的三杆体系组成的三角形 ABC 的形心上即可使三位和尚肩上受到相等的反力。在图 0-3（b）中，两杆在 D 处用绳相连，$\overline{BD}=\overline{DC}$，$\overline{AO}=2\overline{OD}$，水桶挂于 O 点，那么通过力学分析，我们可以很容易知道在 A、B、C 三点将得到相等的反力。可见上述两种方案都可以让三个和尚不至因偷懒而没水吃。

此外，人们在游泳、练习单双杠或者使用其他健身器材时，处处都有力学的学问。运用好力学，将使你的运动变得简单、高效。

2. 建筑力学可以解决很多的工程技术问题

例如，图 0-4 中所示厂房车间中的吊车系统，在从大梁到减速箱、传动轴、联轴器的设计中，首先遇到的问题就是在额定的起吊重量下，它们将各受什么样的力？每个力的大小分别是多少？其次，在不同力的作用下，这些零件或部件将会产生多大的内力和应力？在这些内力和应力作用下，将产生怎样的变形？这些变形对于吊车的正常工作会产生什么影响？此外，在起吊重物瞬间或在重物起吊过程中突然加速或刹车时，重物将产生什么样的运动，以及这种运动对吊车系统的零部件将产生多大的影响？这些问题都可以在力学中找到答案。

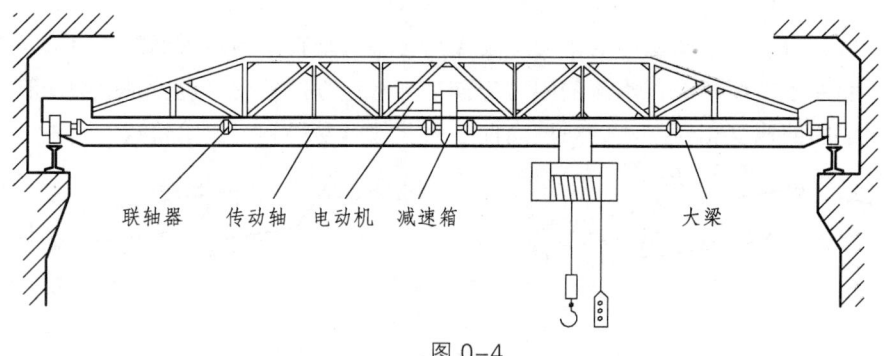

图 0-4

再如，在建筑工程中，有的工程在建造过程中会出现工程事故，而有的工程则十分坚固，甚至可以使用上千年。例如：赵州桥（图 0-5）建于隋朝，由李春设计建造，距今已有 1400 多年的历史，是世界上现存最早、保存最完整的古代单孔敞肩石拱桥。

图 0-5

要回答这些专业性的问题，我们需要了解建筑工程、学习建筑力学。建筑工程（土木工程）是以合理的形式利用建筑材料来建造某种建筑物或构筑物的生产活动和工程技术。

通常，建筑材料可以是土体、石料、砖块、木头、混凝土、钢筋混凝土，也可以是钢材、铝材、聚合物、复合材料等。由这些建筑材料可以建造成的建筑物和构筑物包括：房屋、道路、铁路、桥梁、隧道、河道、大坝、港口、市政卫生、海上平台等。

究竟以哪种方式进行建造才算是合理的呢？要回答这个问题，就要依靠我们的力学和结构知识了。

力学是研究物体机械运动规律及其应用的学科。这里所谓的机械运动是指物体之间或物体内部各部分之间相对位置的变动，既包括物体相对于地球的运动，也包括物体自身的变形、流体的流动等。

我们知道平衡是机械运动的特殊情况，它是指物体相对于地球保持静止，或作匀速直线平移或匀速转动。

那么我们建造的建筑物或者构筑物要能牢固耐用，首先要求它必须保持平衡状态，通常是相对地球保持静止。

那么满足什么条件，我们的建筑物或者构筑物就可以保持平衡了呢？要回答这个问题，我们必须系统地学习力学知识。

此外，载人飞船发射、无人机航行、核潜艇潜航、导弹发射等，这些无一不用到力学知识。

3. 后续专业课程的学习离不开建筑力学的相关知识

土木工程是力学最重要的发展源泉和应用领域之一，力学是土木工程重要的理论基础。人类早就会建造房屋了，直到掌握了丰富的力学知识以后，各种各样的摩天大楼、跨海大桥、特大跨度的公共建筑、水下隧道、高速公路才得以建成。这些工程的建成除了要应用到力学知识以外，还需要学习专业课程。例如：工程地质、地基处理、土力学与基础工程、基坑支护、建筑结构、结构抗震等专业课，这些课程的学习都是建立在建筑力学的学习基础上的，在学习这些专业知识之前都必须打牢力学基础。

这些都是我们学习力学的原因和动力。

二、建筑力学学习内容

力学是一门基础科学，它所阐明的规律带有普遍的性质；力学又是一门技术科学，它是许多工程技术的理论基础，力学和工程学的结合促使工程力学各个分支的形成和发展。

力学的分支学：理论力学、材料力学、结构力学、板壳力学、弹性力学、弹塑性力学、塑性力学、断裂力学、流体力学、复合材料力学、实验力学、计算力学、量子力学等。

作为高等职业教育的一门课程，"建筑力学"只是力学中最基础也是应用最广泛的部分内容。它将理论力学中的静力学、材料力学以及结构力学三部分的基础内容贯通融合成为一体。

1. 建筑力学的研究对象

建筑力学的研究对象主要包括结构和构件。

所谓的结构，是建筑物或构筑物中能承受荷载、传递荷载，起到骨架作用的部分。此外，它还能承受其他广义荷载（如基础沉降、温度变化以及制造和安装误差等作用）并能传递由此引起的内力、应力和变形等。

而构件则是组成结构的基本部件或单元，例如框架结构中的梁或者柱等。

按照几何特征，结构可分为杆件结构、板壳结构和实体结构（图0-6）。

杆件结构：杆件的几何特征为长条形，它的长度方向尺寸远大于其他两个方向的尺度（横截面的长度和宽度）。

板壳结构：板壳结构的厚度远小于其他两个尺度（长度和宽度）。其中，板的几何特征为平面形，壳的几何特征为曲面形。

实体结构：实体结构的几何特征为块状，其长、宽、高三个尺度大体相近。例如坝体，重力式挡土墙等。

从研究对象上讲，建筑力学主要学习和研究杆系结构及构件。所谓的杆件结构，是指由一根或若干根杆件按一定的规律组成（一定的方式连接而成）的一种几何不变体系，这种体系可以保持稳定的骨架而承受各种可能的外部作用。

按照空间观点，杆系结构可分为平面杆系结构和空间杆系结构。如果组成结构的各杆件的轴线都在同一平面内，并且荷载也作用于该平面内，则此结构称为平面杆系结构，否则为空间杆系结构。

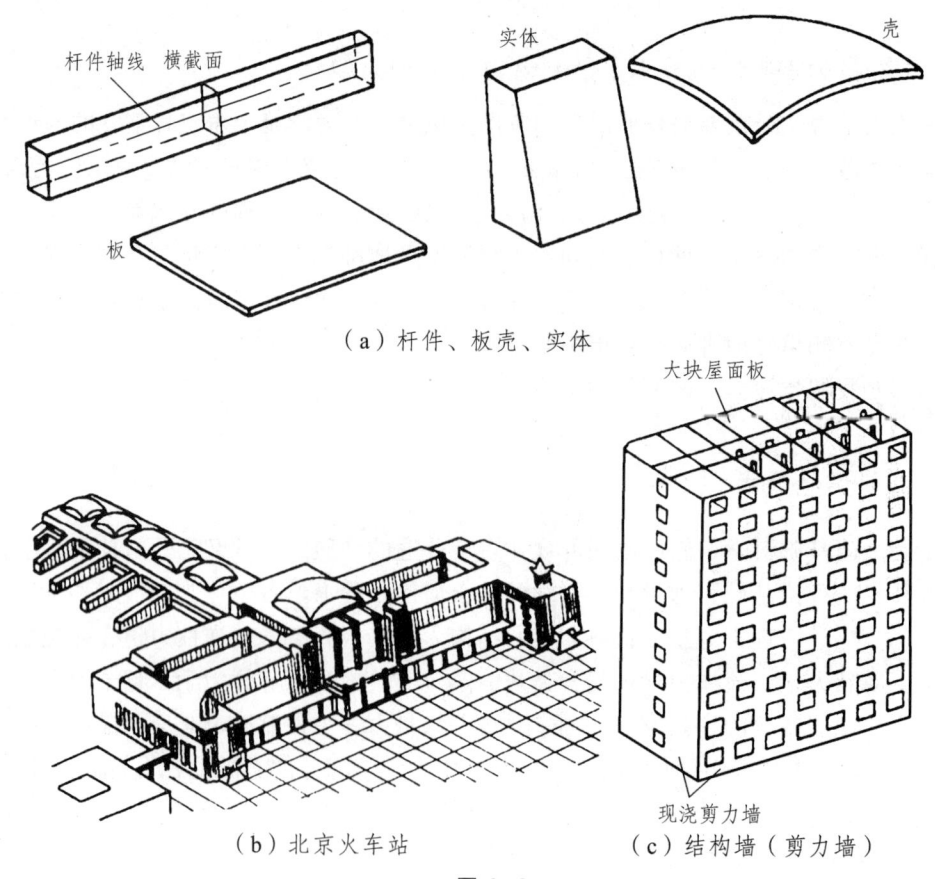

（a）杆件、板壳、实体

（b）北京火车站　　（c）结构墙（剪力墙）

图0-6

在力学和结构知识的学习中，我们往往需要在一定的工程精度要求下，把实际的结构、构件及其连接结点和所承受的各种作用进行适当的简化以方便计算，这种经过简化后用于计算的模型称为结构计算简图。因此，在满足工程精度需要的前提下，根据荷载的传递路径及结构的组成特点等，某些空间结构可在一定的近似程度上分解为若干个独立的平面结构以简化计算。

常见平面杆系结构有以下几种类型，其计算简图如图0-7所示。

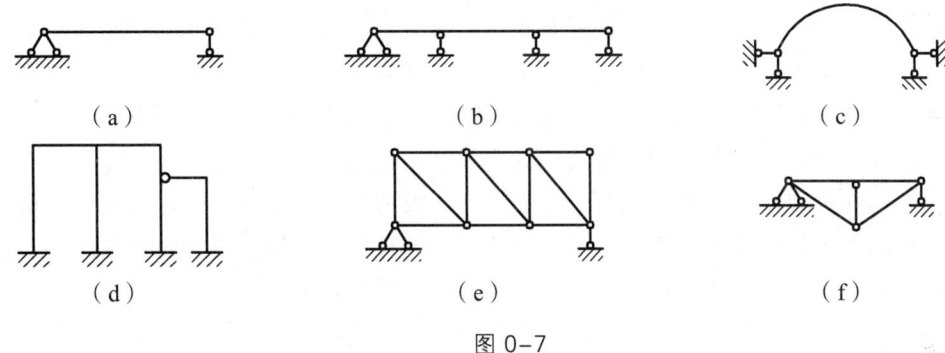

图 0-7

> 梁：梁是一种受弯构件，轴线常为一直线，可以是单跨梁，也可以是多跨连续梁，其支座可以是铰支座、可动铰支座，也可以是固定支座。如图0-7中，图（a）为单跨梁，图（b）为多跨连续梁（一整根梁的中间具有一个或多个可动铰支座）。

> 拱：拱的轴线为曲线，在竖向力作用下，支座不仅有竖向支座反力，而且还存在水平支座反力，拱内不仅存在剪力、弯矩，而且还存在轴力。图0-7（c）所示为一两铰拱。

> 刚架：刚架由梁、柱组成，梁、柱结点多为刚结点，柱下支座常为固定支座，在荷载作用下，各杆件的轴力、剪力、弯矩往往同时存在，但以弯矩为主。如图0-7（d）所示。

> 桁架：由若干杆件通过铰结点连接起来的结构，各杆轴线为直线，支座常为固定铰支座或可动铰支座，当荷载只作用于桁架结点上时，各杆只产生轴力，如图0-7（e）所示。

> 组合结构：即结构中部分是链杆，部分是梁或刚架，在荷载作用下，链杆中往往只产生轴力，而梁或刚架部分则同时还存在弯矩与剪力，如图0-7（f）所示。

根据计算特点的不同，杆系结构也可以分为静定结构和超静定结构。静定结构是指在荷载作用下，支座反力和截面内力都可以仅通过静力平衡条件求出的结构；而超静定结构由于附加约束较多，支座反力和各截面内力必须通过静力平衡条件和结构的变形几何条件共同求出。

2. 建筑力学的主要任务

结构（构件）必须具备可靠（安全）、适用、经济、耐久的功能。建筑力学的主要任务是为保证结构（构件）安全可靠又经济合理提供计算理论依据，主要包括以下内容：

（1）学习结构体系的几何组成规则及结构计算简图的合理选择。

建筑工程中，为了实现某些功能，建筑结构必须要能够可靠地承受可能的外部作用。在确定结构设计方案时，人们可以选用不同的结构形式，并按不同的几何组成规则和不同的结构布置方案，组成不同的结构体系。显然，在承受相同的外部作用时，不同结构设计方案的作用和能力往往有所不同，其综合技术经济指标甚至悬殊较大，往往某种或某些方案可能比其他结构设计方案更加合理。因此，需要对不同的结构方案进行技术和经济比较以便选取更为合理的结构方案。优秀的结构设计方案显然是建立在扎实的力学和结构知识基础上的。

（2）研究和分析作用在研究对象（例如：结构、构件或其一部分）上的各种作用（例如荷载作用等）、约束力及内力之间的平衡的关系。

结构在使用期内承受的荷载作用通常包括：恒载、活载、风载、水压力、土压力等。有时还可能承受一些非荷载作用，例如：变形作用（地基不均匀沉降、制造误差、材料胀缩变形、温度变化引起的变形、地震引起的地面变形等）、环境作用（阳光、风化、环境污染引起的腐蚀、火灾等）等。这些作用统称为广义荷载。

建筑结构在承受上述各种作用时，要能可靠地发挥其骨架作用，就必须处于平衡状态。因此，其中的每个构件或者结构中任意一部分及结构整体本身都需要满足平衡条件。这些平衡条件以及据此建立的平衡方程都是建筑力学的主要研究任务。

（3）研究结构（构件）的强度、刚度和稳定条件。这些内容包括：结构（或构件）的内力、应力、应变和变形的计算方法，应力状态及强度准则，压杆的稳定性承载力的计算等。

强度：结构和构件抵抗破坏的能力称为强度。在结构构件使用期内，务必使其安全可靠，在设计荷载作用下不发生破坏，也就是必须具有足够的承载能力。

刚度：结构或构件抵抗变形的能力称为刚度。在结构构件使用期内，务必使其不发生影响正常使用的变形。

稳定性：结构或构件保持原有平衡状态的能力称为稳定性。在结构或构件使用期内，务必使其平衡状态保持稳定。结构或构件的稳定性主要包括：整体稳定性和局部稳定性两大类。建筑力学中主要研究受压杆件的整体稳定性（局部稳定性不在建筑力学课程中讲述）。

建筑物在承受各种作用时，都会在其结构体系中产生相应的作用效应（例如与强度有关的内力和应力，与刚度相关的应变及位移等）。要使结构既安全适用又经济合理以便有效地发挥其作用，首先需要确定结构构件中的作用效应，显然只有掌握了系统的力学知识才能正确确定结构中的作用效应大小。需要说明的是，目前建筑力学尚不能精确分析一些非荷载的作用效应（例如：材料收缩变形、温度作用等），结构师们往往在总结各种工程经验的基础上通过一些结构构造措施来保证结构构件可靠地发挥其作用。

此外，建筑力学的研究内容还包括：研究结构构件在动力荷载下的反应，以及结构材料和结构构件的力学性能等。

三、如何学习建筑力学

1. 注意建筑力学和其他课程的关系

在建筑力学的学习过程中经常会遇到高等数学、物理学中的一些知识。因此，在学习中应根据需要对相关内容进行必要的复习，并在运用中得到巩固和提高。在后续课程中，建筑力学又是建筑结构、地基基础和施工技术等课程的基础，如果学不好建筑力学，将对后续课程的学习带来很大的影响。

2. 注意理论联系实际

建筑力学的发展正如其他学科一样，是受建筑的发展所推动的，同时它反过来也对建筑的实践起着重要的指导作用，因此学习过程中必须注重理论联系实际，注意观察生活及建筑工程中的力学现象，善于运用所学理论知识来解决实际问题。

3. 注意分析方法和解题思路

在学习建筑力学的各种计算方法过程中，要着重理解建筑力学的概念和思维方法，掌握其常用的解题思路。特别要熟悉从一些具体的计算方法中分析问题的过程和步骤，从已知条件探讨未知领域的途径，以及把整体分解为局部和局部合成整体的手段，等等。

4. 做好课前预习与课后复习

建筑力学是一门理论性和实践性都很强的课程，只听教师讲课学生很难完整地理解和掌握其中的内容。所以，学生在上课前应对有关章节和内容进行预习，带着问题听课，能够有目的性地解决问题；同时，课后及时复习，巩固和加强理解所学知识。

5. 认真及时独立地完成作业

教师布置作业的目的就是让学生通过做作业发现自己有哪些知识点已经掌握了，哪些知识点还未掌握。对于未掌握的知识点，学生可以通过查阅课本或请教老师来解决，如果是抄袭其他同学作业的话，自己就不会发现没有掌握的知识点，长此以往，不懂的知识点就会像滚雪球一样越滚越多，到头来什么都不懂。所以，为了避免出现这种情况，务必要认真、及时、独立地完成作业。

总之，课前预习，课中认真听讲、适量笔记，课后多动手、多动脑、勤学习、善思考，一切从实际出发，实事求是，理论联系实际是学好力学的最佳途径。

第一章 静力学基本概念

静力学主要研究物体（刚体）在力作用下的平衡规律，主要包括物体的受力分析、力系的等效简化、力系的平衡条件及其应用。

第一节 力和平衡

1. 力的概念

力是人们在生活和生产实践过程中逐渐形成的抽象的概念。它是物体与物体之间的相互的机械作用，这种作用将使物体产生两种效应。即：运动效应和变形效应。

运动效应：力使物体的运动状态发生改变，也叫力的外效应。

变形效应：力使物体的形状或尺寸发生改变，也称力的内效应。

力的作用效果取决于力的三要素：大小、方向和作用点（对于刚体而言，则为作用线）。

力是矢量（图1-1），满足矢量的运算法则。一般用黑体字 F、P、Q、N 或 R 来表示。矢量的模即为力的大小，一般表示为 F、P、Q、N 或 R 等。矢量的方向即为力的方向；矢量的起点或终点为力的作用点，图1-1中 A 点为力 P 的作用点。

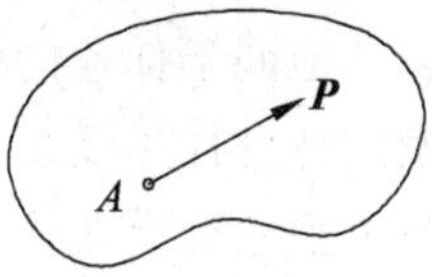

图1-1

力的国际单位为牛顿（简称牛，用 N 表示）。工程中还常用千牛顿，用 kN 表示，1 kN = 1000 N。

2. 刚体与变形体

受力后不会产生变形的物体称为刚体。因此，对于刚体，只研究力的外效应。刚体的基本特征是：在任何情况下，刚体内任意两点的距离始终保持不变。刚体是一个理想的力学模型，实际生活中是不存在的。

受力后会产生变形的物体称为变形体。对于变形体，既要考虑其运动效应，又要考虑其变形效应。变形体的基本特征是：承受荷载作用后，变形体内任意两点的距离可能因为受力而发生改变。

对于受力后产生变形，外力撤出后变形又能完全恢复的物体则称为弹性体。

任何物体受外力作用后都有不同程度的变形，一般建筑结构在外力作用下变形比较微小。通常，钢筋混凝土梁的最大挠度（跨中位移）不允许超过其跨度的 1/500～1/250。因此，在研究其运动时，通常可以忽略梁的弯曲变形，将其视为刚体。之所以可以这样处理是因为研究物体在外力作用下的平衡问题时，变形问题则是次要的方面。虽然这样的处理略显粗糙，但抓住主要问题略去次要问题，既能满足工程精度的要求，又能使计算大为简化。

当研究梁及其他构件的内力（应力）分布及其变形时，变形问题就再也不可忽略，成了必须考虑的问题。此时我们把建筑结构物中所用的材料，如木材、砖石、混凝土、钢材或其他金属材料等都看作是可变形固体。建筑力学中，我们常将问题限于弹性限度范围内加以研究，这时的梁及其他建筑构件通常被当作是弹性体。

3. 力偶与力偶矩

力偶是指一对大小相等、指向相反、作用线平行的两个力（图 1-2）。由于力偶由力组成，因此力偶的作用效应也包括运动效应和变形效应两种。但对刚体而言，力和力偶都只产生运动效应。由于力偶是大小相等的两个反向平行力，它只能使刚体的转动状态发生改变。只在力偶作用下，刚体只会绕其质心加速转动或减速转动。

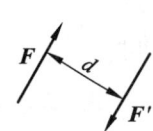

图 1-2

4. 力系及其分类

作用于同一个刚体上的一组力称为力系。最简单的力系是指一个力或者一个力偶。

作用在一个静止的刚体质心上的一个不变的力将使刚体质心作匀加速直线运动；作用在一个静止的刚体质心外的一个不变的力将使刚体质心作匀加速直线运动的同时还将匀加速转动。

作用在一个静止的刚体质心上或者质心外的一个不变的力偶将使刚体绕质心加速转动，这是因为力偶是由等值反向的两个平行力组成，因此刚体的质心不会产生加速度。

通常将力系分为两大类：平面力系和空间力系。各力的作用线位于同一平面内的力系称为平面力系，否则称为空间力系。

平面力系还可以进一步分为以下几类：

平面力偶系：若干个力偶组成的平面力系。

平面汇交力系：各力作用线汇交于同一点的平面力系。

平面平行力系：各力作用线相互平行的平面力系。

平面一般力系：除了平面汇交力系、平面力偶系、平面平行力系之外的平面力系。

5. 等效力系

两个力（系）对物体的作用效果完全相同，则这两个力（系）等效。显然，对物体来说，不同的两个力（系）变形效应是不可能完全相同的。因此，力（系）等效通常指的是外效应等效，或者说力系的等效是针对刚体而言的。

6. 弹性变形与塑性变形

外力去除后能恢复的变形称为弹性变形，外力去除后不能恢复的变形称为塑性变形。

7. 平衡及平衡力系

平衡是机械运动的特殊情况，指物体相对于惯性参照系保持静止状态或匀速直线平移或匀速转动状态。在不指明的情况下，通常取大地作为惯性参照系。

建筑工程中的结点、结构及其中任意一部分（含构件或其一部分）在其使用期内必须保持平衡。

讨论物体的平衡问题时，常将物体抽象为刚体。刚体不是在任何力系作用下都能处于平衡状态的，只有构成力系的所有力满足一定的条件时，刚体才能处于平衡状态，这个条件称为平衡条件。能使物体处于平衡状态的力系称为平衡力系。反之，作用在平衡物体上的所有力组成的力系也叫作平衡力系。

8. 合力与分力

若一个力或一个力偶与另一个力系等效，则这个力或力偶称为该力系的合力，而力系中的各个力称为该合力的一个分力。一个力系只可能有一个合力，但一个合力可能有很多种不同的分力。

9. 基本力学模型及计算简图

按力学分析要求建立的模型称为力学模型。

在结构分析中，须把实际的结构构件进行简化以方便计算，这种经过简化后的用来代替实际结构构件进行计算的计算模型称为结构的计算简图。

10. 结构的功能要求

结构必须具备三方面的功能：安全性、适用性和耐久性。结构的安全性即结构的可靠性，通常它是通过结构分析与计算以及一些结构构造措施来保证的。

第二节　静力学基本公理

一、二力平衡公理

作用在同一刚体上的两个力（图1-3），使刚体平衡的必要和充分条件是：这两个力大小相等，方向相反，作用在同一条直线上。

如图1-4中，拉杆 BC 在两端分别受力 N_{CB}、N_{BC} 作用而处于平衡状态，根据二力平衡公理，这两个力必然等值、反向且共线。

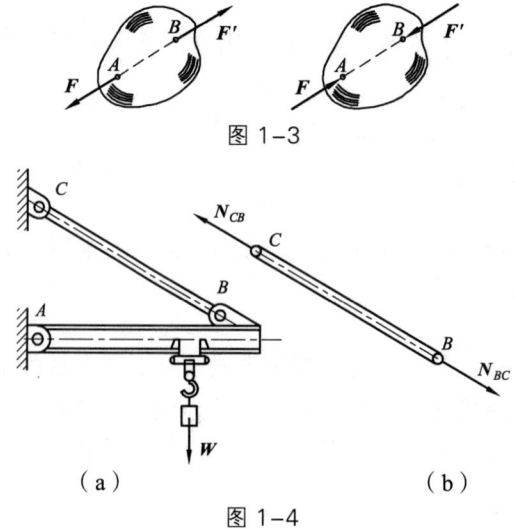

图 1-3

图 1-4

思考题：如果不是刚体，二力平衡公理结论正确吗？

答案：二力平衡公理对于刚体是充分的，也是必要的；而对于变形体只是必要的，而不是充分的。或者说，刚体的平衡条件是变形体平衡的必要而非充分条件，如图1-5所示。刚体受两个力 F_1、F_2 作用而处于平衡状态，无论所作用的这两个力 F_1、F_2 是拉力还是压力，这两个力都必然等值、反向且共线。但把刚体换成绳索，在压力 F_1、F_2 作用下，绳索不能够保持平衡。

图 1-5

拓展知识：刚化原理。

变形体在某一力系作用下处于平衡，如将此变形体刚化为刚体，在原力系作用下其平衡状态保持不变。这一原理称为变形体的刚化原理，它提供了利用刚体的平衡条件（平衡方程）计算变形体的平衡问题的依据。

二、加减平衡力系公理

在作用于刚体上的任意力系中，加上或去掉任何平衡力系，并不改变原力系对刚体的作用效应。

这就是说，在刚体上加上或去掉任意组平衡力系，刚体质心的平动速度和平动加速度，以及绕质心的转动角速度和转动角加速度等运动状态都不受其影响。加减平衡力系原理对于变形效应是不成立的。

如图1-6所示刚体，在其上作用有 F_1、F_2、F_3 三个集中力，三个力互成120°角，因此，这三个力可以看成是一组平衡力系。在去掉 F_1、F_2、F_3 三个集中力后，刚体的运动状态并不会发生改变。

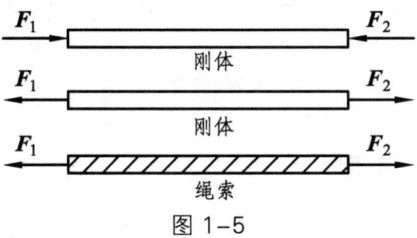

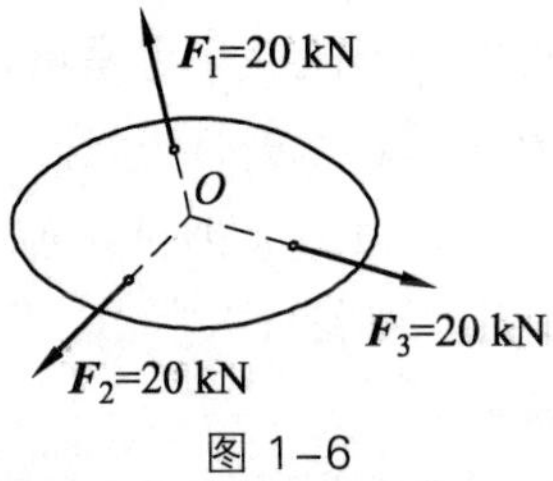

图 1-6

三、力的可传性原理（推论）

当研究力对刚体的运动效应时，在保持力的大小和方向不变的情况下，作用于刚体上的所有力均可沿其作用线移动到刚体内任意一点，而不会改变该力对刚体的作用效应（外效应，运动效应），即刚体的运动状态不会发生改变。因此，在刚体系中，将力称为滑动矢量。

如图1-6所示，小车（在研究其平衡及运动状态时，小车可看作是刚体）承受推力作用，将该推力移动至其前方后，推力即变为拉力，小车在此拉力作用下，其运动状态将不会发生改变。

思考题：图1-7（a）所示系统，受到力 F_1、F_2 作用，在研究该系统的运动状态时是否可根据力的可传性原理将力 F_1、F_2 沿其作用线移动至图 1-7（b）所示位置，为什么？

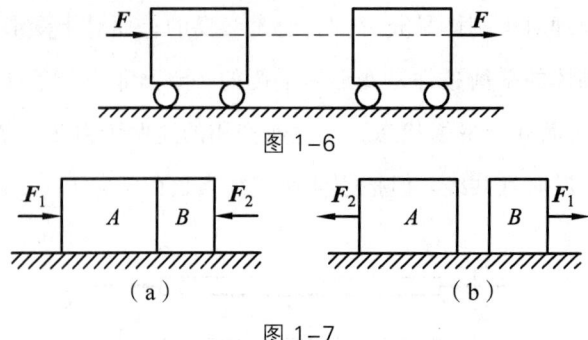

图 1-6

图 1-7

四、力的平行四边形法则

如图 1-8 所示，在研究物体的运动状态时，可以将汇交于物体上同一点处的两个力（分力）合成为过该汇交点的一个合力，其合力的大小和方向由以原来的两个力为邻边所构成的平行四边形的对角线所代表的矢量来确定。

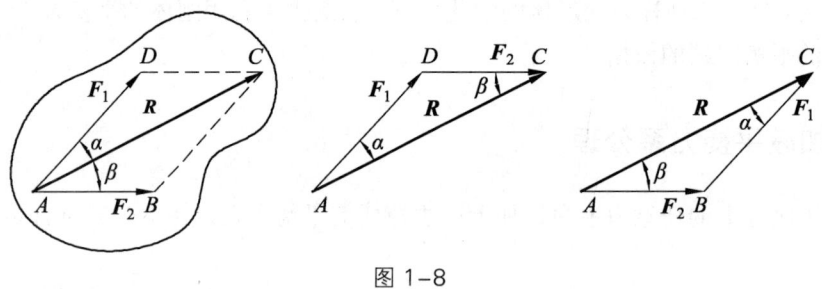

图 1-8

拓展知识：力的三角形法则。

显然，在求作用在刚体上共点二力的合力时，在力的平行四边形法则中，如果只画出平行四边形的一半也是可行的。也就是说，以共点的两个力中任意一个力矢的终点作为另一个力矢的起点进行矢量合成，同样可以确定两个共点力的合力。合力仍作用于原来二力的汇交点，合力的大小和方向由以原来的两个力首尾相连所构成的三角形的封闭边所代表的矢量来确定。如图 1-8 所示，图中的三角形 ABC 称为力三角形。这种求合力的方法称为力的三角形法则。

需要说明的是，这里所说的两个分力的汇交点（两个分力作用线的交点），既可以在物体上，也可以在物体外。

拓展知识：力多边形规则。

将力的三角形法则推广，则可得到求多个共点力的合力的方法：将共点力系中各力首尾相连后，从第一个分力的起点指向最后一个分力的终点（矢端）所确定的矢量即为原共点力系的合力，且合力过原来各力的汇交点。

如图 1-9 所示，欲求图中作用于刚体上 A 点的四个力 F_1、F_2、F_3、F_4 的合力，可从原汇交点开始依次将共点的四个力矢 F_1、F_2、F_3、F_4 首尾相连，所得力多边形的封闭边所对应的矢量即为原来四个力的合力。

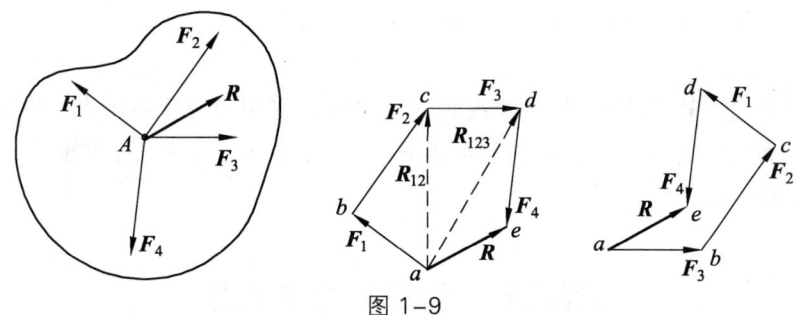

图 1-9

根据矢量相加的交换律，任意改变各共点分力的合成顺序，将得到形状不同的力多边形，但封闭边的合成结果不变，即合力矢量并不因合成顺序的不同而改变。

五、三力平衡汇交定理（推论）

同一物体受不平行的三力作用而平衡时，此三力的作用线必共面且汇交于一点。

思考题：这里的物体是否必须为刚体？

六、作用与反作用定律

两个相互作用物体之间的作用力与反作用力必然大小相等，方向相反，沿同一直线，且分别作用在这两个物体上。

思考题：（1）这里的物体是否必须为刚体？
（2）二力平衡公理、作用与反作用定律的区别和联系是什么？

七、示　例

例 1-1　平面汇交力系（F_1、F_2、F_3、F_4、F_5）的力多边形如图 1-10 所示，则该力系的合力 R 等于（　　）。

A. F_3　　　B. $-F_3$　　　C. F_2　　　D. $-F_2$

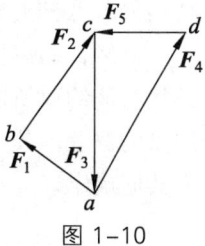

解：根据力的多边形规则，当 F_1、F_2、F_3、F_4、F_5 各分力首尾相连时，合力应由第一个分力的起点指向最后一个分力的终点。因此合力大小与 F_3 相等，方向则相反。

图 1-10

答案：B

例 1-2　作用在一个刚体上的两个力 F_1、F_2，满足 $F_1 = -F_2$ 的条件，则该二力可能是（　　）。

A. 作用力和反作用力或一对平衡的力
B. 一对平衡的力或一个力偶
C. 一对平衡的力或一个力和一个力偶
D. 作用力和反作用力或一个力偶

解：因为作用力和反作用力分别作用在两个不同的刚体上，故选项 A、D 是错误的；而当 $F_1=-F_2$ 时，两个力不可能合成为一个力，选项 C 也不正确。

答案：B

注：满足矢量表达式 $F_1=-F_2$ 的情况很多，可能是作用力与反作用力，也可能是一对平衡力或者一个力偶中的两个力，它们均可用 $F_1=-F_2$ 来表示，这是三者的共同点。但还必须分清三者的不同之处。

第三节　约束与约束反力

一、约束和约束反力

1. 自由体

凡是在空间中能完全自由运动的物体（系统）都称为自由体。例如：不计空气阻力时，天空中的飞机、炮弹等都可视为自由体。

2. 非自由体

运动受到一定限制或者约束，使其在某些或者全部方向的运动不再自由，这样的物体（系统）称为非自由体。例如：沿轨道运行的火车，灯绳拉住的吊灯，嵌固于砌体墙体中的挑梁，受起重机上钢丝绳约束的吊钩，受到柱子支承的屋架等。

3. 约　束

限制其他物体（系统）运动的物体称为约束物体，简称约束。例如：桥墩对于桥梁上部结构来说就是一种约束。

4. 约束反力

约束必然对被约束物体（系统）施加力的作用，以阻碍被约束物体（系统）的运动或运动趋势。这种力称为约束反力，简称反力。

显然，约束反力位于约束与被约束物体（系统）的连接或接触点（线、面）处，其方向必然与该约束所能阻碍的物体的运动方向相反。运用这个准则，可确定约束反力的方向和作用点的位置。其大小通常由物体（系统）的运动状态、几何组成（几何关系）、物理条件等因素共同确定。

二、常见约束类型

常见约束有：柔体约束、光滑接触面约束、光滑圆柱铰链约束（简称铰约束）、链杆约束、支座约束。

1. 柔体约束

用柔软的皮带、绳索、链条阻碍物体运动而构成的约束称为柔体约束。这种约束作用是将物体拉住，只能阻止物体沿绳索伸长方向的运动。因此，柔体约束只能提供拉力，不能承受压力。

柔体约束的约束反力（大小、方向、作用点）一定通过物体与其接触点（场力除外），沿着柔体中心线且背离被约束物体的方向（即：恒为拉力）。例如：图1-11所示的拉力 T 及图1-12中所示的拉力 T_1（T_1'）、T_2（T_2'）等均为柔体约束对物体产生的约束反力。

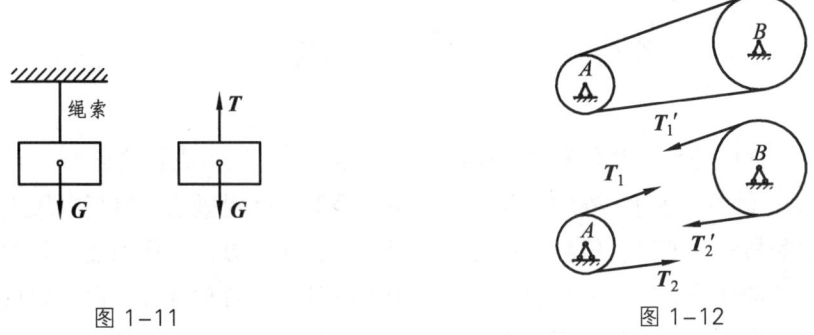

图 1-11　　　　　　　　　　图 1-12

2. 光滑接触面约束

当两物体在接触处的摩擦力很小可以略去不计时，其中一个物体就是另一个物体的光滑接触面约束。这种约束无论接触面的形状如何，都只能在接触面的公法线方向上将被约束物体顶住或支撑住，它只能阻挡沿接触面法线（或公法线）朝光滑面方向的运动，所以光滑接触面的约束反力（大小、方向、作用点）一定通过接触点，沿着接触面的公法线指向被约束的物体，即只能提供压力，如图1-13所示。

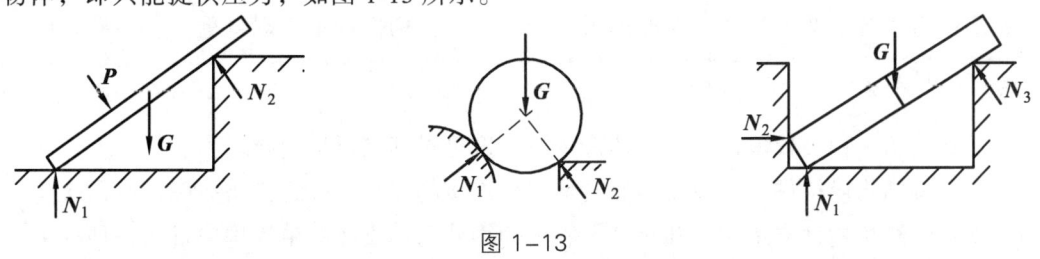

图 1-13

3. 光滑圆柱铰链约束

光滑圆柱铰链约束又称中间铰链约束或铰链约束，简称铰约束。光滑圆柱铰链约束只能限制与其相连各物体间的相对移动（不能限制相对转动），其约束反力（大小、方向、作用点）是互相垂直的两个力（本质上是一个力），指向可任意假设，如图1-14所示。

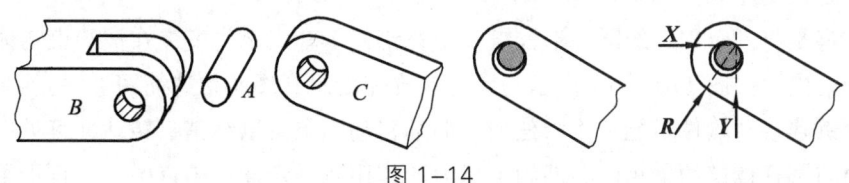

图 1-14

4. 链杆约束

链杆就是两端铰接而中间不受力不计自重的刚性直杆，由此所形成的约束称为链杆约束，如图 1-15 中的 BC 杆相对 AC 杆来说即为链杆约束。

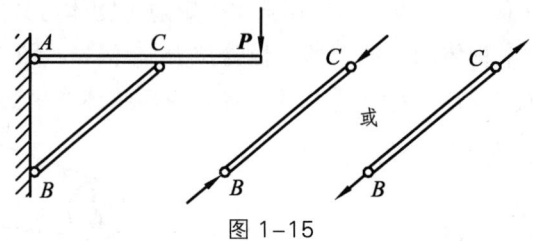

图 1-15

这种约束只能阻止所连物体沿链杆轴线方向上的移动（远离或者接近）。链杆可以受拉或者是受压（图 1-15 所示杆件 BC 为压杆），但不能限制物体沿垂直于链杆轴线方向的运动和物体绕链杆端的转动。所以，链杆约束的约束反力（大小、方向、作用点）只能是过其两端铰中心沿着链杆的轴线方向，其指向不定，或指向杆件或者背离杆件，由受力情况而定，受力分析时可以任意假定。对于处于平衡状态的物体，其大小由平衡条件（方程）确定，可正可负可为零。

拓展知识：二力杆。

工程中常遇到这样的情况，当一根杆（可以是曲杆等）的两端用铰链与其他杆件连接时，如果杆上无任何外力作用，则其两端约束反力的方向必与两铰中心的连线重合。屋架中的杆件就属于这种情况。这种两端铰接，杆上无外力作用，且不计自重，仅受两端铰上二个反力作用而处于平衡状态的杆件或构件，通常称为二力杆件，简称为二力杆或二力构件。

说明：力学分析及计算中，在不指明的情况下结构构件均不考虑自重，也不计摩擦。

5. 支座约束

由于支座约束种类较多，更由于其特殊性，这里对其进行集中介绍。

工程上将结构或构件与大地或其他支承物相连接的装置，称为支座约束，简称支座。通常通过支座将结构构件支承在基础或另一静止的物件上。支座对结构构件就是一种约束。支座对它所支承的物体所施加约束反力也叫支座反力。

支座的构造是多种多样的，其具体情况也是比较复杂的，只有加以简化，才便于分析计算。建筑结构的支座通常可简化成三个类型，分别为固定铰支座、可动铰支座和固定（端）支座。

（1）固定铰支座。

这种支座是将一个固定的圆柱形铰链（或称销钉）套入事先安装在被约束物体上的支承部件中的圆孔内，如图 1-16（a）所示是固定铰支座的示意图（构造简图）。构件与支座用光滑的圆柱铰链连接，构件不能产生沿任何方向的移动，但可以绕销钉转动，可见固定铰支座的约束反力与圆柱铰链约束相同，即约束反力的作用线一定通过销钉中心，且沿销钉接触面的法线方向，作用于接触点，方向未定。

固定铰支座所能提供的约束反力可以用 R_A 和一未知方向角 α 表示[图 1-16（b）]，也可以用两个互相垂直且通过铰链中心的两个分力 X_A 和 Y_A 来表示[图 1-16（c）]。固定铰支座的计算简图可用图 1-16（d）~（g）所示符号来表示。

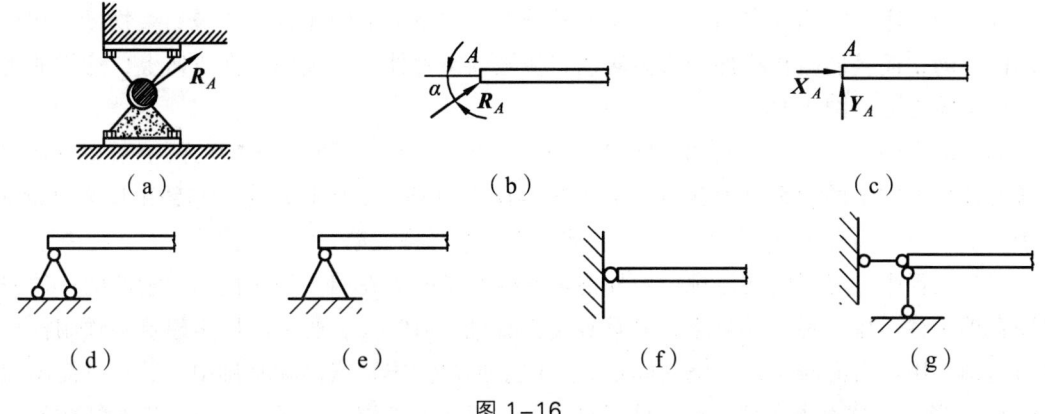

图 1-16

思考题：固定铰支座的约束反力是否可以用通过铰链中心的两个斜交的分量 R_1、R_2 来表示？

（2）可动铰支座。

可动铰支座又称为滚（滑）动铰支座、活动铰支座或者辊轴支座等。它是将铰链支座安装在带有滚轴的支座上，图 1-17（a）是可动铰支座的示意图（构造简图）。构件与支座用销钉连接，而支座可沿支承面移动。这种约束只能约束构件沿垂直于支承面方向的位移，而不能阻止构件绕销钉的转动和沿支承面方向的移动。所以，它的约束反力的作用点就是约束与被约束物体的接触点，约束反力通过销钉的中心，垂直于支承面，方向可能指向构件，也可能背离构件，视主动力情况而定，受力分析时可根据需要任意假定。可动铰支座的计算简图如图 1-17（c）~（f）所示。

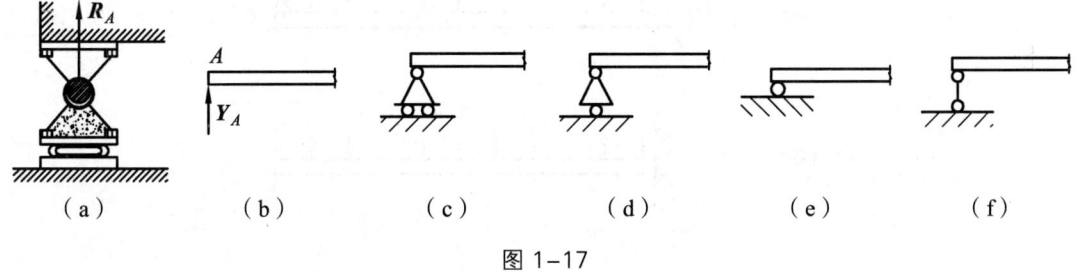

图 1-17

思考题：（1）有人说，可动铰支座通过辊轴与支承面接触，这种约束类似于光滑面接触，因此约束反力虽然垂直于支承面，但方向只可能是指向构件，也就是支承面只能提供压力。这种说法对吗？为什么？

拓展知识：可动铰支座和固定铰支座用在屋架上较多，它能适应屋架因温度变化而引起的伸长和缩短。工程中，在对安放在墙上的大梁，安放在大梁上的板，以及门窗过梁、楼梯斜梁等构件进行受力分析时，常常将其两端的约束分别简化成一端为滚（滑）动铰支座，另一端为固定铰支座，这样的支承形式称为简支支座。

（2）构件两端约束形式完全一样，为什么计算简图中却将其一端简化成滚（滑）动铰支座，而另一端简化成固定铰支座？

（3）固定端支座。

固定端支座是将构件牢固地嵌在墙或基础上，它不但能阻止构件（被约束物体）在任意方向的移动，而且能阻止构件的自由转动，使被约束物体牢牢地固定在支座上，这样的支座称为固定端支座（图1-18）。

固定端支座约束的计算简图如图 1-18（b）所示。对应于它所限制的两个平动位移和一个转动位移方向上的约束反力分量表示如图1-18（c）所示，包括一个水平约束反力分量 X_A、一个竖直约束反力分量 Y_A 以及一个约束反力偶（力偶将在第三章讨论）。

建筑工程中，房屋的雨篷挑梁、外挑阳台板就是嵌固在墙（柱）内的，它们的一端完全嵌固在墙（柱）中，另一端悬空，其计算简图如图 1-19（a）所示。厂房建筑中预制柱插入杯口基础并用细石混凝土二次浇灌固定后，柱子也被牢牢地嵌固在基础中，其计算简图如图1-19（b）所示。这里无论墙（柱）体对挑梁、挑板构件的嵌固，还是杯口基础对柱构件的约束，都可看成固定端支座约束。因为它们既限制了各构件沿任何方向的移动，也阻止了构件的自由转动。

拓展知识： 现浇多层钢筋混凝土框架结构梁柱结点对梁柱构件的约束性质与固定端约束有类似之处。如图 1-20（a）所示为边跨柱-梁结点，上、下柱与梁之间在结点处通常可看作是不能发生相对移动和相对转动的，受力后结点可能发生位移（包括平动位移和转动位移），但与结点相连各构件之间的夹角将保持不变（我们把这类结点称之为刚结点）。这时，梁柱结点对与其相连的梁、柱之间的约束也类似于固定端约束，它对各构件提供的约束力分量也有三个，如图 1-20（b）所示。

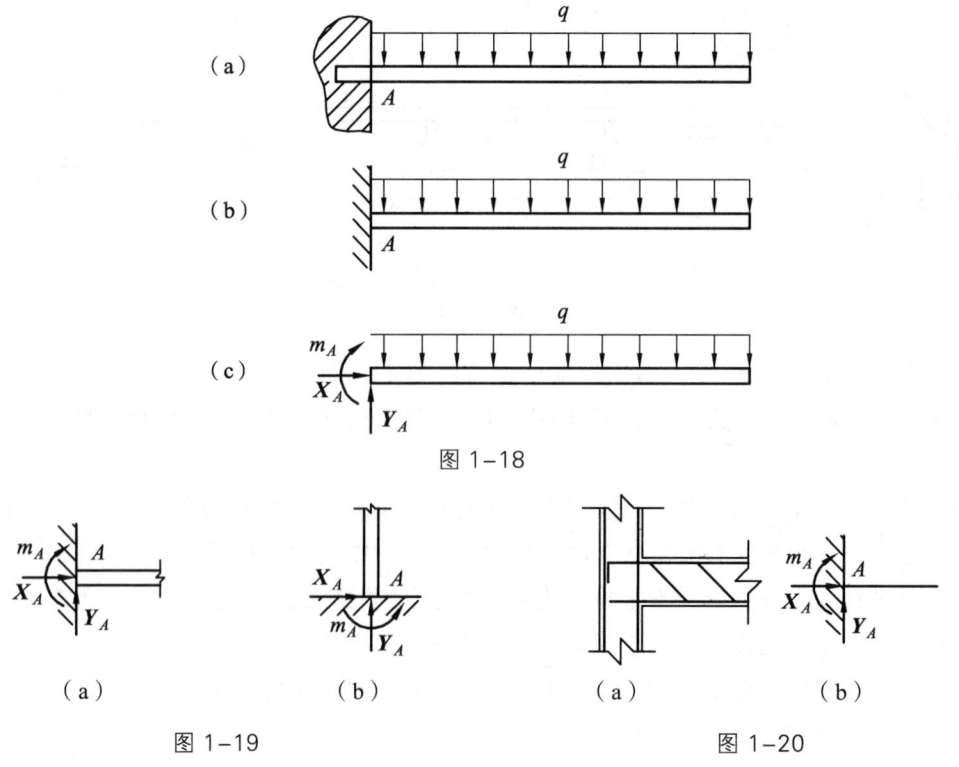

图 1-18

图 1-19

图 1-20

此外，工程中大量的钢框架结构梁柱结点对梁柱构件的约束性质也可以看成是刚结点。

以上介绍了工程中常见的约束及其反力的性质，包括反力作用线、反力的作用点（或作用位置），至于约束反力的大小则由物体的运动状态来确定。对于处于平衡状态的物体，约束反力的大小可由其平衡条件和相应的平衡方程来确定。

思考题：部分约束所提供的反力的作用线虽然是确定的，但其指向（有两个可能的方向）依然未知，在进行物体的受力分析时，约束反力的方向是否可以任意假定？有些约束所提供的反力方向已知，如光滑面约束的反力指向被约束物体，柔体约束的反力则背离被约束物体，这时在进行物体的受力分析时，约束反力的指向是否也可以假定？

第四节　物体的受力分析与受力图

一、脱离体与受力分析

研究力学问题时，首先要根据问题的性质、已知条件以及需要求解的未知量选择研究对象，它可以是整个体系，也可以是其中的一部分，还可以是其中的某些或者某个物体。具体应以我们研究问题的需要而定。

其次，需要假想地把研究对象从体系中或者支撑物中分离出来，也就是将其假想地从周围的所有约束（包括支座约束以及其他与之接触或连接的所有物体）中脱离出来，被脱离出来的研究对象称之为脱离体。

然后，再了解脱离体的受力状态。要了解脱离体的受力状态，须对其进行受力分析，也就是需要明确脱离体上所受全部力的数量及各力的作用性质。例如：脱离体承受了哪些力，其中哪些是已知力、哪些是未知力、哪些是主动力、哪些是约束反力等。对于已知力尚需明确其大小、方向和作用点（线）；对于各种未知力，也须明确其作用点（线）、作用线（方位）以及作用性质等信息，这一过程即为对脱离体（或称为研究对象）进行受力分析。

二、受力图

受力分析时，由于已经假想地解除了脱离体周围的所有约束，脱离体已经没有了原有约束的作用。但之前它周围的这些约束都对其施加了相应的约束反力，为了正确研究脱离体的受力情况，我们需要用相应的约束反力来代替之前的所有这些约束对该脱离体的作用。

此外，脱离体上原本可能还受主动力的作用，我们都需要如实地反映在脱离体上。通常用来反映物体（系统）的受力状态的图形称为受力图。分析作用在脱离体上的全部主动力和全部约束反力并画出脱离体的受力图，这一过程即为受力分析。

三、受力分析的步骤

1. 取脱离体

一定要明确合适的研究对象并将其作为脱离体进行受力分析。取整体系统为研究对象时，可以不取脱离体，而在原图中画其受力图；取系统中一部分为研究对象时，必须单独取出该部分研究对象作为脱离体并对其进行受力分析。

2. 画已知力

画出作用在研究对象上的全部已知力，要注意在原体系中，哪些力或者哪部分力作用在脱离体上，不在其上的已知力不能画在脱离体上，如存在部分作用在研究对象上的分布力，则在脱离体上只画出该部分分布力而不是该分布力的全部。

3. 画约束反力

根据约束性质画出研究对象所受到的全部约束反力，包括约束反力的作用线和方向。例如：柔性体约束只能承受拉力，光滑面约束只能提供压力等。

注意：在画约束反力时，可根据需要选择画出反力的合力作用线，或者选择画出其全部分力的作用线。反力的指向既可能背离又可能指向脱离体时，约束反力的指向可根据需要任意假定，其结果可正可负可为零，由平衡条件通过计算确定。结果为正则表明实际方向与假定方向相同，结果为负则表明实际约束反力方向与假定方向相反。画受力图时，不能多画力、不能少（漏）画力，不能画错力（包括力的作用点或作用线、方向及已知力的大小）。

例 1-3 重量为 G 的小球，其平衡位置如图 1-21（a）所示，试画出小球的受力图。

解：

（1）根据题意取小球为研究对象。

（2）画出主动力：主动力为小球所受重力。

（3）画出约束反力：约束反力为绳子的拉力以及光滑面的压力。

小球的受力如图 1-21（b）所示。

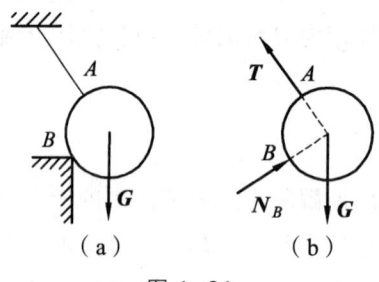

图 1-21

例 1-4 画出图 1-22（a）所示结构 ACDB 的受力图。

解：

（1）取结构 ACDB 为研究对象。

（2）画出主动力：主动力为 F。

（3）画出约束反力：约束为固定铰支座和可动铰支座，其约束反力如图 1-22（b）所示。

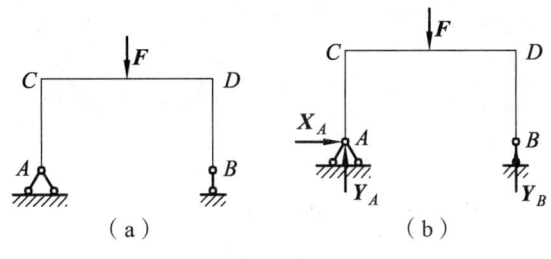

图 1-22

例 1-5 如图 1-23 所示，构架由 AC、BD、CE 三杆组成，A、B、C、D 处为铰接，E 处光滑接触。已知：$F = 2$ kN，$\theta = 45°$，杆及轮重均不计。则 E 处约束力的方向与 x 轴正向所成的夹角为（　　）。

A. 0°　　　　B. 45°　　　　C. 90°　　　　D. 225°

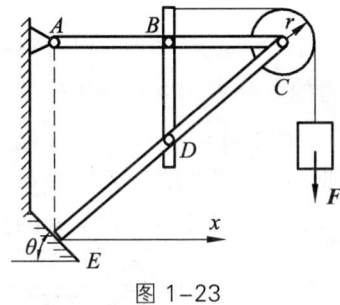

图 1-23

解：E 处为光滑接触面约束，根据约束的性质，约束力应垂直于支承面，指向被约束物体。

答案：B

例 1-6 图 1-24 所示结构中，杆 DE 上点 H 由水平闸拉住，其上的销钉 C 置于杆 AB 的光滑直槽中，各杆自重均不计，已知 $F = 10$ kN。销钉 C 所受约束力的作用线与 x 轴正向所成的夹角为（　　）。

A. 0°　　　　B. 60°　　　　C. 90°　　　　D. 150°

解：销钉 C 处为光滑面接触，约束反力应垂直于 AB 光滑直槽，由于 F 的作用，直槽的右下侧与销钉接触，故销钉 C 所受约束力的作用线与 x 轴正向所成的夹角为 150°。

答案：D

例 1-7 在如图 1-25（a）所示结构中，如果将作用于构件 AC 上的力偶 M 搬移到构件 BC 上，则根据力偶的性质，A、B、C 三处的约束力（　　）。

A. 都不变　　　　　　　　B. 仅 C 处改变
C. 都改变　　　　　　　　D. 仅 C 处不变

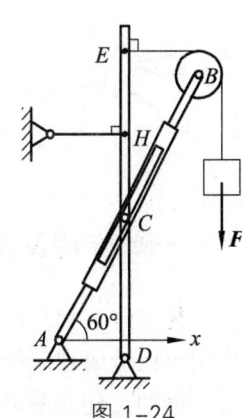

图 1-24

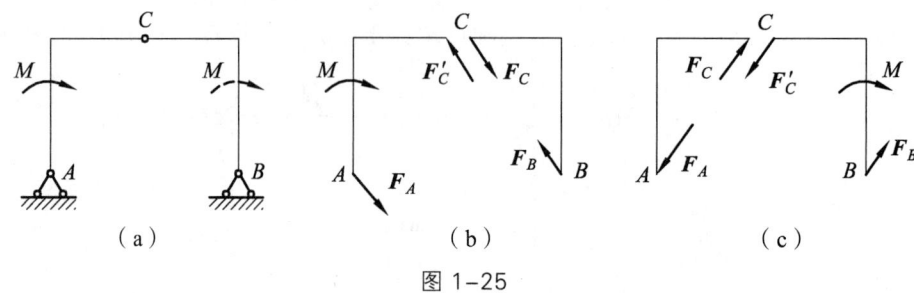

图 1-25

解：若力偶 M 作用于构件 AC 上，则 BC 为二力构件，AC 满足力偶的平衡条件，受力图如图（b）所示；若力偶 M 作用于构件 BC 上，则 AC 为二力构件，BC 满足力偶的平衡条件，受力图如图 c) 所示。从图中看出，两种情况下 A、B、C 三处约束力的方向都发生了变化，这与力偶的性质（力偶可在其作用面内任意移动和转动，不改变力偶对同一刚体的作用效果）并不矛盾，因为力偶在其作用面内移动后（从构件 AC 移至构件 BC），并未改变其使系统整体（ACB）产生顺时针转动趋势的作用效果。

答案：C

例 1-8 如图 1-26（a）所示，将大小为 100 N 的力 F 沿 x、y 方向分解，若 F 在 x 轴上的投影为 50 N，而沿 x 方向的分力的大小为 200 N，则 F 在 y 轴上的投影为（　　）。

A. 0　　　　B. 50 N　　　　C. 200 N　　　　D. 100 N

解：如图 1-26（b）所示，根据力的投影公式，$F_x = F\cos\alpha = 50$ N，故 $\alpha = 60°$。而分力 F'_x 的大小是力 F 大小的 2 倍，因此力 F 与 y 轴垂直，在 y 轴的投影为零。

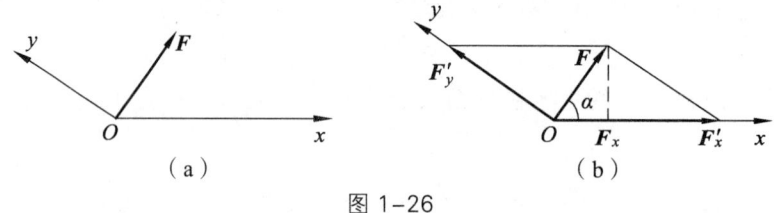

图 1-26

答案：A

第五节　结构的计算简图及荷载分类

一、作用及其分类

任何建筑物在施工过程中以及在建成后的使用过程中，都要受到各种各样的作用，这种作用可能造成建筑物整体或局部发生变形、位移甚至破坏。

例如，建筑物各部分的自重，人群、家具和办公设备等的重力，风力、地震、温度变化等等。其中，建筑物的自重、人和设备的重力、风力等作用称为直接作用，在工程上称为荷载，也就是通常所谓的力；地震、温度变化等作用称为间接作用。工程中，有时不严格区分直接作用或间接作用，对引起建筑物变形、位移甚至破坏的作用一律称之为荷载（广义荷载）。

二、荷载的分类

在工程中,作用在结构上的荷载是多种多样的。为了便于力学分析,需要从不同的角度,将它们进行分类。

1. 按荷载作用时间分类

按荷载作时间的久暂,荷载可分为永久荷载(恒载、死载、呆载)、可变荷载(活载)和偶然荷载。

恒荷载是指长期作用在结构上,其大小、方向和作用点都不变的荷载,如结构的自重等;活荷载是指随着时间的推移,其大小、方向或作用位置发生变化的荷载,如雪荷载、风荷载以及人群荷载等。

2. 按荷载作用性质分类

按荷载作用性质的不同,荷载可分为静力荷载和动力荷载。

静力荷载的数量、方向和位置不随时间变化或变化极为缓慢,因而不会使结构产生明显的运动,例如结构的自重和其他恒载;动力荷载是随时间迅速变化的荷载,它会使结构产生显著的运动,例如锤头冲击锻坯时的冲击荷载、地震作用等。

3. 按荷载作用位置分类

按荷载作用位置是否变化,荷载可分为移动荷载和固定荷载。

固定荷载是指荷载的作用位置固定不变的荷载,如所有恒载、风载、雪载等;移动荷载是指在荷载作用期间,其位置不断变化的荷载,如吊车梁上的吊车荷载、钢轨上的火车荷载等。

4. 按荷载分布情况分类

按荷载在结构上的分布情况的不同,荷载可分为分布荷载和集中荷载。

(1)集中荷载。

集中荷载分布范围很小,远小于结构尺寸,可近似认为作用在一点。例如吊车的轮压,由于这种荷载的分布面积较集中,在结构计算简图上可认为这种荷载仅作用于结构上的某一点处。

(2)分布荷载。

分布荷载是指连续分布在结构上的荷载。根据在结构上分布范围的不同,分布荷载又分为以下三类:

① 线分布荷载:沿结构上某条直线或曲线连续分布的荷载(单位:kN/m)。
② 面分布荷载:沿结构上某平面或曲面连续分布的荷载(单位:kN/m^2)。
③ 体分布荷载:沿结构内部各点连续分布的荷载(单位:kN/m^3)。

以上这些分布荷载,当沿着线(面、体)均匀分布时称为均布荷载。工程中,荷载的分布情况往往比较复杂,但在很多情况下,都可简化为沿某直线(平面、曲面或者结构所占据的空间)均匀分布的荷载进行分析计算。

三、荷载集度及其合力的计算

1. 荷载集度

工程中，荷载的分布情况往往比较复杂，但在很多情况下，分布荷载可简化为沿直线、平面或物体所占有的空间内的均匀分布的荷载进行分析计算。通常我们把单位长度、单位面积或单位体积分布荷载的大小叫荷载集度，一般用 q 表示。

2. 同向分布线荷载的合力计算

平面问题中，沿与荷载方向垂直的某一直线分布的荷载，其合力作用在荷载分布区域的中心，指向不变，其大小等于该分布图形的面积（图1-27）。对于均布荷载，其合力则等于该分布荷载集度的大小 q 乘以荷载分布范围（分布长度）。

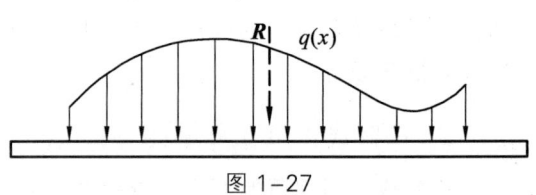

图 1-27

思考题：（1）平面上径向分布荷载的合力如何计算？

（2）沿与分布荷载斜交的直线均匀分布的荷载，例如楼梯斜梁上的均布人群荷载，其合力如何计算？

（3）半球面承受水平力或者竖向水压力时，合力如何计算？

四、结构的计算简图

1. 计算简图的概念

进行结构的受力分析之前，应首先将实际结构进行抽象和简化，使之既能反映实际的主要受力特征，同时又能使计算大大简化。这种经合理抽象和简化，用来代替实际结构进行计算的力学模型叫作结构的计算简图。

计算简图的选取在结构的力学分析中占有相当重要的地位，它直接影响着计算工作量的大小和分析结构与实际结构间的差异。

2. 计算简图选取应遵循的原则

（1）正确反映结构构件的实际受力情况，使计算结果尽可能与实际相符。

（2）要简化和方便结构分析与计算。对结构的内力和变形影响较小的次要因素，可以简化甚至忽略，使计算大大简化。

3. 计算简图的简化内容

计算简图的简化程度与许多因素有关。将实际结构简化为计算简图，应考虑以下几方面的内容：结构构件的简化、结点的简化、支座的简化、荷载的简化。

（1）结构构件的简化。

结构构件的简化主要包括两个方面：一是结构体系的简化；二是结构构件的简化。

结构体系的简化是指把实际的结构体系在可能的条件下进行简化或分解。如将空间结构体系分解为若干个平面结构体系,以简化结构计算工作量。这种简化对于手算时代是特别重要的。随着计算机的发展,这种简化显得越来越没那么重要了。

结构中构件的简化则主要是考虑到杆件截面尺寸远比其长度小,故横截面的平面假设成立,截面应力可根据截面内力来计算,而截面内力又只沿杆件长度方向变化,因此在计算简图中,可以用杆件纵轴线代替杆件进行计算,故可忽略截面形状和尺寸的影响。

(2)结点的简化。

结构中,把各个杆件连接在一起的区域称为结点,通常根据其实际构造和结构受力特点,可将结点分为铰结点、刚结点和组合结点三种,分别如图1-28(a)、(b)、(c)所示。

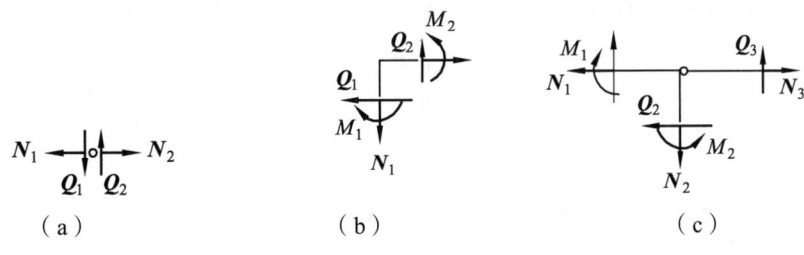

图 1-28

铰结点的特点是与铰相连的各杆件可以分别绕该铰做自由转动,结点对杆件不存在转动约束,即由于杆端转动在杆端不会产生力矩,也不会传递力矩,只能传递轴力和剪力(内力,详见后面章节介绍),计算简图中一般用小圆圈表示铰结点,如图1-28(a)所示;与刚结点相连的各杆的夹角则在结构受力前后始终保持不变,各杆在结点处无法自由转动,结点对杆件的约束类似于固定端约束,结点与杆件之间既传递力矩,也传递轴力和剪力;组合结点则兼有上述两类结点的性质。刚结点及组合结点的表示方法分别如图1-28(b)、(c)所示。

例如:现浇整体式框架结构的梁柱结点是现浇成整体的,梁端弯矩可通过该结点进行传递和分配,大多数情况下该结点可认为是刚结点。

(3)支座的简化。

结构构件与其支承物间的连接装置就是支座。在对支座简化时,一般忽略支座与构件接触面间摩擦以及接触面大小的影响,认为支座与杆件是以一支承点(即反力的合力作用点)连接起来的。

根据实际构造和约束特点不同,常见支座可分为以下三种:

① 固定铰支座(简称铰支座)。

如图 1-29(a)所示的结构,预制柱插入杯形基础,四周用沥青麻丝填实,柱子相对基础可发生微小转动。

② 可动铰支座。

在单层多跨并有纵向变形缝的厂房中,当中柱为单柱时,搭在中柱柱顶的其中一榀屋架将直接搁置于钢滚轴上,而钢滚轴搁置于柱顶或牛腿顶面上,如图1-30(a)所示。

③ 固定支座。

在实际工程中,有些结构构件既不能发生任何方向的移动,也不能发生任何角度的转动。

计算简图中可将这些构件的约束视为固定端支座约束。

如图 1-31（a）所示基础，预制柱插入杯口后，四周浇筑细石混凝土，柱子相对于基础不能发生任何位移（移动和转动），故可将基础对柱子的约束视为固定端支座约束[图 1-31（c）]。

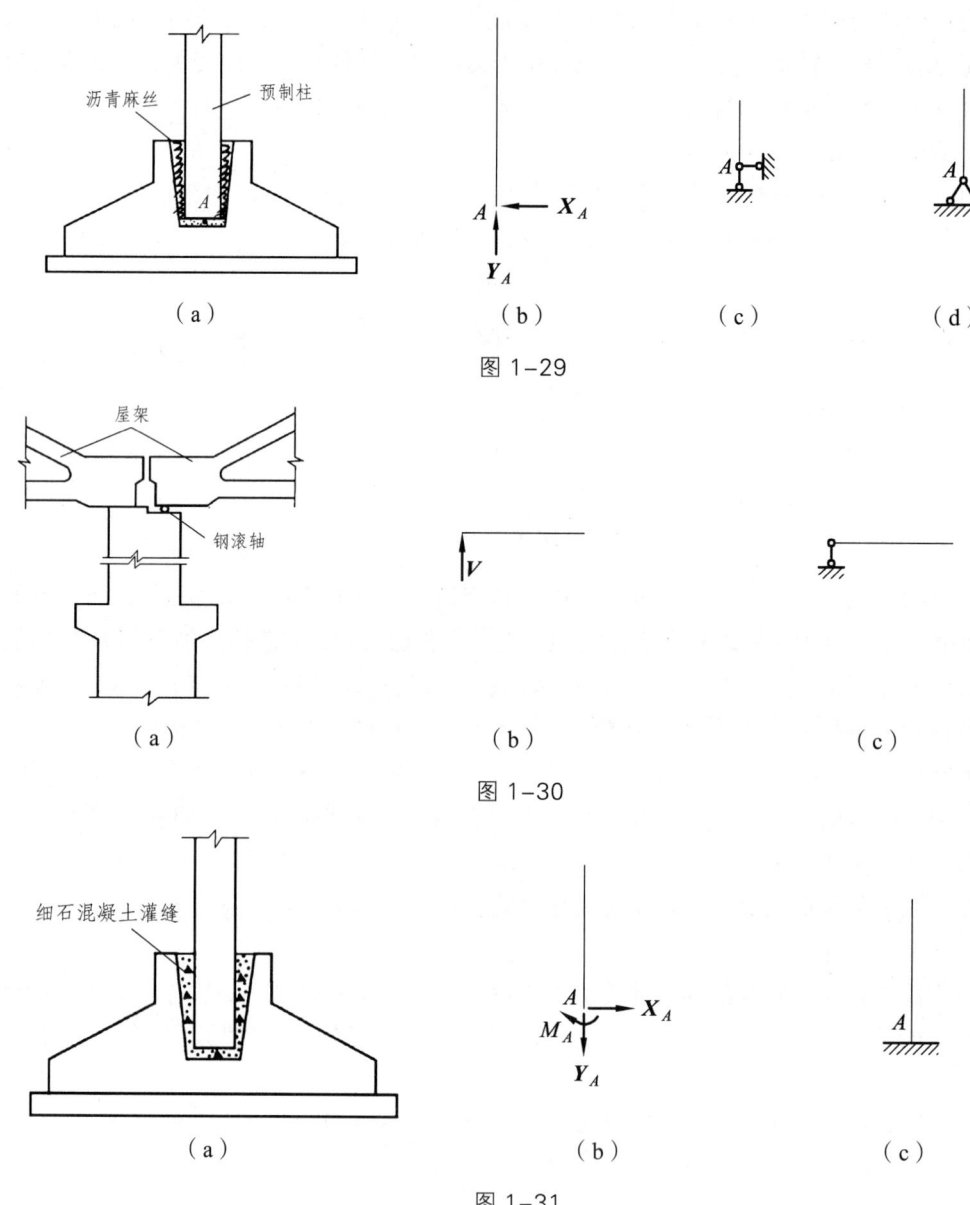

图 1-29

图 1-30

图 1-31

（4）荷载的简化。

荷载的简化是指将实际结构构件上所受到的各种荷载简化为作用在构件纵轴上的线荷载、集中荷载或力偶。在简化时应注意力的大小、方向和作用点（线）。

图 1-32（a）为某排架结构单层厂房的剖面图，图 1-32（b）为其平面布置图，屋面板为大型预应力屋面板，基础为预制杯形基础，并用细石混凝土灌缝，试确定该排架结构的计算简图。

① 结构的简化。

a. 结构体系的简化：将该空间结构简化为一平面体系的结构，即取一平面排架作为研究对象，而不考虑相邻排架对它的影响。

b. 结构构件的简化：柱用其轴线表示，屋架因其平面内刚度很大，故也可用一直杆表示。

② 结点的简化。

在该平面排架内的结点只有屋架与柱的连接结点，一般该结点均为螺栓连接或焊接，结点对屋架转动的约束较弱，故可简化为铰结点。

③ 支座的简化。

由于柱插入基础后，用细石混凝土灌缝嵌固，限制了柱底在竖直方向和水平方向的移动及柱底端截面的转动，因此柱下按固定端支座考虑。

④ 荷载的简化。

该平面排架结构的计算简图如图 1-33 所示。

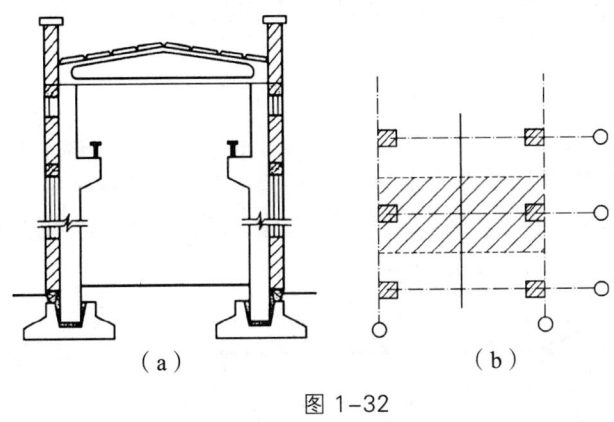

图 1-32

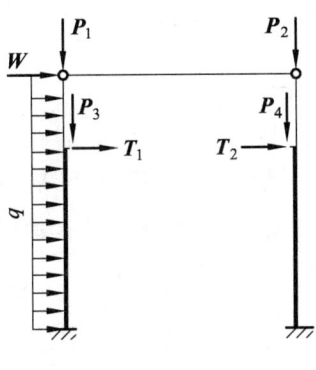

图 1-33

第二章 平面汇交力系

由前述可知,力系包括平面力系和空间力系。平面力系又包括平面汇交力系、平面力偶系、平面平行力系和平面一般力系。对所有的力系均需关注力系的简化(合成)和力系的平衡两类问题。

第一节 平面汇交力系的合成与平衡(几何法)

1. 平面汇交力系合成结果

设平面上任意的力 F_1、F_2、F_3、F_4 的作用线汇交于 A 点(图 2-1),它们构成一个平面汇交力系。由力的平行四边形法则或力的三角形法则,可将各力合成,最终形成一个合力 R,由此可得出结论:平面汇交力系的合成结果为一个合力 R。

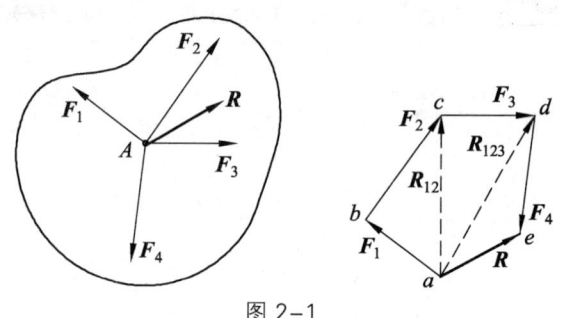

图 2-1

(1)合力大小:由力多边形的封闭边长短按比例确定。
(2)合力方向:由封闭边的指向决定。
(3)合力作用点:合力 R 通过平面汇交力系的汇交点。

2. 平面汇交力系平衡的几何条件

由于平面汇交力系的合成结果为一个合力 R,显然平面汇交力系平衡的必要和充分条件为:合力 $R = 0$。

根据力的平行四边形法则或力的三角形法则可知,合力为零意味着平面汇交力系合成时,力多边形会自行封闭。这就是平面汇交力系平衡的几何条件。

第二节 平面汇交力系的合成与平衡（解析法）

一、力 F 在坐标轴上的投影

1. 已知力，求其投影

力 F 在坐标轴上的投影可根据下列公式计算：

$$F_x = F\cos\alpha \xrightarrow{\diamondsuit} X \tag{2-1}$$

$$F_y = F\sin\alpha \xrightarrow{\diamondsuit} Y \tag{2-2}$$

式中，α 为力 F 与坐标 x 轴正向的夹角。显然，力的投影为标量。

2. 已知力的投影，求该力的大小和方向

当力已知 F 的投影 X、Y 时，则可根据下式求出力 F 的大小：

力的大小：$F = \sqrt{F_x^2 + F_y^2} = \sqrt{X^2 + Y^2}$ （2-3）

力的方向：由力 F 与 x 轴的夹角 α（锐角）以及力 F 在坐标轴上的投影正负号来决定。其中：

$$\tan\alpha = \left|\frac{F_Y}{F_X}\right| = \left|\frac{Y}{X}\right| \tag{2-4}$$

例如：当力 P 与 x 轴的夹角 $\alpha = 30°$ 且 $X<0$、$Y>0$ 时，力 P 的指向为西北角，则力 P 与 x 轴正向的夹角为 $180° - \alpha = 150°$。

二、平面汇交力系的合力

1. 合力投影定理

合力投影定理：合力在任一轴上的投影，等于它的各个分力在同一轴上的投影的代数和。合力投影定理对于平面或者空间任意力系都是成立的。

根据合力投影定理，对于由 n 个力 F_1、F_2、$\cdots$、F_n 组成的平面汇交力系，可得其合力与组成该力系的各分力的投影之间的关系如下：

$$R_x = F_{1x} + F_{2x} + \cdots\cdots + F_{nx} = X_1 + X_2 + \cdots + X_n = \Sigma X$$

$$R_y = F_{1y} + F_{2y} + \cdots\cdots + F_{ny} = Y_1 + Y_2 + \cdots + Y_n = \Sigma Y$$

其中，R_x、R_y 分别为合力在 x 轴及 y 轴的投影；$F_{ix}(X_i)$（$i = 1,2,\cdots,n$，下同）为各个分力在 x 轴上的投影；$F_{iy}(Y_i)$ 为个各分力在 y 轴上的投影。

2. 平面汇交力系合力的解析表达式

求得合力在坐标轴上的投影后，可利用下列公式求出平面汇交力系的合力 R 的大小和方向：

合力大小：

$$R = \sqrt{R_x^2 + R_y^2} = \sqrt{(\Sigma X)^2 + (\Sigma Y)^2}$$

合力的方向：由合力 **R** 与 x 轴的夹角 α（锐角）以及合力 **R** 在两坐标轴上的投影正负号来决定。

$$\tan\alpha = \left|\frac{R_y}{R_x}\right| = \left|\frac{\Sigma Y}{\Sigma X}\right|$$

同样，α 为合力 **R** 与 x 轴的夹角，合力 **R** 的指向由其在坐标轴上的投影正负号决定。

三、平面汇交力系的平衡条件（解析法）

当物体处于平衡状态时，平面汇交力系的合力 **R** 必须为零，这就是平面汇交力系的平衡条件。其解析表达式为：

$$R = \sqrt{R_x^2 + R_y^2} = \sqrt{(\Sigma X)^2 + (\Sigma Y)^2} = 0$$

从而可得平面汇交力系的（解析）平衡条件为：

$$\begin{cases} \Sigma X = 0 \\ \Sigma Y = 0 \end{cases}$$

上式即为平面汇交力系的平衡方程，它表明：平面汇交力系中所有力在 x 轴上投影的代数和必须等于零，所有力在 y 方向上的投影的代数和也必须等于零。

四、运用平衡条件求解未知力的步骤

1. 合理确定研究对象，并画出该研究对象的受力图

画受力图时，应画出作用在研究对象上的所有力（包括作用在其上的全部主动力和全部约束反力）。约束反力应根据约束性质画。同时，在画受力图时，不能多画力，不能少画力，也不能画错力（包括其大小、方向及作用点或作用线）。

2. 由平衡条件建立平衡方程

选择平衡方程时，为避免求解联立方程，宜先取与较多未知力相垂直的坐标轴为投影轴，建立相应的投影平衡方程。

3. 由平衡方程求解未知力

实际计算时，通常规定与坐标轴正向一致的力为正。在默认的常规正交坐标系中，水平力向右为正，垂直力向上为正。如果需要规定其他的正方向，则需在计算时单独建立相应坐标系。

例 2-1 计算图 2-2（a）所示三角支架各杆所受轴力。

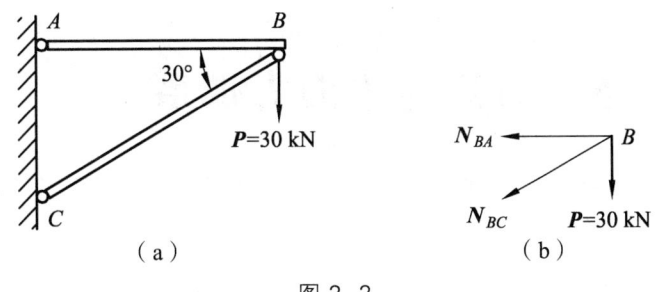

图 2-2

解：取 B 结点为研究对象，由于杆 AB、BC 均为二力杆，它们对结点 B 的约束力应分别过 BA、BC 连线。假定杆 AB、BC 的约束力均为拉力，则结点 B 的受力如图 2-2（b）所示。由其平衡条件有：

$$\Sigma Y = 0 \quad -N_{BC}\sin 30° - P = 0$$

$$\Sigma X = 0 \quad -N_{BC}\cos 30° - N_{BA} = 0$$

解得：$N_{BC} = -2P$(压杆)，$N_{BA} = -\dfrac{\sqrt{3}}{2}N_{BC} = 52$ kN（拉杆）

其中：负号表示假设的指向与真实指向相反。

例 2-2 图 2-3（a）所示体系，物块重 $P = 20$ kN，不计滑轮的自重和半径，试求杆 AB 和 BC 所受的力。

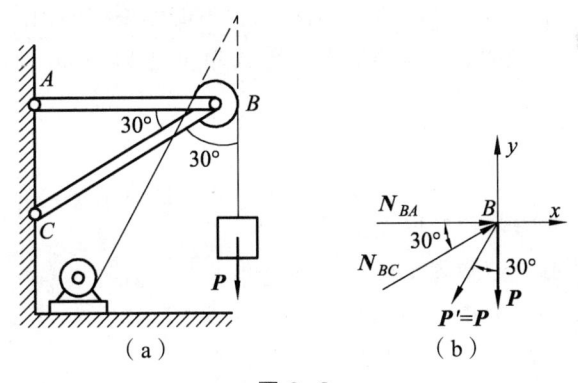

图 2-3

解：杆 BA、BC 均二力杆时，假定两杆的约束反力均为压力，取滑轮 B 的轴销作为研究对象，其受力如图 2-3（b）所示，由其平衡条件，有：

$$\Sigma Y = 0 \quad N_{BC}\sin 30° - P - P\cos 30° = 0$$

$$\Sigma X = 0 \quad N_{BC}\cos 30° + N_{BA} - P\sin 30° = 0$$

解得：$N_{BA} = -54.5$ kN（拉杆）

N_{BA} 为负值，说明该力实际指向与图中假定指向相反，即杆 AB 实际上承受拉力。

第三章 力矩与平面力偶系

一、力 矩

1. 力矩的概念

在力的作用下，物体将发生移动和转动。力使物体绕任意点（或称矩心）的转动效应用力矩来衡量，力矩是衡量力的转动效应的物理量。

平面问题中，讨论力的转动效应时，主要关心力矩的大小与转动方向，而这些与力的大小、方向以及该力相对于转动中心（矩心）的位置有关。

2. 力矩的计算

力 F 的转动效应可用力矩 M 表示，集中力 F 引起的力矩可直接套用公式进行计算：

$$M = \pm F \cdot d$$

式中，F 是力的大小；d 是力臂，即转动中心至力的作用线的距离，如图 3-1 所示。力矩 M 以逆时针转动取正号，顺时针转动取负号。常用单位是 kN·m。通常，力矩 M 用带箭头的弧线段表示，如图 3-2 所示。

3. 力矩的特性

根据力矩的定义，很容易得到以下结论：
（1）力作用线过矩心，力矩为零；
（2）力沿作用线移动，力矩不变。

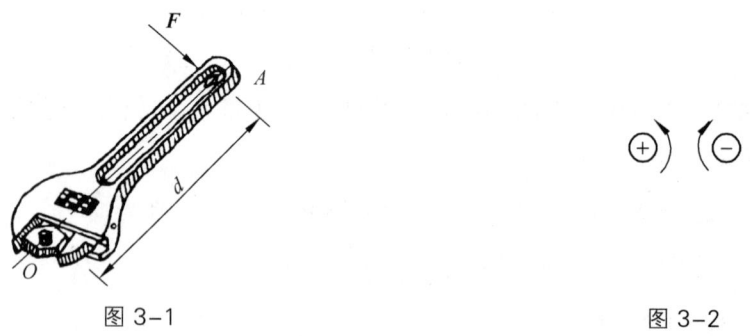

图 3-1　　　　　　　　　　图 3-2

拓展知识：力对点的矩与力对轴的矩（空间问题）。

（1）力对点的矩。

空间问题中，力使物体绕某点（或称矩心）转动的效果可用力对该点的矩来变量。设力 F 作用于刚体上的 A 点，如图 3-3 所示，用 r 表示空间任意点 O 到 A 点的矢径。

于是，力 F 对 O 点的力矩矢量定义为矢径 r 与力矢 F 的矢量积，记为 $M_O(F)$。即：

$$M_O(F) = r \times F$$

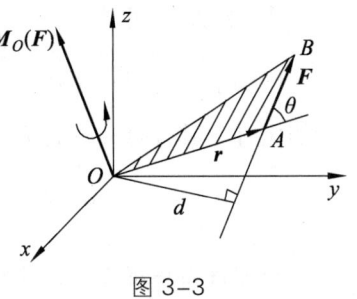

图 3-3

式中，下标 O 称作力矩中心，简称矩心。它可以是空间中任意一点，并非刚体转动过程中某个固定点。矩心可根据需要任意指定，力 F 使刚体绕 O 点转动效果的强弱取决于：

① 力矩的大小；

② 力矩的转向；

③ 力和矢径所组成平面的方位。

因此，研究空间问题，力矩是一个矢量，并由以下要素确定：

矢量的模：即力矩的大小，由下式确定。

$$|M_O(F)| = |r \times F| = rF \sin\theta = Fd$$

式中，θ 为力 F 与 r 之间的夹角（$0 \leq \theta \leq 180°$）。

矢量的方向：与 OAB 平面的法线 n 一致，由 $r \times F$ 按右手螺旋法则来确定。力矩的单位为 $N \cdot m$ 或 $kN \cdot m$。

（2）力对轴的矩。

力对轴的矩是力使刚体绕某轴转动效果的度量，如图 3-3 所示，力 F 对任意轴 z 的矩用 $M_z(F)$ 表示，称为力对轴之矩。其值为：

$$M_z(F) = M_z(F_z) + M_z(F_{xy}) = M_z(F_{xy}) = \pm F_{xy} d$$

这里 d 为 F_{xy} 到 z 轴的距离。

力对轴之矩是代数量，其正负号根据轴的正向由右手螺旋法则确定。

从力对轴之矩的定义可知力对轴之矩的性质：

① 力沿其作用线移动时，力对轴之矩不变。

② 当力的作用线与某轴平行（如与 z 轴平行，则 $F_{xy} = 0$）或相交（$d = 0$）时，力对该轴之矩为零。

（3）力对点之矩与力对轴之矩的关系。

空间中，力对任意点的矩矢在通过该点的任一轴上的投影等于此力对该轴的矩，即：

$$|M_O(F)_z| = |M_z(F)|$$

二、合力矩定理

1. 合力矩定理

平面上，力对点（任意一点）的矩等于它的各个分力对同一点的矩的代数和，这就是合力矩定理。其计算表达式为：

$$M_O(\boldsymbol{F}) = \sum M_O(\boldsymbol{F}_i)$$

根据合力矩定理，在计算均布线荷载引起的力矩时，可先计算均布线荷载的合力，再计算矩心到合力作用线的距离（力臂），最后套用计算集中力对点的矩的计算公式即可。

拓展知识：空间问题中，一个力对一点（轴）的力矩矢等于它的各个分力对同一点（轴）之矩的矢量和（代数和），这就是合力矩定理。其矢量（标量）计算表达式为：

$$M_O(\boldsymbol{F}) = \sum M_O(\boldsymbol{F}_i)$$
$$M_z(\boldsymbol{F}) = \sum M_z(\boldsymbol{F}_i)$$

它表示一个力对空间中某点的力矩矢等于它的各个分力对同一点之矩的矢量和；一个力对空间中某轴的力矩等于它的各个分力对同一轴之矩的代数和。

2. 示 例

例 3-1 求图 3-4 中荷载对 A、B 两点之矩。

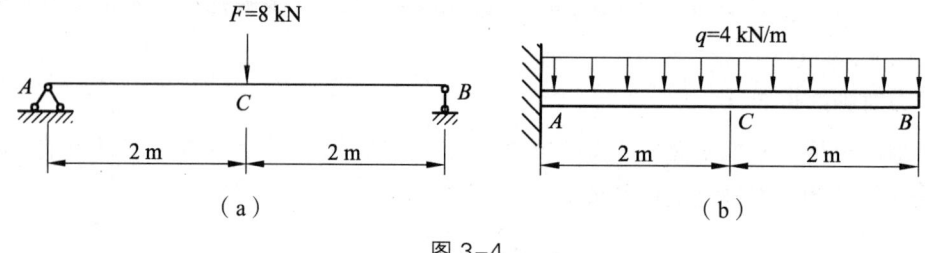

图 3-4

解：图（a）：$M_A(\boldsymbol{F}) = -8 \times 2 = -16 \text{ kN} \cdot \text{m}$ $M_B(\boldsymbol{F}) = 8 \times 2 = 16 \text{ kN} \cdot \text{m}$

图（b）：$M_A(q) = -4 \times 4 \times 2 = -32 \text{ kN} \cdot \text{m}$ $M_B(q) = 4 \times 4 \times 2 = 32 \text{ kN} \cdot \text{m}$

例 3-2 求图 3-5（a）中力 $\boldsymbol{F}$ 对 A 点之矩。

解：将力 $\boldsymbol{F}$ 沿 x 方向和 y 方向分解为两个分力 $\boldsymbol{X}$ 和 $\boldsymbol{Y}$，如图 3-5（b）所示。

由合力矩定理得：

$$\begin{aligned} M_A(\boldsymbol{F}) &= \sum M_A(\boldsymbol{F}_i) = M_A(\boldsymbol{X}) + M_A(\boldsymbol{Y}) \\ &= Y \cdot x - X \cdot y = Y \cdot x_A - X \cdot y_A \\ &= -20 \times 0.707 \times 2 - 0 \\ &= -28.28 \text{ kN} \end{aligned}$$

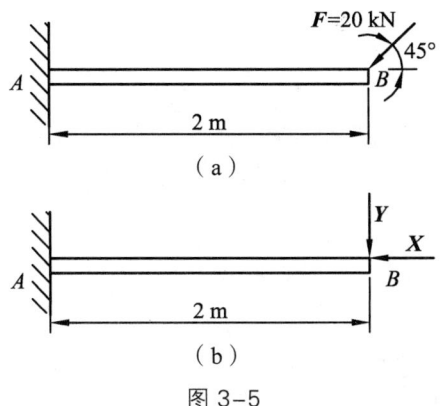

图 3-5

说明：空间问题或者复杂的平面问题中，在求力对点的矩时，往往力臂不好求，因此，考虑运用合力矩定理往往可以收到很好的效果。本题因为力 F 对 A 点取矩时力臂简单好求，故也可以用下式直接求解：

$$M_A(\boldsymbol{F}) = -F \cdot d = -20 \times 2 \times \frac{\sqrt{2}}{2} = -28.28 \text{ kN}$$

三、力偶矩

1. 力偶（矩矢）的三要素

我们知道，大小相等、方向相反、作用线互相平行的两个力所组成的力系（图 3-6）称为力偶。常记为（$\boldsymbol{F}, \boldsymbol{F}'$），其中 $\boldsymbol{F} = -\boldsymbol{F}'$。同力矩一样，力偶的作用效应是使物体产生转动效应。空间问题中，力偶的转动效应取决于力偶矩矢量 $\boldsymbol{M}$ 的三要素，即：

（1）力偶矩的大小；
（2）力偶的转向；
（3）力偶作用面的方位（空间问题）。

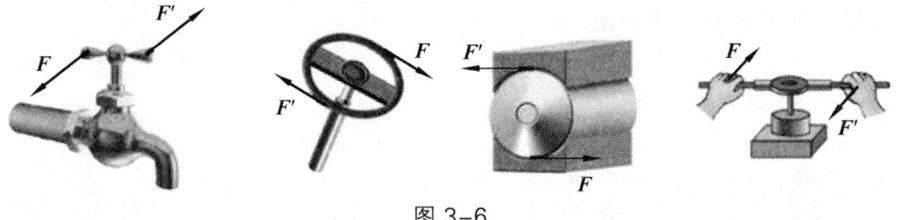

图 3-6

拓展知识：力偶矩矢。

在研究空间问题时，由于力偶作用面有无数可能的方位（方向），因此，力偶对物体的转动效应也有方向性，由于力偶的转动效应是由力偶的矩来衡量的。因此在空间问题中，力偶的矩需要用矢量来表示。也就是说，空间力偶的矩是矢量，常称为力偶矩矢。如图 3-7 所示，空间力偶矩矢 $\boldsymbol{M}$ 等于组成力偶的两个力对空间中任意一点之矩的矢量和。即：

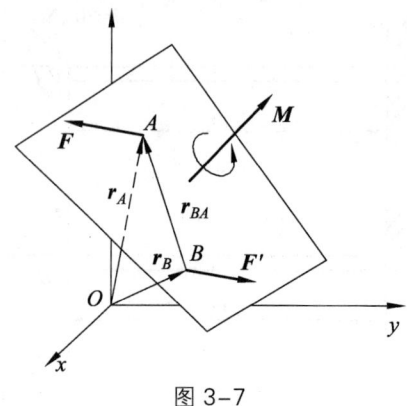

图 3-7

$$M = M_O(F) + M_O(F') = r_A \times F + r_B \times F' = (r_A - r_B) \times F$$

因此，有： $M = r_{BA} \times F$

或者： $M = (-r_{BA}) \times (-F) = r_{AB} \times F'$

根据矢量运算的几何意义可知，在保持矢量不变的情况下，力偶可在空间中任意移动，而不会改变它对物体的运动效应，它是自由矢量，包括其三要素在内的力偶矩矢与矩心（转动中心）位置无关。其中：

（1）力偶矩矢的大小：即力偶矩矢的模，数值上等于组成力偶中的任何一个力的大小与力偶臂 d（力偶中两个力的作用线之间的距离）的乘积，即：

$$M = |M| = |r_{BA} \times F| = |r_{AB} \times F'| = F \cdot d = 2A_{\triangle ABC}$$

这里，F 为力偶中的两个力的大小，d 为力偶臂，$A_{\triangle ABC}$ 为 $\triangle ABC$ 的面积[图 3-8（a）]。

（2）力偶矩矢的方向：垂直于力偶作用面，指向由右手螺旋法则确定，它也不因为转动中心的不同而变化。

（3）力偶的表示方法：空间问题中，力偶的表示方法同矢量的表示方法；在研究平面力偶时，力偶常用图 3-8（b）、（c）所示图例来表示其大小及其转向。

（4）力偶的常用单位：kN·m。

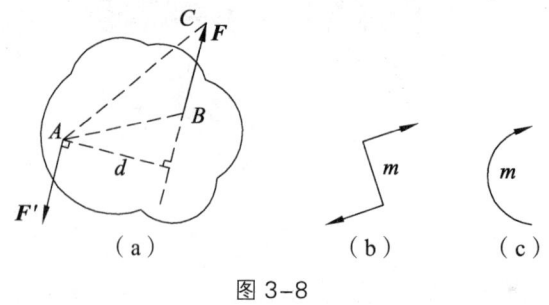

图 3-8

2. 力偶的特性

力偶具有以下特性：

（1）平面力偶只可能有两个不同的转向，为了使用方便，常将平面力偶视为标量，并对其冠以正负号以区别其转向。因此，在研究平面问题时，力偶矩可表示如下：

$$M = \pm F \cdot d = \pm 2S_{\triangle ABC}$$

其中：逆时针转动，力偶矩取正号，顺时针转动，力偶矩取负号。

（2）无论空间力偶还是平面力偶，其转动效应与矩心的位置无关。

（3）平面力偶矩的大小相等、转向相同，则产生的转动效应必相等。此二力偶互为等效力偶（空间问题中，力偶矩矢量相等的两个力偶也互为等效力偶），如图 3-9 所示的三对平面力偶互为等效力偶。

（4）和单个力一样，一个力偶也是最简单的力系。它不可以进一步合成为单个力。

（5）力偶的合力矢量为零（不会使物体质心产生平动加速度，它只能使物体绕质心产生转动效应。所以力偶只能与力偶平衡，而不能与单个力平衡或等效。

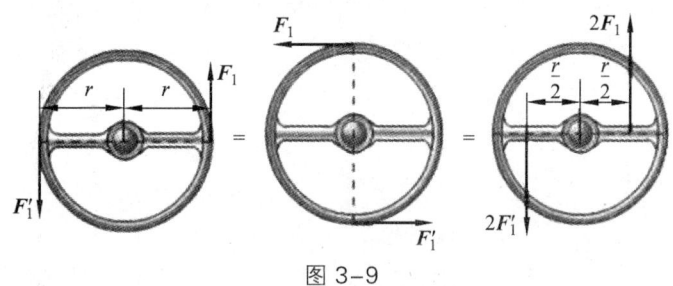

图 3-9

思考题：单手握方向盘和双手握方向盘（两手用力组成力偶）时为什么方向盘均能保持平衡？能否由此认为一个力可以与两个力组成的力偶平衡。

四、力偶系的合成

作用在一个物体上的一组力偶称为一个力偶系。力偶系的合成结果为一个合力偶，合力偶矩矢 M 满足矢量运算法则，即：

$$M = M_1 + M_2 + \cdots + M_n = \sum M$$

当力偶系作用下的物体处于平衡时，则其合力偶必须为零，即：

$$\sum M = 0$$

上式称为力偶系的平衡条件解析表达式。

特别地，对于平面力偶系作用下的物体处于平衡的充分必要条件为：

$$\sum M = 0$$

例 3-3 图 3-10 所示为多轴钻床在一个水平工件上同时加工三个孔的情况。每个钻头对工件施加一压力和一力偶。已知三个力偶矩的大小分别为 $M_1 = 20 \text{ N} \cdot \text{m}$、$M_2 = 20 \text{ N} \cdot \text{m}$、$M_3 = 40 \text{ N} \cdot \text{m}$，

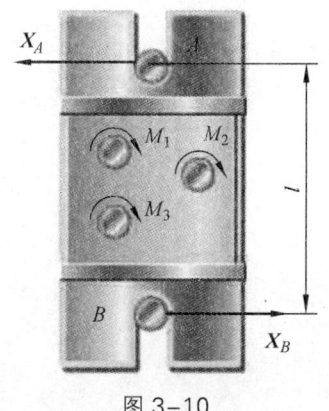

图 3-10

用于固定工件的平台卡在两竖直的螺柱 A、B 之间,两螺柱的距离 l = 250 mm。求加工时两个固定螺柱对平台的水平约束力。

解:取工件和固定工件的平台组成的整体为研究对象,它们受三个力偶及两固定螺柱的水平反力作用而处于平衡状态。由于力偶只能与力偶平衡,因此两个固定螺柱的两个水平反力一定等值反向,且组成一个力偶,如图 3-10 所示。

由力偶系的平衡条件可得:

$$\Sigma M = 0 \quad X_A l - M_1 - M_2 - M_3 = 0$$

即:

$$X_A = X_B = \frac{M_1 + M_2 + M_3}{l} = \frac{20 + 20 + 40}{0.25} = 320 \text{ N}$$

第四章 平面一般力系

作用线既不完全汇交于同一点，也不完全平行的平面力系称为平面一般力系，也叫平面任意力系。

在建筑工程中的某些结构，通常所受外力（包括荷载和约束力）都处在结构平面内，如门式轻钢厂房结构，受到了结构自重以及风荷载、吊车轮压、吊车的横向刹车力等活荷载作用即为平面一般力系。

对于平面一般力系，需要讨论两个问题：力系的简化和力系的平衡。

对于平面一般力系的简化，有以下两种方法：

（1）应用力的平行四边形法则或者三角形法则，将力系中的力逐一合成，最后得到简化结果，这种方法较烦琐，结果也较粗糙，更不便于理论推导。

（2）通过将力系中所有的力向同一点等效平移，将平面一般力系简化为两个基本力系：平面汇交力系和平面力偶系，再将两个力系作进一步的合成即可。此法简单方便，更具有通用性，且便于理论推导。本书以此法为基础介绍平面一般力系的简化。下面先介绍力的等效平移定理。

第一节 力的等效平移定理

力的等效平移定理，也叫力线平移定理，它是指要等效平移刚体上任意一个力至任意一个点（该点常称为简化中心），必须附加一个力偶，其力偶之矩等于原来的力对简化中心之矩。

如图 4-1 所示的圆盘，设在圆盘上 A 点处作用一个力 P，讨论力 P 在圆盘平面内的等效平移问题。

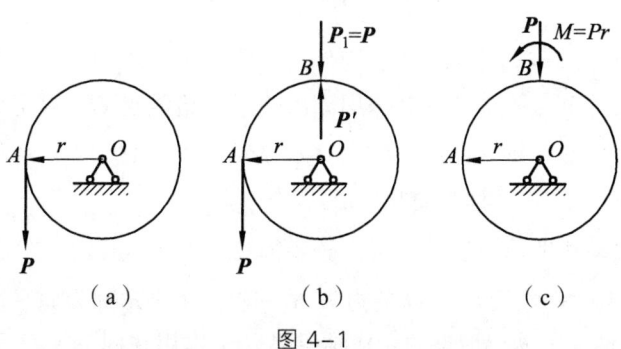

图 4-1

欲将圆盘上力 P 等效移动至任意一点 B，根据加减平衡力系原理，可在 B 点处增加一对平衡力（P_1，P'），使 $P_1 = P$（即：与力 P 大小相等、方向相反，仅作用点不同），如图 4-1（b）所示。由于（P_1，P'）为一对平衡力，故有以下矢量表达式：

$$P' = -P_1 = -P$$

显然（P，P'）构成了一对力偶，其力矩 $M = P \times r$。因此，原来的力 P 等效于作用于 B 点一个力 P_1 和一对偶（P，P'）。注意到 $P_1 = P$，这就说明，将 P 等效平移至 B 点后，需附加一个力偶，其力偶矩 M 等于原来的力 P 对 B 点之矩。

上述结果可以推广为一般结论：作用在刚体上的力可以向其上任意一点作等效平移，平移后除了这个力之外，还须附加一个力偶，其力偶矩等于原来的力对平移点的力矩。换句话说，平移前的一个力，与平移后的一个力和一个力偶等效。

思考题：（1）根据力线平移定理，在平面问题中，一个力可以与另一个力和满足一定条件的力偶等效。那么，反过来一个力和一个力偶是否可以进一步合成为一个力呢？

（2）打乒乓球或踢足球时，为何球飞出去时有时还会旋转，另一些时候球只前进而不旋转？

（3）推磨时，一个人推磨磨心更容易磨损还是两人对称推磨磨心更容易磨损？为什么？

第二节 力系的简化

一、平面力系向一点的简化

在掌握了力的等效平移定理之后，本节介绍平面力系向任意一点 O 的简化。

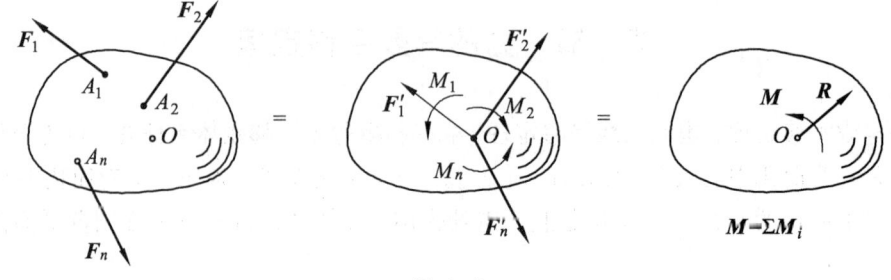

图 4-2

如图 4-2 所示，（F_1，F_2，…，F_n）为作用在刚体上的平面一般力系，若应用力的等效平移定理，将其中的各个力等效平移至作用面内任意一给定点 O。可得到一个平面汇交力系（F_1'，F_2'，…，F_n'）和一个平面力偶系（M_1，M_2，…，M_n）。这种等效变换的方法称为力系向给定点 O 的简化。点 O 称为简化中心。

上述平面汇交力系和平面力偶系还可进一步简化（合成）。其中，平面汇交力系（F_1'，F_2'，…，F_n'）的合成结果为一作用在点 O 的力矢 R。这个力矢 R 称为原平面任意力系的主矢。附加力偶系（M_1，M_2，…，M_n）的合成结果是一个作用在同一平面内的力偶 M，称为原平面任意力系对简化中心 O 的主矩。

上述结果表明：平面任意力系向任意一点的简化结果为一个主矢 R 和一个主矩 M。这个主矢 R 作用线通过简化中心，这个主矩 M 等于这个力系中各力对简化中心 O 的力矩代数和。

说明：（1）显然，平面任意力系的主矢的大小和方向与简化中心 O 的位置无关。

（2）平面任意力系的主矩的大小与转向，通常情况下与简化中心 O 的位置有关。因此，在说到力系的主矩时，一定要指明简化中心。

拓展知识： 平面任意力系的简化结果。

上述结果称为平面任意力系的一般简化结果。对于这个结果的不同情况，往往还可以进一步简化，得到平面一般力系的最后结果，如表 4-1 所示。

表 4-1 平面一般力系简化结果

主矢 R	主矩 M	最后结果	说明
$R \neq 0$	$M \neq 0$	一个力（合力）	合力作用线到简化中心距离 $d = \left\|\dfrac{M}{R}\right\| = \left\|\dfrac{M}{R}\right\|$
	$M = 0$	一个力（合力）	主矢 R 即为原力系的合力，或者说原力系的合力作用线过简化中心
$R = 0$	$M \neq 0$	一个力偶	合成结果为一个力偶，故结果与简化中心无关
	$M = 0$	平衡	任选简化中心，均有 $R = M = 0$，结果与简化中心无关

由表 4-1 可见，对于平面力系，若主矢为零，力系简化的最后结果为一合力偶；若主矢不为零，无论主矩是否为零，力系简化的最后结果均为一合力。

思考题： 空间力系（图 4-3）的简化结果将会有哪些情况？

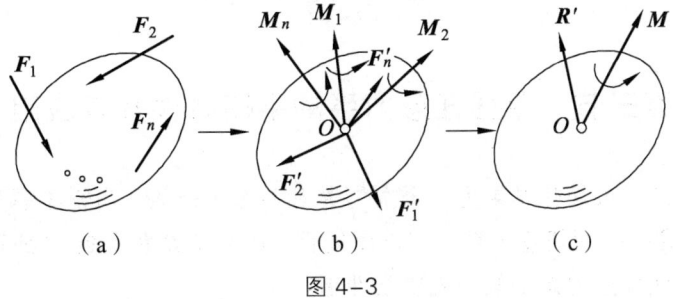

图 4-3

二、主矢、主矩的计算

主矢是力系向一点简化后所得平面汇交力系的合力，故其值可按力多边形规则作图求得或用解析法计算得到。其解析表达式为：

主矢大小：$R = \sqrt{R_x^2 + R_y^2} = \sqrt{(\Sigma X)^2 + (\Sigma Y)^2}$

主矢与 x 轴的夹角 α（锐角）满足：$\tan\alpha = \left|\dfrac{\Sigma Y}{\Sigma X}\right|$

主矢指向由 ΣX、ΣY 的正负号决定。

主矩 M 则为力系向一点简化后所得平面力偶系的合力（合力偶），可由下式计算：

$$M = M_1 + M_2 + \cdots\cdots + M_n = \sum M$$

例 4-1 图 4-4 所示平面力系中，已知 $q = 10 \text{ kN/m}$，$M = 20 \text{ kN} \cdot \text{m}$，$a = 2 \text{ m}$，则该主动力系对 B 点的合力矩为（   ）。

A. $M_B = 0$

B. $M_B = 20 \text{ kN} \cdot \text{m}$（逆时针）

C. $M_B = 40 \text{ kN} \cdot \text{m}$（逆时针）

D. $M_B = 40 \text{ kN} \cdot \text{m}$（顺时针）

解：将主动力系对 B 点取矩求代数和：

$$M_B = M - qa^2/2 = 20 - 10 \times 2^2/2 = 0$$

答案：A

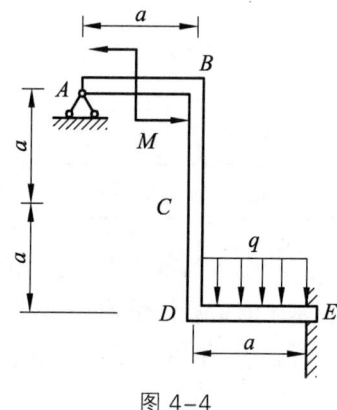

图 4-4

第三节 平面任意力系的平衡条件及其应用

平面任意力系的一般简化结果为一个主矢 $\boldsymbol{R}$ 和一个主矩 M。当物体平衡时，主矢和主矩必须同时为零；反之，平面任意力系向一点简化后，其主矢 $\boldsymbol{R}$ 和主矩 M 都等于零时，该力系必平衡。因此，平面任意力系平衡的充要条件是：

$$\begin{cases} R = 0 \\ M = 0 \end{cases} \tag{4-1}$$

一、平面一般力系平衡方程的基本形式

由平面任意力系平衡的充要条件，有：

（1）主矢 $R = 0$，由 $R = \sqrt{R_X^2 + R_Y^2} = \sqrt{(\Sigma X)^2 + (\Sigma Y)^2} = 0$，得：

$$\begin{cases} \sum X = 0 \\ \sum Y = 0 \end{cases} \tag{4-2}$$

（2）主矩 $M = 0$，得：

$$\sum M = 0 \tag{4-3}$$

可见，平面任意力系平衡的充分必要条件为式（4-1）~ 式（4-3）三式同时为零，从而得到平面任意力系平衡的解析条件，即平衡方程的基本形式为：

$$\begin{cases} \sum X = 0 \\ \sum Y = 0 \\ \sum M = 0 \end{cases} \tag{4-4}$$

它表明平面一般力系平衡的必要和充分条件是：力系中的各个力在直角坐标系中的各个坐标轴（x 轴、y 轴）上投影的代数和以及力系中的各个力对任意点之矩的代数和同时等于零。其中，前两个方程称为投影平衡方程，后一个方程称为力矩平衡方程。

这三个平衡方程是互相独立的，对于一个研究对象可以求解三个未知力，且最多求解三个未知力。

二、平面一般力系平衡方程的其他形式

根据平衡条件，还可以导出平衡方程的其他形式（证明从略）：

（1）二力矩式：

$$\begin{cases} \sum X = 0 \quad (\text{或} \sum Y = 0) \\ \sum M_A = 0 \\ \sum M_B = 0 \end{cases} \tag{4-5}$$

其中，后面两式分别表示力系中各个力对 A、B 两点（称为矩心）之矩的代数和等于零。但要注意 A、B 两点的连线不能垂直于第一式（投影平衡方程）中相应的投影轴（x 轴或 y 轴），只要满足这个条件，两矩心（A、B）可以根据需要任意选取。

（2）三力矩式：

$$\begin{cases} \sum M_A = 0 \\ \sum M_B = 0 \\ \sum M_C = 0 \end{cases} \tag{4-6}$$

这里三个力矩平衡方程中，力矩中心 A、B、C 不能共线。

有兴趣的读者，可以试着证明，当平面一般力系满足二力矩式或者三力矩式条件时，必有主矢 $R = 0$，主矩 $M = 0$。

三、小　结

根据平衡条件 $R = 0$、$M = 0$，可得平面任意力系和平面特殊力系的几种不同形式的平衡方程，如表 4-2 所示。

表 4-2 平面力系的平衡方程

力（偶）系	平面任意力系	平面汇交力系	平面平行力系 （取力作用线平行于 y 轴）	平面力偶系
平衡条件	主矢 $R=0$ 主矩 $M=0$	合力 $R=0$	主矢 $R=0$ 主矩 $M=0$	合力偶矩 $M=0$
平衡方程 基本形式	$\Sigma X=0$ $\Sigma Y=0$ $\Sigma M_o=0$ 矩心 O 为任意点	$\Sigma X=0$ $\Sigma Y=0$	$\Sigma X=0$ $\Sigma M_o=0$ 矩心 O 为任意点	$\Sigma M_o=0$ 矩心 O 为任意点
平衡方程 二力矩式	$\Sigma X=0$ 或 $\Sigma Y=0$ $\Sigma M_A=0$ $\Sigma M_B=0$ A、B 两点连线不垂直于投影 x 轴或 y 轴	$\Sigma M_A=0$ $\Sigma M_B=0$ A、B 两点连线不过力系汇交点	$\Sigma M_A=0$ $\Sigma M_B=0$ A、B 两点连线不与各力作用线平行	
平衡方程 三力矩式	$\Sigma M_A=0$ $\Sigma M_B=0$ $\Sigma M_C=0$ A、B、C 三点不共线			
独立平衡方程数目	三个	两个	两个	一个

思考题：如果不是直角坐标系而是斜坐标系，表 4-2 中结论是否成立？

四、示 例

应用平衡条件求解未知力的步骤为：
（1）确定研究对象，画脱离体受力图；
（2）由平衡条件建立脱离体的平衡方程；
（3）由平衡方程求解未知力。

例 4-2 已知 $q=2\ \text{kN/m}$，求图 4-5（a）所示结构 A 支座的反力。

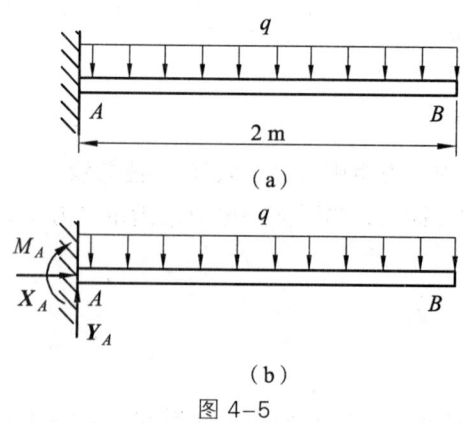

图 4-5

解：取 AB 杆为研究对象，受力如图 4-5（b）所示。由其平衡条件，有：

$$\sum X = 0 \quad X_A = 0$$
$$\sum Y = 0 \quad Y_A - 2q = Y_A - 2 \times 2 = 0$$
$$\sum M_A = 0 \quad -M_A - 2 \times 2 \times 1 = 0$$

解得：$X_A = 0$，$Y_A = 4$ kN($\uparrow$)，$M_A = -4$ kN·m(逆时针)

例 4-3 求图 4-6（a）所示结构的支座反力。

解：取 AB 杆为研究对象，受力如图 4-6（b）所示。由平衡条件，有：

$$\sum X = 0 \quad X_A = 0$$
$$\sum M_A = 0 \quad -4 \times 2 \times 1 - 20 \times 2 + 4Y_B = 0$$
$$\sum Y = 0 \quad Y_A - 4 \times 2 - 20 + Y_B = 0$$

解得：$X_A = 0$，$Y_A = 16$ kN($\uparrow$)，$Y_B = 12$ kN($\uparrow$)

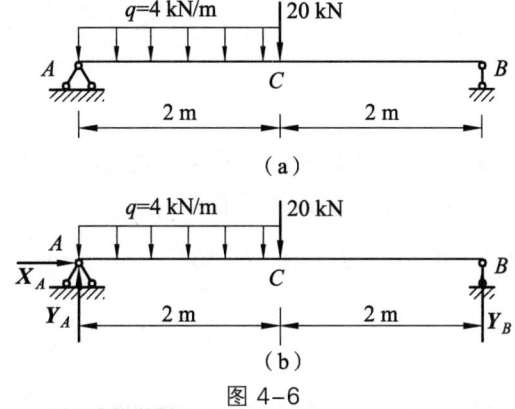

图 4-6

例 4-4 求图 4-7（a）所示结构的支座反力。

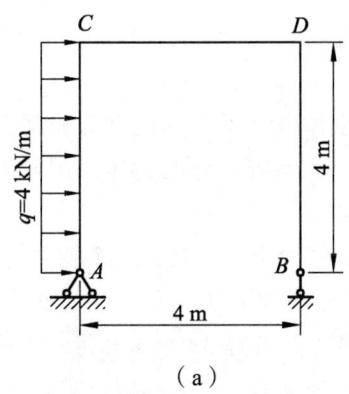

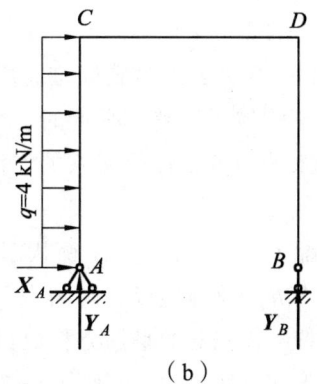

图 4-7

解：取整个结构为研究对象，受力如图 4-7（b）所示。由其平衡条件，有：

$$\sum X = 0 \quad 4 \times 4 + X_A = 0$$
$$\sum M_A = 0 \quad -4 \times 4 \times 2 + 4Y_B = 0$$
$$\sum Y = 0 \quad Y_A + Y_B = 0$$

解得：$X_A = -16$ kN($\leftarrow$)，$Y_B = 8$ kN($\uparrow$)，$Y_A = -8$ kN($\downarrow$)

例 4-5 如图 4-8（a）所示平面构架，不计各杆自重。已知：物块 M 重力的大小为 G，悬挂如图所示，不计小滑轮 D 的尺寸与重量，A、E、C 均为光滑铰链，$L_1 = 1.5$ m，$L_2 = 2$ m。求支座 B 的约束力。

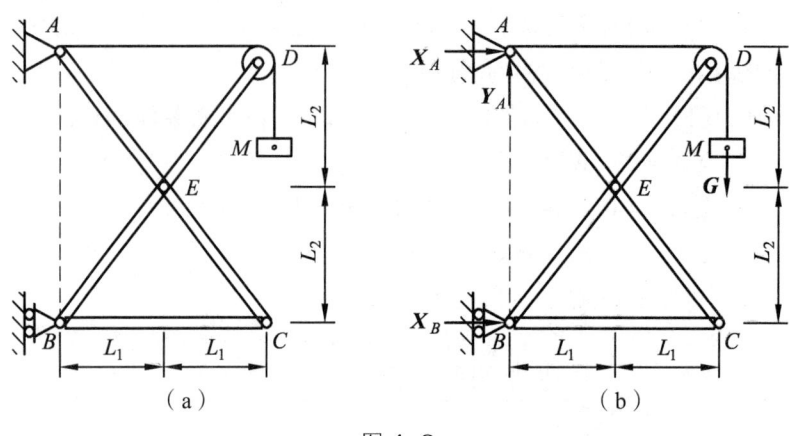

图 4-8

解：取构架整体为研究对象，根据约束的性质，B 处为活动铰链支座，约束力为水平方向，构架受力如图 4-8（b）所示。由平衡条件，有：

$$\sum M_A(\boldsymbol{F}) = 0 \quad X_B \cdot 2L_2 - G \cdot 2L_1 = 0$$

解得：$X_B = 0.75G(\rightarrow)$

第四节　刚体系统的平衡问题

前面讨论的都是单个刚体或刚体系统整体的平衡问题。工程中常见的是由两个或者两个以上的刚体以一定的约束方式联结而成的刚体系统。

显然，当刚体系统整体平衡时，系统中每一个刚体或者系统中任意部分都必然处于平衡。我们把系统内各物体间相互的作用力，称为内力；系统以外的物体作用于系统的力，称为外力。

通常情况下，每一个处于平衡状态的刚体在平面力系作用下，具有三个独立的平衡方程，若刚体系统由 n 个刚体组成，则刚体系统便具有 $3n$ 个独立的平衡方程（在特殊力系作用下，刚体系统中各刚体独立的平衡方程数目可由表 4-2 确定），可解 $3n$ 个未知量。若刚体系统中实际存在的未知量数目为 k，则当 $k = 3n$ 时，应用全部独立的平衡方程就可求得全部未知量，此类问题称为静定问题；当 $k > 3n$ 时，应用全部独立的平衡方程不能求出全部未知量，此类问题称为静不定问题，或称为超静定问题。本章我们研究静定的刚体系统的平衡问题。

在分析静定刚体系统的运动和平衡问题时，一方面由于刚体数目不止一个，另一方面由于约束方式和受力情况都较复杂。因此，在很多情况下，只考虑整个系统的平衡，尚不能求出全部刚体的约束力和内力。往往需要进一步将刚体系统拆开，拆开后再根据需要选取恰当的研究对象并建立高效有用的平衡方程，以便减少求解联立方程的未知量数目和计算工作量。

对于这类刚体系统的平衡问题,要点在于如何正确选择研究对象,一旦确定了研究对象,则计算步骤与单个刚体的计算步骤完全一样。

通常,求解刚体系统平衡问题的方法及步骤如下:

(1) 判断刚体系统是否是静定系统。只有所给系统是静定的,才能够只利用静力平衡方程求解其全部约束力和全部内力。

(2) 选取研究对象。研究对象可以是整个系统,也可以是系统的一部分,这可通过分析结构的类型以及所要求解的未知量,才能选择恰当的研究对象。通常需要首先通过整体系统的平衡,求解得到尽可能多的未知约束力,以方便求解将系统拆开分析时研究对象上的约束力或构件内力。但对于求解悬臂结构时,也可能不需要取整体为研究对象,不需要首先求解支座约束反力,而是直接从悬臂端开始分析。

(3) 进行受力分析。根据约束的性质,画出研究对象的受力图。画受力图时,要严格区分施力体与受力体,内力与外力(只分析所选研究对象受到的外力),作用力与反作用力。

(4) 建立平衡方程,求解未知量。

下面通过示例讲解在研究刚体系统的平衡问题时,如何正确选择研究对象。

例 4-6　求图 4-9 所示结构的支座反力。

分析: 一个研究对象最多有三个平衡方程。因此,通过一个研究对象的平衡条件最多只能求解三个未知力。本例中,共有两个基本的刚体,可能的研究对象包括:整体系统、AB 杆及 BC 杆等三个研究对象。注意到以 BC 杆为研究对象时,其受力图中有三个未知力,而对于整个刚体系统或者以 AB 杆为研究对象时,未知力个数都超过了三个。所以,宜先取未知力个数不超过其平衡方程数的 BC 杆为研究对象进行计算分析。然后再取 AB 杆或者整体系统为计算对象进行计算分析。

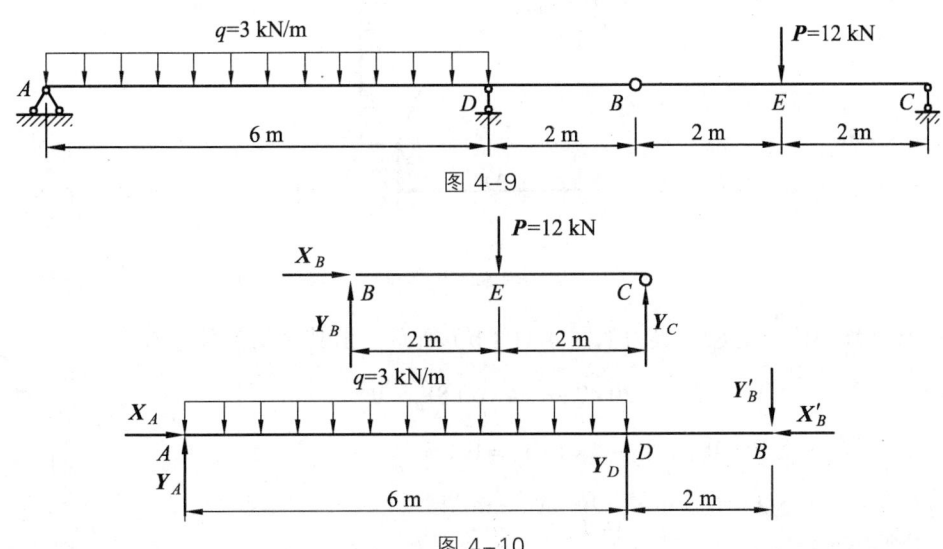

图 4-9

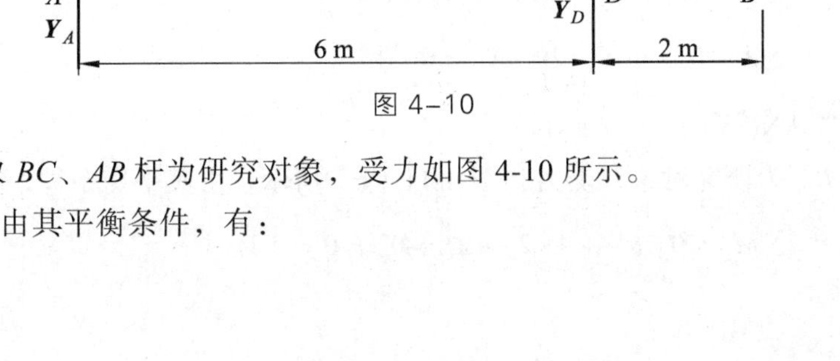

图 4-10

解: 分别取 BC、AB 杆为研究对象,受力如图 4-10 所示。

对 BC 杆,由其平衡条件,有:

$$\sum X = 0 \quad X_B = 0$$
$$\sum M_B = 0 \quad -12 \times 2 + 4Y_C = 0$$
$$\sum Y = 0 \quad Y_B - 12 + Y_C = 0$$

解得：$X_B = 0$，$Y_C = 6\ \text{kN}(\uparrow)$，$Y_B = 6\ \text{kN}(\uparrow)$。

对 AB 杆，由其平衡条件，有：

$$\sum X = 0 \quad X_A - X_B' = 0$$
$$\sum M_A = 0 \quad -3 \times 6 \times 3 - 8Y_B' + 6Y_D = 0$$
$$\sum Y = 0 \quad Y_A - 3 \times 6 - Y_B' + Y_D = 0$$

解得：$X_A = 0$，$Y_D = 17\ \text{kN}(\uparrow)$，$Y_A = 7\ \text{kN}(\uparrow)$。

注意：作用与反作用关系。$X_B' = X_B$，$Y_B' = Y_B$。

例 4-7 求图 4-11（a）所示三铰拱的支座反力。

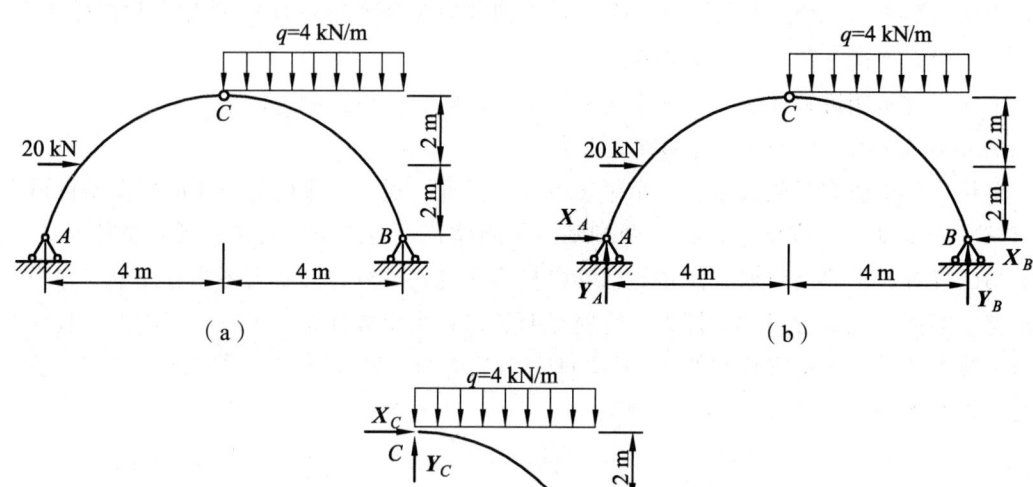

图 4-11

解：取整体为研究对象，受力如图 4-11（b）所示。由其平衡条件，有：

$$\sum M_A = 0 \quad -20 \times 2 - 4 \times 4 \times 6 + 8Y_B = 0$$
$$\sum Y = 0 \quad Y_A - 4 \times 4 + Y_B = 0$$
$$\sum X = 0 \quad X_A + 20 - X_B = 0 \tag{1}$$

解得：$Y_B = 17\ \text{kN}(\uparrow)$，$Y_A = -1\ \text{kN}(\downarrow)$。

取右半部分 BC 为研究对象，受力如图 4-11（c）所示，由其平衡条件，有：

$$\sum M_C = 0 \quad -4 \times 4 \times 2 - 4X_B + 4Y_B = 0$$

解得：$X_B = 9$ kN($\leftarrow$)

将 X_B 代入式（1），解得：$X_A = X_B - 20 = -11$ kN($\leftarrow$)

例 4-8 如图 4-12（a）所示水平梁 AB 由铰 A 及杆 BD 支撑。在梁上 O 处用销轴安装滑轮，轮上跨过软绳，绳一端水平地系于墙上，另一端悬挂重力为 W 的物块。构件均不计自重，求铰 A 的约束力。

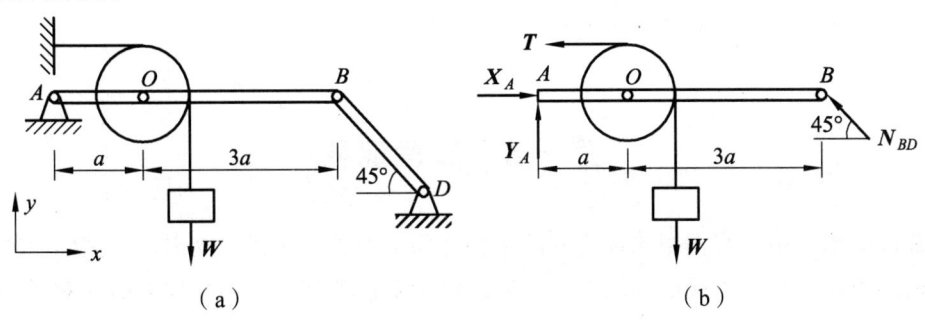

图 4-12

解：取杆 AB 及滑轮（带重物）为研究对象，受力如图 4-12（b）所示（设滑轮半径为 r）。由其平衡条件，有：

$$\sum M_B(F) = 0 \quad T \cdot r + W(3a - r) - Y_A \times 4a = 0$$

$$\sum M_A(F) = 0 \quad T \cdot r - W(a + r) + N_{BD} \sin 45° \times 4a = 0$$

$$\sum X = 0 \quad X_A - T - N_{BD} \cos 45° = 0$$

注意到：$T = W$，解得：

$$Y_A = 0.75W \ (\uparrow)$$

$$N_{BD} = 0.25\sqrt{2}W \ (\nwarrow)$$

$$X_A = 1.25W \ (\rightarrow)$$

第五章 摩 擦

第一节 摩擦现象

在前面的章节中,我们把物体之间的接触(面)都看成是理想光滑的。因此,物体间接触之处的约束反力总是沿接触面的法线方向,沿接触面的切线方向物体间的相对运动不会受到任何的阻碍。

然而,一切物体都具有不同程度的粗糙面,当物体间沿接触面的切线方向相对运动或者具有相对运动趋势时,凹凸不平的粗糙面就会产生对相对运动或者相对运动趋势的阻力,这种阻力称为摩擦力。通常,摩擦力不大时,或者说,它对于物体的受力不起主要作用时,往往会不考虑摩擦的作用,这将使问题得以简化。

但是,一些问题中,摩擦却不能忽略。例如,常见的皮带传动,就是利用皮带和皮带轮之间的摩擦力传递运动;机械加工中常用的夹具,就必须利用摩擦来夹紧工件;钢结构工程中的摩擦型高强螺栓也是利用摩擦实现结点传力的。再如,为保证轿车在行驶过程中的安全,其制动器被列为其年检的必检项目之一,是因为轿车就是通过它利用摩擦力实现刹车功能的。这些都是利用摩擦的有利一面。在人们的生产、生活实践中摩擦有着广泛的应用,但它也有不利的一面,它可能会使零件损耗磨损,使机械的精度降低、寿命缩短,使机械发热、消耗更多的能量、降低机械效率等等。

研究摩擦的任务就是要掌握它的基本规律,尽可能地利用其有利的一面,减少甚至避免其不利的影响。

摩擦现象在自然界里是普遍存在的,没有摩擦,人就不能走路,甚至不能保证正常的生活。有关摩擦的物理本质是非常复杂的,涉及物体接触面的弹性变形、塑性变形,接触面材料的物理和化学性质以及流体润滑等。目前尚未建立起十分完整的理论,仅有一些近似的说法认为摩擦产生的原因主要是接触面的凹凸不平以及接触面的分子吸引力。据此建立的古典理论,其结论虽然是近似的,但在工程中仍然有其实用价值。

通常,可按相互接触的物体间的运动形式不同,将摩擦分为滑动摩擦和滚动摩擦(滚阻)。滑动摩擦是指相对运动为滑动或者具有滑动趋势时的摩擦,而滚动摩擦是指相对运动为滚动或者具有滚动趋势时的摩擦。此外,还可按接触物体间有无相对运动,将摩擦分为静摩擦和动摩擦。静摩擦是两接触物体仍然保持相对静止,仅有相对运动的趋势时的摩擦,而动摩擦则是两接触物体间有相对运动时的摩擦。

本章主要研究静滑动摩擦,重点是研究具有静滑动摩擦的平衡问题。

第二节 滑动摩擦

一、静滑动摩擦

两接触物体仍然保持静止，仅有相对滑动的趋势时的摩擦称为静滑动摩擦，相应的摩擦阻力称为静滑动摩擦力。为了说明滑动摩擦的规律，我们考虑在固定的水平面上放置一重量为 G 的物体，物体在重力 G 和支承面的约束反力 N 的作用下处于静止状态[图 5-1（a）]。

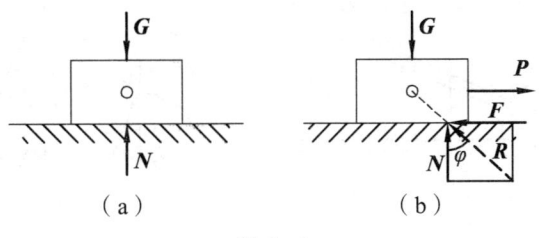

图 5-1

如图 5-1（b）所示，在物体上施加一大小可以改变的水平力 P（从 0 逐渐增大），初始时物体仍能保持静止，说明支承面对物体除了提供法向约束反力 N 外，还应有一阻碍物体沿支承面滑动的约束反力 F，该力就称为静滑动摩擦力，简称静摩擦力。显然，静摩擦力的方向与物体滑动趋势的方向相反（也就是与水平力 P 的方向相反），大小则由平衡条件确定。即：

$$F = P$$

当物体处于静止状态时，由平衡条件可知，上式始终成立。随着 P 的增加，静摩擦力 F 也相应增加。当其增加至某一个极限数值 F_{max} 时，物体将处于将滑未滑的临界平衡状态。如果力 P 略微增大，物体将开始沿支承面滑动。由此可见，静摩擦力的大小随主动力的变化而变化，其大小由平衡条件确定，方向与物体相对滑动趋势相反。但静摩擦力有一个最大值，这就是最大静摩擦力 F_{max}，称为极限摩擦力。因此，静摩擦力 F 的大小变化范围为：

$$0 < F \leq F_{max}$$

大量实验表明：最大静摩擦力 F_{max} 的大小与相互接触物体间的法向反力 N 成正比，即：

$$F_{max} = fN$$

这就是通常所说的库仑静摩擦定律。式中，比例系数 f 称为静滑动摩擦系数，简称静摩擦系数。它是一个无量纲的系数，由实验确定。该系数主要取决于相互接触物体表面的材料性质和表面状况（例如：光洁度、润滑情况以及温度、湿度等）。较精确的实验表明，它还与两物体接触面间的压强及接触时间有关。

拓展知识：倾斜法测静摩擦系数。

将待测的两种材料制作成物块与可动平面[图 5-2（a）]，逐渐增加平面的倾角，当倾角较小时，由于存在摩擦，物体在斜面上保持静止，此时物体在重力 G 及法向反力 N 和摩擦力 F 三个力作用下处于平衡。随着斜面的倾角加大至某一角度 α 时，物体沿斜面处于将滑未滑的临界状态,此时的倾角称为静止角。作用在物体上的摩擦力也达到了其极限摩擦力 F_{max},由物体的受力图可知[图 5-2(b)]:

$$\tan\alpha = \frac{F_{max}}{N} = \frac{fN}{N} = f$$

结果表明:待测材料间的静滑动摩擦系数在数值上等于静止角的正切。

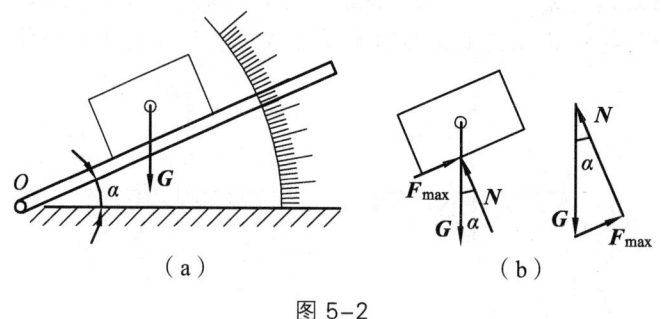

图 5-2

二、动滑动摩擦

在前面的实验中[图 5-1(b)],随着外力 P 的增加,当其值大于最大静摩擦力 F_{max} 后,物体将沿水平力 P 的方向滑动。这时,两接触物体间依然存在着摩擦力的作用,这种有相对滑动时的摩擦,称为动滑动摩擦。相应的摩擦力称为动滑动摩擦力,简称动摩擦力,其大小常用 F' 表示。

实验表明,动摩擦力 F' 的大小也与接触面法向反力 N 的大小成正比,即:

$$F' = f'N$$

这就是库仑动摩擦定律。式中,比例系数 f' 称为动滑动摩擦系数,简称动摩擦系数。它也是一个无量纲的系数,由实验确定。它除了与相互接触物体表面的材料性质和表面状况有关外,f' 还与物体间相对滑动速度有关。在开始滑动后的一定范围内,f' 随物体间相对滑动速度的增加而略有减小($f' < f$)。在一般工程计算中,可不考虑物体间相对滑动速度的影响,近似认为 $f' = f$。

应当指出,1871 年法国科学家库仑基于实验得出的有关滑动摩擦的近似结论,并不能反映出摩擦现象的复杂性,随着生产和科学技术的发展,一些新的摩擦理论在不断地提出和完善,但库仑摩擦理论公式简单,应用方便,在一般工程计算中用它求出的结果有足够的精度,故仍被广泛地采用。相关的系数,可查阅一些工程手册,也可通过试验获取。

三、摩擦角及摩擦自锁的概念

1. 摩擦角

依然考虑重为 G 放置于水平面上承受着水平拉力 P 作用的物体,当水平力 P 不大时,物体将保持静止。接触面上产生的切向静摩擦力 F 和法向反力 N 可以合成一个力 R，这一合力 R 称之为支承面的全反力（全约束力）。它与接触面的法线成某一个夹角 φ。显然 φ 随主动力的变化而变化（随水平力 P 的增加而变大），在临界平衡时，摩擦力取得最大值（最大静摩擦力）。相应的夹角 φ 取得最大值 φ_{max}，称为静摩擦角或摩擦角[图 5-3（a）]。显然，物体处于静止状态时，夹角 φ 总是小于等于摩擦角 φ_{max}，即：

$$0 < \varphi \leqslant \varphi_{max}$$

这里 φ_{max}（常记作 φ_m）由下式决定：

$$\tan\varphi_m = \tan\varphi_{max} = \frac{F_{max}}{N} = f$$

上式表明：静滑动摩擦系数等于摩擦角的正切，因此静摩擦角 φ_m 也是表示材料摩擦性质的物理量。全反力 R 的作用线只能在静摩擦角 φ_m 范围内产生，当水平力 P 在水平面内不断改变方向和大小时，显然物体沿接触面的滑动趋势方向随之变化，全反力作用线的方位也将不断改变。如果物体与支承面间的静摩擦系数沿任何方向都相同，全反力的作用线将始终在一个以接触点为顶点，以接触面法线为轴，以 $2\varphi_m$ 为顶角的正圆锥体内，如图 5-3（b）所示。该锥面体称为静摩擦锥。

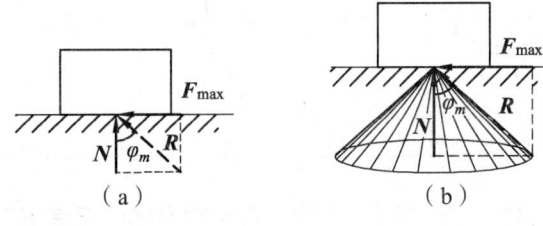

图 5-3

2. 自　锁

因为静摩擦力总是小于或等于最大静摩擦力，因而全反力 R 与接触面法线间的夹角 φ 不大于摩擦角 φ_m，即：

$$\varphi \leqslant \varphi_m$$

上式来明，全反力 R 的作用线只能位于摩擦角和摩擦锥内变化，如果把作用于物体上的所有主动力（如此处的重力 G 和水平力 P）合成一个合力 Q，它与接触面法线间的夹角为 α，如图 5-4 所示。

当物体处于平衡时，由二力平衡条件可知，Q 与 R 必定在一条直线上，于是有：

$$\alpha = \varphi \leqslant \varphi_m$$

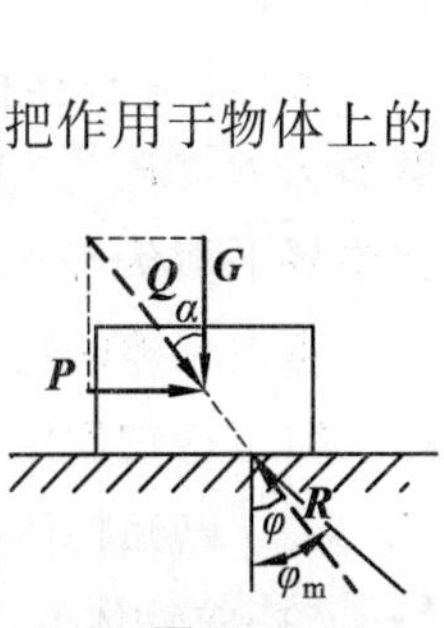

图 5-4

也就是说，当物体平衡时，作用于物体上的全部主动力合力 Q 作用线始终位于摩擦角或者摩擦锥面内。若主动力的合力 Q 的作用线在摩擦角或者摩擦锥范围以外时，无论 Q 有多小，它都不能与全反力 R 平衡，因此物体将发生运动；若主动力合力 Q 作用线与接触面法线间的夹角 $α$ 小于或等于静摩擦角 $φ_m$ 时，无论这个力有多大，都会产生与之平衡的全反力 R，使物体总能保持平衡状态，这种现象称为摩擦自锁。这种与力的大小无关，而只与摩擦角（或者摩擦系数）有关的平衡条件称为自锁条件。

之所以会发生摩擦自锁是因为：当满足主动力合力 Q 作用线与接触面法线间的夹角 $α ≤ φ_m$ 时，随着主动力合力不断增大，支承面的法向反力 N 和阻碍物体滑动的摩擦力 F 也会相应地增加，所以物体仍能够静止不动。工程中经常利用自锁条件，设计一些机构和夹具，使物体工作时能实现自锁或者避免自锁。如图 5-5 所示，螺旋千斤顶就是利用自锁条件将重物慢慢顶起的。

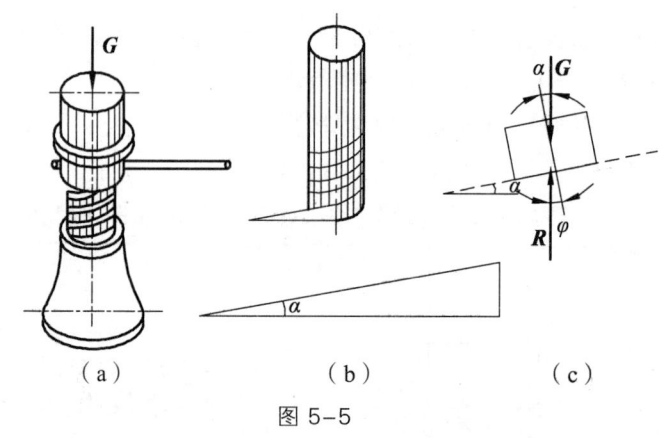

图 5-5

第三节　考虑滑动摩擦时物体的平衡问题

对于具有滑动摩擦的物体的平衡问题，和不考虑摩擦的平衡问题没有太大差别，只是应注意在进行受力分析时必须考虑摩擦力。当与接触面的相对滑动趋势方向已知的情况下，滑动摩擦力的方向与其相反，须在受力图中正确画出；相对滑动趋势方向未知的情况下，摩擦力可沿接触面切线方向画出，指向可假定。

此外，要根据物体所处的平衡状态建立与其相应的摩擦力物理条件。在一般平衡状态下，摩擦力 $F ≤ F_{max}$，其大小由平衡条件确定，它的方向应与接触面的相对滑动趋势方向相反；在临界平衡状态下，摩擦力 $F = F_{max} = fN$。

考虑摩擦时物体的平衡问题，通常可分为下述三种类型：

（1）已知作用在物体上的主动力，判断物体是否处于平衡状态并计算相应的摩擦力。

（2）已知物体处于临界平衡状态，求主动力的大小或物体平衡时的位置（距离或角度）。

（3）求物体的平衡范围。由于静摩擦力的值 F 可以随主动力而变化（只要满足 $F ≤ F_{max}$）。因此在考虑摩擦的平衡问题中，物体所受主动力的大小或平衡位置允许在一定范围内变化。这类平衡问题的解答往往是以不等式表示的一个范围值，称为平衡范围。

例 5-1 将重量为 W 的物体置于倾角为 α 的斜面上,如图 5-6(a)所示,其中 $\sin\alpha = 0.6$、$\cos\alpha = 0.8$。物体上作用一水平力 P,其大小等于 W。如物体与斜面之间摩擦系数 $f = 0.2$,则物体将处于什么状态?

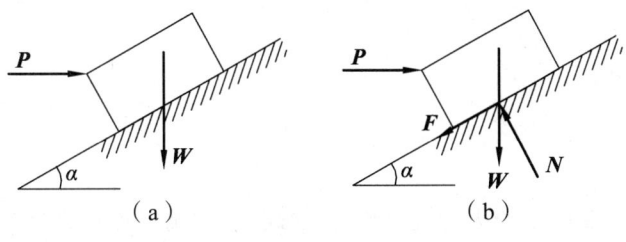

图 5-6

解:设沿斜面向上方向为 x 轴,全部已知力在 x 轴上的投影代数和为:

$$\sum X = P\cos\alpha - W\sin\alpha = 0.2W > 0$$

可见,物体有斜向上的滑动趋势,而斜面能提供的最大静摩擦力(斜向下方向)为:

$$F_{\max} = fN = f(P\sin\alpha + W\cos\alpha) = 0.2(0.6W + 0.8W) = 0.28W$$

因为 $F_{\max} > \sum X$,所以物体能静止在斜面上,且相对滑动趋势沿斜面向上,故摩擦力应沿斜面向下。其受力如图(b)所示。

例 5-2 如图 5-7(a)所示结构中,已知:B 处光滑,杆 AC 与墙间的静摩擦因数 $f_s = 1$,$\theta = 60°$,$\overline{BC} = 2\overline{AB}$,杆自重不计。试问在垂直于杆 AC 的力 F 作用下,杆能否平衡?为什么?

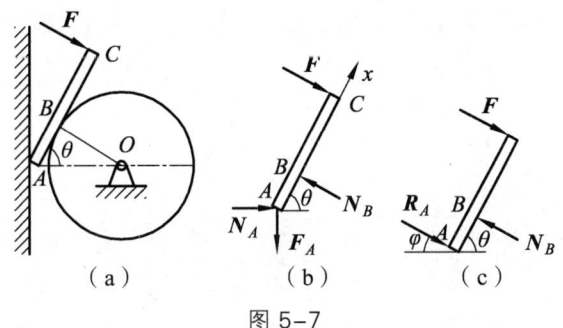

图 5-7

解:已知静摩擦系数及外力方向,求保持静止的条件,因此需用平衡方程与摩擦力的物理条件联合求解,现用解析法与几何法分别求解如下:

(1) 解析法。

以杆 AC 方向为 x 轴,取 AC 为脱离体,其受力如图 5-7(b)所示。注意到杆在 A 处有摩擦力 F_A,B 处光滑。由平衡条件,有:

$$\sum x = N_A \cos 60° - F_A \sin 60° = 0 \tag{1}$$

由摩擦力的物理方程,有:

$$F_A \leqslant f_s N_A \tag{2}$$

由式(1)得:

$$\frac{F_A}{N_A} = \frac{\cos 60°}{\sin 60°} = 0.577 \tag{3}$$

由式（2）得：

$$\frac{F_A}{X_A} \leqslant f_s = 1 \tag{4}$$

比较（3）、（4）两式可知：AC 杆能保持平衡。

（2）几何法。

因为杆 AC 在 C、B 两处的力均垂直于杆，故杆若平衡，A 处的全反力 $\boldsymbol{R}_A$ 必与杆垂直，如图 5-7（c）所示，其中 $\boldsymbol{R}_A = \boldsymbol{F}_A + \boldsymbol{N}_A$。由于 $\boldsymbol{R}_A$ 与 $\boldsymbol{X}_A$ 的夹角 $\varphi = 30°$，而 A 处的摩擦角为：

$$\varphi_m = \arctan f_s = \arctan 1 = 45°$$

由此可得：

$$\varphi < \varphi_m$$

满足自锁条件，所以杆 AC 能平衡。

注：若已知条件为摩擦角而非摩擦系数时，可考虑应用自锁条件求解摩擦问题。

第六章 平面体系的几何组成分析

第一节 几何组成分析的目的

一、基本概念

常见的杆件体系包括几何可变体系、几何不变体系和瞬变体系三类：

1. 几何不变体系

杆系结构通常是由若干根杆件组成的，但并非所有的杆件系统都可以在承受力、传递力（包括正常使用过程中的干扰力）的过程中起到骨架作用并成为有效的结构体系。例如图 6-1 (a) 所示铰接四边形，可不费多少力就将其变成平行四边形[图 6-1 (b)]，它完全不能承受正常的使用荷载作用，当然也就不能作为结构。

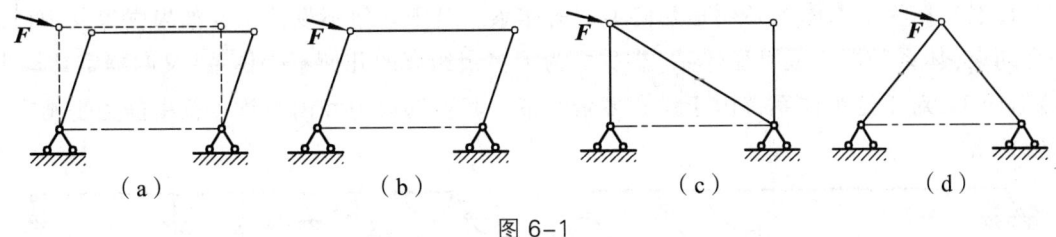

图 6-1

当在图 6-1 (a) 所示的铰接四边形体系中加上一根斜杆[图 6-1 (c)]，那么，在受到外力或者干扰时，该体系的形状和位置是不会改变的。这时，体系的几何组成是不变的。换言之，在不考虑各组成构件的强度、刚度和稳定性的情况下（即不考虑构件材料变形的情况下），在外力或外界干扰作用时，该体系的几何形状、位置是不会改变的。我们把在不考虑材料变形的条件下，能够保持其几何形状和位置不变的体系，称为几何不变体系，例如图 6-1 (d) 所示支架即为几何不变体系。

2. 几何可变体系

另一类体系，由于缺少必要的杆件，或者杆件布置不合理。当受到很小的荷载或干扰力作用时，即使不考虑材料变形，也不能够保持其几何形状和位置不变，这类体系称为几何可变体系[图 6-1 (a)、(b)]。在不计摩擦的情况下，几何可变体系在微小荷载作用下会发生机械运动，其位移是非微量的，又常称为常变体系，以区别于瞬变体系。

3. 瞬变体系

某些体系在原来的位置上可以运动，体系不是几何不变的。发生微小位移以后，体系即不能继续运动。也就是体系只在初始瞬间位置处可以产生微小运动，发生微小运动后体系成了几何不变的体系了，这样的体系又叫瞬变体系。它可以看成是几何可变体系的一种特殊情况。但这种体系并不缺少必要约束，有时甚至存在多余约束，但其约束布置并不合理，即使在较小荷载作用下，其内力也将趋于无穷大。例如：图6-2中所有体系均为瞬变体系。其中，图6-2（a）所示两杆共线不满足二元体规则的条件（当把大地也看成一个刚片时，也可以说该体系不满足三刚片规则中的条件）；图6-2（b）所示两刚片用全交于一点的三杆相连，图6-2（c）所示两刚片用全平行的三杆相连，它们均不满足两刚片规则（有关二元体规则、两刚片规则、三刚片规则的内容详见本章第三节）。

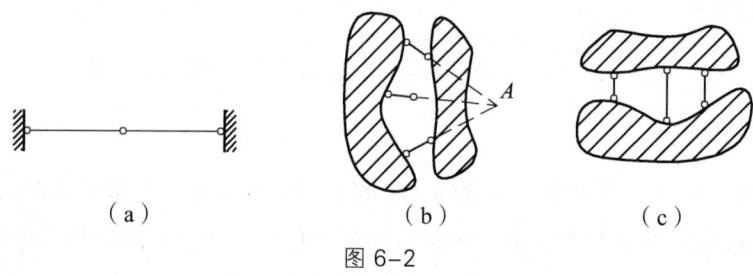

图 6-2

4. 静定结构和超静定结构

显然，作为结构体系必须是几何不变的体系。对于几何不变体系，如果去掉其中任意一个约束，体系随即变成可变体系，则称之为无多余约束的几何不变体系，又叫静定结构[图6-3（a）]。对于这类体系，由于没有多余约束，其全部反力和内力均可仅由静力平衡方程求解。

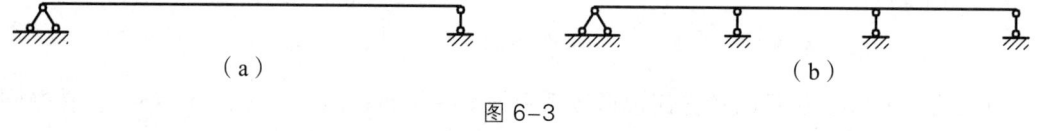

图 6-3

如果去掉体系中某一个或某几个约束后，体系仍为几何不变体系，这样的体系则称之为有多余约束的几何不变体系，又叫超静定结构，其多余约束数量即为超静定次数。对于这类体系，由于有多余约束，其全部反力和内力不能仅由静力平衡方程求解（可能求出部分反力或者部分内力）。要求解超静定结构的全部反力和内力，需利用体系的变形协调条件建立补充方程方可求解。

二、几何组成分析的目的

对给定体系是否存在多余约束（决定计算方法）以及按照什么规则组成（决定计算顺序）将决定结构计算中手算的方法（如是否静定结构）和计算顺序（如求解多跨静定梁）。同时，体系中多余约束数量的不同，求解体系中全部反力和内力时，其未知量的数量也有所区别，这将影响利用体系的变形协调条件建立补充方程的数量和计算的工作量大小。因此，需要在计算前对给定体系在几何组成上是否几何可变、有无多余约束、按照什么规则组成等内容进行分析，这种对体系的几何组成进行的分析叫作几何组成分析，又叫机动分析，或者叫几何构造分析。

对体系进行几何组成分析主要有以下三方面的目的：

（1）判别给定体系是否是几何不变体系，从而决定它能否作为结构使用。

（2）研究几何不变体系的组成规则，以保证设计出合理的结构体系。

（3）判断几何不变体系中是否存在多余约束，并确定多余约束数目，以便正确区分静定结构和超静定结构，并为结构的内力计算打下必要的基础。

（4）某些情况下还可由几何组成分析找出结构的基本部分和附属部分，从而选择简便的计算次序。即：采用与几何组成顺序相反的顺序进行计算分析有助于计算简便。

第二节　平面体系的自由度

本章所讨论的体系只限于平面杆件体系。在介绍体系的几何组成分析之前，先简单介绍平面体系的自由度的概念。

平面体系中，一个点的自由度等于 2，即点在平面内可以作两种相互独立的运动[图 6-4（a）]，因此，要描述一个点的位置需要两个独立的坐标，例如 (x_A, y_A)；一个刚片在平面内的自由度等于 3，即刚片在平面内不但可以自由移动，而且可以自由转动[图 6-4（b）]，因此，要描述一个平面刚片的位置需要三个独立的坐标，例如 (x_A, y_A, φ)。

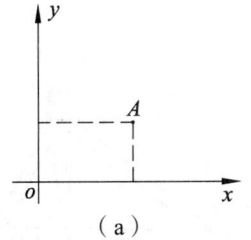

图 6-4

刚片加入约束装置后，它的自由度将会减少，凡能减少一个自由度的装置称为一个约束（又叫一个联系），因此有如下结论（读者可自行验证）：

（1）一根链杆（或支杆）相当于一个约束[图 6-5（a）]。

（2）连接两个刚片的一个中间铰（称为单铰）以及固定铰支座均相当于两个约束[图 6-5（b）、（c）]。

（3）连接 n 个（$n \geqslant 3$）刚片的铰链称为复铰，它相当于（$n-1$）个单铰约束，即 $2(n-1)$ 个约束。

（4）连接两个刚片的一个刚结点相当于三个约束。

（5）连接 n 个（$n \geq 3$）刚片的刚结点称为复刚结点，它相当于（$n-1$）个单刚约束，即 $3(n-1)$ 个约束。

显然，结构体系必须是几何不变体系，其自由度不能大于 0，它需要足够的约束数。

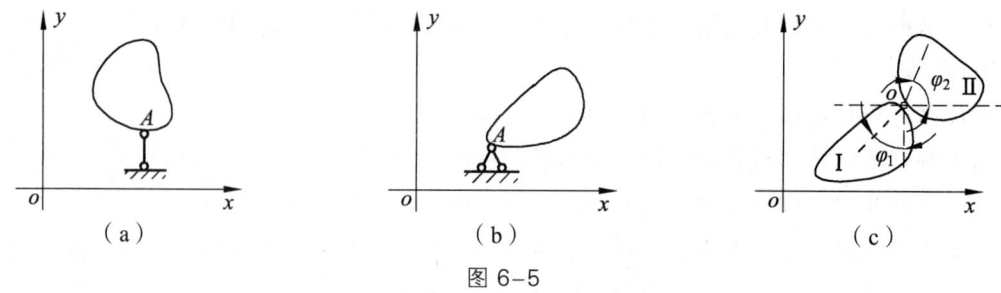

图 6-5

第三节　几何不变体系的组成规则

实践证明，铰接三角形是几何不变体系。如果将图 6-6（a）中铰接三角形 ABC 中的铰 A 拆开，AB 杆可绕 B 点转动，AB 杆上 A 点的轨迹是弧线①；AC 杆也可绕 C 点转动，AC 杆上 A 点的轨迹是弧线②。这两个弧线交于 A 点，所以三角形 ABC 的位置是不可改变的。此时的铰接三角形 ABC 称为没有多余约束的几何不变体系。这个几何不变体系的组成规则称为铰接三角形规则。

如果在铰接三角形中再增加一根链杆 AD[图 6-6（b）]，体系 ABCD 仍然是几何不变的，但从维持体系几何不变的角度看，AB、AD、AC 三杆中有一杆是多余的，因而可将其称作多余约束（其余杆件则是必要约束）。所以，此时体系是有一个多余约束的几何不变体系。

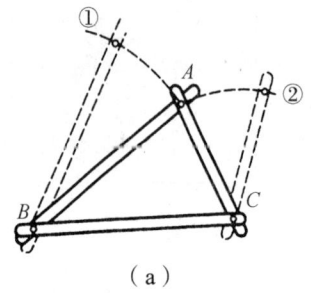

图 6-6

铰接三角形规则有以下几种具体的表达方式。

一、二元体规则

在铰接三角形中，如果将一根杆视为刚片，则铰接三角形可看成是将一个刚片用两根不共线的链杆与一个新结点在一端铰接而成。我们把这种用两根不共线的链杆连接一个新结点的装置称为二元体（又称为二杆结点或者双杆系，图 6-7）。于是铰接三角形规则可表达为：在一个刚片上增加一个二元体，也就是用两根不共线的链杆将一个点与该刚片相连，可组成几何不变体系，且不增、减体系的多余约束数。显然在刚片上继续增加或者拆除二元体，结论依然成立。

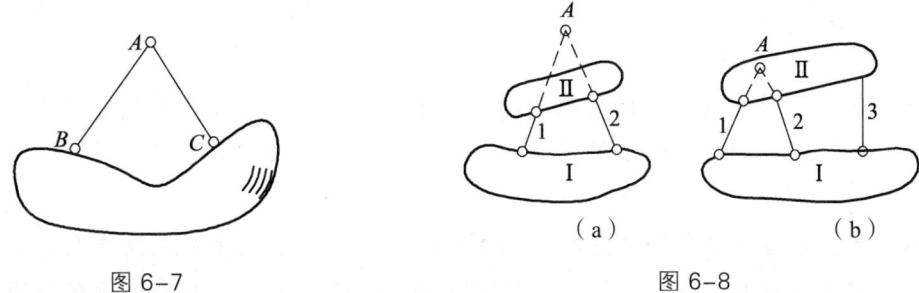

图 6-7　　　　　　　　　　图 6-8

同样，如果在一个几何可变体系中增加一个或者多个二元体（如在图 6-1 中的平行四边形的基础上增加一个二元体），也并不能使体系变为几何不变体系。

综上所述，二元体规则可表述为：在体系中先后增加或者去掉一个或者多个二元体，不会改变原体系的几何组成性质（几何可变性）。

注意：同一二元体中，不共线的两个链杆两端是同时分别铰接在同一个刚片上和同一结点上的，否则不能称作二元体。

二、两刚片规则

若将铰接三角形中的任意两链杆均视为刚片，另一链杆视为两刚片间的约束，于是铰接三角形规则可表达为两刚片规则：两刚片间用一个铰和一根不通过此铰的链杆相连，可组成几何不变体系，且不改变原体系中总的多余约束数。

图 6-8（a）表示两刚片用两根不平行的链杆相连，两杆的延长线相交于 A 点，两刚片可绕 A 点发生微小的相对转动。这种连接方式相当于在 A 点有一个铰将两刚片联结起来。当然，实际上在 A 点没有铰，所以将 A 点称为"虚铰"（也称"瞬铰"）。为了阻止两刚片间的相对转动，只需增加一根本身及其延长线均不通过 A 点的链杆[图 6-8（b）]即可使体系成为几何不变体系。因此，两刚片规则还可以这样表达：两刚片间用三根不全平行也不全相交于一点的三根链杆相连，可组成几何不变体系，且不改变原体系中总的多余约束数。

因此，如果两个本身无多余约束的刚片用不完全交于一点也不全平行的三根链杆相联结，可组成一个几何不变体系，且无多余约束。

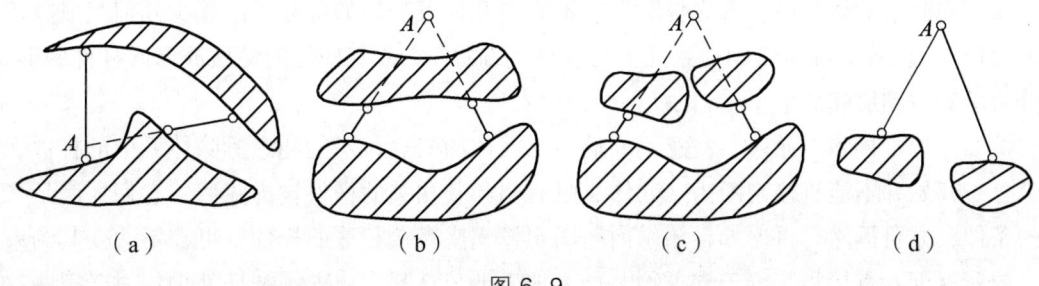

（a）　　　（b）　　　（c）　　　（d）

图 6-9

注意：形成虚铰的两根链杆的两端应分别连接在相同的两个刚片上。图 6-9（a）、（b）中的 A 点为虚铰，图 6-9（c）、（d）中的 A 点则并非虚铰。

三、三刚片规则

若将铰接三角形中的三根杆均视为刚片，则可直接得到三刚片规则：三个本身无多余约束的刚片用不在同一直线上的三个铰两两相联，则组成一个无多余联系的几何不变体系。

显然，三个本身有多余约束的刚片用不在同一直线上的三个铰两两相联，组成的体系依然是几何不变体系，该体系的多余约束数等于原体系中三个刚片中的多余约束数的总和。

四、几何组成规则的一些说明

上述的几何组成规则只是几何组成分析的基本规则，并非万能，极个别复杂的体系需要采用特殊的分析方法，如零荷载法（参见相关书籍）。同时，上述的三个几何组成规则指明了最低限度的约束数目。按照这些规则中要求的最少约束数目组成的体系称为无多余联系的几何不变体系。如果体系中的联系比规则中所要求的多，则为有多余联系的几何不变体系。多出的联系数即为该体系的多余联系数。

第四节　几何组成分析的应用

几何不变体系的组成规则，是进行几何组成分析的依据。对体系多次或者重复使用这些规则，便可判定体系是否是几何不变体系、有无多余约束及多余约束数等，运用规则对体系进行几何组成分析时，技巧性较强，学习过程中，要善于总结、积累经验，以下是一些分析技巧可供参考：

（1）在进行体系的几何组成分析时，可根据分析需要，将体系中任何几何不变的部分（包括大地或者其他支撑物）看成刚片。一根链杆可视为一个刚片，整个大地都可视为一个刚片，甚至大地及体系中与其组成几何不变的任意一部分杆件也可根据需要看成是一个更大的刚片。

（2）在复杂的体系中，首先排除那些不影响几何可变性的部分，以减少几何组成分析中体系的杆件数，或者在不影响体系几何可变性的前提下，改变杆件的性质或修改杆件的形状，使分析对象得到简化。

例如：逐步排除二元体，注意不要搞错二元体的概念，不能随意拆除体系中的杆件，有些部分一开始并不能直接判断为二元体，只有当与其相关的杆件被拆除后，它们才满足二元体的条件，方可拆除。再比如，体系内与固定铰支座直接相连的杆件，可在不改变其约束力方向的前提下，直接将其置于支撑物（如大地）上，将其当成支座链杆处理；对于那些仅在两端以铰与其他杆件相连的非直链杆,则可用直杆代替,这并不影响体系几何可变性,但往往可明显影响人们的视觉判断。

(3)对于支座约束数等于 3 的体系,可先分析体系内部的几何组成,先在体系中找到一个简单的几何不变部分,如刚片或铰接三角形,然后按规则逐步组装扩大;如果体系内部是几何不变体系,可将其作为刚片,利用两刚片规则分析它与大地(刚片)两个刚片组成的体系的几何可变性。

(4)对于支座约束数大于 3 的体系,可以首先从体系内部找出本身几何不变且直接与大地相连的其中一部分当作刚片,与大地一起使用两刚片规则分析其几何组成,有时需要多次这样的过程(比如部分主从结构);如果两刚片规则无法判断体系的几何组成,则需要考虑三刚片规则。此时,体系可能只有 4 个支座约束数,或者体系为主从结构。

例 6-1 试对图 6-10 所示的铰结链杆体系作几何组成分析。

解:在此体系中,先分析基础以上部分。把链杆 1-2 作为刚片,再依次增加二元体 1-3-2、2-4-3、3-5-4、4-6-5、5-7-6、6-8-7,根据二元体规则,此部分体系为内部几何不变体系,且无多余联系。

把上面的内部几何不变体系视为刚片,它与基础用三根既不完全平行也不全交于一点的链杆相连,根据两刚片规则,此图所示体系为一几何不变体系,且无多余联系。

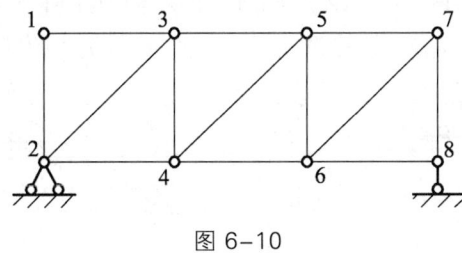

图 6-10

例 6-2 试对图 6-11 所示体系进行几何组成分析。

解:首先在基础上依次增加 A-C-B 和 C-D-B 两个二元体,并将所得部分与大地一起连视为一个刚片,再将 EF 部分视为另一刚片。该两刚片通过链杆 ED 和 F 处两根水平链杆相连,而这三根链杆既不全交于一点又不全平行,根据两刚片规则,该体系是几何不变体系,且无多余联系。

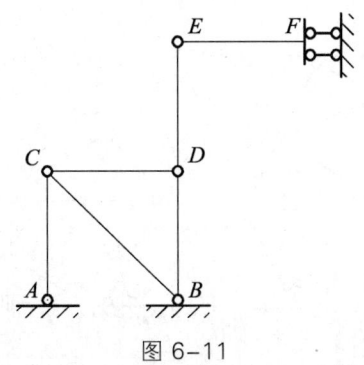

图 6-11

例 6-3 试对图 6-12 所示体系进行几何组成分析。

解：将 AB、BED 和基础分别作为刚片 Ⅰ、Ⅱ、Ⅲ。刚片 Ⅰ 和 Ⅱ 用铰 B 相连；刚片 Ⅰ 和 Ⅲ 用铰 A 相连；刚片 Ⅱ 和 Ⅲ 用虚铰 C（D 和 E 两处支座链杆的交点）相连。因三铰在同一直线上，故该体系为瞬变体系。

注意：本题也可将折杆 AB 用直杆代替，再将 BED 部分和大地分别当成刚片，两刚片之间用杆 AB 及 D、E 两处支杆共三个约束相连，由于三杆交于同一点，利用两刚片规则可知，该体系不满足几何不变体系组成规则的条件，为瞬变体系。

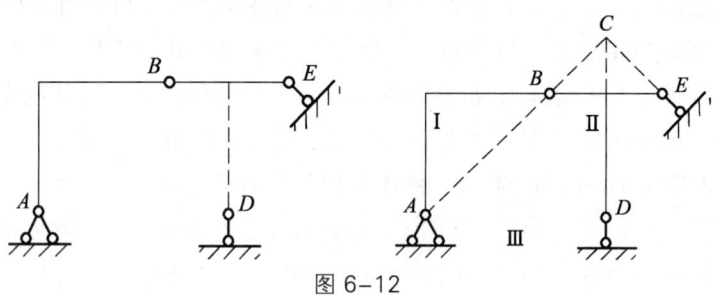

图 6-12

例 6-4 试对图 6-13 所示体系进行几何组成分析。

解：杆 AB 与基础通过三根既不全交于一点又不全平行的链杆相连，组成一几何不变部分，再增加 A-C-E 和 B-D-F 两个二元体。此时，体系仍为几何不变体系且无多余约束，在此基础上，又添上了一根链杆 CD，故体系为具有一个多余联系的几何不变体系。

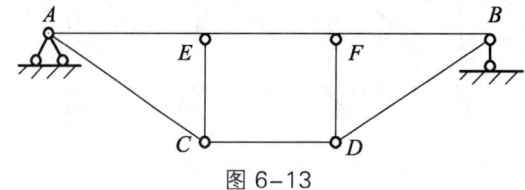

图 6-13

例 6-5 试分析图 6-14（a）所示的体系的几何组成。

解：根据规则一，先依次撤除二元体 G-J-H、D-G-F（在未撤除二元体 G-J-H 之前，不能将其判断为二元体）、F-H-E、D-F-E 使体系简化，再对剩下部分进行几何组成分析如下：

将 ADC 和 CEB 分别视为刚片 Ⅰ 和 Ⅱ，基础视为刚片 Ⅲ。此三刚片分别用铰 C、B、A 两两相联，且三铰不在同一直线上，故知该体系是无多余联系的几何不变体系。

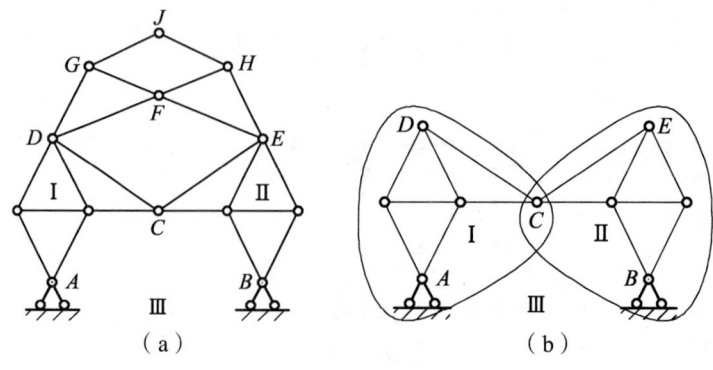

图 6-14

第七章 材料力学基础知识

第一节 可变形固体及其基本假设

一、可变形固体

工程上所用的构件都是由固体材料制成的，如钢、铸铁、木材、混凝土等，它们在外力作用下会或多或少地产生变形，有些变形可直接观察到，有些变形可以通过仪器测出。在外力作用下，会产生变形的固体称为可变形固体。

在静力学（前面各章内容）中，由于研究的是物体在力作用下的平衡问题。物体的微小变形对研究这种问题的影响是很小的，可以作为次要因素忽略。因此认为物体在外力作用下，大小、形状都不发生变化，而把物体视为一个刚体来进行理论分析。

在对材料进行力学分析时，由于主要研究的是构件在外力作用下的强度、刚度和稳定性的问题。对于这类问题，即使是微小的变形往往也是主要影响的因素之一，必须予以考虑而不能忽略。因此，在材料力学中，须将组成构件的各种固体材料均视为可变形固体。

可变形固体在外力作用下会产生两种不同性质的变形：一种是外力消除时，变形随即消失，这种变形称为弹性变形；另一种是外力消除后，不能消失的变形称为塑性变形。

一般情况下，物体受力后，既有弹性变形，又有塑性变形。但对工程中常用的材料，当外力不超过一定范围时，塑性变形很小，可忽略不计，认为只有弹性变形，这种只有弹性变形的物体称为完全弹性体。只引起弹性变形的外力范围称为弹性范围。本书主要讨论材料在弹性范围内的变形及受力。

二、可变形固体的基本假设

可变形固体有多种多样，其组成和性质是非常复杂的。对于用可变形固体材料做成的构件进行强度、刚度和稳定性计算时，为了使问题得到简化，常略去一些次要的性质，而保留其主要的性质。因此，需对可变形固体材料作出下列的几个基本假设：

1. 均匀连续假设

假设可变形固体在其整个体积内毫无空隙地充满了物质，即可变性固体是连续的；同时假设可变性固体在各处的组成材料的力学性能完全相同，即可变性固体是均匀的。这两条假设即为有关可变性固体的均匀连续性假设。

实际上，可变形固体是由很多微粒或晶体组成的，各微粒或晶体之间是有空隙的，且各微粒或晶体彼此的性质并不完全相同。但是，由于与构件的尺寸相比这些空隙是极微小的，同时构件包含的微粒或晶体的数目极多，排列也不规则。所以，物体的力学性能（宏观上）并不能反映其某一个组成部分或微小区域的性能，而是反映所有组成部分性能的统计平均值。因而可以认为固体的结构是密实的，其力学性能是均匀的。

有了这个假设，物体内的一些物理量，才可能是连续的，才能用连续函数来表示。同时，在进行分析时，可以从物体内任何位置取出一小部分来研究材料的性质，其结果可代表整个物体，也可将那些大尺寸构件的试验结果应用于物体的任何微小部分。

2. 各向同性假设

假设可变形固体沿各个方向的力学性能均相同。实际上，组成固体的各个晶体在不同方向上有着不同的性质。但由于构件所包含的晶体数量极多，且排列也完全没有规则，可变形固体的性质是这些晶粒性质的统计平均值。这样，在以构件为对象的研究问题中，就可以认为是各向同性的。工程使用的大多数材料，如钢材、玻璃、铜和现浇混凝土，可以认为是各向同性的材料。根据各向同性假设，当获得了材料在任何一个方向的力学性能后，就可将其结果用于其他方向。

在工程实际中，也存在不少的各向异性材料。例如木材、竹材等，它们沿各方向的力学性能是不同的。很明显，当木材分别在顺纹方向、横纹方向和斜纹方向受到外力作用时，它所表现出的强度或其他的力学性质都是各不相同的。因此，对于由各向异性材料制成的构件，在设计时必须考虑材料在各个不同方向的不同力学性质。

3. 小变形假设

在实际工程中，构件在荷载作用下，其变形与构件的原始尺寸相比通常很小，可以忽略不计，所以在研究构件的平衡和运动时，可按变形前的原始尺寸和形状进行计算。在研究和计算变形时，变形的高次幂项也可忽略不计。这样，使计算工作大为简化，而又不影响计算结果的精度。

总的来说，在对材料进行力学分析时，通常把实际材料看作是连续、均匀、各向同性的弹性可变形固体，且限于小变形范围。

第二节 杆件变形的基本形式

建筑力学中，主要分析杆类构件的强度、刚度和稳定性。杆类构件常称为"杆件"或者简称为"杆"。工程中的梁、柱、轴等均属于杆类构件。杆类构件的共同特点是，横截面尺寸远小于其长度方向的尺寸。

杆件中，与其轴线相垂直的截面称为横截面，所有横截面形心的连线则称为杆件的轴线。若轴线为直线，则称其为直杆；轴线为曲线，则称其为曲杆。所有横截面的形状和尺寸都相同的杆，称为等截面杆，不完全相同者为变截面杆。

在不同的外力作用下，杆件将产生不同形式的变形。主要有下列四种基本的受力和变形形式。

一、轴向拉伸和轴向压缩

在一对大小相等、方向相反、作用线与杆轴线重合的外力作用下，杆件的主要变形是长度改变。这种变形称为轴向拉伸[图 7-1（a）]或轴向压缩[图 7-1（b）]。承受轴向拉伸或压缩的杆，分别称为拉杆或者压杆。

二、剪 切

在一对相距很近、大小相等、方向相反且作用线垂直于杆件轴线的横向外力作用下，杆件的主要变形是横截面沿外力作用方向发生错动。这种变形形式称为剪切[图 7-1（c）]。

三、扭 转

在一对大小相等、方向相反、分别位于直杆端部两横截面内的外力偶作用下，杆的任意横截面将绕轴线发生相对转动，而轴线仍维持直线，这种变形形式称为扭转[图 7-1（d）]。承受扭转的杆件称为轴。

四、弯 曲

在一对大小相等、方向相反、位于杆的纵向平面内的外力偶作用下，或者是具有横向分力的外力作用在杆件的纵向平面内时，杆件的轴线将由直线弯曲成曲线，这种变形形式称为弯曲[图 7-1（e）]。承受弯曲的杆件称为"梁"。

以上介绍了常见的四种最基本的受力和变形形式。在工程实际中，杆件可能因同时承受不同形式的荷载而发生复杂的变形，在其材料处于弹性小变形的前提下，常常可将其看作是上述基本变形的组合。这种由两种或两种以上基本变形组成的复杂变形称为组合变形。

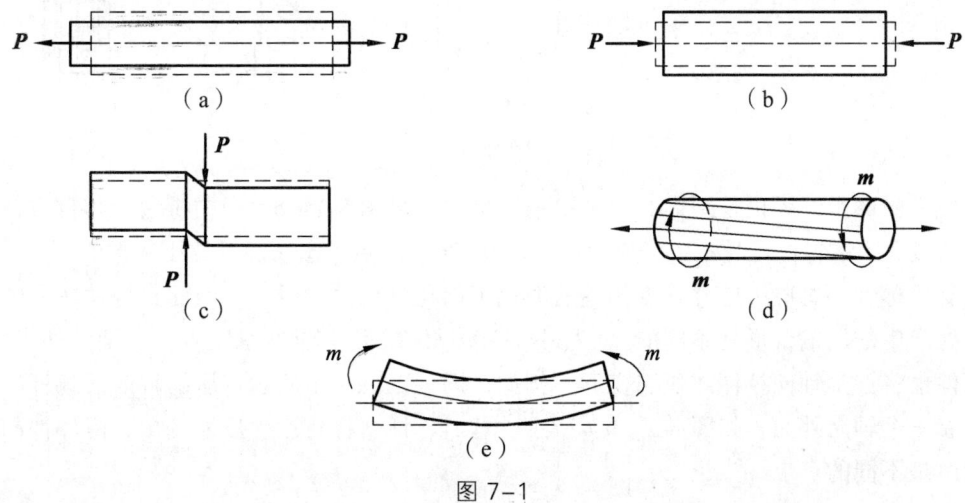

图 7-1

第八章 轴向拉伸与压缩

第一节 轴向拉伸与压缩的概念

若杆件所承受的外力或外力合力作用线与杆轴线重合,杆件将产生轴向拉伸或轴向压缩变形。在工程中以拉伸或压缩为主要变形的杆件,称为拉压杆。显然拉压杆都是针对直杆来说的。其中,承受拉力,产生拉伸变形的杆件称为拉杆;承受压力,产生压缩变形的杆件称为压杆。拉压杆的拉伸与压缩是杆件基本的受力与变形形式中最简单的一种。它所涉及的概念、理论和方法虽然比较简单,但在建筑力学中却有一定的普遍意义。

工程中不少杆件承受沿杆轴线方向的拉力或压力,因而产生拉伸或压缩变形。如图 8-1(a)所示,钢管桩在自重、土体的摩擦力以及汽车吊向上的拉力共同作用下,其横截面承受着拉力,钢管桩将产生拉伸变形。图 8-1(b)中,桥墩中心承受着上部桥梁结构传来的竖向压力,因而墩身发生了压缩变形。图 8-1(c)中,连接两个钢板的高强螺栓栓杆在预紧时将承受轴向拉力,因而在其杆身将产生轴向变形。

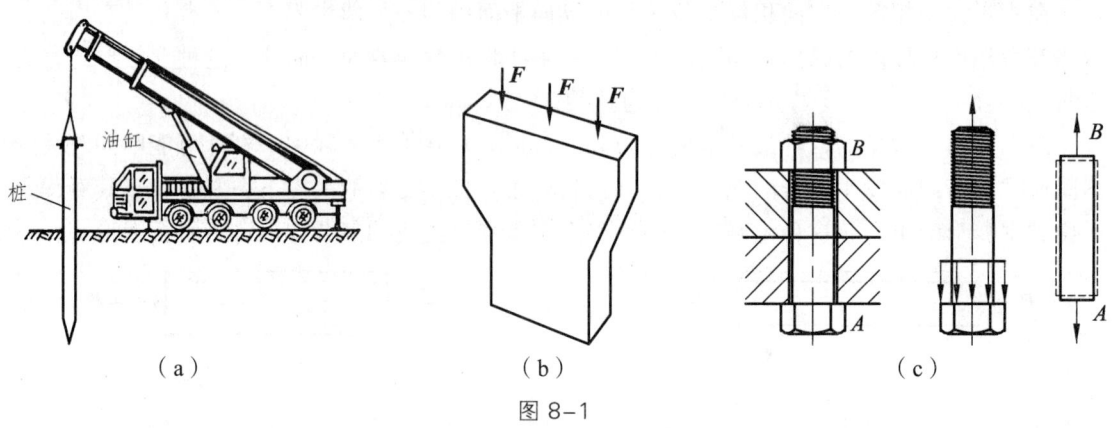

图 8-1

需要说明的是,无论是图 8-1(a)中钢管桩,还是图 8-1(b)中的桥墩,其自重在其受力中占比较大(钢管桩还受土中摩擦力的影响),通常需要考虑它们对拉压变形的影响。由于构件具有对称性,这些沿构件长度作用的力也可简化到构件轴线上。因此,构件在沿轴线方向各点处产生的压缩变形是不同的。工程中的许多杆件,沿其轴线承受着多个轴向外力作用,这些杆件也将产生轴向拉伸或压缩变形。例如,图 8-2(a)中所示双压缩缸的活塞杆,沿轴线承受着三个轴向外力,如图 8-2(b)所示。这时,活塞杆将产生压缩变形,但杆件的变形在各段内是不同的。

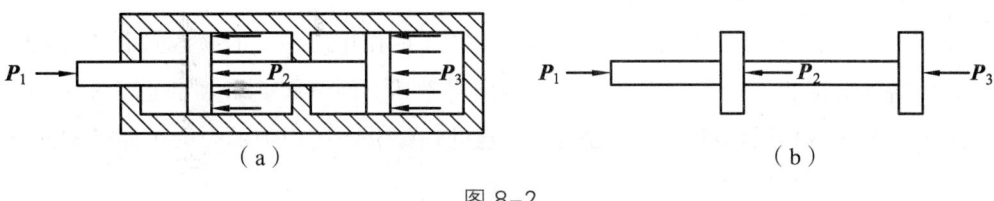

图 8-2

第二节 轴向拉(压)杆的内力与轴力图

一、内力的概念

在内力计算中,我们常将作用在杆件上的主动力(外荷载)和约束反力统称为"外力"。

建筑力学中,杆件的内力既不同于固体中所固有的内力,也不同于静力分析中刚体系统的内力。前者是物质分子或原子间的相互作用力,后者则是各个刚体之间由于相互机械作用产生的力。本书所谓的内力通常是指杆件的横截面内,由于外力作用而引起的附加内力。在这个附加内力作用下,杆件内部相邻各部分相对位置将发生变化。在力学分析中,常将这个"附加内力"简称为内力。

杆件的内力随其变形的增加而增加,对于确定的材料,内力的增加有一定的限度,超过这一限度,杆件将处于失效状态。因此,内力分析是构件的强度、变形分析的基础。

二、拉压杆的内力

静定杆件的内力计算常采用截面法,它是显示和计算杆件内力(包括大小及性质)的一种方法。截面法解题要领是:截、代、平。其具体含义如下:

(1)截:为求杆件上某一截面的内力,可用一假想的截面在需要求内力的地方(横截面)将构件切开为两部分,并根据计算需要任取其中一部分作为研究对象(通常取受力简单且计算方便的部分为研究对象)将其分离出来。

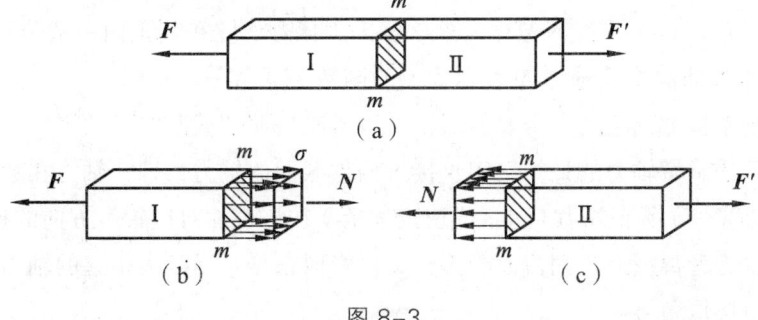

图 8-3

如图 8-3(a)所示,杆件受一对轴向外力(F,F')作用而处于平衡状态。欲求某截面的内力,可通过该截面用一假想截面 m—m 将其截开,并根据需要任选其中一段为研究对象。

(2)代:由于截开之前,杆件的两部分之间有内力的作用,为使保留部分的运动状态等效（外效应），应将舍去部分对保留部分（研究对象）的作用以截开的横截面上的未知内力 N 来代替，并将研究对象上所受全部外力（包括作用于其上的全部主动力和全部约束力）画于研究对象上。这里的内力实际上是横截面上各点处连续分布的内力的合力（即横截面上各点处连续分布的内力向横截面形心简化的结果）。

注意：对于拉压杆，由于杆件所承受的外力或外力合力作用线与杆轴线重合，故可认为其横截面内力只有轴向内力，其作用线垂直于横截面并通过截面形心，即内力过横截面形心且与杆件的轴线重合，这样的内力称为轴力，通常用 N 表示。

此外，通常规定：轴力使杆件受拉为正，受压为负。因此在画受力图时，截面轴力通常假设为正（受拉，即轴力矢量背离研究对象）。

如图 8-3（b）所示，将左段上所有外力画于其上，并将右段对其作用用内力 N 来代替，得到左段受力图（这里同时画出了右段的受力图以方便读者理解，如图 8-3（c）所示）。

（3）平：根据研究对象的平衡条件及其受力特点，建立相应的平衡方程。最后，求解研究对象的平衡方程即可得到未知内力的大小和方向。

根据轴力的正负号规定可知：当计算结果为正，说明内力与受力图中假设的方向一致，反之为负。

显然，对于轴向拉压杆，研究对象在轴向外力及内力作用下，属于共线力系的平衡问题。根据研究对象（左段）的平衡条件，可得：

$$\sum X = 0 \quad \Rightarrow \quad N = F$$

以上就是利用截面法求解横截面内力的解题要领和步骤。

注意：（1）沿轴线方向仅受有限个集中力作用的拉压杆，其内力为间断函数，故需在使用截面法前先将杆件分段，凡是有集中力作用之处，均需作为分段点将杆件分段（分段点处的截面称为控制截面），然后分段使用截面法求解其内力。显然，杆件中各段的内力均为常数。

（2）当沿杆件的轴线方向（全长或其中某段内）存在分布荷载时，拉压杆的内力在仅存在分布荷载的区段内为连续函数，为求该段内力函数，应在其正向一般位置（即坐标为 x 的截面处）使用截面法将其轴力 N 表达为 x 的函数关系 $N(x)$。

（3）在熟练掌握截面法的三个要领后，可以不必按照"截""代""平"三个步骤求解轴力，而利用截面法求解轴力的计算法则直接求构件截面的轴力，即：轴力在数值上等于截面任意一侧（保留部分）所有外力（包括支座反力等）在该截面对应轴线方向的投影的代数和。当外力引起的轴力背离截面，则截面受拉，其投影取正号；当外力引起的轴力指向截面，则截面受压，其投影取负号。

三、轴力图

为了直观地表达轴力随构件不同横截面位置的变化规律，通常用平行于**轴线**的坐标表示横截面的位置，垂直于杆轴线的坐标表示横截面上轴力的数值，这种表示轴力随横截面位置不同而变化的几何图形，称为轴力图，常记为"N图"。它反映了轴力沿杆件轴线方向的变化情形。

绘制轴力图的方法：

（1）建立 N-x 坐标系。

一般可使 x 轴平行于杆轴线，N 轴则垂直于杆轴线。x 表示横截面位置；N 表示该截面上轴力的大小（默认情况下，x 轴平行于梁轴线向右，N 轴则垂直于 x 轴向上。此时，也可不建立 N-x 坐标系）。

（2）根据杆上所作用的外力的分布情况确定杆件的控制截面并将杆件分段。

通常将所有外力（含约束反力）作用点处截面作为控制截面。对于分布荷载应将其起止点均作为控制截面。然后用相邻两控制截面将杆件分段，分段数量与截面尺寸无关，仅取决于外力的数量及其分布情况。

（3）应用截面法求出各段内横截面上的轴力（N）或轴力函数[N(x)]。

（4）在 N-x 轴坐标中按照轴力图绘制规定标出各控制截面的轴力，并画出各段的轴力图。

作轴力图时应注意以下几点：

（1）轴力图的位置应和杆件的位置相对应。轴力的大小，应按比例标注在垂直于杆件轴线方向。此外，图中还应标出各控制截面轴力的数值。

（2）习惯上将正值（拉力）轴力图画在坐标的正向；负值（压力）轴力图画在坐标的负向，并在轴力图中用圆圈注明其正负号性质，如图 8-4 所示。此外，宜在轴力图中沿纵坐标方向画上适量的竖向线以代表轴力图纵坐标的读取方向。这一点在刚架结构内力图中尤为必要。

例 8-1 一等直杆受力情况如图 8-4（a）所示，试作杆的轴力图。如何调整外力，使杆上轴力分布得比较合理？

解：

（1）在直杆上选取四个集中力作用点处的截面作为控制截面，将直杆分为三段，利用截面法计算法则求直杆各段的轴力。

1—1 截面：$N_1 = 5$ kN（拉）

2—2 截面：$N_2 = 5+10=15$（拉）

3—3 截面：$N_3 = 30$（拉）

（2）按绘制轴力图的规定，作直杆轴力图如图 8-4（e）所示。

由轴力图可以看出,绝对最大的轴力发生在 3—3 截面所在第三段杆的各截面上,其值为：

$$|N|_{\max} = 30 \text{ kN}$$

（3）轴力的合理分布。显然，如果直杆上的绝对最大轴力减小，直杆会变得更加安全可靠。若将 C 截面的外力和 D 截面的外力对调，可用同样的方法得到直杆的轴力图[图 8-4(f)]。可见，在这种情况下，直杆上最大轴力减小了（仅为 15 kN），轴力分布更加合理了。

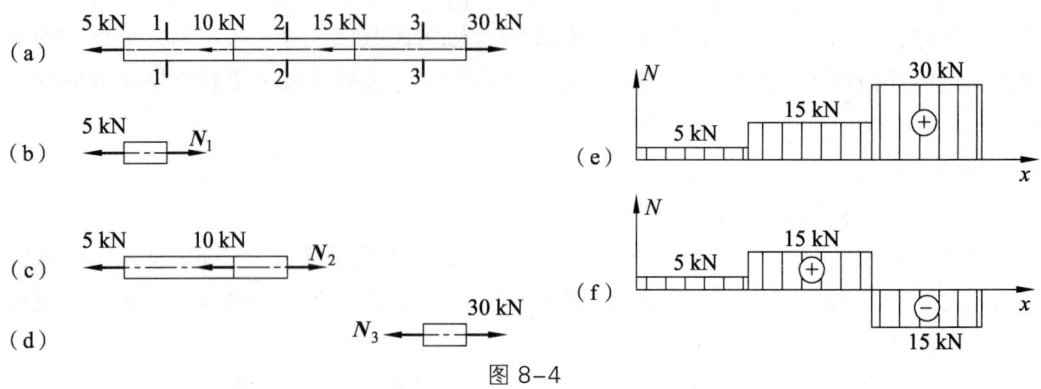

图 8-4

第三节 轴向拉（压）时横截面上的应力

前面讨论的内力实际上是横截面内力的合力，真实的内力并非集中于横截面形心而是连续分布于整个横截面的。只知道横截面上内力的合力并不能说明构件截面强度是否满足要求。显然，同种材料做成的构件，截面面积越大，其强度越高，承载能力越大。在相同的内力作用下，截面积小的杆件更容易破坏。这表明，要研究强度问题，不仅要研究横截面上分布内力的合力（即轴力），更要研究内力（轴力）在横截面上的分布情况，也就是研究内力在横截面上各点处的集度。

一、应力的概念

截面上分布内力在一点处的集度称为应力。它代表了该点处单位面积上内力的大小。其概念类似于压强，只是应力是代表截面上某点处内力的集度，而压强则是代表接触面上某点处外力的集度。对于图 8-5 所示横截面上任意一点处所取的面积微元 ΔA 而言，其应力大小为：

$$p = \lim_{\Delta A \to 0} \left| \frac{\Delta P}{\Delta A} \right| = \left| \frac{\mathrm{d}P}{\mathrm{d}A} \right| = \frac{\mathrm{d}P}{\mathrm{d}A} \tag{8-1}$$

式中，ΔP 为微元面积 ΔA 上的分布内力的合力；p 为微面积 ΔA 上的全应力。

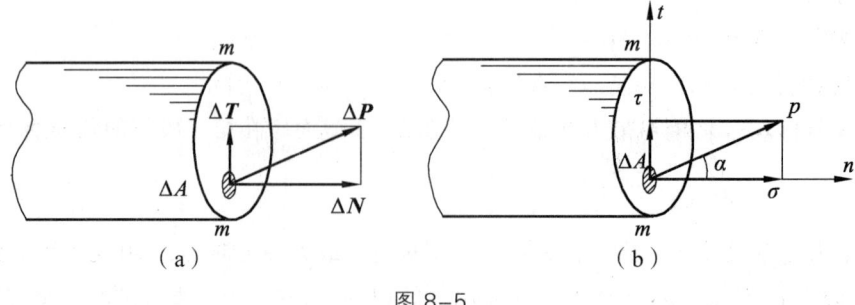

图 8-5

通常，全应力与截面既不垂直也不相切，力学中总是将它分解为垂直于截面的应力和相切于截面的应力两个分量。与截面垂直的应力分量称为正应力（或法向应力），用σ表示；与截面相切的应力分量称为剪应力（或切向应力），用τ表示。由图8-5可知：

$$\left.\begin{aligned}\sigma &= \lim_{\Delta A \to 0}\frac{\Delta N}{\Delta A} = \frac{\mathrm{d}N}{\mathrm{d}A} = \lim_{\Delta A \to 0}\frac{\Delta P\cos\alpha}{\Delta A} = \frac{\mathrm{d}P}{\mathrm{d}A}\cos\alpha = p\cos\alpha \\ \tau &= \lim_{\Delta A \to 0}\frac{\Delta T}{\Delta A} = \frac{\mathrm{d}T}{\mathrm{d}A} = \lim_{\Delta A \to 0}\frac{\Delta P\sin\alpha}{\Delta A} = \frac{\mathrm{d}P}{\mathrm{d}A}\sin\alpha = p\sin\alpha\end{aligned}\right\} \quad (8\text{-}2)$$

应力的单位是帕斯卡，简称为帕，符号为"Pa"。

$$1\,\mathrm{kPa} = 10^3\,\mathrm{Pa};\quad 1\,\mathrm{MPa} = 10^6\,\mathrm{Pa};\quad 1\,\mathrm{GPa} = 10^9\,\mathrm{Pa}$$

$$1\,\mathrm{MPa} = 10^6\,\mathrm{N/m^2} = 10^6\,\mathrm{N}/10^6\,\mathrm{mm^2} = 1\,\mathrm{N/mm^2}$$

二、拉压杆横截面上的正应力

受轴向拉伸的等截面直杆[图8-6（a）]，承受轴向拉伸或压缩荷载时，将产生均匀的轴向变形，如图8-6（b）所示。通常认为其变形后横截面仍保持为平面，受力前后两横截面仅发生了相对的平动位移（无相对转角），这就是拉压杆应力计算时的平面假设。因此，对于轴向拉压等截面直杆，可假定其横截面上正应力均匀分布，且与轴线平行[图8-6（c）]，即：拉压杆中横截面上应力为常数。由于内力为横截面全部微面积上内力元素的合力，有：

$$N = \int_A \sigma \mathrm{d}A = \sigma\int_A \mathrm{d}A = \sigma A$$

即：

$$\sigma = \frac{N}{A} \quad (8\text{-}3)$$

这就是拉压杆横截面上正应力的计算公式。

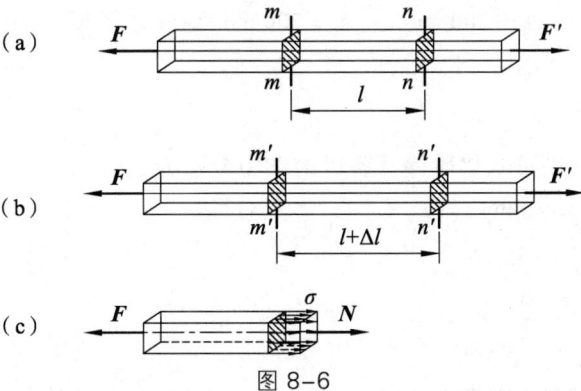

图8-6

由于拉压杆内力（轴力）可能受拉，也可能受压。因此，拉压杆横截面正应力与轴力有相同的正、负号，即：拉应力为正，压应力为负。

需要注意的是，拉压杆横截面上正应力的计算公式（8-3）只适用于外力或其合力沿杆件轴线，并使杆件产生均匀轴向变形的情况[图 8-7（a）]。当轴向外力作用下的拉压杆在其加力点附近产生非均匀变形时[图 8-7（b）]，这些区域的横截面上正应力将不再是均匀分布的，但是这种应力非均匀分布区域较小。进一步的分析表明，距离加力点稍远处横截面上的正应力将很快趋于均匀分布。这时候轴向拉压杆的横截面正应力的计算公式仍然是成立的。

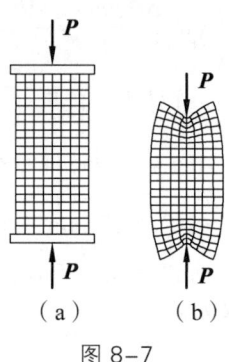

图 8-7

大量的试验和分析表明：杆件端部不同的静力等效力系对于距端部稍远处（0.5～1 倍杆件横截面宽度距离）横截面上应力分布的影响很小，可以忽略不计。这就是圣维南原理。圣维南原理（Saint Venant's Principle）是弹性力学的基础性原理，是法国力学家圣维南于 1855 年提出的，其内容是：分布于弹性体上一小块面积（或体积）内的荷载所引起的物体中的应力，在离荷载作用区域稍远的地方，基本上只同荷载的合力和合力矩有关；荷载的具体分布只影响荷载作用区附近的应力分布。

实际工程中，除了专门研究加力点处局部区域内的应力以外，常规设计与计算中一般都不考虑端部加载方式对应力分布的影响。对于拉压杆，只要横截面上的轴力通过截面形心，并沿着杆件的轴线方向就可以应用上述正应力计算公式。

例 8-2 阶梯形直杆受力如图 8-8（a）所示（外力单位：kN），已知各截面处横截面面积分别为 $A_1 = 400 \text{ mm}^2$、$A_2 = 300 \text{ mm}^2$、$A_3 = 200 \text{ mm}^2$，试求各横截面上的应力。

解：

（1）计算各段轴力。

利用截面法计算法则可求得阶梯杆各段的轴力分别为：

$N_1 = 50$ kN

$N_2 = -30$ kN

$N_3 = 10$ kN

$N_4 = -20$ kN

（2）画轴力图：轴力图如图 8-8（b）所示。

（3）计算各段的正应力。

AB段： $\sigma_{AB} = \dfrac{N_1}{A_1} = \dfrac{50 \times 10^3}{400} = 125$ MPa

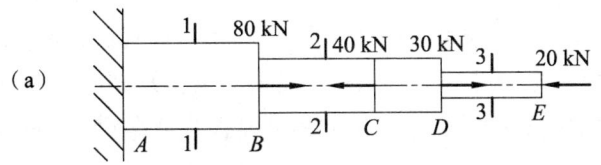

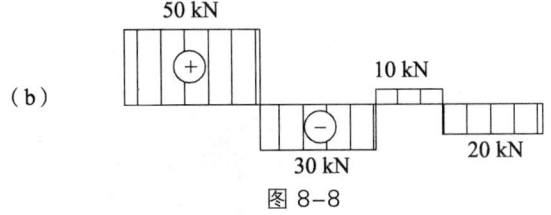

图 8-8

BC 段: $\sigma_{BC} = \dfrac{N_2}{A_2} = \dfrac{-30 \times 10^3}{300} = -100 \text{ MPa}$

CD 段: $\sigma_{CD} = \dfrac{N_3}{A_3} = \dfrac{10 \times 10^3}{300} = 33.3 \text{ MPa}$

DE 段: $\sigma_{DE} = \dfrac{N_4}{A_4} = \dfrac{-20 \times 10^3}{200} = -100 \text{ MPa}$

例 8-3 石砌桥墩的墩身高 $h = 10$ m，其横截面尺寸如图 8-9 所示。如果荷载 $F = 1\,000$ kN，材料的重度 $\gamma = 23$ kN/m³，求墩身底部横截面上的压应力。

解：

墩身横截面面积：

$$A = 3 \times 2 + \dfrac{\pi \times 2^2}{4} = 9.14 \text{ m}^2$$

墩身底面应力：

$$\sigma = \dfrac{F}{A} + \dfrac{\gamma \cdot Ah}{A} = \dfrac{1000 \times 10^3}{9.14} + 10 \times 23 \times 10^3$$

$$= 34 \times 10^4 \text{ N/m}^2 = 0.34 \text{ MPa}(压)$$

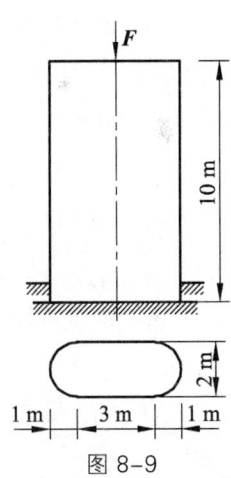

图 8-9

三、拉压杆斜截面上的应力

前面我们介绍了拉压杆横截面上的正应力及其计算公式，它可用于计算拉断时断口为横截面的脆性材料的极限应力。粉笔受扭以及铸铁受压破坏时，其断口并非为横截面，而是与轴线约成 45°角。另外，作为塑性材料的典型代表，低碳钢受拉或者受压时会出现 45°方向的滑移线（即沿 45°方向屈服破坏）。这些现象说明，对某些材料来说，某些受力和变形形式下，45°斜面上的应力有时控制着材料的破坏。要对这些破坏现象作出定量的分析，我们必须进一步研究和分析杆件在斜截面上的应力。

如图 8-10 所示的拉杆，用截面法沿任意斜截面 m—m 将其切开，可以很容易得知斜截面上的内力的合力依然与外力 **P** 平衡，且斜截面上各点处变形相同，因而其全应力相同并与外力 **P** 平行且反向[图 8-10（b）]，利用平衡方程可以很容易得到 m—m 截面上的全应力为：

$$p_\alpha = \frac{\sigma_0 A_0}{A_\alpha} = \sigma_0 \cos\alpha \tag{8-4}$$

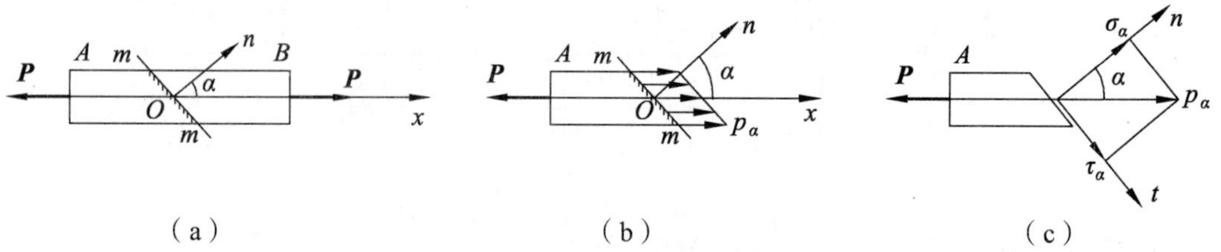

（a） （b） （c）

图 8-10

将斜截面上的全应力 p_α 分解到与斜截面垂直和相切两个方向[图 8-10（c）]，可得拉压杆斜截面上正应力和剪应力计算公式分别为：

$$\left.\begin{array}{l}\sigma_\alpha = \sigma_0 \cos^2\alpha \\ \tau_\alpha = \sigma_0 \cos\alpha \sin\alpha = \dfrac{\sigma_0}{2}\sin 2\alpha\end{array}\right\} \tag{8-5}$$

式中，α 为斜截面的外法线与 x 轴正方向夹角。当其由 x 轴正向逆时针转到截面外法线 n 时，转过的夹角 α 取正值；反之，α 取负值。σ_0 为拉压杆横截面上正应力（$\alpha = 0°$时）。σ_α、τ_α 分别为拉杆内方向为 α 斜截面上的正应力和剪应力。σ_α 以拉应力为主，以压应力为负；τ_α 以绕其所在的脱离体顺时针方向转动为正，逆时针方向转动为负。

由式（8-5）很容易得知，杆件上正应力和剪应力随着截面的方位角 α 不同而变化，且有：

当 $\alpha = 45°$ 时，τ_α 取最大值，其值为 $\tau_{max} = \dfrac{\sigma_0}{2}$；

当 $\alpha = 0°$ 时，σ_α 取最大值，其值为 $\sigma_{max} = \sigma_0$。

由此可见，拉杆沿 45°方向出现滑移线，为剪应力过大引起。

四、应力集中的概念

应力集中是力学中普遍存在的一种应力局部增高的现象（图 8-11）。一般出现在物体形状急剧变化的地方，如缺口、孔洞、沟槽、裂纹、夹渣以及有刚性约束处。应力集中能使物体产生疲劳裂纹，也能使脆性材料制成的零件发生静载断裂。在应力集中处，应力的最大值（峰值应力）与物体的几何形状和加载方式等因素有关。局部增高的应力随与峰值应力点的间距的增加而迅速衰减。由于峰值应力往往超过屈服极限（有关屈服极限的概念见第五节"材料在拉伸与压缩时材料的力学性能"）而造成应力的重新分配，所以，实际的峰值应力常低于按弹性力学计算得到的理论峰值应力。

应力集中的程度常用最大局部应力 σ_{max} 与该截面上的名义应力 σ 的比值表示。比值 K 称为应力集中系数（因子），由下式决定：

$$K = \frac{\sigma_{max}}{\sigma} \tag{8-6}$$

在设计时，从以下三方面考虑应力集中对构件强度的影响：

（1）在设计脆性材料构件时，应考虑应力集中的影响。

（2）在设计塑性材料的静强度问题时，通常可以不考虑应力集中的影响。

（3）设计在交变应力作用下的构件时，制造构件的材料无论是塑性材料还是脆性材料，都必须考虑应力集中的影响。

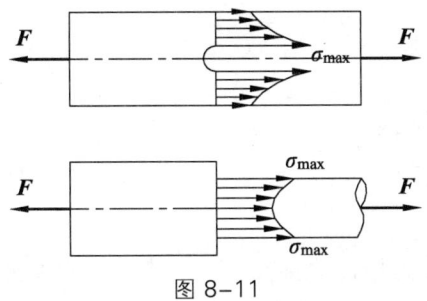

图 8-11

第四节　轴向拉伸与压缩时的变形

大量试验结果表明，拉压杆在轴向荷载作用下，在产生纵向变形的同时，还会产生横向变形。因此，研究拉压杆的变形时，既要考虑它的轴向变形，又要考虑它的横向变形。

一、轴向变形与胡克定律

如图 8-12 所示，长为 l 的均质等直杆，在轴向力作用下，伸长了 $\Delta l = l_1 - l$。为了了解杆件轴线变形的程度，需要引入相对变形的概念。将拉压杆单位长度的伸长量称为轴向应变（也叫正应变），并用 ε 表示，即：

$$\varepsilon = \frac{\Delta l}{l}$$

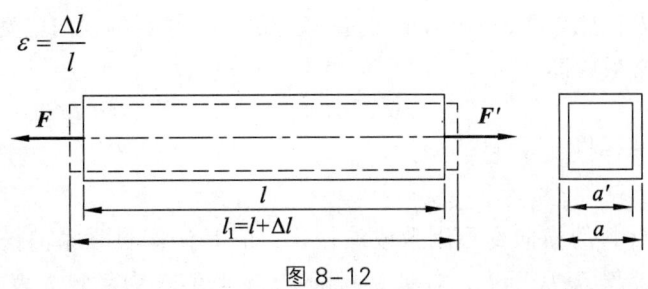

图 8-12

试验表明：当杆件内横截面上的应力不超过材料的某一极限值（即：在弹性范围内加载）时，拉压杆的正应力和正应变成线性正比关系。即：

$$\sigma = E\varepsilon \tag{8-7}$$

上式称为胡克定律，它是英国科学家胡克（Robet Hooke）于 1678 年首次用试验方法论证了这种线性关系后提出的。式中，与材料有关的比例系数 E 称为材料的弹性模量，其单位及量纲与应力相同。

由胡克定律，有：

$$\sigma = \frac{N}{A} = E\varepsilon = E\frac{\Delta l}{l}$$

即：

$$\Delta l = \frac{Nl}{EA} \tag{8-8}$$

这就是拉压变形计算公式。

注意：上式只适用于在杆长 l 长度内 N、E、A 均为常数的情况下，即在杆的长度 l 范围内发生均匀变形的情况。

通常，将上式中的 EA 称为杆件的抗拉（压）刚度。刚度越大，变形越小。因此，抗拉（压）刚度反映了拉压杆截面抵抗变形的能力。

思考题：如果拉压杆在杆长 l 长度内，N、A 为变量的情况下，如何计算其变形？

二、横向变形、泊松比

大量生活实践和试验表明，拉压杆在纵向发生伸长变形的同时，横截面将发生缩小变形，同纵向应变类似，拉压杆的横向应变 ε' 反映了其横向的相对变形程度，可按式（8-9）计算。

$$\varepsilon' = -\frac{\Delta a}{a} \tag{8-9}$$

这里，$\Delta a = a - a'$，为拉压杆横向变形量，如图 8-12 所示。

ε' 反映了构件横向单位长度变形的大小。

大量材料的力学试验表明：当应力不超过一定限度时，材料的横向应变 ε' 与轴向应变 ε 之比的绝对值是一个常数，即：

$$\nu = \left|\frac{\varepsilon'}{\varepsilon}\right| \quad \text{或} \quad \varepsilon' = -\nu\varepsilon \tag{8-10}$$

式中，ν 称为材料的横向变形因数或泊松比，它是法国科学家泊松于 1829 年从理论上推导得出的结果。常温常压下，各种材料的 E、ν 取值较为稳定。表 8-1 给出了常用材料的 E、ν 值。

表 8–1 常用材料的 E、ν 值

材料名称	型号	E	ν
低碳钢	Q235	200~210	0.24~0.28
中碳钢	45	205	0.24~0.28
低合金钢	16Mn	200	0.25~0.30
灰口铸铁		60~162	0.23~0.27
铝合金	LY12	71	0.33
混凝土		15.2~36	0.16~0.18
木材（顺纹）		9.8~11.8	0.053 9
木材（横纹）		0.49~0.98	

三、拉压杆的位移

等直杆在轴向外力作用下发生变形，会引起杆上某点在空间位置的改变，即产生了位移。下面通过例题讲解如何求解轴向拉压杆中点的位移。

例 8–4 如图 8-13（a）所示，等截面直杆受力 F_1、F_2 作用，其中：$F_1 = 30$ kN，$F_2 = 10$ kN，AC 段的横截面面积 $A_{AC} = 500$ mm^2，CD 段的横截面面积 $A_{CD} = 200$ mm^2，材料的弹性模量 $E = 200$ GPa。试求：

（1）各段杆横截面上的内力和应力；

（2）杆件内最大正应力；

（3）杆件的总变形。

解： 对图 8-13（a）所示拉压杆，受共线力系作用如图 8-13（b）所示。

（1）计算支反力。

由拉压杆平衡条件，有：

$$\sum X = 0 \quad F_2 - F_1 - R_A = 0$$

得：
$$R_A = F_2 - F_1 = (10 - 30) = -20 \text{ kN}（\rightarrow）$$

（2）计算各段杆件横截面上的轴力。

AB 段： $N_{AB} = R_A = -20$ kN（压）

BD 段： $N_{BD} = F_2 = 10$ kN（拉）

（3）画出轴力图，如图 8-13（c）所示。

（4）计算各段应力。

AB 段：$\sigma_{AB} = \dfrac{N_{AB}}{A_{AB}} = \dfrac{-20 \times 10^3}{500} = -40$ MPa

BC段：$\sigma_{BC} = \dfrac{N_{BC}}{A_{BC}} = \dfrac{10 \times 10^3}{500} = 20$ MPa

CD段：$\sigma_{CD} = \dfrac{N_{CD}}{A_{CD}} = \dfrac{10 \times 10^3}{200} = 50$ MPa

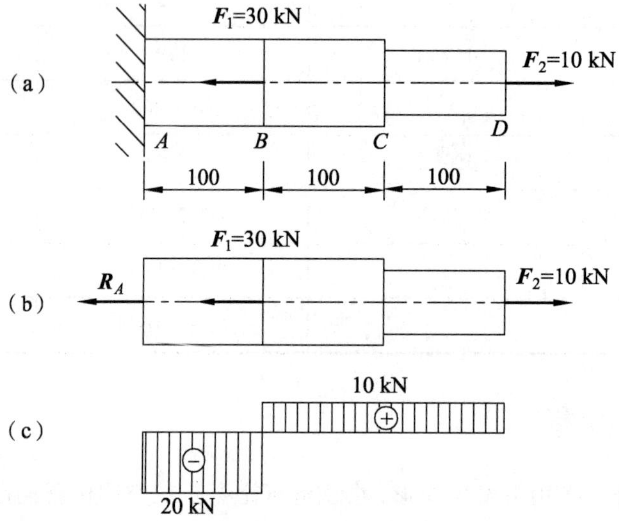

图 8-13

可见，杆件内最大应力为：

$$\sigma_{\max} = \sigma_{CD} = 50 \text{ MPa}$$

（5）计算杆件的总变形。

$$\begin{aligned}
\Delta l &= \Delta l_{AB} + \Delta l_{BC} + \Delta l_{CD} \\
&= \dfrac{N_{AB}l_{AB}}{EA_{AB}} + \dfrac{N_{BC}l_{BC}}{EA_{BC}} + \dfrac{N_{CD}l_{CD}}{EA_{CD}} \\
&= \dfrac{1}{200 \times 10^3}\left(\dfrac{-20 \times 10^3 \times 100}{500} + \dfrac{10 \times 10^3 \times 100}{500} + \dfrac{10 \times 10^3 \times 100}{200}\right) \\
&= 0.015 \text{ mm}
\end{aligned}$$

可见，整个杆件伸长了 0.015 mm。

例 8-5 图 8-14（a）所示托架，已知 $l_{AB} = 3$ m，$l_{BC} = 5$ m，$l_{AC} = 4$ m，$F = 40$ kN，与竖向夹角为 30°，圆截面钢杆 AB 的直径 $d = 20$ mm，杆 BC 是工字钢，其横截面面积为 1430 mm²，钢材的弹性模量 $E = 200$ GPa，求托架在力 F 作用下，结点 B 的铅垂位移和水平位移。

解： 取结点 B 为研究对象，受力如图 8-14（b）所示。

（1）求两杆轴力。

由结点 B 的平衡条件，有：

$$\sum Y = 0 \quad -N_{BC} \times 0.8 - F\cos 30° = 0$$

$$\sum X = 0 \quad -N_{AB} - N_{BC} \times 0.6 + F\sin 30° = 0$$

$$N_{BC} = -40 \times \cos 30° \times 5/4 = -43.3 \text{ kN}$$

$$N_{AB} = -N_{BC} \times 3/5 + F\sin 30° = 46 \text{ kN}$$

（2）求 AB、BC 杆变形。

$$\Delta l_{AB} = \frac{N_{AB} l_{AB}}{EA_{AB}} = \frac{46 \times 10^3 \times 3000}{200 \times 10^3 \times \frac{\pi}{4} \times (20)^2} = 2.2 \text{ mm}$$

$$\Delta l_{BC} = \frac{N_{BC} l_{BC}}{EA_{BC}} = \frac{43.3 \times 10^3 \times 500}{200 \times 10^3 \times 1430} = 0.76 \text{ mm}$$

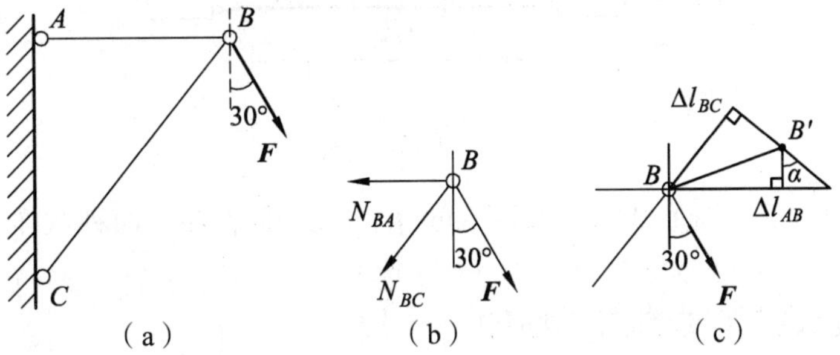

图 8-14

（3）求 B 点位移，利用几何关系。

水平位移：$\Delta_{Bx} = \Delta l_{AB} = 2.2$ mm

铅垂位移：$\Delta_{By} = \left(\dfrac{\Delta l_{BC}}{\cos\alpha} - \Delta l_{AB}\right)\cot\alpha = \left(-0.76 \times \dfrac{5}{3} - 2.2\right) \times \dfrac{3}{4} = -2.6$ mm

总位移：$\Delta_B = \sqrt{\Delta_{Bx}^2 + \Delta_{By}^2} = \sqrt{(2.2)^2 + (-2.6)^2} = 3.4$ mm

第五节　材料在拉伸与压缩时的力学性能

材料的力学性能是塑性材料和脆性材料在常温、静载条件下，在受力过程中（拉伸和压缩）表现出的各种物理性质（又称力学性能），主要包括：极限应力 σ_0（塑性材料的屈服极限与脆性材料的强度极限）、弹性模量 E、泊松比 μ、延伸率 δ 及断面收缩率 ψ 等与材料有关的量。

一、标准试样

材料的力学性能由试验测定，拉伸试验是确定材料力学性能的基本试验。图 8-15（a）和（b）中所示分别为圆截面试件和矩形截面板试件。其中，d 为圆柱试件的直径；b、h 为板试件的横截面尺寸；l_0 为用于测量试件变形的有效长度，称为"标距"。

按照我国的标准《金属材料 拉伸试验 第 1 部分：室温试验方法》(GB/T 228.1—2010)第 6.1.1 条：试样原始标距与横截面面积有 $l_0 = k\sqrt{A}$ 关系者称为比例试样。国际上使用的比例系数 k 的值为 5.65。原始标距应不小于 15 mm。若试件横截面积太小以致采用比例系数(k)为 5.65 的值不能符合这一最小标距要求时，可采取较高的比例系数（优先采用 11.3 的值）或采用非比例试样。

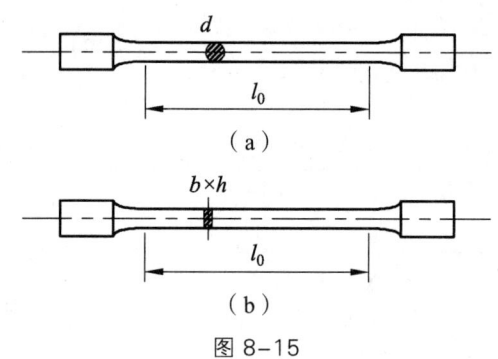

图 8-15

按照该标准，采用圆形试样，换算后可得 $l_0 = 5d$ 和 $l_0 = 10d$ 两种试样。

二、低碳钢拉伸时的力学性能

1. 应力-应变曲线

拉伸时材料的力学性能由拉伸试验确定。拉伸试验是将试件安装在试验机上，然后缓慢加载使试件承受轴向拉伸。试验过程中，测量并记录试件的受力和变形，直至试件被拉断时为止。

在一般的试验机上，大都有自动测量试件受力和变形，并绘制两者之间关系曲线的装置。由拉伸试验得到力和变形曲线，即 P-Δl 曲线，称为"拉伸曲线"，又称为"拉伸图"。

将 P 和 Δl 分别除以试件受力前的横截面面积和标距原长，由 P-Δl 曲线得到 σ-ε 曲线，称为"应力-应变曲线"或"应力-应变图"。它表示材料在拉伸试验过程中各个阶段的应力-应变关系。

低碳钢（A3 钢）为典型的塑性材料。图 8-16 中所示为 A3 钢的应力-应变曲线。

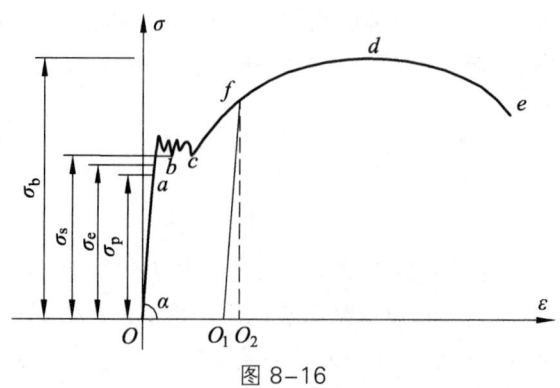

图 8-16

在应力-应变图中呈现以下四个阶段：

（1）弹性阶段（Ob 段）。

Ob 段为弹性阶段，试验加载到这一阶段任意位置后再卸载，当应力回到零值时，应变也将回到零。也就是说，这一阶段变形是弹性的。这一阶段应力的最高限值，称为弹性极限，用 σ_e 表示。

需要说明的是，弹性阶段前期的 Oa 段为直线段，Oa 段变形不仅是弹性的，还是线性弹性的。称为线弹性阶段，a 点对应的应力称为材料的比例极限，用 σ_p 表示。对于 A3 钢，其比例极限 σ_p 约为 200 MPa。

在线弹性阶段，正应力和正应变成线性正比关系，即遵循胡克定律，$\sigma = E\varepsilon$。由图 8-16 可见，弹性模量 E 和 α 的关系为：

$$\tan\alpha = \frac{\sigma}{\varepsilon} = E$$

这里，α 为试件在线弹性阶段时，σ-ε 关系曲线与坐标正向的夹角。因此，在得到应力-应变曲线后，即可由上式求得材料的弹性模量。

需要说明的是，过了 a 点后，应力、应变不再成正比，不再保持线性关系。但依然是弹性的。比例极限 σ_p、弹性极限 σ_e 在数据上相差不大，实测中很难区分开来，工程中将它们统称为弹性极限，且认为在弹性极限范围内，应力应变成正比，因此，该阶段也可称为线弹性阶段。

（2）屈服阶段（bc 段）。

过 b 点后，应力变化不大，应变急剧增大，σ-ε 关系曲线上出现水平锯齿形状平台，这种现象称为"屈服"或"流动"。在这个阶段，材料失去继续承载的能力，发生了屈服现象，产生了塑性变形。材料在屈服时的应力称为"屈服点""屈服应力"或"屈服强度"。

在发生屈服应力首次下降之前所对应的最高应力为上屈服点，屈服稳定期间的最低点为下屈服点。由于上屈服点相对不是很稳定，因此，工程上常使用下屈服点为材料的屈服极限，用 σ_s 或 σ_y 表示。材料屈服时，在光滑试样表面可以观察到与轴线成 45° 的暗灰色纹线，称为滑移线（图 8-17）。滑移线的产生是因为材料沿试样的最大剪应力面发生滑移而引起的。低碳钢的屈服强度 σ_y 约为 235 MPa。

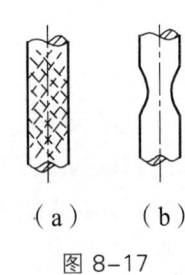

图 8-17

需要说明的是，应力超过弹性极限后，变形将包含两部分：弹性变形和塑性变形。此时卸载，有一部分变形将消失，这就是弹性变形；另一部分变形则不能恢复，称之为塑性变形。对低碳钢来说，其比例极限、弹性极限以及屈服极限三者非常接近，因此，常常不考虑它们的差别，并近似认为只要应力小于屈服极限，即可应用胡克定律。

（3）强化阶段（cd 段）。

经过屈服阶段之后，材料晶格发生了重组，又增加了抵抗变形的能力，若要使试件继续变形，需要继续增加拉力，这种现象称为"强化"。这一阶段称为强化阶段。图中 σ-ε 关系曲线中的 cd 段即为强化阶段。强化阶段的应力最高限，即曲线最高点 d 处的应力，称为强度极限，用 σ_b 表示。A3 钢的强度极限 σ_b 约为 380 MPa。

在强化阶段，试样的变形主要是塑性变形，其值远大于弹性变形。如在强化阶段某一点 f 处缓慢卸载，则试样的应力-应变曲线会沿着与线弹性阶段近似平行的直线 fO_1 回到 O_1 点，这种规律称为卸载规律。可见，强化阶段中，试样的变形包括弹性变形（OO_2 段）和塑性变形（OO_1 段）两部分。卸载结束后，弹性变形消失，塑性变形不可恢复。

如果卸载后立即加载，应力应变曲线则大致沿着卸载时的路径（直线 O_1f）直至卸载时的那一点（f）才开始出现塑性变形。以后的应力-应变曲线又与一次性加载时大致相同[图 8-18（a）]，直至拉断（e 点）。换言之，重新加载的钢筋的应力-应变曲线如图 8-18（b）所示。

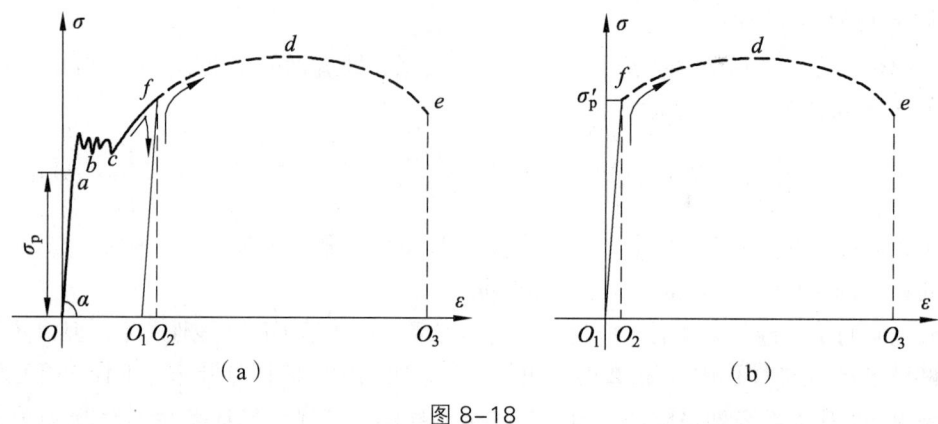

图 8-18

对比一次性加载和卸载后再加载时的应力-应变曲线可以看出：加载进入强化阶段后再卸载再加载时的比例极限 σ'_p 大于一次性加载时的比例极限 σ_p，而拉断后的塑性变形却比一次性加载时小（少了 OO_1），这表明材料的比例极限提高了而塑性有所降低，这种现象称为冷作硬化。

冷作硬化提高了材料的比例极限，可节约用材，却又降低了材料的塑性，使材料变得更硬、更脆，增加了其机械加工的困难，并且容易在构件中产生裂纹。前者可充分利用，后者则应力求避免和克服。

因此，建筑用钢筋常常预先经过冷拉以提高其屈服强度达到节省材料的目的，同时又不能提高过多以保证其具有一定的塑性。而建筑工程中的吊环不仅必须使用未经冷拉的钢筋，还需要控制其拉应力不能超过 50 MPa，就是为了保证其必要的安全储备和塑性性能。

值得注意的是，试样拉伸至强化阶段后卸载，如果经过一段时间后再受拉，则其线弹性范围的最大荷载还可有所提高，如图 8-19 中虚线所示，这种现象称为冷作时效。冷作时效不仅与卸载后自重新加载的时间间隔有关，而且与试样所处的温度有关。

（4）局部变形阶段（de 段）。

试样加载至一定程度后（过了 d 点），荷载读数反而逐渐降低。变形逐渐集中到某一局部区域，该区域横截面不断收缩，形成了"颈缩"现象。一直到试样在"颈缩"处被拉断，这一阶段称为"颈缩"阶段，又称局部变形阶段。

需要说明的是：这里的应力-应变曲线中采用的是名义应力和名义应变，也就是应力计算不考虑低碳钢在拉伸过程中横截面的变化，它并非真实的应力；应变也并非瞬时应变，而是按照原长计算所得。

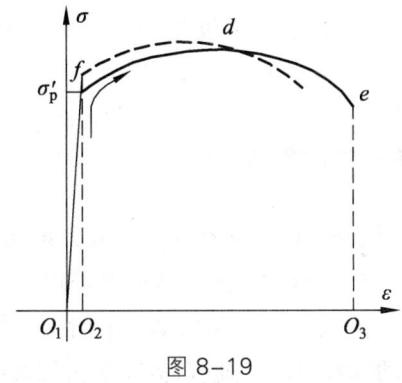

图 8-19

2. 强度指标和塑性指标

（1）强度指标。

当塑性材料屈服时，将产生过大且不可恢复的塑性变形，这是结构构件所不允许的，因此屈服强度是衡量塑性材料强度的一个重要指标。

同样，脆性材料达到其强度极限时，材料将被拉断，从而最终丧失其承载能力，故强度极限是衡量脆性材料强度的另一重要指标。

（2）塑性指标。

工程中表示材料塑性变形能力的两个指标分别是伸长率和断面收缩率。所谓伸长率，是指试件拉断前后标距长度之差与原长之比，又称为延伸率。它反映了试件拉断后相对塑性变形的大小，用 δ 表示，则有：

$$\delta = \frac{l_1 - l_0}{l_0} \times 100\% \tag{8-11}$$

式中，l_1 表示试件拉断后标距长度；l_0 表示标距原长。

需要说明的是，对于同一种材料，采用不同的标准试件，其延伸率略有不同。对于 $l_0 = 5d$ 和 $l_0 = 10d$ 的两种试件，其延伸率分别用 δ_5 和 δ_{10} 来表示。显然，要比较材料的延伸率高低，只能通过比较同一标距下的延伸率才有意义。对于低碳钢，其伸长率 δ_{10} 为 26%～30%。

工程中，常将 $\delta \geqslant 5\%$ 的材料称为塑性材料（例如：低碳钢、青铜、铝、化纤等）；将 $\delta < 5\%$ 的材料称为脆性材料（例如：灰口铸铁、玻璃、陶瓷、混凝土等）。

（3）断面收缩率。

衡量材料塑性性能的另一指标为断面收缩率 ψ，它是指试件断裂后，其横截面面积的最大缩减量（$A_0 - A_1$）与试件拉伸前横截面面积 A_0 之比的百分率，即：

$$\psi = \frac{A_0 - A_1}{A_0} \times 100\% \tag{8-12}$$

式中，A_1 代表试样在拉断后断口处的最小横截面面积。

低碳钢的断面收缩率为 50%～60%。

显然，材料的延伸率和断面收缩率数值越高，其塑性性能越好。此外，材料的塑性和脆性与温度、加载速度以及受力状态有关。即使塑性很好的材料，在很低的温度或者一定的高温下也会表现出明显的脆性。此外，在交变应力（疲劳荷载）作用下，材料的塑性也会降低。

三、其他材料拉伸时的力学性能

与低碳钢 σ-ε 曲线相似的材料还有 16 锰钢及一些高强度低合金钢。与低碳钢相比，它们拥有更高的强度（σ_s 和 σ_b），但屈服台阶略短，延伸率略低。

对于一些脆性材料，其 σ-ε 曲线则与低碳钢显著不同。它们并不都类似低碳钢具备四个阶段。例如：灰口铸铁是典型的脆性材料，其应力-应变图与低碳钢差异很大。它是一微弯的曲线，如图 8-20 所示。该曲线没有明显的直线段，无屈服现象，拉断前也没有颈缩现象，从开始加载到试件被拉断（断口为平面，即从某一横截面断开），试件的弹性变形和塑性变形都很小，其伸长率 $\delta<1\%$，强度指标也只有强度极限 σ_b。

对于没有明显屈服阶段的材料，通常以产生规定的塑性应变 ε_p（如 0.2%）时的应力值作为其极限应力，加载至该点应力时卸载，材料的塑性应变正好等于规定的塑性应变值（如 0.2%），这是人为规定的材料强度指标，常称为名义屈服点，用 $\sigma_{p0.2}$ 表示（图 8-21）。

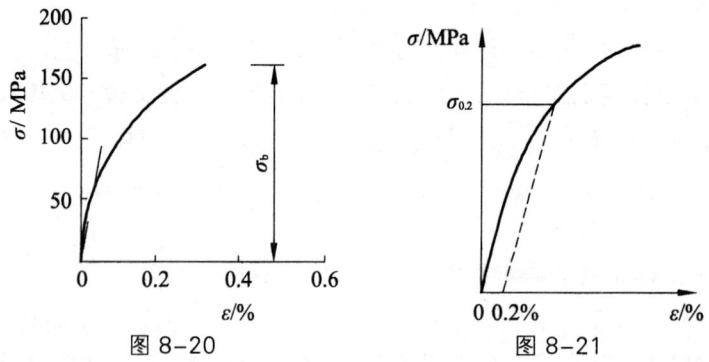

图 8-20　　　　　　　图 8-21

部分材料拉伸时的应力-应变曲线如图 8-22 所示。

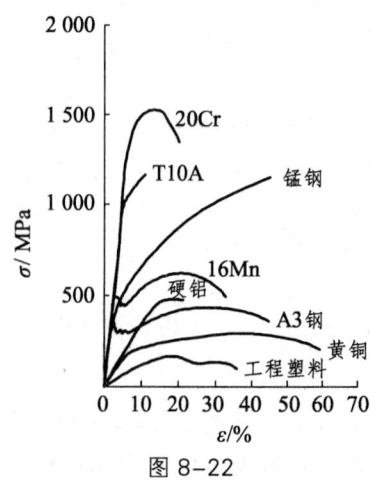

图 8-22

四、材料压缩时的力学性能

压缩试验也是在试验机上进行。但为避免弯曲或失稳的影响,金属材料的压缩试样均采用短试件,一般制成短圆柱形。圆柱的高度约为直径的 1.5 倍,试样的上下平面有平行度和光洁度的要求。非金属材料的试样,如混凝土、石料等则通常制成正方形(边长 100 ~ 200 mm)。

低碳钢在压缩时的应力-应变曲线如图 8-23(a)所示。低碳钢在屈服以前,压缩时的曲线和拉伸时的曲线基本重合,屈服以后随着压力的增大,试样被压成"鼓形",截面越来越大,最后被压成"薄饼"而不发生断裂,所以低碳钢压缩时无强度极限。

铸铁是脆性材料,压缩时的应力-应变曲线如图 8-23(b)所示,试样在较小变形时突然破坏,压缩时的强度极限远高于拉伸时的强度极限(3 ~ 6 倍),破坏断面与横截面大致成 45°的倾角。铸铁压缩破坏属于剪切破坏。

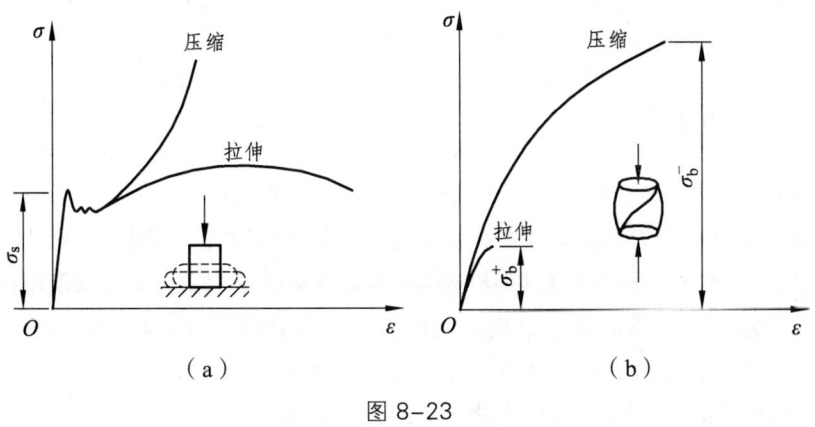

图 8-23

建筑专业用的混凝土,按照压缩时承压端面是否打润滑剂,其破坏形态分别如图 8-24(a)、(b)所示。混凝土受压时的应力-应变曲线如图 8-24(c)所示。可见,混凝土的抗压强度约为其抗拉强度的 10 倍。

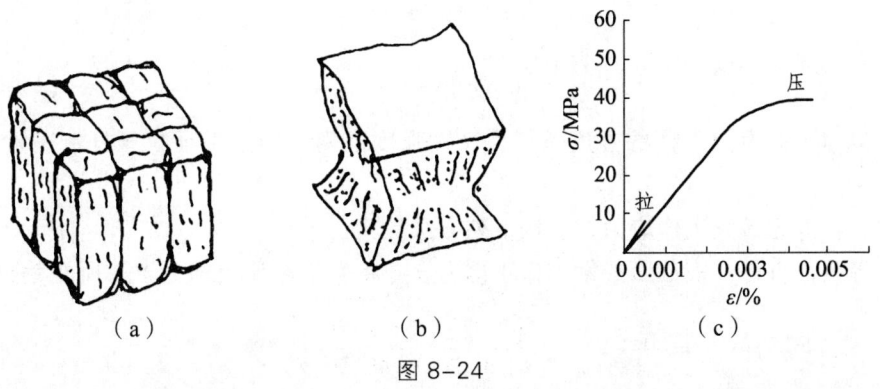

图 8-24

第六节 安全因数、许用应力及拉压杆的强度条件

一、安全因数与许用应力

塑性材料,当应力达到屈服极限时,构件将发生明显的塑性变形,影响其正常工作,我们称之为失效。

脆性材料,直到断裂也无明显的塑性变形,断裂则是失效的唯一标志。根据失效的准则,应将强度极限作为脆性材料的极限应力。

根据失效的准则,上述塑性材料的屈服极限与脆性材料的强度极限统称为材料的极限应力,并用 σ_0 表示。

显然,承受轴向拉伸或压缩的构件,要能安全可靠地工作而不发生脆性断裂或者过大的塑性变形(即:应处在弹性范围内),必须具有一定的安全储备。这就必须将设计工况下,杆内横截面上产生的最大工作正应力控制在一个合理的范围内。通常把材料的极限应力除以一个大于 1 的因数,得到的应力值作为构件材料工作正应力的极限值,称为许用应力,用 $[\sigma]$ 表示,即:

$$[\sigma] = \frac{\sigma_0}{n} \quad (8\text{-}13)$$

式中,$[\sigma]$ 为材料的许用应力;σ_0 为材料发生脆断或发生过大塑性变形时的极限应力,由材料的机械性能试验(力学试验)测定;n 是大于 1 的因数,工程中,n 称为安全因数(安全系数)。它与荷载性质、材料性能以及杆件的重要性等因素有关。n 的取值范围,由国家相关规范或标准规定,一般不能任意改变。工程中,大多数情况下 n 取 1.0~3.0。

有些材料,由于抗拉压性能有所不同,因此应分别给出不同的许用应力,例如:许用拉应力,用 $[\sigma_t]$ 或 $[\sigma_+]$ 表示,许用压应力用 $[\sigma_c]$ 或 $[\sigma_-]$ 表示。

二、强度条件

为了保障构件安全工作,构件内最大工作应力必须小于许用应力,即:

$$\sigma_{\max} = \left[\frac{N}{A}\right]_{\max} \leqslant [\sigma] \quad (8\text{-}14)$$

式(8-14)称为拉压杆的强度条件,又称强度准则。这是保证拉压杆能正常工作的强度条件。

式中,$\sigma_{\max}$ 为最大工作应力,应按下列方法计算:

(1)等截面直杆:横截面最大工作正应力 $\sigma_{\max}$ 将发生在最大轴力 $N_{\max}$ 所在截面上,即:

$$\sigma_{\max} = \frac{N_{\max}}{A} \quad (8\text{-}15)$$

(2)变截面直杆:横截面最大工作应力 $\sigma_{\max}$ 由式(8-16)确定。

$$\sigma_{\max} = \left|\frac{N}{A}\right|_{\max} \tag{8-16}$$

注意：由于材料的抗拉压强度可能不同，上述强度条件中的最大工作正应力 $\sigma_{\max}$ 既可以是最大拉应力，也可能是最大压应力。如构件中同时存在拉、压工作应力，则其抗拉、抗压强度条件均需验算，且应同时满足，即：

$$\begin{cases} \sigma_{\max}^+ \leqslant [\sigma_+] \\ \sigma_{\max}^- \leqslant [\sigma_-] \end{cases} \tag{8-17}$$

其中，$[\sigma_+]$、$[\sigma_-]$ 分别为材料的许用拉应力和许用压应力。

三、强度条件的应用

根据拉压杆正应力强度条件，可以解决以下三类有关强度的问题：

1. 进行强度校核

已知结构体系所受外力（包括支座反力等）、拉压杆的截面形状、尺寸及材料的许用应力，校核杆件横截面中最大工作正应力是否满足强度条件，以判别构件能否安全工作。

2. 对拉压构件进行截面设计

已知结构体系所受外力（包括支座反力等）及材料的许用应力，可根据工程经验或工艺等因素选定截面形状（例如：圆截面、矩形截面等）。在此基础上设计截面具体尺寸。可由强度条件得：

$$A \geqslant \frac{N_{\max}}{[\sigma]} \tag{8-18}$$

需要说明的是：当截面具体尺寸不止一个时（如矩形截面的长和宽），仅由强度条件一个式子并不能求解多个未知量。此时往往需要增加补充条件，例如假设矩形截面的宽度，或者根据工程经验假设一个矩形截面的高宽比，这样即可求出多参数截面的具体尺寸。

有时，由于工作条件或者工艺要求等原因，截面尺寸不能满足式（8-18）的要求，此时可先确定截面尺寸，再由强度条件计算材料的许用应力 $[\sigma]$，并据此选择其他材料。

3. 确定结构的使用荷载

已知杆件横截面尺寸以及材料的许用应力值 $[\sigma]$，由强度条件可以求得结构体系中可能起控制作用的各个杆件所能承受的最大轴力，即：

$$A \geqslant \frac{N_{\max}}{[\sigma]}$$

在此基础上，根据结构体系的静力平衡条件（即荷载与最大轴力 $N_{\max}$ 的关系），即可确定结构所能承受的最大荷载 $[P]$，即允许荷载。

注意：在应用强度条件时，若工作应力不超过许用应力的 5%，在工程中仍然是允许的。

四、示 例

例 8-6 如图 8-25 所示，起重吊环的每一侧臂（AB 和 BC）均由两矩形截面杆组成，连接处 A、B、C 均为铰链。若已知起重荷载 P = 1200 kN，杆件截面宽高比为 b/h = 0.4，材料的许用应力 $[\sigma]$ = 80 MPa，H = 1000 mm，L = 440 mm。试设计此矩形杆的截面尺寸 b 和 h。

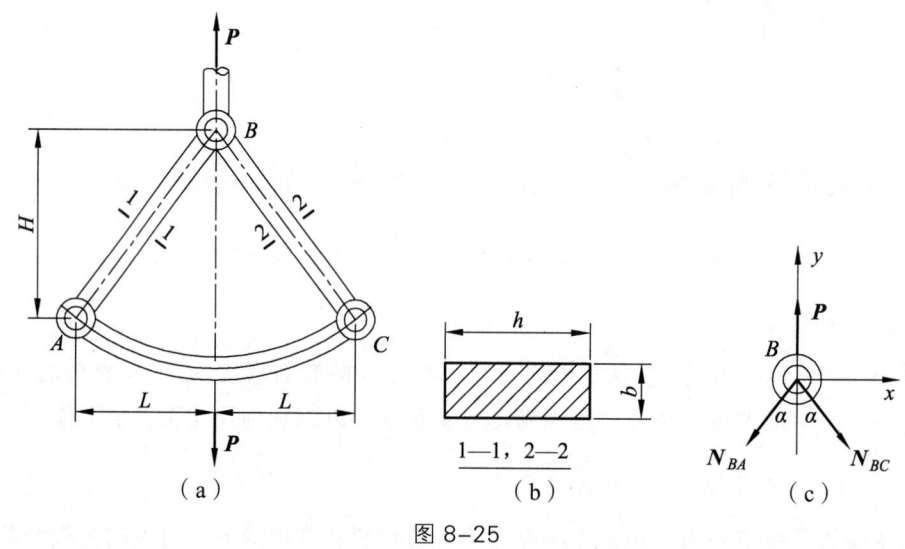

图 8-25

解：
（1）确定每根侧臂杆件的内力。

取结点 B 进行分析，设 BA 杆、BC 杆与外力 **P** 的夹角为 α，结点 B 的受力如图 8-25（b）所示，由其平衡条件，得：

$$\Sigma Y = 0 \quad P - N_{BA}\cos\alpha - N_{BC}\cos\alpha = 0 \tag{1}$$

由对称性可知：

$$N_{BA} = N_{BC} \tag{2}$$

由式（1）、（2）可得：

$$N_{BA} = N_{BC} = \frac{P}{2\cos\alpha} = \frac{1200}{2 \times 0.915} = 655.6 \text{ kN}$$

其中：$\tan\alpha = \dfrac{L}{H} = \dfrac{440}{1000} = 0.44 \Rightarrow \cos\alpha = 0.915$

因每一侧臂均由两根杆件组成，因此每一杆件的内力为：

$$N = 327.8 \text{ kN}$$

（2）设计截面尺寸。

由拉压杆横截面正应力计算公式及强度条件有：

$$\sigma = \frac{N}{A} = \frac{N}{bh} = \frac{N}{0.4h^2} \leqslant [\sigma]$$

由此可得：

$$h \geqslant \sqrt{\frac{N}{0.4[\sigma]}} = \sqrt{\frac{327.8 \times 10^3}{0.4 \times 80}} = 101.2 \text{ mm}$$

$$b = 0.4h = 40.5 \text{ mm}$$

因此可取矩形截面尺寸为：

$$b \times h = 41 \times 102 \text{ mm}$$

例 8-7 图 8-26（a）所示三角架，AB 杆由两根 $80 \times 80 \times 7$ 等边角钢组成，横截面积为 A_1，长度为 1 m，AC 杆由两根 10 号槽钢组成，横截面面积为 A_2，钢材为 3 号钢，容许应力 $[\sigma] = 120$ MPa。试求其许可荷载。

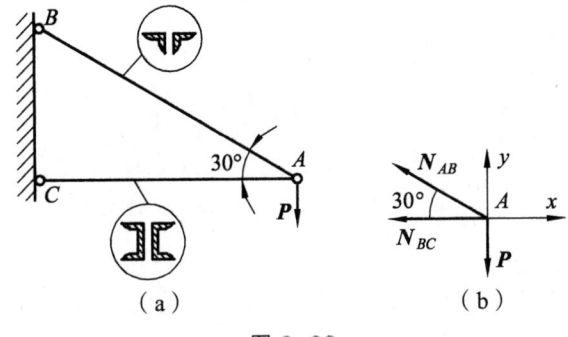

图 8-26

解：
（1）求解各杆内力。取结点 A 为研究对象，其受力如图 8-26（b）所示。

由结点 A 的平衡条件，有：

$$\sum Y = 0 \quad N_{AB} \sin 30° - P = 0$$
$$\sum X = 0 \quad -N_{AB} \cos 30° - N_{AC} = 0$$

得：
$$N_{AB} = 2P \quad N_{AC} = -1.732P \tag{1}$$

（2）计算许可轴力 $N_{AB\max}$ 及 $N_{AC\max}$。

查型钢表（或其他工程手册），得各杆横截面面积如下：

$$A_1 = 10.86 \times 2 = 21.7 \text{ cm}^2$$
$$A_2 = 12.74 \times 2 = 25.48 \text{ cm}^2$$

由强度条件：

$$\sigma_{\max} = \frac{N_{\max}}{A} = [\sigma]$$

$$N_{\max} = A[\sigma]$$

$$N_{AB\max} = A_{AB}[\sigma] = A_1[\sigma] = 21.7 \times 10^2 \times 120 \times 10^{-3} = 260 \text{ kN}$$

$$N_{AC\max} = A_{AC}[\sigma] = A_2[\sigma] = 25.48 \times 10^2 \times 120 \times 10^{-3} = 306 \text{ kN}$$

（3）计算许可荷载。由式（1）可知，由各杆分别确定的许可荷载如下：

$$[P_1] = 0.5 N_{AB\max} = 130 \text{ kN}$$

$$[P_2] = 1/1.732 N_{AC\max} = 176.5 \text{ kN}$$

因此，该三角架所能承受的许可荷载为：

$$[P] = \min\{[P_1],[P_2]\} = 130 \text{ kN}$$

例 8-8 图 8-27 所示起重吊钩的上端借螺母固定，若吊钩螺栓内径 $d = 55$ mm，$F = 170$ kN，材料许用应力$[\sigma] = 160$ MPa，试校核螺栓部分的强度。

解：计算螺栓栓杆横截面面积，近似取螺栓内径处的面积 A，有：

$$A = \frac{\pi d^2}{4} = \frac{\pi \times 55^2}{4} 2375 \text{ mm}^2$$

螺栓栓杆工作应力为：

$$\sigma = \frac{N}{A} = \frac{170 \times 10^3}{2375} = 71.6 \text{ MPa} < [\sigma] = 160 \text{ MPa}$$

图 8-27

因此，吊钩螺栓部分安全。

第九章 剪切与扭转

第一节 剪切及连接件的强度计算

建筑工程中,组成钢结构的各杆件,通常都用螺栓、铆钉和焊缝等联结而成。图9-1(a)、(b)所示分别为栓杆、铆钉连接件承受一对等值反向力 P 的作用,其受力如图9-1(c)所示,连接件两侧面受到了大小相等(等于 P)、方向相反、作用线无限接近的平行力(分布力的合力)作用。此时连接件的变形称为剪切变形,连接件两侧发生了相对错动。显然,当剪切变形过大时,连接件将会沿其横截面 $m—m$ 剪断。$m—m$ 面称为连接件的剪切面。

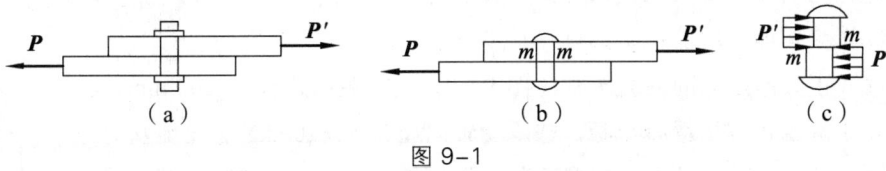

图 9-1

在这种连接中,连接件不仅受剪切作用,同时还伴随着挤压作用。因此,为了保证连接件的安全可靠,对于剪切连接件,除应验算其受剪面的抗剪强度外,还需验算连接件挤压面上的挤压应力。由于这种连接受力复杂,因此,在工程精度范围内,通常我们并不需要精确计算,而是在一定的假定基础上,得到了有关连接件的剪切和挤压实用计算公式。

一、剪切实用计算

如图9-2(a)所示,在外力作用下,铆钉的横截面 $m—m$ 两侧将发生相对错动,如图9-2(b)所示。我们将这样的截面 $m—m$ 称为剪切面。欲求剪切面上内力,可假想用一截面在 $m—m$ 处将铆钉切开,取其下部为脱离体,如图9-2(c)所示。该部分受力 F 作用,设 $m—m$ 面上的内力为 Q,根据脱离体的平衡条件,得 $Q=F$。内力 Q 称为剪力,并以剪应力 τ 的形式分布在截面上,如图9-2(d)所示。在忽略弯曲及拉伸等次要因素而仅考虑剪切变形影响时(纯剪切),通常假设横截面上的剪应力均匀分布,得到名义切应力 τ(也称为平均剪应力),即:

$$\tau = \frac{Q}{A}$$

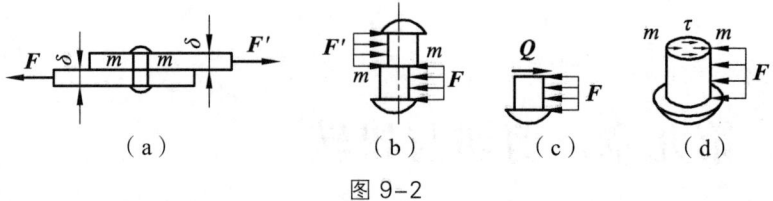

图 9-2

显然,要保证剪切面的抗剪强度,材料的名义切应力 τ 应小于其容许值 $[\tau]$,这就是连接件的剪切强度条件,即:

$$\tau = \frac{Q}{A} \leqslant [\tau] = \frac{\tau_u}{n}$$

这里,τ_u 为材料的剪切极限应力,其值可通过材料的剪切破坏试验确定。为使材料保留一部分安全储备,将其除以一个大于 1 的安全因数 n,即可得出材料的许用剪切应力 $[\tau]$。工程中,其值可在相关工程手册中查到。

剪力的量纲是[力],面积的量纲[长度]²。因此,剪应力的量纲为[力]/[长度]²,故剪应力的单位与正应力的单位相同,常用 Pa 或者 MPa。

连接件的剪切强度条件主要有以下三种用途:

(1)对已知结构中剪切连接件的横截面抗剪强度进行校核;
(2)进行剪切连接件横截面尺寸的设计;
(3)计算结构体系所能承受的许用荷载 $[P]$。

例 9-1 正方形截面的混凝土柱(图 9-3),其横截面边长为 200 mm,基底为边长 1 m 的正方形混凝土板,柱承受轴向压力 $F = 100$ kN,设地基对混凝土板的支反力为均匀分布,混凝土的许用切应力 $[\tau] = 1.5$ MPa。试问混凝土板满足剪切强度所需的最小厚度 δ 应取多少?

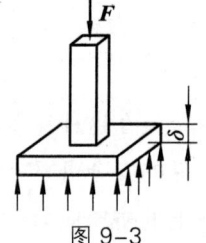

图 9-3

解:

(1)混凝土板受剪面面积 A 的计算。

在力 F 及其底部分布反力共同作用下,混凝土柱有可能在混凝土底板上冲剪出一个方形孔,孔的内表面即为混凝土板的受剪面,其面积 A 为:

$$A = 0.2 \times 4 \times \delta = 0.8\delta$$

(2)剪力计算。

$$\begin{aligned} Q &= F - \{0.2 \times 0.2 \times [F/(1 \times 1)]\} \\ &= 100 \times 10^3 - \left(0.04 \times 100 \times 10^3\right) \\ &= 96 \times 10^3 \text{ N} \end{aligned}$$

(3)混凝土板厚度设计。

$$\delta \geqslant Q/(0.8 \times [\tau]) = 96 \times 10^3/(0.8 \times 1.5) = 80$$

因此,可取混凝土板厚度 $\delta = 80$ mm。

例 9-2 钢板的厚度 $\delta = 5$ mm,其剪切极限应力 $\tau_u = 400$ MPa,问要加多大的冲剪力 F 才能在钢板上冲出一个直径 $d = 18$ mm 的圆孔?

解：

（1）钢板受剪面面积 A（即圆孔的内表面积）的计算。

$$A = \pi \cdot d \cdot \delta$$

（2）剪断钢板最小冲剪力的计算。

由钢板的抗剪强度条件有：

$$\tau = \frac{Q}{A} = \frac{F}{A} \geqslant \tau_u$$

$$F_{\min} = \tau_u \cdot A = \tau_u \cdot \pi \cdot d \cdot \delta = 400 \times \pi \times 18 \times 5 = 113 \times 10^3 \text{ N} = 113 \text{ kN}$$

例 9-3 为使压力机在超过最大压力 $F=160$ kN 作用时，重要机件不发生破坏，在压力机冲头内装有圆形保险器（压塌块，图 9-4）。设保险器的极限切应力 $\tau_u = 360$ MPa，已知圆形保险器（压塌块）中的尺寸 $d_1 = 50$ mm，$d_2 = 51$ mm，$D = 82$ mm，试求保险器（压塌块）中的尺寸 δ 值。

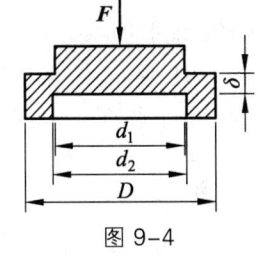

图 9-4

解： 为了保障压力机安全运行，应使保险器达到最大冲压力时即破坏。由其抗剪强度条件有：

$$\tau = \frac{F}{\pi d_1 \delta} \geqslant \tau_u$$

$$\delta = \frac{F}{\pi d_1 \tau_u} = \frac{160 \times 10^3}{\pi \times 50 \times 360} = 2.83 \text{ mm}$$

利用保险器被剪断，以保障主机安全运行的安全装置，在压力容器、电力输送及做饭用的高压锅中均可以见到。

二、挤压实用计算

连接件与被连接件在互相传递力时，接触表面是相互压紧的。如图 9-5 所示的铆钉杆及与其相连构件之间相接触的半个圆柱体表面是相互压紧的，并且挤压应力在此接触面上的分布也是不均匀的，这种受力情况称为挤压。接触表面上的总压紧力称为挤压力，相应的应力称为挤压应力。当挤压应力过大时，接触面将被挤压坏。由于实际挤压应力分布相当复杂，其值很难精确计算。在满足工程精度的条件下，常用半个圆柱体挤压面在过连接件直径的纵向面上的最大投影面代替实际挤压面进行计算，称为计算挤压面，即图 9-5 中阴影部分面积。同时，假定挤压力在这个计算挤压面上均匀分布，这样得到的挤压应力称为计算挤压应力，常用 σ_{jy} 表示，即：

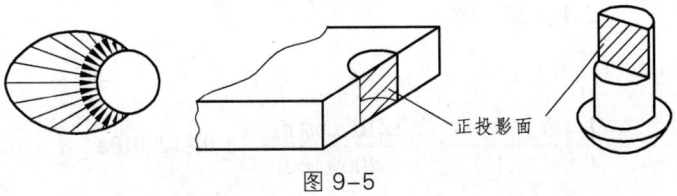

图 9-5

$$\sigma_{jy} = \frac{F_{jy}}{A_{jy}}$$

精确分析表明：上式计算得到的名义挤压应力 σ_{jy} 与接触面中点处的最大理论挤压应力值相近。同样，要保证挤压面的挤压强度，材料的名义挤压应力 σ_{jy} 应小于其容许（许用）挤压应力 $[\sigma_{jy}]$。这就是连接件的挤压强度条件，即：

$$\sigma_{jy} = \frac{F_{jy}}{A_{jy}} \leqslant [\sigma_{jy}] = \frac{\sigma_{jy}^u}{n}$$

这里的 $[\sigma_{jy}]$ 是通过材料试验并按照计算挤压面积计算且考虑了相应的安全因数（n）得到的，其值可在相关工程手册中查到。对于塑性材料，通常 $[\sigma_{jy}] = (1.7 \sim 2.0)[\sigma_t]$。$\sigma_{jy}^u$ 为材料的极限挤压应力。

例 9-4 图 9-6 为木屋架结构端结点 A 的单榫齿连接详图。该结点受上弦杆 AC 的压力 N_{AC}，下弦杆 AB 的拉力 N_{AB} 及支座 A 的反力 Y_A 的作用。N_{AC} 使上弦杆与下弦杆的接触面 ae 发生挤压；N_{AC} 的水平分力使下弦杆的端部沿剪切面发生剪切，使下弦杆截面削弱处 ec 截面，产生拉伸。

已知：$l = 400$ mm，$h_1 = 60$ mm，$b = 160$ mm，$h = 200$ mm，$N_{AC} = 60$ kN，$\alpha = \pi/6$。试求上述部位挤压应力 σ_{jy}、切应力 τ 和拉应力 σ。

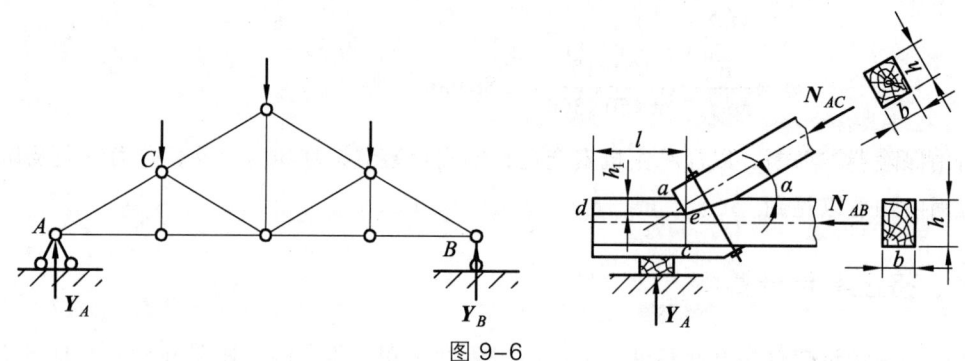

图 9-6

解：

（1）求 ae 截面的挤压应力。

计算挤压面面积：

$$A_{jy} = \frac{h_1}{\cos\alpha} b = \frac{60}{\cos 30°} \times 160 = 11085 \text{ mm}^2$$

则挤压应力为：

$$\sigma_{jy} = \frac{N_{AC}}{A_{jy}} = \frac{60 \times 10^3}{11085} = 5.41 \text{ MPa}$$

（2）求 ed 截面的切应力：

$$\tau = \frac{Q}{A} = \frac{N_{AC} \cos\alpha}{A} = \frac{60 \times 10^3 \cos(\pi/6)}{400 \times 160} = 0.812 \text{ MPa}$$

（3）计算下弦杆截面削弱处 ec 截面的拉应力。

$$\sigma = \frac{N_{AB}}{A_{ec}} = \frac{60 \times 10^3 \cos(\pi/6)}{(200-60) \times 160} = 2.32 \text{ MPa}$$

例 9-5 两块 $t = 6$ mm 的钢板对接。上下各加一块 $t_1 = 4$ mm 的盖板，板宽 $b = 70$ mm，铆钉直径 $d = 12$ mm。铆钉排列如图 9-7 所示，铆钉为 M12 号钢，钢板、盖板为 A3 钢，拉力 $P = 30$ kN。$[\tau] = 115$ MPa，$[\sigma_{jy}] = 265$ MPa。$[\sigma] = 160$ MPa，试计算铆钉强度。

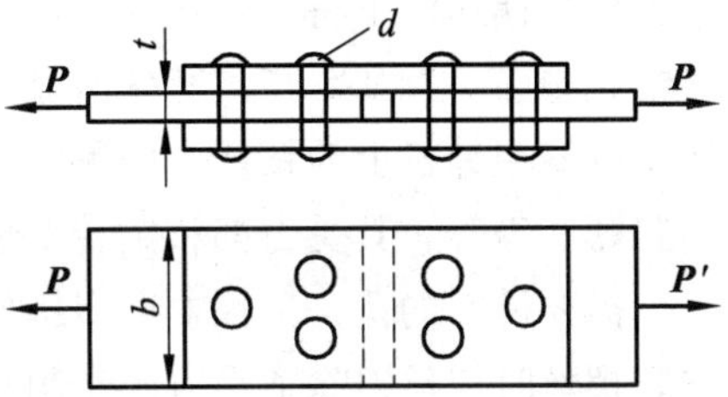

图 9-7

解：

（1）剪切计算。

铆钉有两个受剪面，是双剪，受剪面积 $A = 2 \times \left(\frac{\pi d^2}{4}\right)$，接头的每一边备有 3 个铆钉，所以每个铆钉承受外力 $Q = P/3 = 10$ kN。根据平均剪应力计算公式得：

$$\tau = \frac{Q}{A} = \frac{10 \times 10^3}{2 \times \left(\frac{\pi}{4} \times 12^2\right)} = 44.2 \text{ MPa} < [\tau] = 115 \text{ MPa}$$

（2）挤压计算。

先计算钢板 70×6 和两块盖板 70×4 的挤压面积。钢板的挤压面积 $A_1 = 12 \times 6 = 72$ mm²，盖板的挤压面积 $A_2 = 2 \times 4 \times 12 = 96$ mm²。由于两者材料相同（都用 A_3 钢，且 $A_2 > A_1$），所以仅需计算铆钉和钢板的挤压，其挤压应力为：

$$\sigma_{jy} = \frac{Q_{jy}}{A_{jy}} = \frac{Q}{A_1} = \frac{10 \times 10^3}{72} = 140 \text{ MPa} < [\sigma_{jy}] = 265 \text{ MPa}$$

（3）钢板和盖板受拉计算。

因钢板和盖板有孔洞削弱，通常情况下，还应校核它们的抗拉强度，最后计算时应取钢板内力和净面积之比最大处作为抗拉强度计算依据。

对钢板：

单孔处截面应力：$\sigma_1' = \dfrac{P}{(b-d)\,t_1} = \dfrac{30 \times 10^3}{(70-12) \times 6} = 86.21$ MPa $< [\sigma] = 160$ MPa

双孔处截面应力：$\sigma_1' = \dfrac{2P/3}{(b-2d)\,t_1} = \dfrac{20 \times 10^3}{(70-2 \times 12) \times 6} = 72.46$ MPa $< [\sigma] = 160$ MPa

对盖板：

危险截面在双孔处，故只验算该处截面应力，即：

$$\sigma_2' = \frac{P/2}{(b-2d)\,t_1} = \frac{15 \times 10^3}{(70-2 \times 12) \times 4} = 81.52 \text{ MPa} < [\sigma] = 160 \text{ MPa}$$

第二节　扭转的概念及外力偶矩的计算

一、扭转的概念

等截面直杆在两个等值（力偶矩相等）、反向（力偶矢量方向相反）、作用面与杆件轴线垂直的力偶作用下将产生扭转变形，这种受力与变形形式称为扭转。生活和工程中发生扭转的情况很多。例如，与汽车方向盘相连的操纵杆，拧螺丝钉用的螺丝刀（改锥），机械轴承，地质勘察用钻机上的钻杆，房屋结构中受单边楼面荷载作用下的框架边梁，擒拿术中被扭住的胳膊，等等，其受力都和扭转变形相关。

需要说明的是，工程中很多构件在受扭的同时还伴随有其他的变形（组合变形）。例如，拧紧螺丝时螺丝刀除了受力偶作用外，还受有轴向压力，因而还伴随有压缩变形。再如，减速机构中的齿轮轴，除受扭外，还可能在齿轮咬合力作用下发生弯曲变形。本章只介绍纯扭转变形，组合变形则在后续章节中介绍。

发生扭转变形后杆件各横截面之间绕杆轴线相对转动了一个角度，称为相对扭转角（简称扭转角），用 φ 表示。以扭转变形为主要变形的直杆称为轴（图9-8）。

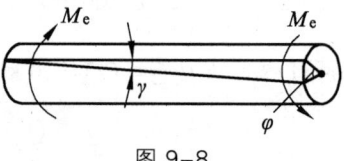

图 9-8

二、外力偶矩的计算

作用在轴上的外力偶可以通过外力向轴线简化得到。但实际工程中多数情况下则是通过已知轴所传递的功率和轴的转速求得。

轴在做等速转动时，作用在轴上的力偶在单位时间内所做的功，即为功率，常用 N 表示。其值等于力偶矩 M_e（kN·m）与角速度 ω（r/min）乘积，即：

$$N = M_e \omega$$

考虑到习惯上功率 N 的单位常用千瓦或马力，转速常用每分钟的转数 n 来表示。因此：

$$\omega = \frac{2\pi n}{60}$$

于是由轴所传递的功率 N（kW）和轴的转速 n（每分钟的转数）计算得到的外力偶矩 M_e 的表达式为：

$$N \times 10^3 = M_e \times \frac{2\pi n}{60}$$

即：

$$M_e = \frac{60000N}{2\pi n} = 9549 \frac{N}{n}$$

式中，M_e 为作用在轴上的外力偶矩，单位为 N·m（牛顿·米）；N 为轴传递的功率（输入或者输出功率），单位为 kW（千瓦）；n 为轴的转速，单位为 r/min（转/分）。

说明：如果功率 N 的单位为马力（即 0.735 kW），可直接将上述公式右边乘以 0.735 即可。则有：

$$M_e = 9550 \times 0.735 \frac{N}{n} = 7024 \frac{N}{n}$$

外力偶的方向可由力向轴线的简化结果确定。对于传递功率的轴，则可根据下列原则确定：输入功率的齿轮或皮带轮上作用的力偶矩为主动力矩，其方向与轴的转动方向一致；输出功率的齿轮或皮带轮上作用的力偶矩为阻力矩，其方向与轴的转动方向相反。

第三节 圆轴扭转时横截面上的内力及扭矩图

如图 9-9 所示，受一对外力偶 M_e 作用后发生扭转变形的圆轴，其横截面上将产生连续分布的内力。由于力偶只能与力偶平衡，根据截面法，横截面上分布着的内力应组成一作用在横截面内的合力偶。从而与作用在垂直于轴线的平面内的外力偶相平衡。由横截面内分布内力组成的这个合力偶的力偶矩，称为扭矩，用 T 表示。扭矩的矢量方向垂直于横截面。扭矩的常用单位为 N·m 或 kN·m。

圆轴扭转时横截面的扭矩依然采用截面法来计算，如图 9-9（a）所示，为求 m—m 截面的扭矩，用假想截面从该截面截开，取其中任意一部分为研究对象[图 9-9（b）、（c）分别为取左段和右段为研究对象]，由轴的平衡条件即可求得轴的扭矩大小，即：

$$\sum M_x = 0$$

得：$T = M_e$

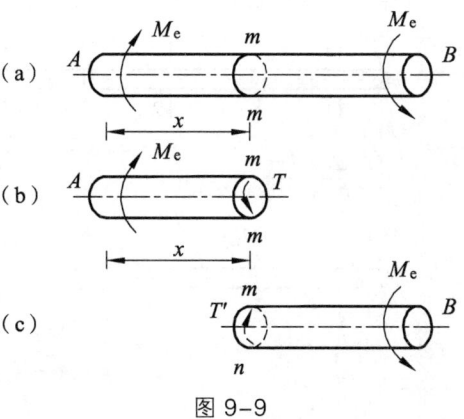

图 9-9

扭矩的正负号按照右手螺旋法则确定（图 9-10）：若扭矩矢量的正方向与截面的外法线方向一致则为正。按照这样的规定，圆轴上同一截面的扭矩（左段与右段）具有相同的正负号。图 9-10（a）、（b）中所示横截面的扭矩均为正扭矩。

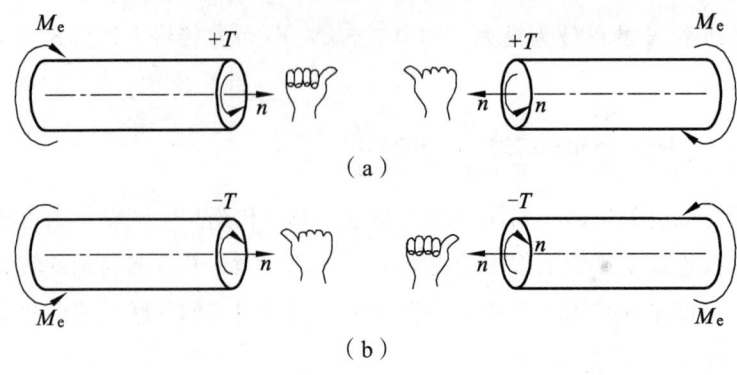

图 9-10

当圆轴上同时作用有多个外力偶时,如作用有一个主动轮(输入功率)和几个从动轮(输出功率),这时应首先根据外力偶的作用位置将轴分段。显然,每一段内轴的横截面上的扭矩都等于常数,分段求出每一段的扭矩后,可绘制轴的扭矩图。

扭矩图是表示轴的横截面上的扭矩沿其轴线方向的变化情况的图形。绘制扭矩图的步骤如下:

(1)用与轴线平行的 x 坐标表示轴的横截面的位置,以与之垂直的纵坐标表示相应横截面的扭矩,建立 T-x 坐标系。

(2)把计算结果按比例绘制在图上,正值扭矩画在 x 轴上方,负值扭矩画在 x 轴下方。这种图形称为扭矩图。

例 9-6 图 9-11 所示传动轴,转速 $n = 300$ r/min,A 轮为主动轮,输入功率 $N_A = 10$ kW,B、C、D 为从动轮,输出功率分别为 $N_B = 4.5$ kW,$N_C = 3.5$ kW,$N_D = 2$ kW,试求各段扭矩。

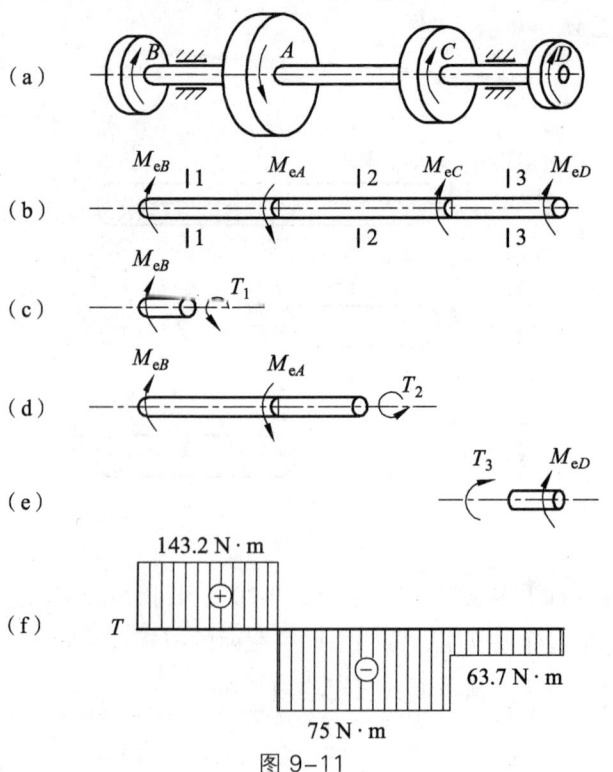

图 9-11

解:

(1) 计算外力偶矩。

$$M_{eA} = 9549 \cdot \frac{N_A}{n} = 9549 \times \frac{10 \text{ kW}}{300 \text{ r/min}} = 318.3 \text{ N·m}$$

$$M_{eB} = 9549 \cdot \frac{N_B}{n} = 9549 \times \frac{4.5 \text{ kW}}{300 \text{ r/min}} = 143.2 \text{ N·m}$$

$$M_{eC} = 9549 \cdot \frac{N_C}{n} = 9549 \times \frac{3.5 \text{ kW}}{300 \text{ r/min}} = 111.4 \text{ N·m}$$

$$M_{eD} = 9549 \cdot \frac{N_D}{n} = 9549 \times \frac{2.0 \text{ kW}}{300 \text{ r/min}} = 63.7 \text{ N·m}$$

(2) 分段计算扭矩。

$T_1 = M_{eB} = 143.2 \text{ N·m}$ （图 c）

$T_2 = M_{eB} - M_{eA} = 143.2 - 318.3 = -175.1 \text{ N·m}$ （图 d）

$T_3 = -M_{eD} = -63.7 \text{ N·m}$ （图 e）

T_2、T_3 为负值说明实际方向与假设的方向相反。

(3) 绘制扭矩图（图 f）。

由扭矩图可见，扭矩最大值为：$|T|_{max} = 175.1 \text{ kN·m}$。

第四节 等直圆轴扭转时横截面上的切应力

用截面法求得横截面上连续分布内力的合力偶矩（扭矩）后，尚需确定分布内力在各点的集度（应力）。为了确定内力分布，需要考察圆轴受扭的变形。为此，通过模型模拟试验，观察扭转时圆轴表面的变形，并通过假设推知内部的变形，再由变形与应力的关系即可得到应力。先确定圆轴扭转时将产生什么样应变和应力，再介绍两者之间的关系。

一、平面假设

外力偶作用之前，先在圆轴表面划上互相平行的圆周线和平行于圆轴轴线的纵向线，形成许多微小的方格，如图 9-12（a）所示。圆轴受扭后，轴表面的变形如图 9-12（b）所示。从图中可以看出，圆轴表面变形具有以下特点：

(1) 各圆周线形状、尺寸和间距均保持不变，只是绕轴线作相对转动。
(2) 各纵向线仍为直线，但都倾斜了一个相同的角度。
(3) 由于上述变形结果，表面的小方格变成了菱形。

根据圆轴表面发生的上述变形特点，可作如下假设：
圆轴受扭变形后，横截面依然保持平面，且其形状和尺寸以及两相邻横截面之间的距离均保持不变；半径线仍保持为直线。即横截面刚性地绕轴线作相对转动。这一假设称为"平截面假设"。

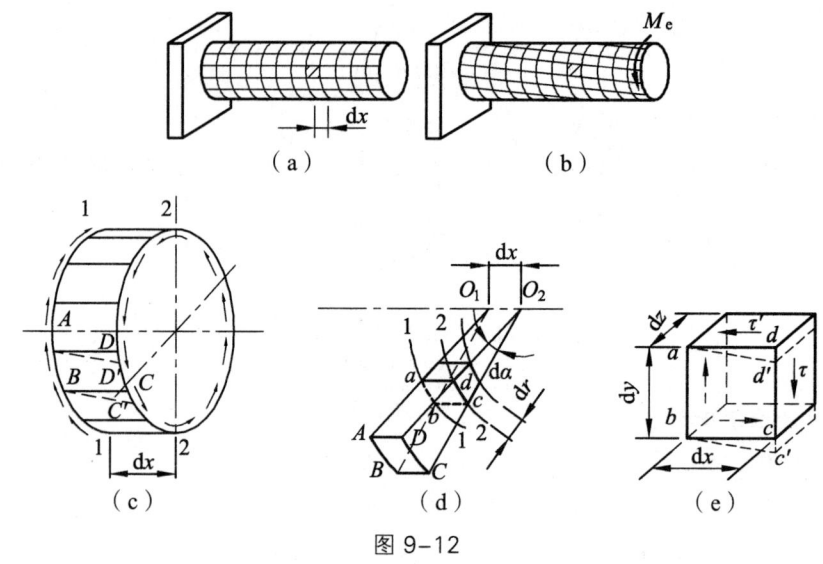

图 9-12

二、扭转剪应力和剪应变

比较小方格在圆轴受扭前后的变形，小方格变形后在轴向和圆周方向均未伸长或缩短，即在这两个方向上均无正应变，但小方格的两对边发生了相对错动，使直角改变了一角度。这种变形称为"剪切变形"。我们把直角的改变量称为"剪应变"或"角应变"，用 γ 表示。与这种剪应变相对应的，在小方格的各边上将产生使小方格错动的"剪应力"。

根据平面假设，圆轴由表面至轴中心线的所有同轴圆柱面上的小方格，也都将发生剪应变，只是大小不同而已。这表明，圆轴扭转时，其横截面上各点将只产生剪应力而没有正应力。

三、剪应力互等定理

根据平面假设，用相距 dx 的两个横截面 1-1、2-2 从圆轴上截取一微段，如图 9-12（c）所示；再用两个通过圆轴轴线、夹角为 $d\alpha$ 的纵截面，从 dx 微段上截出一楔形体，如图 9-12（d）所示；在距轴中心线任意半径（用 r 表示）处，用相距 dr 的两同轴圆柱面从楔形体上截出一微元体（简称微元），如图 9-12（e）所示。

通过上一小节的关于应力和应变的分析，微元三对面上都没有正应力作用。但微元上与横截面和纵截面相对应的面上都存在剪应力，分别用 τ 和 τ' 表示，如图 9-12（e）所示。在横截面上剪应力垂直于半径方向。根据平面假设以及对称性可知，横截面上沿同一半径圆周上各点的剪应力大小相等。

根据微元体的平衡条件，很容易证明：作用在微元体的上、下纵向截面上的剪应力 τ' 与作用在微元体左右横截面上的剪应力 τ 大小相等，两者的方向同时指向或背向两者作用面的交线。这称为剪应力互等定理，即：

$$\tau = \tau'$$

事实上，受力构件中，在任意两个相互垂直的截面上，垂直于它们交线的剪应力分量，总是大小相等，同时指向或者同时背离它们的交线。（证明从略）

当微元体各对面上只作用有剪应力而没有正应力，这种受力状态称为纯剪状态。

四、剪切胡克定律

无数试验（例如薄圆管的扭转试验）表明：对于大多数工程材料，在纯剪状态下，当在弹性范围内加载时，即剪应力不超过材料的比例极限 τ_p 时，剪应力与剪应变成线性关系，即：

$$\tau = G\gamma$$

这就是剪切胡克定律。上式中 G 为比例常数，称为材料的剪切弹性模量，其量纲和单位与弹性模量 E 相同。钢的剪切弹性模量 G 约为 80 GPa。

五、实心圆轴横截面上的应力

由前述可知，圆轴扭转时，横截面上各点只有剪应力，其作用线垂直于半径，并且在同一半径的圆周上各点剪应力相等。现在要分析圆截面半径上各点的剪应力的分布，为此需要根据平面假设分析沿径向各微元的剪应变的大小与点所在的位置之间的关系，即剪应变沿径向的分布规律。为此，先从变形的几何方面和物理方面求得剪应力在横截面上的变化规律，最后考虑静力平衡条件即可求解。

1. 变形几何关系

将图 9-12（d）中所截出的楔形体加以放大，如图 9-13 所示。

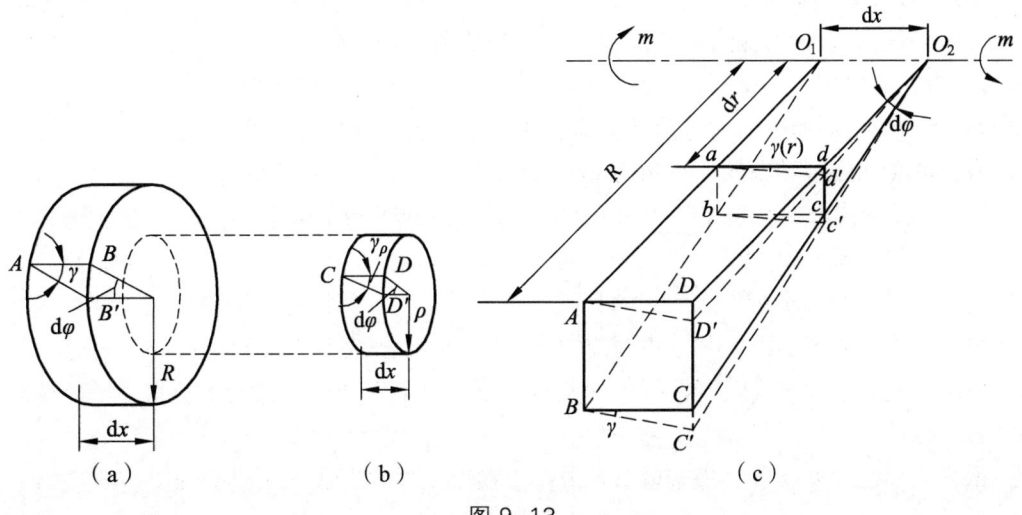

图 9-13

根据平面假设，圆轴受扭后，两相邻截面发生刚性转动。设两者相对转过的角度为 $d\varphi$，这一角度也是楔形体两侧面相对转动的角度。从图 9-13 中可以看出，由于两侧面的相对转动，楔形体上的微元都将发生剪应变，但各微元的剪应变大小不等，距轴线越近的微元，剪应变越小。

设距轴线 r 远处微元的剪应变为 $\gamma(r)$，则从图 9-13 中所示几何关系，可得：

$$r d\varphi = \gamma(r) dx = \overline{dd'}$$

由此得到微元剪应变与微元位置（r）之间的关系。

$$\gamma(r) = r \frac{d\varphi}{dx} \tag{9-1}$$

式中，$d\varphi$ 对于 r 为常量，即 $\frac{d\varphi}{dx}$ 不随半径 r 而变化。式（9-1）表明：横截面上任意一点的剪应变 $\gamma(r)$ 与该点到截面中心的距离 r 成正比。它表达了圆轴扭转时横截面上各点剪应变沿径向的分布规律。

2. 物理关系

根据剪切胡克定律，在弹性范围内加载时，剪应力与剪应变成正比。因此圆轴扭转时横截面上的剪应力与剪应变关系为：

$$\tau(r) = G\gamma(r)$$

将式（9-1）代入后，得到：

$$\tau(r) = Gr \frac{d\varphi}{dx} \tag{9-2}$$

由此可见，剪应力 $\tau(r)$ 只与 r 有关。式（9-2）表明，圆轴扭转时，横截面上任一点的剪应力与该点到截面中心的距离 r 成正比。在截面中心处剪应力为零，截面边缘各点剪应力最大（图 9-14）。

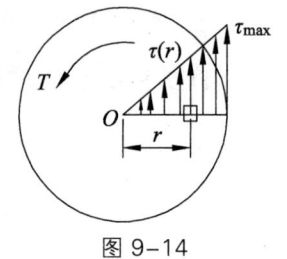

图 9-14

于是，横截面上的剪应力沿圆周及半径分布如图 9-15（a）所示。根据剪应力互等定理，在楔形体的纵向面上，即圆轴过轴线的纵截面上存在着数值与横截面上对应点的剪应力相等的剪应力，其分布如图 9-15（b）所示。

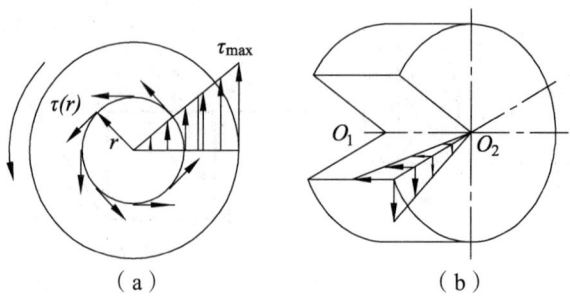

图 9-15

式（9-2）虽然描述了圆轴扭转时横截面各点的剪应力分布，但不能用以计算各点的剪应力，这是因为其中的 $d\varphi/dx$ 尚属未知。

3. 静力学关系

由于作用在圆轴截面上的分布剪应力组成一个合力偶，其矩即为该截面上的扭矩 T。据此，应用式（9-2）可求得截面上任意一点剪应力的表达式。

在横截面上任取微面积 dA（图9-16），则有：

$$\int_A r\tau(r)dA = T \Rightarrow G\frac{d\varphi}{dx}\int_A r^2 dA = T$$

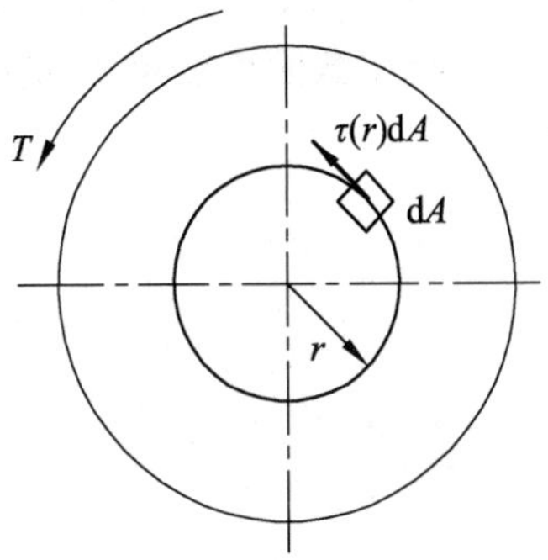

令：$\int_A r^2 dA = I_P$，称截面的极惯性矩，得：

$$\frac{d\varphi}{dx} = \frac{T}{GI_P}$$

图 9-16

则：

$$\tau(r) = \frac{T \cdot r}{I_P} \qquad (9\text{-}3)$$

这就是圆轴扭转横截面上任意点处切应力计算公式。当 $r = R$ 时，表示圆截面边缘处的切应力取得最大值，即：

$$\tau_{max} = \frac{T}{I_P/R} = \frac{T}{W_P} \qquad (9\text{-}4)$$

式中：$W_P = I_P/R$，称为抗扭截面系数，同 I_P 一样，它是与截面形状和尺寸有关的量。

六、极惯性矩 I_P 和抗扭截面系数 W_P

（1）直径为 D 的实心圆截面的极惯性矩[图9-17（a）]。

$$I_P = \int_A \rho^2 dA = 2\pi\int_0^{\frac{D}{2}} \rho^3 d\rho = \frac{\pi D^4}{32} \qquad (9\text{-}5)$$

其抗扭截面系数为：

$$W_P = \frac{I_P}{D/2} = \frac{\pi D^4/32}{D/2} = \frac{\pi D^3}{16} \qquad (9\text{-}6)$$

（2）内外直径分别为 d、D 的空心圆截面的极惯性矩[图9-17（b）]。

$$I_P = \int_A r^2 dA = 2\pi\int_{\frac{d}{2}}^{\frac{D}{2}} r^3 dr = \frac{\pi}{32}(D^4 - d^4) = \frac{\pi D^4}{32}(1-\alpha^4) \qquad (9\text{-}7)$$

式中，$\alpha = d/D$ 为空心圆轴内外径之比。

其抗扭截面系数为：

$$W_P = \frac{I_P}{D/2} = \frac{\pi D^3}{16}(1-\alpha^4) \quad (9\text{-}8)$$

极惯性矩 I_P 的量纲是长度的四次方，常用的单位为 mm^4。

抗扭截面系数 W_P 的量纲是长度的三次方，常用单位为 mm^3。

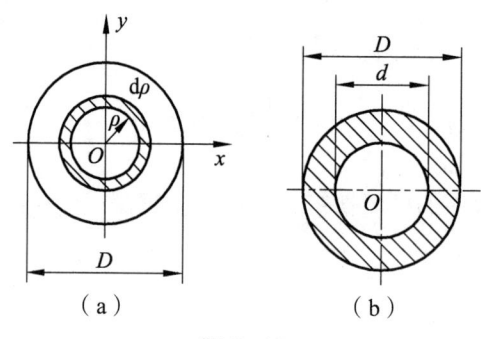

图 9-17

第五节　等直圆轴扭转时的强度计算

工程上要求圆轴扭转时的最大切应力不得超过材料的许用切应力 $[\tau]$，即：

$$\tau_{max} = \left(\frac{T}{W_P}\right)_{max} \leqslant [\tau] \quad (9\text{-}9)$$

上式称为圆轴扭转强度条件。

试验表明，材料扭转许用切应力与许用应力（最大工作正应力）之间有如下关系：

塑性材料：$[\tau] = 0.5 \sim 0.6[\sigma]$

脆性材料：$[\tau] = 0.8 \sim 1.0[\sigma]$

例 9-7　汽车的主传动轴由 45 号钢的无缝钢管制成，外径 $D = 90\ mm$，壁厚 $\delta = 2.5\ mm$，工作时的最大扭矩 $T = 1.5\ N\cdot m$，若材料的许用切应力 $[\tau] = 60\ MPa$，试校核该轴的强度。

解：

（1）计算抗扭截面系数。

主传动轴的内外径之比：

$$\alpha = \frac{d}{D} = \frac{90-2\times 2.5}{90} = 0.944$$

抗扭截面系数为：

$$W_P = \frac{\pi D^3}{16}(1-\alpha^4) = \frac{\pi\times(90)^3}{16}(1-0.944^4) = 2.95\times 10^4\ mm^3$$

（2）计算轴的最大切应力：

$$\tau_{max} = \frac{T}{W_p} = \frac{1.5 \times 10^6}{295 \times 10^2} = 50.8 \text{ MPa}$$

（3）强度校核：

$$\tau_{max} = 50.8 \text{ MPa} < [\tau]$$

可见，该主传动轴强度满足要求，安全。

例 9-8 如把上题中的汽车主传动轴改为实心轴，要求它与原来的空心轴强度相同，试确定实心轴的直径，并比较空心轴和实心轴的重量。

解：

（1）求实心轴的直径，要求强度相同，即实心轴的最大切应力也为 50.8 MPa，即：

$$\tau = \frac{T}{W_p} = \frac{1.5 \times 10^6}{\pi D_1^3 / 16} = 50.8 \text{ MPa}$$

$$D_1 = \sqrt[3]{\frac{16 \times 1.5 \times 10^6}{\pi \times 50.8}} = 53.1 \text{ mm}$$

（2）在轴长度相等、材料相同的情况下，两轴重量之比等于两轴横截面面积之比，即：

$$\frac{A_{空}}{A_{实}} = \frac{\pi(D^2 - d^2)/4}{\pi D_1^2 / 4} = \frac{90^2 - 85^2}{53.1^2} = 0.31$$

结果表明，在其他条件相同的情况下，空心轴的重量只是实心轴重量的 31%，其节省材料是非常明显的。

第六节　等直圆轴扭转时的变形及刚度条件

一、圆轴扭转时的变形

圆轴的扭转变形用两横截面的相对扭转角 φ 来表示，由第四节物理关系可得到微段两侧相对扭转角计算公式为：

$$\frac{d\varphi}{dx} = \frac{T}{GI_p} \quad \Rightarrow \quad d\varphi = \frac{T}{GI_p} dx \tag{9-10}$$

当扭矩为常数，且 GI_p 也为常量时，相距长度为 l 的两横截面相对扭转角为：

$$\varphi = \int_l d\varphi = \int_l \frac{T}{GI_p} dx = \frac{Tl}{GI_p} \quad \text{(rad)}$$

式中，GI_p 称为圆轴扭转刚度，表示圆轴抵抗扭转变形的能力。

相对扭转角的正负号由扭矩的正负号确定，即正扭矩产生正扭转角，负扭矩产生负扭转角。若两横截面之间各段内扭矩 T 有变化，或极惯性矩变化，亦或材料不同（切变模量 G 变化），则应通过积分或分段计算出各段的扭转角，然后代数相加即得两横截面之间相对扭转角 φ，即：

$$\varphi = \sum_{i=1}^{n} \frac{T_i l_i}{G_i I_{pi}}$$

对于受扭转圆轴的刚度通常用相对扭转角沿杆长度的变化率 θ 表示，称为单位长度扭转角，即：

$$\theta = \frac{d\varphi}{dx} = \frac{T}{GI_p} \tag{9-11}$$

二、圆轴扭转刚度条件

对于建筑工程、精密机械，圆轴扭转的刚度条件为：

$$\theta \leqslant [\theta] \tag{9-12}$$

这里，$[\theta]$ 为圆轴单位长度许用扭转角。在工程中，$[\theta]$ 的单位习惯用（度/米）表示，将上式中的弧度换算为度，得：

$$\theta_{max} = \left(\frac{T}{GI_p}\right)_{max} \times \frac{180}{\pi} \leqslant [\theta] \tag{9-13}$$

对于等截面圆轴，即为：

$$\theta_{max} = \frac{T_{max}}{GI_p} \times \frac{180}{\pi} \leqslant [\theta] \tag{9-14}$$

许用扭转角的数值，根据轴的使用精密度、生产要求和工作条件等因素确定。

对一般传动轴： $[\theta] = 0.5 \sim 1.0 (°/m)$

对于精密机器的轴： $[\theta] = 0.15 \sim 0.3 (°/m)$

例 9-9 图 9-18 所示圆轴的直径 $d = 51$ mm，切变模量 $G = 80$ GPa，试计算该轴两端面之间的扭转角。图中各段长 l 均为 500 mm。

解：两端面之间扭转角为：

$$\varphi_{AD} = \frac{T_{AB}l}{GI_p} + \frac{T_{BC}l}{GI_p} + \frac{T_{CD}l}{GI_p} = \frac{l}{GI_p}(2T_{AB} + T_{BC})$$

$$I_p = \frac{\pi d^4}{32} = \frac{\pi}{32} \times 50^4 = 61.36 \times 10^4 \text{ mm}^4$$

$$\varphi_{AD} = \frac{500}{80 \times 10^3 \times 61.36 \times 10^4}(2 \times 2 \times 10^6 + 1 \times 10^6)$$

$$= 0.051 \text{ rad}$$

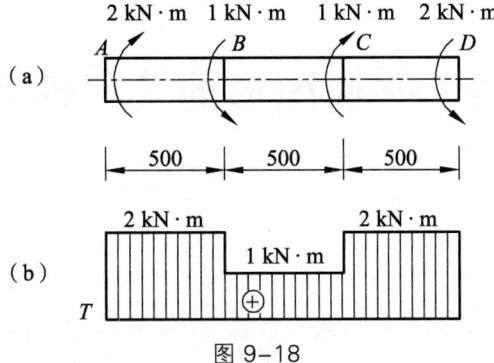

图 9-18

例 9-10 主传动钢轴，传递功率 $P = 60$ kW，转速 $n = 250$ r/min，传动轴的许用切应力 $[\tau] = 40$ MPa，单位长度许用扭转角 $[\theta] = 0.5$ (°/m)，切变模量 $G = 80$ GPa，求传动轴所需的直径。

解：

（1）计算轴的扭矩。

$$T = 9549 \frac{P}{n} = 9549 \frac{60}{250} = 2292 \text{ N} \cdot \text{m}$$

（2）根据强度条件求所需直径。

$$\tau = \frac{T}{W_p} = \frac{16T}{\pi d^3} \leq [\tau]$$

$$d \geq \sqrt[3]{\frac{16T}{\pi [\tau]}} = \sqrt[3]{\frac{16 \times 2292 \times 10^3}{\pi \times 40}} = 66.3 \text{ mm}$$

（3）根据圆轴扭转的刚度条件求所需直径。

$$\theta = \frac{T}{GI_p} \times \frac{180}{\pi} \leq [\theta]$$

$$d \geq \sqrt[4]{\frac{32T}{G\pi [\theta]}} = \sqrt[4]{\frac{32 \times 2292 \times 10^3}{80 \times 10^3 \times \pi \times 0.5 \times 10^{-3} \times \frac{\pi}{180}}} = 76 \text{ mm}$$

因此，应按刚度条件确定传动轴直径，取 $d = 76$ mm。

第十章　平面图形的几何性质

在建筑力学以及建筑结构的计算中，经常要用到与截面有关的一些几何量。例如轴向拉压的横截面面积 A、圆轴扭转时的抗扭截面系数 W_P 和极惯性矩 I_P 等。这些量都与构件的强度和刚度有关。以后在弯曲等其他问题的计算中，还将遇到平面图形的另外一些如形心、静矩、惯性矩、抗弯截面系数等几何量。这些与平面图形形状及尺寸有关的几何量统称为平面图形的几何性质。

第一节　重心和形心

一、重心的概念

地球上的任何物体都受到地球引力的作用，这个力称为物体的重力。任何物体都可以看作是由许多微小部分组成，每一微小部分都受到地球引力的作用，这些引力汇交于地球中心（地心）。但是，由于一般物体的尺寸远比地球的半径小得多，因此，可以足够准确地认为这些引力组成空间平行力系。这些平行力系的合力就是物体的重力。对于固体物质，无论将物体怎样放置，这组空间平行力系的合力总是通过物体上一个确定的点，这个点就是物体的重心。简而言之，重心就是物体重力的作用点。在生产中，确定物体的重心是一个很重要的问题。例如，预制构件及管道的安装，需要知道重心的位置，方能使吊装工作平稳地进行。在车上堆放货物，总是把重量大的放在底层，重量轻的放在上面，或底层堆放的面积大些；或者限制堆放的高度。其目的就是想使整个货物的重心尽量降低，以防止车子行驶时货物倾倒。还有，房屋构件截面设计以及起重机、挡土墙等的倾覆问题都涉及重心位置的确定。

二、一般物体重心的坐标公式

具有对称性的均匀物体，其重心总是在它的对称面、对称轴或对称中心上。例如，图10-1中，球的重点在其对称中心（球心）上[图 10-1（a）]，矩形薄板[图 10-1（b）]和工字形薄板[图 10-1（c）]的重心在其对称轴的交点上，T形及槽形薄板[图 10-1（d）、（e）]的重心在其对称轴上。

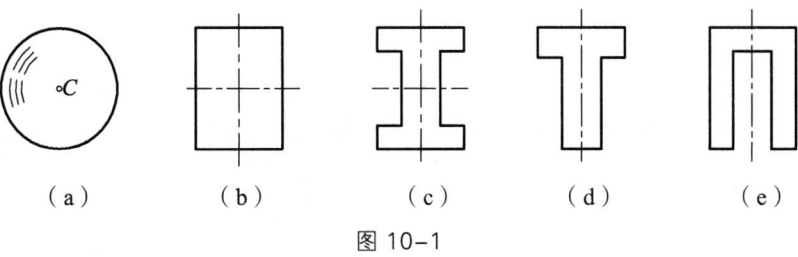

图 10-1

重心位置还可用坐标法表示，如图 10-2 所示均质物体，为确定均质物体重心的位置（x_c，y_c，z_c），将它分割成 n 个微小单元，各微小单元重力分别为 G_1、G_2、…、G_n，其作用点的坐标分别为（x_1，y_1，z_1）、（x_2，y_2，z_2）、…、（x_n，y_n，z_n），各微小单元所受重力的合力 G 即为整个物体所受的重力。即：$G = \Sigma G_i$。

为求物体重力作用点的坐标 C（x_c，y_c，z_c）。对 y 轴应用合力矩定理，有：

$$x_c = \frac{\sum G_i x_i}{G}$$

同理，对 x 轴取矩可得：

$$y_c = \frac{\sum G_i y_i}{G}$$

如果将物体连同坐标系绕 x 轴转 90°而使坐标面 Oxz 成为水平面[图 10-2（b）]，再对 x 轴应用合力矩定理，可得：

$$z_c = \frac{\sum G_i z_i}{G}$$

上述三式中，$G_i = \gamma \Delta V_i$（γ 为单位体积物体的重量，称为重度，单位：N/m³），将其代入上述三式后，令 $\Delta V_i \to 0$，可将求和运算变为积分运算，于是得到计算一般物体重心坐标的表达式为：

$$x_c = \frac{\int_V x_i \gamma dV}{\int_V \gamma dV} \quad y_c = \frac{\int_V y_i \gamma dV}{\int_V \gamma dV} \quad z_c = \frac{\int_V z_i \gamma dV}{\int_V \gamma dV} \tag{10-1}$$

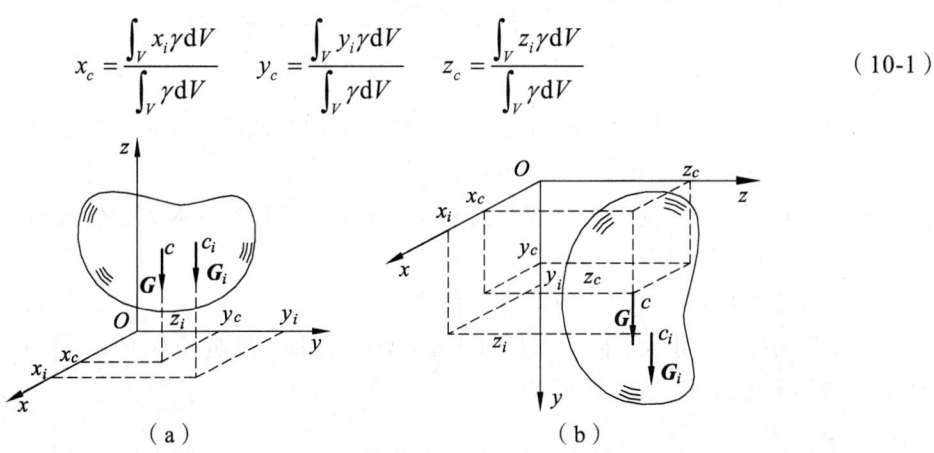

图 10-2

特别地，对于均质物体，重度 γ 为常数，因而可将其移出积分号外，上式可进一步简化为：

$$x_c = \frac{\int_V x dV}{V} \quad y_c = \frac{\int_V y dV}{V} \quad z_c = \frac{\int_V z dV}{V} \tag{10-2}$$

可见，均质物体的重心位置仅与几何形状和尺寸有关。

第二节 静 矩

一、图形的静矩及形心

如图 10-3 所示，对于厚度为 t、面积为 A 的等厚度均质平板，其体积 $V = tA$。为求其重心位置坐标（x_c, y_c），在其上任取一面积微元 dA，则其体积 $dV = tdA$。该微元在 Oxy 坐标系中的坐标为 x、y。由均质物体重心位置计算公式可得其重心坐标的表达式为：

$$x_c = \frac{\int_A x dA}{A} \quad y_c = \frac{\int_A y dA}{A}$$

引入记号：$S_x = \int_A y dA \quad S_y = \int_A x dA$，得：

$$x_c = \frac{S_y}{A} \quad y_c = \frac{S_x}{A} \tag{10-3}$$

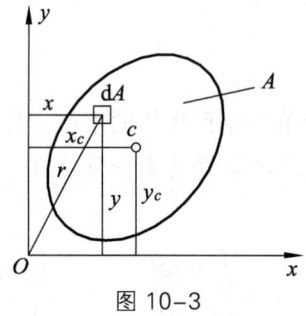

图 10-3

这里，S_x、S_y 分别称为平面图形对于 x 轴和 y 轴的截面面积矩或静矩，它是图形面积的一阶矩，其常用单位为 m^3、cm^3、mm^3。

可见，均质平板的重心位置仅与其平面图形的形状和尺寸有关。仅就几何图形而言，上述坐标确定的点又称为形心。

关于静矩和形心，注意以下几点是很重要的。

（1）根据静矩的定义，同一图形对于不同的坐标轴，静矩各不相同，而且静矩可能为正、为负或为零。例如图 10-4 中所示矩形，$S_{x_1} > 0$，$S_{x_2} < 0$。

（2）由式（10-3）可知，若坐标轴通过图形形心，则图形对该轴之静矩等于零。例如图 10-4 中的矩形，有 $S_{x_3} = S_y = 0$。

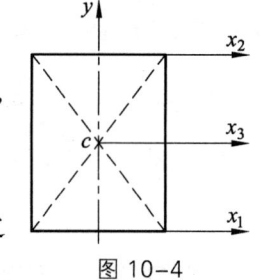

图 10-4

（3）若图形对于某一轴的静矩等于零，则该轴必通过形心。

二、叠加法确定组合图形的形心

对于一些常见的简单图形，如圆形、矩形、三角形、正方形等，其形心都是大家熟知的，利用这些简单图形的形心，由叠加法即可确定组合图形的形心。步骤如下：

首先，根据需要建立初始坐标系；再将组合图形分割成若干形心位置坐标已知的简单图形；然后根据这些简单图形对同一初始坐标的静距之和，得到组合图形的静矩；最后根据平面图形形心计算公式即可求得平面图形形心位置坐标：

$$x_c = \frac{S_y}{A} = \frac{\sum_1^n x_i A_i}{\sum_1^n A_i} \qquad y_c = \frac{S_x}{A} = \frac{\sum_1^n y_i A_i}{\sum_1^n A_i} \qquad (10\text{-}4)$$

注意：对于由规则图形中去掉一部分或者几部分而形成的组合图形也可以应用该公式去确定其形心坐标，只是需将去掉部分的静矩前面加上负号，变成负面积矩（$-x_i A_i$、$-y_i A_i$），这相当于将所去掉部分的面积视为负数，这种方法称为"负面积法"。

现举例说明上述公式的应用。

例 10-1 半轻为 R 的圆中，有一半径为 r 的偏心圆孔，偏心距为 e，如图 10-5（a）所示。求：该图的形心。

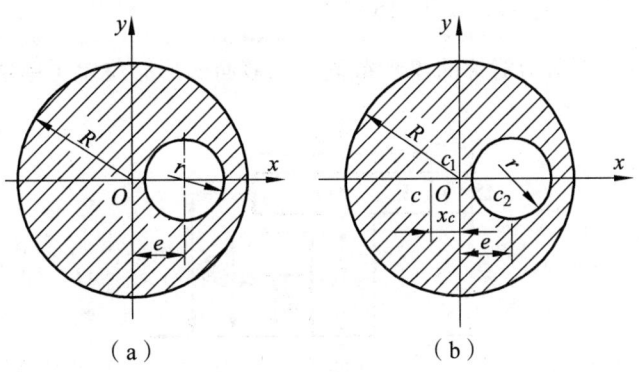

图 10-5

解：以未开孔时的圆心 c_1（O）为坐标原点，建立 Oxy 坐标系如图 10-5（b）所示。其中 x 轴与对称轴重合，故形心必在该轴上，于是有：

$$y_c = 0$$

将组合图形视为面积为正的实心圆和面积为负的开孔圆所组成。若两者的形心分别为 c_1 和 c_2，则形心坐标为：

c_1：$x_1 = 0$

c_2：$x_2 = e$

采用负面积法，应用式（10-4），组合图形的形心 c 坐标为：

$$x_c = \frac{S_y}{A} = \frac{\sum_{1}^{n} x_i A_i}{\sum_{1}^{n} A_i} = \frac{\sum_{1}^{2} x_i A_i}{\sum_{1}^{2} A_i} = \frac{x_1 A_1 + x_2 A_2}{A_1 + A_2} = \frac{0 + e(-\pi r^2)}{\pi R^2 - \pi r^2} = -\frac{e r^2}{R^2 - r^2}$$

例 10-2 设图 10-6 所示两均质等厚度物体重心坐标分别为 $A(2,2)$、$B(6,4)$，相应重力分别 $P_1 = 6$ kN、$P_2 = 32$ kN，求两者组成的物体系统的重心坐标。

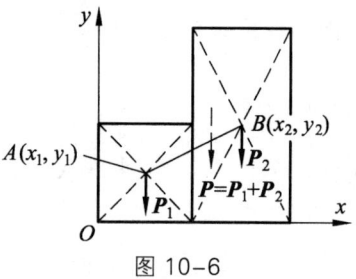

图 10-6

解： 根据重心计算公式可得：

$$x_c = \frac{P_1 x_1 + P_2 x_2}{P_1 + P_2} = \frac{16 \times 2 + 32 \times 6}{16 + 32} = 4$$

$$y_c = \frac{P_1 y_1 + P_2 y_2}{P_1 + P_2} = \frac{16 \times 2 + 32 \times 4}{16 + 32} = 3$$

例 10-3 图 10-7 所示为对称的 T 形截面，求截面的形心位置（单位：cm）。

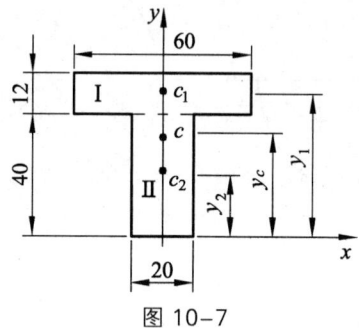

图 10-7

解： 因图形对称，其形心在对称轴（y 轴）上，即 $x_c = 0$。只需计算 y_c 值。将截面分为 Ⅰ、Ⅱ 两个矩形，取一个参考坐标轴 x，则：

$$A_1 = 720 \text{ cm}^2,\ y_1 = 46 \text{ cm}$$

$$A_2 = 800 \text{ cm}^2,\ y_2 = 20 \text{ cm}$$

$$y_c = \frac{\sum A_i y_i}{\sum A_i} = \frac{720 \times 46 + 800 \times 20}{720 + 800} = 32.3 \text{ cm}$$

第三节 惯性矩、极惯性矩、惯性积、惯性半径的定义

一、惯性矩 I

如图 10-8 所示，平面图形内每一微小面积 ΔA 与其到某一轴（z 和 y）的距离平方的乘积的总和，称为这个平面图形对该轴的惯性矩，常用 I_x、I_y 表示（脚标 x 或 y 表示对哪一轴而言）。它是表示截面几何性质的一个几何量，其数值依截面的形状、尺寸而定，是平面图形的面积对某坐标轴的二次矩。惯性矩的量纲为长度的四次方。常用的单位为：mm^4、cm^4 或 m^4。其数学表达式如下：

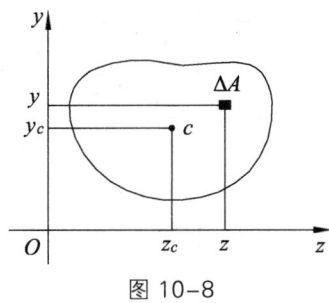

图 10-8

$$I_z = \sum(\Delta A \cdot y^2) = \int_A y^2 dA \tag{10-5}$$

$$I_y = \sum(\Delta A \cdot z^2) = \int_A z^2 dA \tag{10-6}$$

式中，A 代表几何图形的面积。

从惯性矩的定义可以看出：组合截面对某一坐标轴的惯性矩，等于各组成图形对同一坐标轴的惯性矩的代数和。

显然，惯性矩恒为正。并且是对一定的轴而言的。对不同的轴，其取值不同。工程中，最常关注的惯性矩是针对图形的形心轴来说的。表 10-1 给出了常见平面图形的面积、形心和惯性矩计算公式，以备查用。工程中使用的工字钢、槽钢、角钢等型钢截面的几何性质可从相关的型钢表中查取。

表 10-1 常见平面图形的面积、形心和惯性矩

序号	图形	面积	形心位置	惯性矩（形心轴）
1	（矩形，宽 b 高 h）	$A = bh$	$z_c = \dfrac{b}{2}$ $y_c = \dfrac{h}{2}$	$I_z = \dfrac{bh^3}{12}$ $I_y = \dfrac{hb^3}{12}$

续表

序号	图形	面积	形心位置	惯性矩（形心轴）
2		$A = bh - b_1h_1$	$z_c = \dfrac{b}{2}$ $y_c = \dfrac{h}{2}$	$I_z = \dfrac{1}{12}(bh^3 - b_1h_1^3)$ $I_y = \dfrac{1}{12}(hb^3 - h_1b_1^3)$
3		$A = \dfrac{\pi D^2}{4}$	$z_c = y_z = \dfrac{D}{2}$	$I_y = I_z = \dfrac{\pi D^4}{64}$
4		$A = \dfrac{\pi}{4}(D^2 - d^2)$	$z_c = y_z = \dfrac{D}{2}$	$I_y = I_z = \dfrac{\pi D^4}{64}(1 - a^4)$ $a = \dfrac{d}{D}$
5		$A = \dfrac{\pi R^2}{2}$	$z_c = \dfrac{D}{2}$ $y_c = \dfrac{4R}{3\pi}$	$I_z = \left(\dfrac{1}{8} - \dfrac{8}{9\pi^2}\right)\pi R^4 \approx 0.11R^4$ $I_y = \dfrac{\pi D^4}{128} = \dfrac{\pi R^4}{8}$
6		$A = \dfrac{bh}{2}$	$z_c = \dfrac{b}{3}$ $y_c = \dfrac{h}{3}$	$I_z = \dfrac{bh^3}{36}$ $I_y = \dfrac{hb^3}{36}$

二、极惯性矩

平面图形内每一微小面积ΔA与其到某点的距离平方的乘积的总和，称为这个平面图形对该点的极惯性矩，常用I_p表示。它也是表示截面几何性质的一个几何量，其数值依截面的形状、尺寸而定，是平面图形的面积对某点的二次矩。惯性矩的量纲为长度的四次方。常用的单位为：mm⁴、cm⁴ 或 m⁴。其数学表达式如下：

$$I_P = \sum(\Delta A \cdot \rho^2) = \int_A \rho^2 dA \tag{10-7}$$

这里 ρ 为微面积 dA 在极坐标系下的极径，由于 $\rho^2 = x^2 + y^2$，有：

$$I_P = \int_A \rho^2 dA = \int_A (z^2 + y^2) dA = \int_A z^2 dA + \int_A y^2 dA = I_z + I_y$$

对圆截面： $I_P = I_z + I_y = 2I_z = 2 \times \dfrac{\pi d^4}{64} = \dfrac{\pi d^4}{32}$

三、惯性半径 i

在压杆的稳定性校核中，我们还将用到一个与平面图形形式、尺寸有关的称之为惯性半径的另外一个几何量。其计算公式如下：

$$i_z = \sqrt{\dfrac{I_z}{A}} \tag{10-8}$$

$$i_y = \sqrt{\dfrac{I_y}{A}} \tag{10-9}$$

式中，i_z、i_y 分别称为平面图形对 z 轴和 y 轴的惯性半径，它是长度一次幂，常用单位为：cm 或 mm。

下面是几个常用简单图形的惯性矩和惯性半径，应当熟记。

（1）矩形截面的惯性矩及惯性半径[图 10-9（a）]。

$$I_z = \dfrac{bh^3}{12}$$

$$I_y = \dfrac{hb^3}{12}$$

这里，z 轴和 y 轴为平面图形的形心轴。对应两轴的惯性半径分别为：

$$i_z = \sqrt{\dfrac{I_z}{A}} = \sqrt{\dfrac{bh^3/12}{bh}} = \dfrac{h}{2\sqrt{3}} \tag{10-10}$$

$$i_y = \sqrt{\dfrac{I_y}{A}} = \sqrt{\dfrac{hb^3/12}{bh}} = \dfrac{b}{2\sqrt{3}} \tag{10-11}$$

（2）圆形截面的惯性矩[图 10-9（b）]。

$$I_z = I_y = \dfrac{\pi d^4}{64}$$

圆形截面的惯性半径分别为：

$$i_z = i_y = \frac{d}{4} \qquad (10\text{-}12)$$

这里，z 轴、y 轴通过截面形心。

（3）环形截面的惯性矩及惯性半径[图 10-9（c）]。

惯性矩：$$I_z = I_y = \frac{\pi(D^4 - d^4)}{64} \qquad (10\text{-}13)$$

惯性半径：$$i_z = i_y = \frac{\sqrt{D^2 + d^2}}{4} \qquad (10\text{-}14)$$

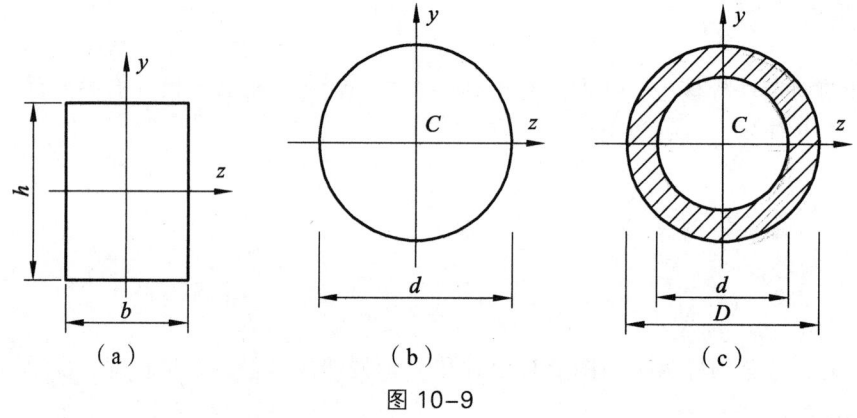

图 10-9

四、惯性积

准确地说，我们这里要讲的是平面图形的面积惯性积，简称惯性积。它是截面的一个重要几何性质。平面图形的面积 A 对平面内任意互相垂直的 z 轴和 y 轴的惯性积可按如下公式计算：

$$I_{yz} = \int zy \mathrm{d}A \qquad (10\text{-}15)$$

式中，z、y 为面积微元 $\mathrm{d}A$ 的位置坐标。同惯性矩一样，惯性积常用的单位也包括：mm^4、cm^4 和 m^4 等。根据惯性积的定义，如果一个面积对 z（或 y）轴对称，则 $I_{yz}=0$（见截面的几何性质）。

根据定义，我们知道惯性积具有以下特征：

（1）截面的惯性积是对相互垂直的一对坐标轴定义的。

（2）惯性积的量纲为长度的四次方。

（3）惯性积的数值可正可负可为零。若一对坐标轴中有一轴为平面图形的对称轴，则平面对该对坐标轴的惯性积必为零。反之则不成立，即平面图形对某一对坐标轴的惯性积为零，则该平面图形相对于该对坐标轴对称是不成立的。

（4）组合截面对某一对坐标轴的惯性积，等于各组成图形对同一对坐标轴惯性积的代数和。

五、平行移轴公式

在面积为 A 的任意图形上，通过形心 C 作两互相垂直的坐标轴 z、y，同时另作两根分别相距 a、b 的平行于该两轴的新坐标轴 z_1、y_1，使得：$z_1=z+a$，$y_1=y+b$，如图 10-10 所示。

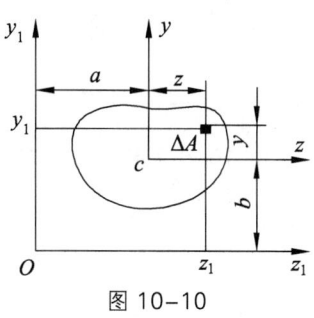

图 10-10

下面介绍在求得或已知平面图形对自身形心轴 z 轴、y 轴的惯性矩的基础上，如何利用平行移轴公式求得平面图形对 z_1 轴、y_1 轴的惯性矩。

根据定义，截面对 z_1 轴的惯性矩为：

$$I_{z_1} = \sum(\Delta A \cdot y_1^2) = \sum[\Delta A \cdot (y+b)^2] = b^2\sum\Delta A + 2b\sum(\Delta A \cdot y) + \sum(y^2)\cdot\Delta A$$

因 z 轴通过平面图形形心，所以静矩 $S_z = \sum(\Delta A \cdot y) = 0$，可得：

$$I_{z_1} = I_z + b^2 A \tag{10-16}$$

同理：

$$I_{y_1} = I_y + a^2 A \tag{10-17}$$

上面两式，称为惯性矩的平行移轴公式。它表明：截面对任意一轴的惯性矩，等于它对平行于该轴的形心轴的惯性矩加上图形面积乘以两轴间的距离的平方。同时，通过形心轴的惯性矩最小。

同样，我们可以从定义出发，得到有关惯性积的平行移轴公式：

$$I_{y_1 z_1} = \int_A z_1 y_1 \mathrm{d}A = \int_A (z+a)(y+b)\mathrm{d}A = \int_A (zy + ay + bz + ab)\ \mathrm{d}A = I_{yz} + abA \tag{10-18}$$

利用平行移轴公式可求出组合图形（如工形、T 形、I 形等）截面的惯性矩和惯性积。在应用平行移轴公式时，要注意应用条件，即：z 轴、y 轴必须是通过形心的轴，且必须分别与 z_1 轴、y_1 轴平行。在应用式（10-18）计算惯性积时，还须注意 a、b 的正负号，它们是截面形心 C 在 $z_1 O y_1$ 坐标系中的坐标值。

思考题：（1）已知截面对某一坐标轴的惯性矩，如何求其对与之平行的形心轴的惯性矩？

（2）如果已知截面对某一非形心轴的惯性矩，如何求其对与之平行的另一非形心轴的惯性矩？

六、例　题

例 10-4　平面图形如图 10-11 所示，求图形对 z_1 轴的惯性矩。

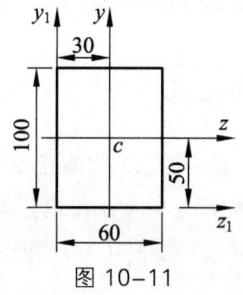

图 10-11

解：根据平行移轴公式：

$$I_{z_1} = I_z + b^2 A = \frac{6 \times 10^4}{12} + 5^2 \times 6 \times 10 = 2000 \text{ cm}^2$$

例 10-5 求图 10-12 中截面对形心轴 x_0、y_0 的惯性矩（单位：cm）。

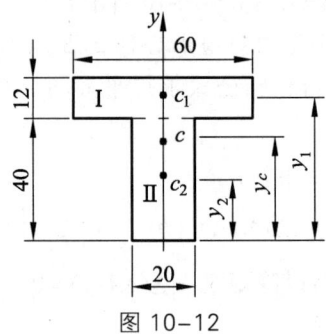

图 10-12

解：形心位置坐标分别为：

$$x_c = 0 \qquad y_c = 32.3 \text{ cm} = 0.323 \text{ m}$$

设分别平行于 x 轴和 y 轴的形心轴为 x_0、y_0，形心轴 x_0 到两个矩形形心的距离分别为：

$$a_1 = y_1 - y_c = 40 + 6 - 32.3 = 13.7 \text{ cm} = 0.137 \text{ m}$$

$$a_2 = y_c - y_2 = 32.3 - 20 = 12.3 \text{ cm} = 0.123 \text{ m}$$

截面对 x_0 轴的惯性矩即为两个矩形面积对 x_0 轴的惯性矩之和，即：

$$I_{x_0} = I_{xc_1} + A_1 a_1^2 + I_{xc_2} + A_2 a_2^2$$

$$= \frac{0.60 \times 0.12^3}{12} + 0.6 \times 0.12 \times 0.137^2 + \frac{0.2 \times 0.4^3}{12} + 0.2 \times 0.4 \times 0.123^2$$

$$= 0.37 \times 10^{-2} \text{ m}^4$$

截面对 y_0 轴的惯性矩：

$$I_{y_0} = I_{yc_1} + I_{yc_2}$$

$$= \frac{0.12 \times 0.60^3}{12} + \frac{0.4 \times 0.2^3}{12}$$

$$= 0.243 \times 10^{-2} \text{ m}^4$$

第四节　形心主惯性轴和形心主惯性矩的概念

一、惯性矩和惯性积的转轴公式

已知任意平面图形对通过其上任意一点 O 的两正交坐标轴 x、y 的惯性矩和惯性积分别为 I_x、I_y 和 I_{xy}。对绕坐标原点 O 点旋转 α 角（α 角以逆时针转向为正）所到达的新的正交坐标 x_1、y_1 的两惯性矩和惯性积分别为 I_{x_1}、I_{y_1} 和 $I_{x_1 y_1}$，如图 10-13 所示。

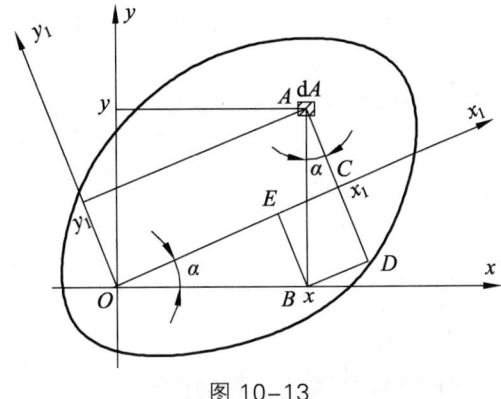

图 10-13

由图 10-13 可见，截面上任一面积元素 dA 在两坐标系内的坐标 (x, y) 与 (x_1, y_1) 间的关系为：

$$x_1 = \overline{OC} = \overline{OE} + \overline{BD} = x\cos\alpha + y\sin\alpha$$
$$y_1 = \overline{AC} = \overline{AD} - \overline{EB} = y\cos\alpha - x\sin\alpha$$

将上述表达式代入平面图形对正交坐标 x_1、y_1 的惯性矩和惯性积定义表达式，经过展开并逐项积分后，得：

$$I_{x_1} = I_x\cos^2\alpha + I_y\sin^2\alpha - I_{xy}\sin 2\alpha = \frac{I_x + I_y}{2} + \frac{I_x - I_y}{2}\cos 2\alpha - I_{xy}\sin 2\alpha \quad (10\text{-}19)$$

$$I_{y_1} = I_y\cos^2\alpha + I_x\sin^2\alpha + I_{xy}\sin 2\alpha = \frac{I_x + I_y}{2} - \frac{I_x - I_y}{2}\cos 2\alpha + I_{xy}\sin 2\alpha \quad (10\text{-}20)$$

$$I_{x_1 y_1} = \frac{I_x - I_y}{2}\sin 2\alpha + I_{xy}\cos 2\alpha \quad (10\text{-}21)$$

以上三式即为惯性矩和惯性积的转轴公式。

将式（10-19）和式（10-20）两式相加，可得：

$$I_{x_1} + I_{y_1} = I_x + I_y$$

上式表明：平面图形对于通过同一点的任意一对相互垂直的坐标轴的两惯性矩之和为一常数，并等于图形对该点的极惯性矩。

二、截面的主惯性轴和主惯性矩

从惯性积的定义可以看出，对于确定的点（坐标原点），当坐标轴旋转时，随着角度 α 的改变，惯性积也发生变化，并且根据惯性积的定义，其值可能为正，也可能为负。因此，总可以找到一角度 α_0 以及相应的正交坐标轴 x_0、y_0，使得图形对于这一对坐标轴的惯性积等于零。截面对惯性积等于零的一对坐标轴，称为主惯性轴；截面对于主惯性轴的惯性矩称为主惯性矩。

为确定过某点的主惯性轴的位置 α_0，令式（10-21）为零，即：

$$I_{x_0 y_0} = \frac{I_x - I_y}{2}\sin 2\alpha_0 + I_{xy}\cos 2\alpha_0 = 0$$

解得： $\tan 2\alpha_0 = -\dfrac{2I_{xy}}{I_x - I_y}$

或 $\qquad \alpha_0 = \dfrac{1}{2}\arctan\left(-\dfrac{2I_{xy}}{I_x - I_y}\right)$ （10-22）

由此式解得的 α_0 值，即为两主惯性轴中 x_0 轴的位置。

如果将式（10-19）及式（10-20）分别对 α 求导数并令其为零，即：

$$\frac{\mathrm{d}I_{x_1}}{\mathrm{d}\alpha} = 0 \qquad \frac{\mathrm{d}I_{y_1}}{\mathrm{d}\alpha} = 0$$

同样可以得到式（10-22）的结论。这表明：当 α 改变时，I_x、I_y 的数值也发生变化，而当 $\alpha = \alpha_0$ 时，两者分别为极大值和极小值，且此时对于坐标轴为主惯性轴，即 $I_{xy} = 0$。

定义：过一点存在这样一对坐标轴，图形对其惯性积等于零，这一对坐标轴称为过这一点的主惯性轴。图形对主惯性轴的惯性矩称为主轴惯性矩，简称主惯性矩。显然，主惯性矩具有极大或极小的特征。

根据式（10-19）和（10-20），即可得到主惯性矩的计算式：

$$\begin{matrix} I_{x_0} = I_{\max} \\ I_{y_0} = I_{\min} \end{matrix} = \frac{I_x + I_y}{2} \pm \frac{1}{2}\sqrt{(I_x - I_y)^2 + 4I_{xy}^2}$$ （10-23）

需要指出的是：对于任意一点（图形内或图形外）都有主轴，而通过形心的主轴称为形心主轴，图形对形心主轴的惯性矩称为形心主惯性矩（简称形心主矩）。工程计算中有意义的是形心主轴和形心主矩。

显然，惯性积不是针对某一根坐标轴而言，而是针对一对正交的坐标轴来说的。对于至少包括一根对称轴在内的任意一对正交坐标轴，图形的惯性积都等于零。它们都是主惯性轴，其中一对过形心的轴即为形心主惯性轴。

第十一章 梁的弯曲内力

第一节 工程中梁弯曲的概念

一、梁平面弯曲的概念

以轴线变弯为主要特征的变形形式称为弯曲变形或简称弯曲。以弯曲为主要变形的杆件称为梁。

当梁上所有外力均作用在其纵向对称面内时，变形后的梁轴线仍在纵向对称平面内，如图 11-1 所示，这种变形后梁的轴线所在平面与外力作用面重合的弯曲称为平面弯曲。

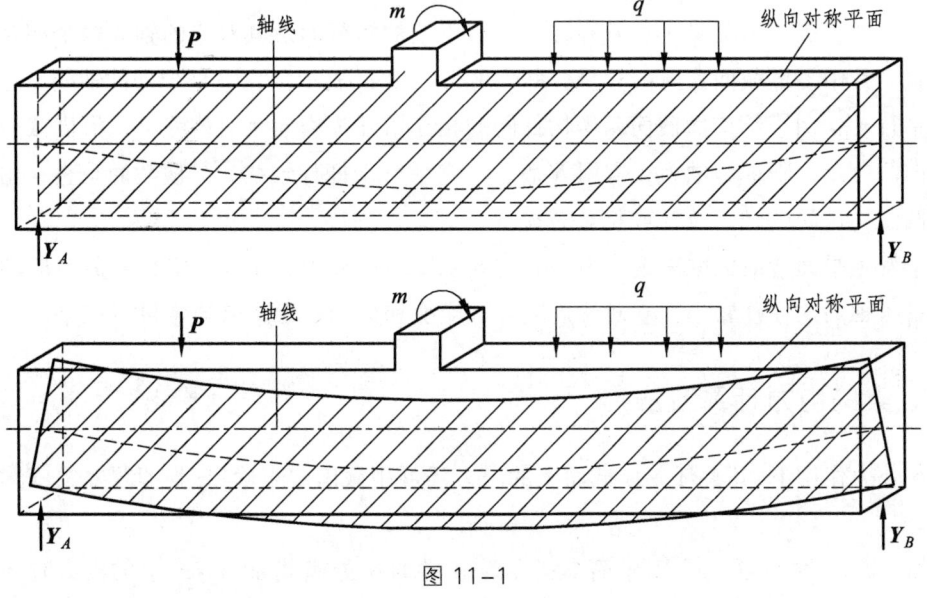

图 11-1

二、单跨静定梁的类型

梁的约束反力能用静力平衡条件完全确定的梁，称为静定梁。根据约束情况的不同，单跨静定梁可分为以下三种常见形式：

（1）简支梁：梁的一端为固定铰支座，另一端为可动铰支座，如图 11-2（a）所示。

（2）悬臂梁：梁的一端固定，另一端自由，如图 11-2（b）所示。
（3）外伸梁：简支梁的一端或两端伸出支座之外，如图 11-2（c）所示。

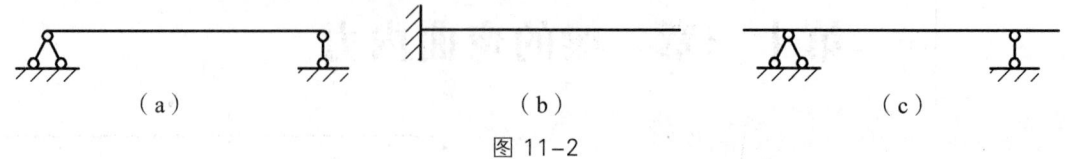

图 11-2

第二节　梁的内力（剪力和弯矩）

一、梁的内力及其分量

外力作用下，受弯构件内部相邻各部分之间将会有力的作用，通常把这些力称为内力。在不特别说明的情况下，内力都是针对横截面来说的。为了描述和计算的方便，通常将构件在横截面上的分布内力向横截面形心简化，简化后所得主矢和主矩即为通常所说的内力。

简化所得的主矩，称为弯矩，常用 M 表示。它是一种内力偶，用于约束横截面两侧构件间的相互转动。

简化后的主矢（力矢量）通常存在沿平行于梁的横截面及其对应的轴线两个相互垂直方向的分量。其中沿横截面方向的分量，称为剪力，用 Q 表示。它垂直于杆件轴线，与横截面相切（平行），用于约束横截面两侧构件间的相互错开（横向相对位移）；沿横截面对应的轴线方向的分量，则称为轴力，常用 N 表示。它平行于杆件轴线，与横截面垂直，用于约束横截面两侧构件间的相互拉开或相互靠拢。

对于发生平面弯曲的梁来说，由于它主要承受横向外力，主矢在沿横截面对应轴线方向上的分量（轴力）往往较小。它对梁内应力、应变和梁的变形影响通常可以忽略。

二、梁的内力计算方法

梁在外力作用下，其上任一横截面上的内力仍可用截面法来确定。其解题要领依然是"截""代""平"。

例如，在求图 11-3（a）所示简支梁在距 A 端为 x 处横截面 $m-m$ 上的内力时。其解题步骤如下：

首先用一假想的截面将梁沿横截面 $m-m$ 截开，一分为二后取其中任意一部分为研究对象（内力的计算结果并不会因所选研究对象的不同而不同）；然后，将舍去部分对保留部分的作用用横截面上的内力（Q、M）来代替，如图 11-3（b）和 11-3（c）所示；最后利用研究对象上的平衡条件即可求解内力。

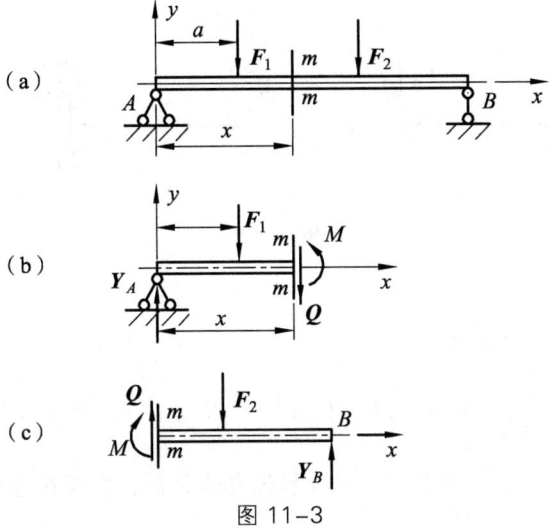

图 11-3

三、内力（剪力和弯矩）的正负号规定

为了计算和使用的方便，通常我们规定：使得横截面所在的微段有左端向上而右端向下的相对错动时（即微段顺时针错动时），横截面上的剪力 Q 为正号，反之为负号；使得微段的弯曲变形表现为凸向下（即该微段的下侧受拉伸长时），横截面上的弯矩为正号，反之为负号。

内力的正负号规定如图 11-4 所示。

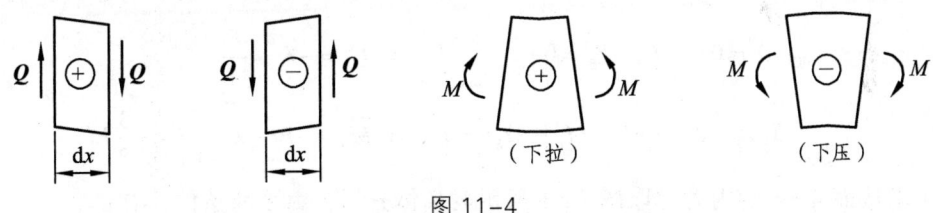

图 11-4

四、计算指定截面上的剪力和弯矩

下面以图 11-5 中外伸梁为例，介绍截面法计算指定截面上的剪力和弯矩。

例 11-1 外伸梁受荷载作用，图中截面 1—1 和 2—2 都无限接近于截面 A，截面 3—3 和 4—4 也都无限接近于截面 D。求图示各截面的剪力和弯矩。

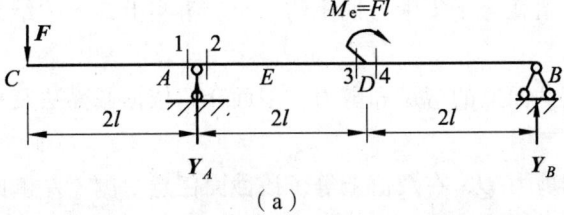

(a)

125

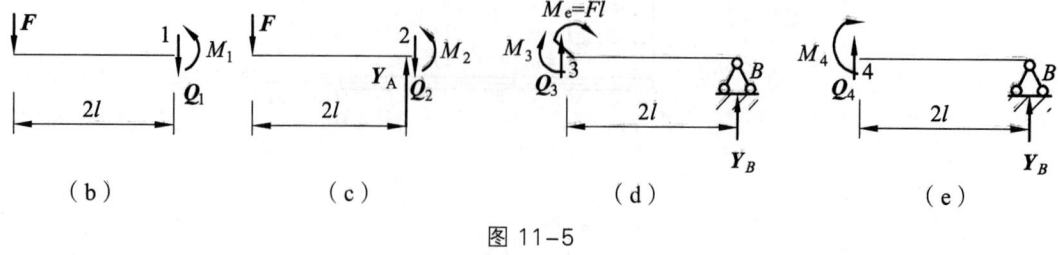

图 11-5

解：

(1) 根据平衡条件求约束反力。

$$Y_A = \frac{5}{4}F, \quad Y_B = -\frac{1}{4}F$$

(2) 求截面 1—1 的内力，取图（b）所示脱离体分析，由平衡条件，有：

$$\Sigma Y = 0: \quad -F - Q_1 = 0 \quad \Rightarrow Q_1 = -F$$

$$\Sigma M_1 = 0: \quad 2Fl + M_1 = 0 \quad \Rightarrow M_1 = -2Fl$$

(3) 求截面 2—2 的内力，取图（c）所示脱离体分析，由平衡条件，有：

$$\Sigma Y = 0: \quad Y_A - F - Q_2 = 0 \quad \Rightarrow Q_2 = Y_A - F = \frac{5}{4}F - F = \frac{1}{4}F$$

$$\Sigma M_2 = 0: \quad 2Fl + M_2 = 0 \quad \Rightarrow M_2 = -2Fl$$

(4) 求截面 3—3 的内力，取图（d）所示脱离体分析，由平衡条件，有：

$$\Sigma Y = 0: \quad Q_3 + Y_B = 0 \quad \Rightarrow Q_3 = -Y_B = \frac{F}{4}$$

$$\Sigma M_3 = 0: \quad -M_3 - M_e + 2Y_B l = 0 \quad \Rightarrow M_3 = -Fl - 2 \times \frac{F}{4}l = -\frac{3}{2}Fl$$

(5) 求截面 4—4 的内力，取图（e）所示脱离体分析，由平衡条件，有：

$$\Sigma Y = 0: \quad Q_4 + Y_B = 0 \quad \Rightarrow Q_4 = -Y_B = \frac{F}{4}$$

$$\Sigma M_4 = 0: \quad -M_4 + Y_B \times 2l = 0 \quad \Rightarrow M_4 = 2Y_B l = -\frac{1}{2}Fl$$

比较截面 1—1 和 2—2 的内力以及截面 3—3 和 4—4 的内力发现：在集中力的两侧截面剪力发生了突变，突变值等于该集中力的值，而弯矩相同。同样，在集中力偶两侧横截面上剪力相同，而弯矩突变值就等于集中力偶矩的大小。事实上，上述结论是必然的，这可以通过平衡条件得到。

为了快速计算指定截面上的弯矩和剪力，下面介绍依据截面法及平衡条件得到的内力计算法则。

(1) 梁横截面上的剪力 Q，在数值上等于该截面任意一侧（左侧或右侧）所有外力在垂直于杆件轴线在该截面对应的切线方向投影的代数和，即：

$$Q = \Sigma Y_i$$

若与外力平衡的剪力使得以该横截面为端面的微段有顺时针方向错动的趋势时（有左端向上而右端向下的相对错动时），该外力所产生的剪力取正号；反之，取负号。此规律可简化记为"顺转剪力为正"，或"左上，右下剪力为正"，相反为负。

（2）横截面上的弯矩 M，在数值上等于截面任意一侧（左侧或右侧）梁上所有外力对该截面形心 O 的力矩的代数和，即：

$$M = \sum M_O(F_i)$$

若某外力（或外力偶）单独作用时使所考虑的梁段产生向下凸的变形时（即上部受压，下部受拉），该外力引起的截面弯矩取正号，反之，取负号。此规律可简化记为"下凸弯矩正"或"左顺，右逆弯矩正"，相反为负。

例 11-2 一外伸梁，所受荷载如图 11-6 所示，试求截面 C、截面 $B_左$ 和截面 $B_右$ 上的剪力和弯矩。

解：

（1）根据平衡条件求出约束反力。

$$Y_A = 2 \text{ kN} \quad Y_B = 4 \text{ kN}$$

（2）求指定截面上的剪力和弯矩。

截面 C：取截面左侧梁分析，由内力计算法则，得：

$$Q_C = \Sigma Y = Y_A = 2 \text{ kN}$$

$$\begin{aligned} M_C &= \Sigma M_C = Y_A \times 2 - M_e \\ &= 2 \times 2 - 8 \\ &= -4 \text{ kN·m} \end{aligned}$$

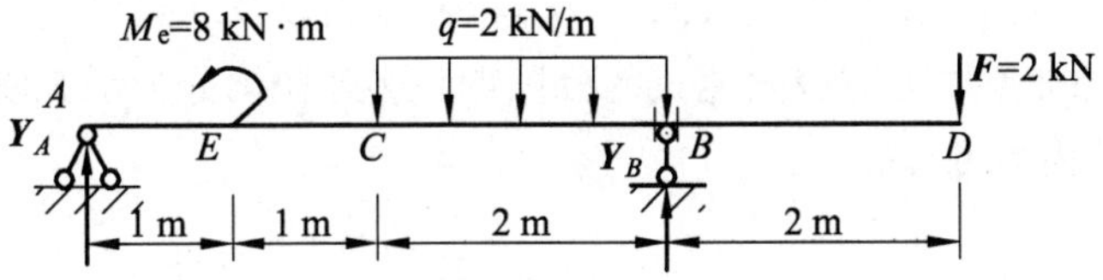

图 11-6

截面 $B_左$、$B_右$：取截面右侧梁分析，由内力计算法则，得：

$$Q_{B左} = F - Y_B = 2 - 4 = -2 \text{ kN}$$

$$M_{B左} = -F \times 2 = -2 \times 2 = -4 \text{ kN·m}$$

$$Q_{B右} = F = 2 \text{ kN}$$

$$M_{B右} = -F \times 2 = -2 \times 2 = -4 \text{ kN·m}$$

注意：在集中力作用的截面两侧，剪力有突变，故应分左、右截面分别计算其剪力；在集中力偶作用截面两侧，弯矩有突变，也应分左、右截面分别计算其弯矩。

第三节 梁的内力图 剪力图和弯矩图

一、剪力方程和弯矩方程

一般情况下,梁横截面上的剪力和弯矩是随横截面的位置不同而变化的,它们都可以表示为横截面坐标 x 的函数,即:

剪力:$Q = Q(x)$;

弯矩:$M = M(x)$。

上述表达式分别称为梁的剪力方程和弯矩方程。

在理论推导和计算分析时,有时需要建立剪力和弯矩方程。它实际上就是用截面法求出位置坐标为 x 的横截面上的剪力和弯矩。其步骤与求指定截面上的剪力、弯矩时基本相同,所不同的是,截面的位置不是常量,而是变量 x。

显然,如果梁(梁段)上的荷载可以由一个连续函数来描述,则该梁(梁段)的剪力和弯矩沿梁的轴线方向变化也可由一个连续函数来描述。即:梁(梁段)的剪力方程和弯矩方程可以由一个连续函数来描述。

若作用在梁(梁段)上的荷载不能用一个连续函数来描绘时,相应地,梁(梁段)的剪力方程和弯矩方程也应分段建立。例如:梁(梁段)上有集中力或集中力偶(包括约束力)或者局部分布荷载作用时,在集中力、集中力偶作用点以及局部分布荷载起止点之间的内力均应用不同函数来描述,即:应分段建立剪力方程和弯矩方程。

通常,把集中力、集中力偶两侧的截面以及分布荷载的起点和终点等处的截面均称为控制截面,这些控制截面即为剪力方程和弯矩方程的定义区间的端点。

如图 11-7 所示,受复杂荷载的外伸梁,其上 A 支座右侧截面、B 点以左截面、B 点以右截面、C 点以左截面、C 点以右截面、D 截面、E 截面、F 点以左截面、F 点以右截面、G 点以左截面、G 点以右截面、H 点以左截面、H 点以右截面以及 J 点以左截面,均为外伸梁的控制截面。它们是外伸梁内力方程表达式的分段点,将外伸梁分为了 8 段。因此,应至少分 8 段建立该外伸梁的内力方程。

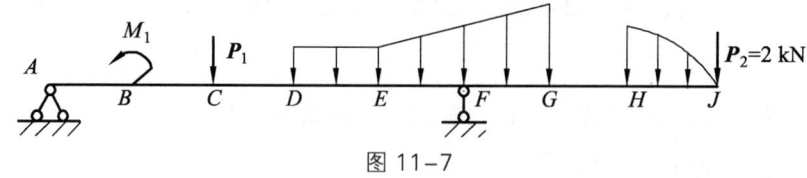

图 11-7

二、剪力图和弯矩图

根据梁的剪力方程和弯矩方程,可求出梁上任意横截面的弯矩和剪力以及它们的极值。

为了直观了解梁的内力沿梁轴线的变化情况,通常以梁横截面沿梁轴线的位置为横坐标 x,以垂直于梁轴线方向的剪力 Q 或弯矩 M 为纵坐标,分别绘制表示梁的内力[剪力 $Q(x)$ 和弯矩 $M(x)$]的图形。这种图形分别称为剪力图和弯矩图,简称 Q 图和 M 图。

绘图时一般规定正号的剪力画在 x 轴的上侧，负号的剪力画在 x 轴的下侧；正弯矩画在 x 轴下侧，负弯矩画在 x 轴上侧，即把正负弯矩均画在梁受拉的一侧。

例 11-3 作图 11-8（a）所示悬臂梁的剪力图和弯矩图。

解：

（1）列剪力方程和弯矩方程。

对悬臂梁，可从悬臂端开始由截面法计算法则直接建立内力方程。

$$Q(x) = -F \quad (0 \leqslant x < l)$$
$$M(x) = -Fx \quad (0 \leqslant x < l)$$

（2）作剪力图和弯矩图。

Q 图及 M 图分别如图 11-8（b）、（c）所示，由 Q 图及 M 图可知：

$$|Q|_{max} = F$$
$$|M|_{max} = Fl$$

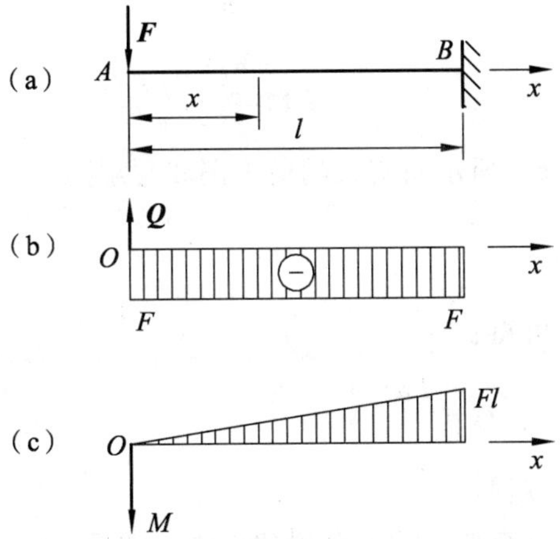

图 11-8

例 11-4 简支梁受均布荷载作用，如图 11-9（a）所示，作此梁的剪力图和弯矩图。

解：

（1）求梁的支座反力。

由对称关系，可得：

$$Y_A = Y_B = \frac{1}{2}ql$$

（2）列剪力方程 $Q(x)$ 和弯矩方程 $M(x)$。

$$Q(x) = Y_A - qx = \frac{1}{2}ql - qx$$
$$M(x) = Y_A x - \frac{1}{2}qx^2 = \frac{1}{2}qlx - \frac{1}{2}qx^2$$

（3）作剪力图（Q 图）和弯矩图（M 图）。

Q 图和 M 图分别如图 11-9（b）、（c）所示。由 Q 图和 M 图可见：最大剪力发生在梁端，其值为 $Q_{max}=0.5ql$；最大弯矩发生在跨中截面，其值为 $M_{max}=0.125ql^2$。

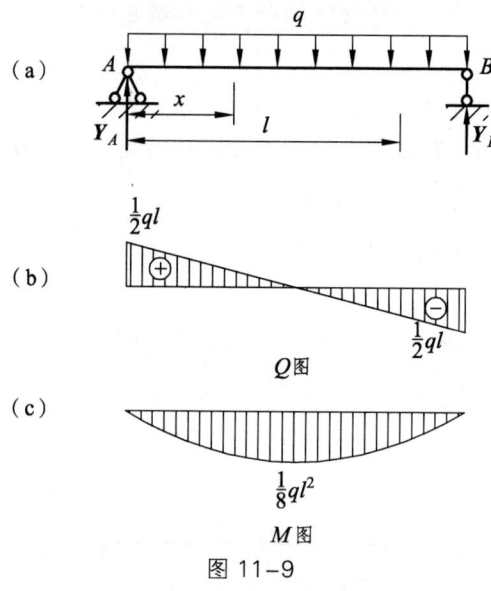

图 11-9

例 11-5 作图 11-10（a）所示简支梁的剪力图和弯矩图。

解：

（1）求梁的支座反力。

由梁的整体平衡条件，可得：

$$Y_A = \frac{Fb}{l} \quad Y_B = \frac{Fa}{l}$$

（2）列剪力方程和弯矩方程。

因集中力两侧截面剪力有突变，故应分段建立内力方程。

AC 段 $(0 \leqslant x < a)$：

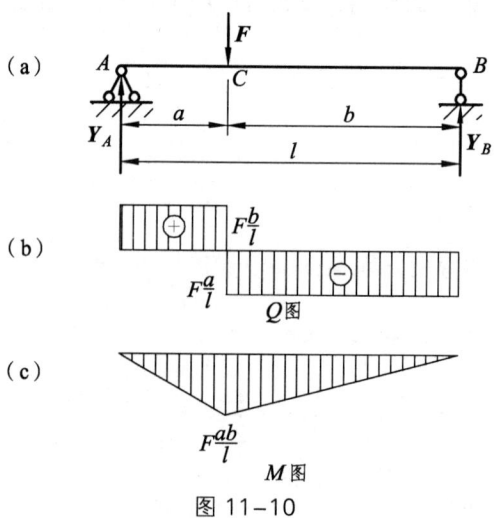

图 11-10

$$Q(x) = Y_A = \frac{Fb}{l}$$

$$M(x) = Y_A x = \frac{Fb}{l} x$$

CB 段 ($a < x \leq l$):

$$Q(x) = Y_A - F = \frac{Fb}{l} - F = -\frac{Fa}{l}$$

$$M(x) = Y_A x - F(x-a) = \frac{Fa}{l}(l-x)$$

(3) 作剪力图（Q 图）和弯矩图（M 图）。

Q 图和 M 图如图 11-10（b）、（c）所示。

例 11-6　简支梁受集中力偶作用，如图 11-11（a）所示，试画梁的剪力图和弯矩图。

解：

(1) 求梁的支座反力。

$$Y_A = \frac{M_e}{l} \quad Y_B = \frac{-M_e}{l}$$

(2) 列剪力方程。

AB 段：　　$Q(x) = \dfrac{M_e}{l}$ 　　　　($0 \leq x \leq l$)

(3) 列弯矩方程。

AC 段：　　$M(x) = Y_A x = \dfrac{M_e}{l} x$ 　　($0 \leq x < a$)

CB 段：　　$M(x) = Y_A x - M_e = \dfrac{M_e}{l} x - M_e$ 　　($a < x \leq l$)

(4) 作剪力图（Q 图）和弯矩图（M 图）。

Q 图和 M 图如图 11-11（b）、（c）所示。

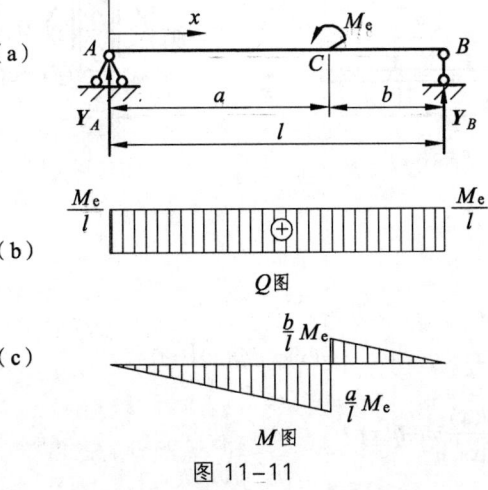

图 11-11

第四节 弯矩、剪力与分布荷载集度之间的关系

一、分布荷载集度与剪力、弯矩之间的微分关系

通过前面的例题分析，不难发现，梁的剪力 $Q(x)$、弯矩 $M(x)$ 和作用在梁上的荷载集度 $q(x)$（向下为正）之间存在着某种关系。例如，对于均布荷载作用下的简支梁，其剪力方程 $Q(x)$ 和弯矩方程 $M(x)$ 分别为：

$$Q(x) = Y_A - qx = \frac{1}{2}ql - qx$$

$$M(x) = Y_A x - \frac{1}{2}qx^2 = \frac{1}{2}qlx - \frac{1}{2}qx^2$$

若将弯矩方程 $M(x)$ 和剪力方程 $Q(x)$ 分别对 x 求导，有：

$$\frac{dM(x)}{dx} = \frac{1}{2}ql - \frac{1}{2}qx = Q(x)$$

$$\frac{dQ(x)}{dx} = -q(x)$$

这表明：弯矩的一阶导数等于剪力，剪力的一阶导数等于梁上的荷载集度的相反数。事实上，弯矩 $M(x)$、$Q(x)$ 及 $q(x)$ 之间的这种微分关系在直梁中任意微段上是普遍成立的。现以微段梁的平衡来证明弯矩、剪力和荷载集度之间的微分关系。

设有任意固定方式的梁，承受任意规律的分布荷载 $q = q(x)$，如图 11-12（a）所示。其中 q 以向下为正。用坐标为 x 和 $x+dx$ 的两截面从梁中截取微段研究，微段受力如图 11-12（b）所示。

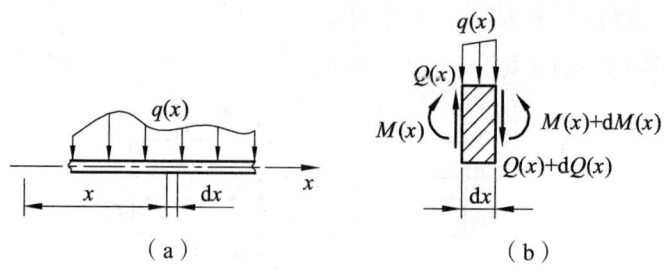

图 11-12

由微段的平衡条件，得：

$\Sigma Y = 0$：

$$Q(x) - q(x)dx - [Q(x) + dQ(x)] = 0$$

$$\Rightarrow \frac{dQ(x)}{dx} = -q(x) \tag{11-1}$$

$\Sigma M_O(F_i) = 0$：

$$[M(x)+\mathrm{d}M(x)]-M(x)-Q(x)\mathrm{d}x+q(x)\mathrm{d}x\frac{\mathrm{d}x}{2}=0$$

略去高阶无穷小项后，可得：

$$\frac{\mathrm{d}M(x)}{\mathrm{d}x}=Q(x) \qquad (11\text{-}2)$$

联合式（11-1）及式（11-2）可得：

$$\frac{\mathrm{d}^2M(x)}{\mathrm{d}x^2}=-q(x) \qquad (11\text{-}3)$$

以上三式所表示的就是弯矩、剪力和荷载集度之间的微分关系。

式（11-1）表明：剪力图上某点的斜率等于梁上相应位置处的荷载集度的相反数。

式（11-2）表明：弯矩图上某点的斜率等于梁上相应位置处的剪力。

式（11-3）表明：弯矩的二阶导数等于梁上相应位置处的荷载集度的相反数。

由于二阶导数的正负可用来判定曲线的凹凸方向。因此，由梁上相应位置处的荷载集度 q 的指向（即正负号）可判断弯矩图的凹凸方向。具体地说：

若 $q(x)$ 向下，即 $q(x)>0$，弯矩的二阶导数则小于 0，弯矩图为下凸曲线，与 $q(x)$ 指向一致。若 $q(x)$ 向上，即 $q(x)<0$，弯矩的二阶导数则大于 0，弯矩图为上凸曲线，弯矩图凸向依然与 $q(x)$ 指向一致。可见，无论 $q(x)$ 是否大于 0，弯矩图的凸向与 $q(x)$ 指向始终保持一致。

综上所述，微分关系式的力学意义是梁微段的平衡方程式，而其几何意义则是 Q 图与 M 图曲线的斜率以及 M 图的凹凸性间的关系式。

二、常见荷载下梁的剪力图、弯矩图的特征

应用弯矩、剪力和荷载集度之间的微分关系可得到剪力图和弯矩图的某些特征。通过这些特征，不仅可指导梁的内力图的绘制，还可检验所作的剪力图或弯矩图的正确性。现将有关荷载、剪力图与弯矩图的关系以及剪力图和弯矩图的部分特征汇总整理如表 11-1 所示。其中梁自左向右为 x 轴正向坐标。

表 11-1 在几种荷载下剪力图与弯矩图的特征

梁段上的外力情况	向下的均布荷载 q	无荷载	集中力 F	集中力偶 M_e
剪力图上的特征	向下方倾斜的直线	水平直线	在 C 处有突变	在 C 处无变化

续表

弯矩图上的特征	下凸的二次抛物线 ⌣ 或 ⌣	一般为斜直线 ╲ 或 ╱	在 C 处尖角 ╲╱ 或 ╱╲	在 C 处有突变
最大弯矩所在截面的可能位置	在剪力为 0 的截面	区段端点截面	在剪力突变的截面	在紧靠 C 点的某一侧的截面

下面利用弯矩、剪力和荷载集度之间的微分关系，对梁的剪力图、弯矩图的特征加以说明如下：

1. 剪力图与荷载的关系

（1）在均布荷载作用的区段，若 $q(x)$ 方向向下，Q 图为下斜直线；若 $q(x)$ 方向向上，Q 图为上斜直线。

（2）无荷载作用区段，即 $q(x)=0$，Q 为常数，Q 图为平行 x 轴的直线。其值的正负取决于该区段的端点处的 Q 值（边界条件）。

（3）在集中力作用处，Q 图有突变，突变方向与外力一致，且突变值等于该集中力的大小。

（4）在集中力偶作用处，剪力图（Q 图）中，集中力偶左右截面的剪力连续无变化。

2. 弯矩图与荷载的关系

（1）在均布荷载作用的区段，M 图为抛物线。

（2）当 $q(x)$ 朝下时，$\dfrac{d^2 M(x)}{dx^2}<0$，M 图上凹下凸；当 $q(x)$ 朝上时，$\dfrac{d^2 M(x)}{dx^2}>0$，M 图上凸下凹。

（3）在集中力作用处，Q 图有突变，M 图斜率有突变，故 M 图发生转折。

当集中力向下时，随坐标 x 增大（自梁左向右），Q 值变小，M 图斜率变小，则 M 图转折处尖点向下；反之，尖点向上。

（4）在集中力偶作用处，M 图产生突变，突变的数值等于该集中力偶矩的大小。

梁段上作用有顺时针方向的集中力偶时，自力偶作用点左截面向右边截面，梁的弯矩增大（因弯矩以下拉为主），自左向右 M 图的突变方向表现为由上而下；反之，梁段上作用有逆时针方向的集中力偶时，自左向右 M 图的突变方向表现为由下向上。

3. 弯矩图与剪力图的关系

（1）任一截面处弯矩图切线的斜率等于该截面上的剪力。

（2）当 Q 图为斜直线时，对应梁段的 M 图为二次抛物线；当 Q 图为平行于 x 轴的直线时（即 Q 为不等于 0 的常数时），M 图为斜直线。

（3）当 Q 图为斜直线时，其上剪力等于零的截面，对应弯矩具有极值；反之，弯矩具有极值的截面上,剪力不一定等于零。左右剪力有不同正、负号的截面,弯矩也具有极值。

例 11-7 如图 11-13 所示简支梁,试用荷载集度、剪力和弯矩间的微分关系作出梁的剪力图和弯矩图。

解:

(1) 求约束反力。

$$Y_A = 15 \text{ kN} \quad Y_B = 15 \text{ kN}$$

(2) 求各控制点处的 Q 值,根据荷载情况及相应 Q 图特征画 Q 图[11-13(b)]。

$$Q_{A右} = Q_{C左} = 15 \text{ kN}$$

$$Q_{C右} = Q_D = 15 - 10 = 5 \text{ kN}$$

$$Q_{B左} = -15 \text{ kN}$$

(3) 求各控制点处的 M 值,根据荷载情况及相应 M 图特征画 M 图[图 11-13(c)]。

$$M_A = 0$$

$$M_B = 0$$

$$M_C = 15 \times 2 = 30 \text{ kN} \cdot \text{m}$$

$$M_{D左} = 15 \times 4 - 10 \times 2 = 40 \text{ kN} \cdot \text{m}$$

$$M_{D右} = 15 \times 4 - 5 \times 4 \times 2 = 20 \text{ kN} \cdot \text{m}$$

$$M_E = 15 \times 3 - 5 \times 3 \times 1.5 = 22.5 \text{ kN} \cdot \text{m}$$

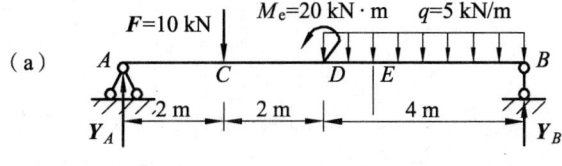

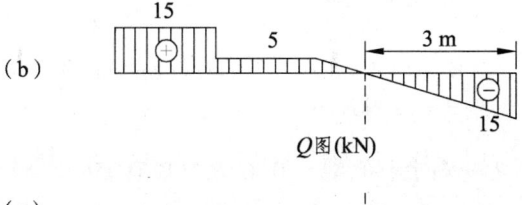

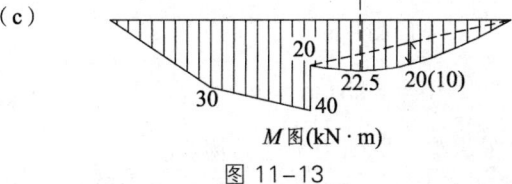

图 11-13

例 11-8 如图 11-14 所示外伸梁,试用荷载集度、剪力和弯矩间的微分关系作此梁的 Q、M 图。

解：

（1）求约束力。

$$Y_A = -5 \text{ kN} \qquad Y_B = 13 \text{ kN}$$

（2）画内力图。

① 剪力图。

ACB 段：Q 图为一水平直线。

$$Q_{A右} = Q_C = Q_{B左} = -5 \text{ kN}$$

BD 段：Q 图为右下斜直线。

$$Q_{B右} = 4 \times 2 = 8 \text{ kN}, \quad Q_D = 0$$

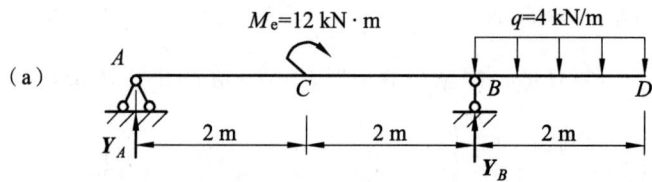

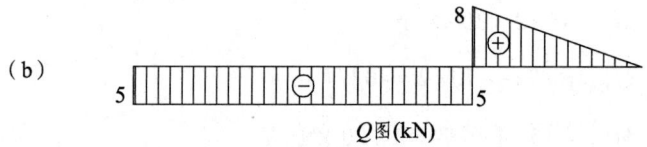

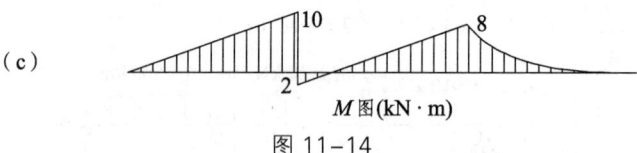

图 11–14

② 弯矩图。

AC 段：$Q<0$，故 M 图为一右上斜直线。

$$M_A = 0$$

$$M_{C左} = -5 \times 2 = -10 \text{ kN} \cdot \text{m}$$

CB 段：$Q<0$，故 M 图为一右上斜直线，在 C 处弯矩有突变。

$$M_{C右} = -5 \times 2 + 12 \text{ kN} \cdot \text{m}$$

$$M_B = -4 \times 2 \times 1 = -8 \text{ kN} \cdot \text{m}$$

BD 段：段内有向下均布荷载，M 图为下凸抛物线。

$$M_B = -8 \text{ kN} \cdot \text{m}$$

$$M_D = 0$$

第五节　普通叠加法作梁的弯矩图

建筑力学的内力和位移计算中，通常认为材料处于应力与应变成正比的小变形弹性阶段，结构构件的应变与位移、位移与荷载等均呈线性关系。且在荷载全部撤除后，结构构件中的应力、应变、位移都将全部消失，无残余变形发生。同时，在不做特别说明的情况下，建筑力学所研究的结构构件中的各种约束或者铰链连接等均被看成是理想约束，都不考虑摩擦阻力的作用。这样的结构体系，称为线性变形体系，又叫线弹性体系。对于线弹性体系，无论是应力、内力、应变或者位移，叠加原理都成立。因此，欲求结构在几种荷载共同作用下，与荷载呈线性关系的某量值的大小（如：反力、内力、应力、应变和位移等），可先求出各个荷载单独作用下该量值的大小，然后将各个荷载单独作用下该量值在对应位置的取值相加（代数值相加），即得到几个荷载共同作用下的该量的取值，这一方法称为普通叠加法，简称叠加法。下面通过举例介绍普通叠加法作梁的弯矩图的步骤。

例 11-9　简支梁所受荷载如图 11-15（a）所示，试用普通叠加法作梁的 M 图。

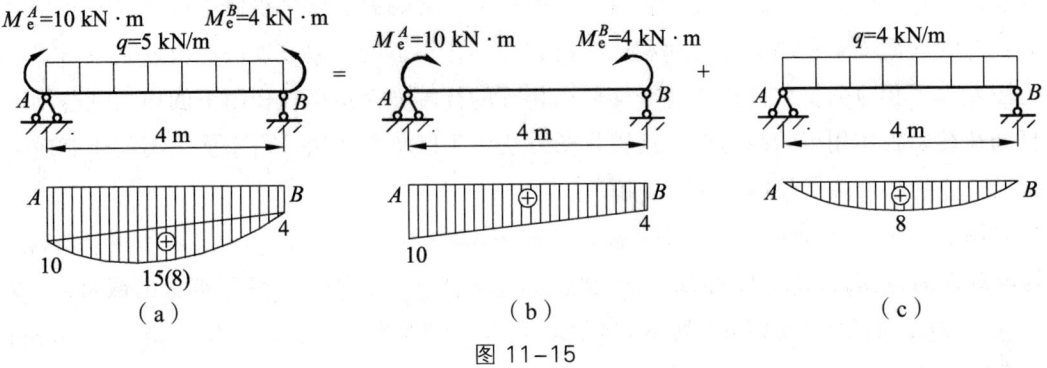

图 11-15

解：

（1）荷载分解。

如图 11-15（a）所示简支梁，其上作用的荷载可分解为两部分：跨间均布荷载 q 和端部集中力偶荷载 M_e^A 和 M_e^B，如图 11-15（b）和图 11-15（c）所示。

（2）作分解荷载的弯矩图。

当端部集中力偶 M_e^A 和 M_e^B 单独作用时，梁的弯矩图为一直线，如图 11-15（b）所示。

当跨间均布荷载 q 单独作用时，梁的弯矩图为二次抛物线，如图 11-15（c）所示。

（3）叠加作力偶和均布荷载共同作用下的弯矩图。

利用叠加原理将图 11-15（b）和图 11-15（c）弯矩图叠加，即可得到梁在端部集中力偶 M_e^A 和 M_e^B 以及跨间均布荷载 q 共同作用时梁的弯矩图（M 图），如图 11-15（a）所示。

说明：（1）荷载也可分解为跨间均布荷载 q、A 端支座处集中力偶荷载 M_e^A 和 B 端支座处集中力偶荷载 M_e^B 三部分。

（2）弯矩图的叠加，不是两个图形的简单叠加，而是对应点处纵坐标的相加，也就是说，弯矩值的叠加是在垂直于杆件轴线方向的叠加而不是在垂直于图中的虚线方向的叠加。

（3）叠加法只适用于求与荷载呈线性关系的量值。线性关系不成立的量，不能适用叠加法。

第六节　区段叠加法作梁的内力图

对梁整体利用叠加原理绘制内力图（如弯矩图）往往比较烦琐，并不实用。通常根据梁上荷载，将梁分为若干段，在每个区段上利用叠加原理绘制其内力图，这种方法称为区段叠加法。在利用区段叠加法作某梁段的内力图时，必须事先知道该梁段的两个端点的弯矩及其中间的受力情况，然后利用与其内力完全相等的相应简支梁的内力图得到该梁段的内力图。

这里，相应简支梁指的是与梁段上荷载、梁段跨度等尺寸完全相同，且两端承受的力偶之矩与该梁段两个端点弯矩对应相等，这样的简支梁就称为相应简支梁。图 11-16（c）所示简支梁即为图 11-16（a）中梁段 AB 的相应简支梁。显然，利用平衡条件很容易知道，梁段及相应简支梁在其两端的剪力以及任意一个中间截面的内力也必然相等。于是，绘制梁段的内力图的问题就归结成了绘制相应简支梁的内力图的问题了。而相应简支梁在两端力偶矩及杆间荷载共同作用下的内力图可利用第五节中介绍的普通叠加法来绘制，因此区段叠加法实质上就是相应简支梁在端点外力偶和杆间荷载共同作用下的普通叠加法。也就是说，梁段的内力图就等于相应简支梁只在与其杆端弯矩相等的杆端力偶矩单独作用下的内力图叠加上它在杆间荷载单独作用下的内力图。这种作图方法称为区段叠加法。由于剪力图的绘制较为简单，区段叠加法常用于绘制梁的弯矩图。

如图 11-16（a）所示，梁上承受集中力 F 和均布荷载 q 作用，如果已求出该梁截面 A、B 的弯矩分别为 M_A、M_B，则可取出 AB 梁段为脱离体，由其平衡条件分别求出截面 A，B 的剪力 Q_A、Q_B，如图 11-16（b）所示。此梁段的受力图与图 11-16（c）所示简支梁的受力图完全相同（所以由简支梁平衡条件可求出其支座反力 $Y_A = Q_{AB}$、$Y_B = Q_{BA}$）。因此，梁上 AB 段的弯矩图可用对应简支梁弯矩图替代，而简支梁弯矩图又可依据普通叠加法作出。以图 11-7 中 DB 梁段为例，用叠加法作其弯矩图时，一般先确定两端截面的弯矩值（M_D 和 M_B），再将两端截面弯矩的连线作为基线，在此基线上叠加（纵坐标叠加）简支梁作用杆间荷载时的弯矩图，即得该梁段的弯矩图。

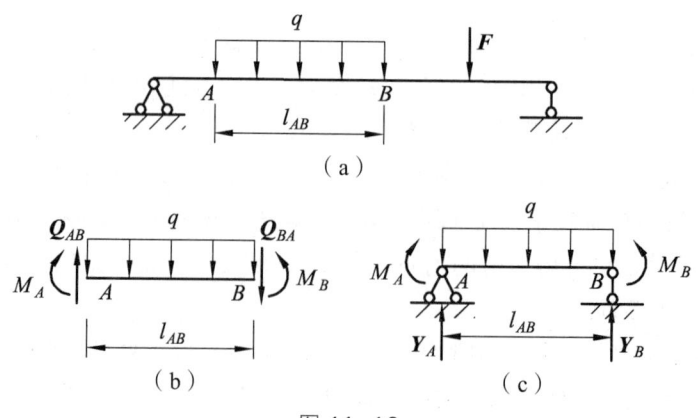

图 11-16

由以上过程可知任意梁段都可以看作简支梁，都可用简支梁弯矩图的叠加法绘制该梁段的弯矩图，这种作图方法称为区段叠加法。运用区段叠加法作静定梁的弯矩图，应先将梁分段。显然，分段时，分界截面的弯矩值应简单易求，相应简支梁的弯矩图要好画，否则就没有采用区段叠加法的必要了。

例 11-10　试用区段叠加法绘制图 11-17 所示外伸梁的弯矩图。

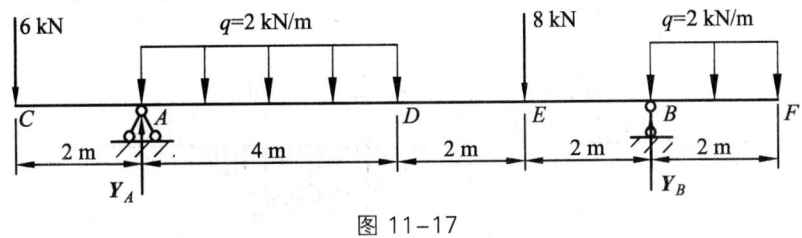

图 11-17

分析：外伸梁外伸端弯矩图可利用悬臂梁的弯矩图直接绘制。在 AB 跨间的弯矩图则可在不求反力的情况下，直接利用相应简支梁的弯矩图快速绘制。相应简支梁受力如图 11-18 (a) 所示。

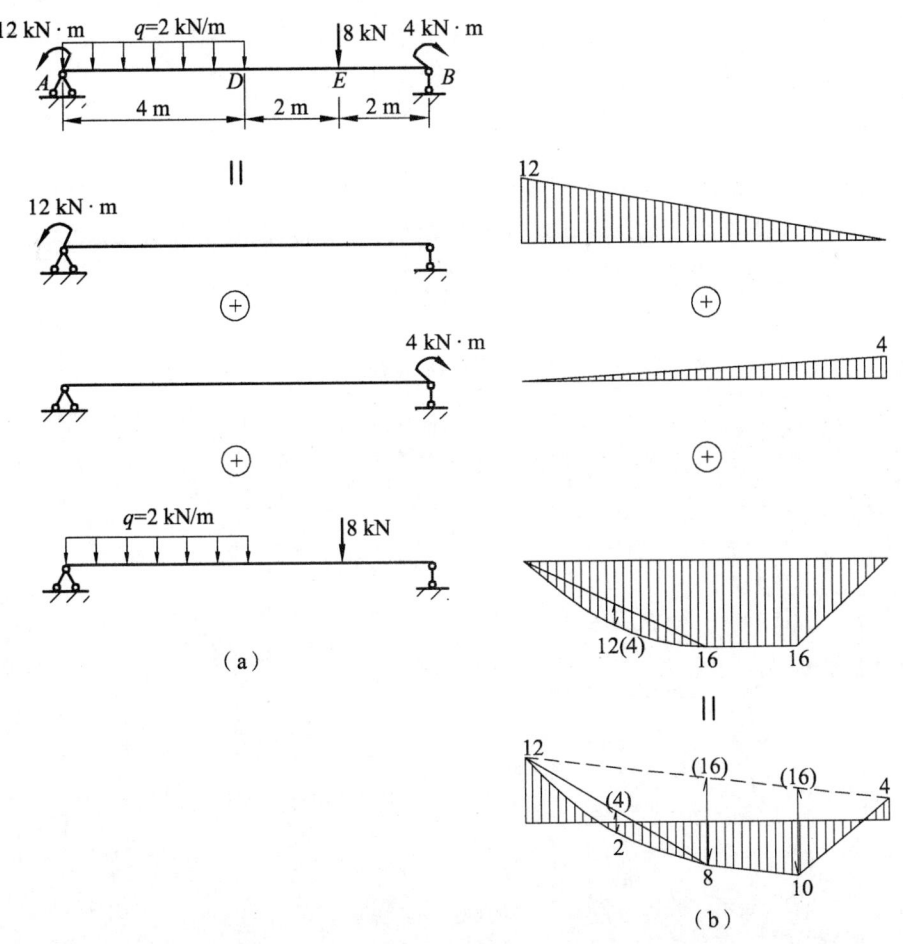

图 11-18

利用普通叠加法可快速绘制相应简支梁的弯矩图，如图 11-18（b）所示。有了相应简支梁的弯矩图，即可绘制外伸梁的弯矩图，如图 11-19 所示。

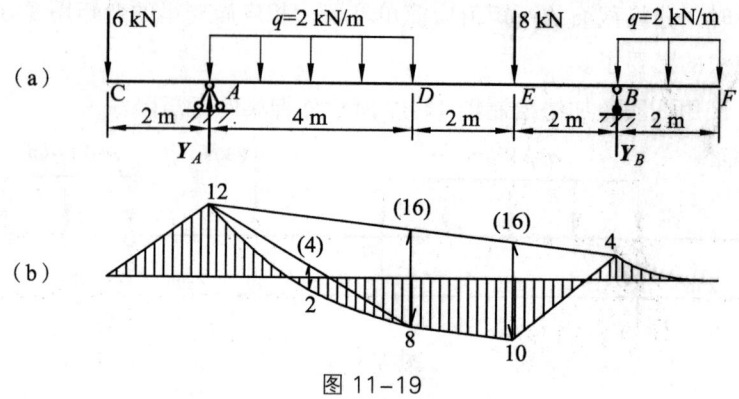

图 11-19

第十二章 静定结构的内力分析

第一节 多跨静定梁的内力计算

一、多跨静定梁的概念

由若干根梁（≥2 根）通过铰和支座连接而成的跨越几个相连跨度的静定梁称为多跨静定梁。其中任何一构件均不能同时跨越两个完整跨度。这种结构体系，由于其受力性能较好，常用于钢（木）结构的房屋檩条、桥梁结构及渡槽结构中以跨越几个相连的跨度。

图 12-1（a）所示公路桥梁中，为加大桥梁主跨跨度以满足通航需要（或者是地形地质的需要）或者为了适应桥梁结构温度变形（设置伸缩缝）的需要，同时为了减少桥梁中的弯矩（相比三跨单独的简支梁而言）而将整个桥梁分成了三段，小梁 BC 与两边的单跨外伸桥梁相连，从而形成了多跨静定桥梁结构。其计算简图如图 12-1（b）所示。

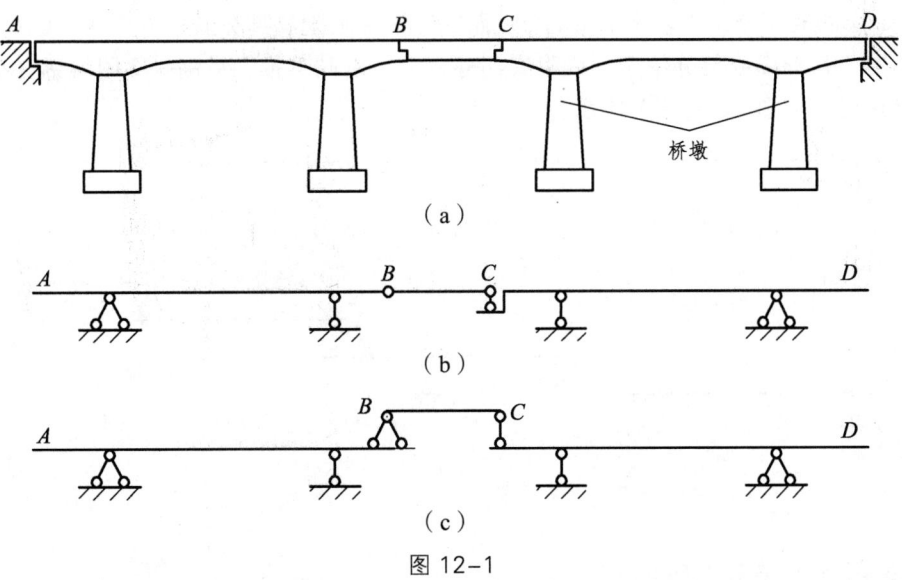

图 12-1

图 12-2 所示房屋建筑工程中，为了充分利用材料的天然长度（如木材）或者边角料长度（如卷边 C 形钢材等）常将长短不同的构件连接而成多跨静定的檩条结构。图中，固定在屋架上弦或者墙体等支撑物上长短不同的木材通过榫接（力学计算简图中为铰接）连接形成了多跨静定梁。

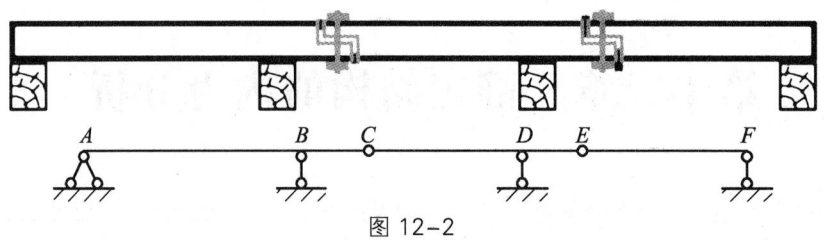

图 12-2

二、常见多跨静定梁的组成及其层次图

1. 多跨静定梁的组成

多跨静定梁均由基本部分和附属部分组成。所谓的基本部分是指自身可看成几何不变体系,不依赖于其他杆件而可以独立承受竖向荷载的部分。而附属部分则不能独立承受外荷载,它需要依靠基本部分的支撑才能保持几何不变并承受竖向荷载,这部分杆件是结构的从属部分。

2. 层次图

反映多跨静定梁的各组成部分间的传力路径以及支撑关系的图形,称为层次图。如图 12-3（a）所示多跨静定梁,从图中可以看出整个结构体系中,梁 ABC 为结构的基本部分,位于层次图的最底层;其余杆件均需要依赖 ABC 杆才能承受竖向荷载,因此均为附属部分。其中多根杆件为附属部分时,层次图将分层画出,直接支撑于基本部分的杆件为一级附属部分,在层次图中,全部或部分位于基本部分之上;而支撑于一级附属部分的杆件则为二级附属部分,在层次图中,其全部或部分位于一级附属部分之上;以此类推,最高一级附属部分在层次图中位于最顶层,如图 12-3（b）所示。

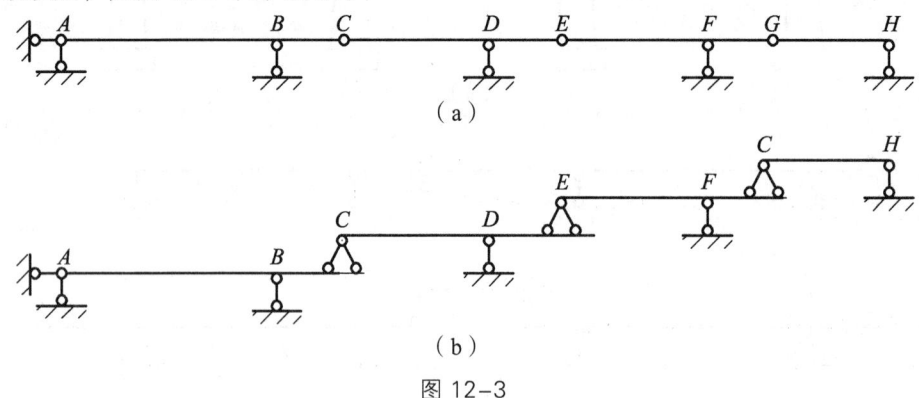

图 12-3

3. 多跨静定梁的形式

多跨静定梁有很多的形式,包括:

（1）一型梁:仅有一根杆件是结构的基本部分,所有附属部分杆件一端直接或者间接依赖于基本部分,另一端支撑于大地或者其他支撑物上。层次图中底层（基本部分）仅含有一根构件;其余杆件都依赖于这根杆件而受力;附属部分均位于第二层及以上。例如,图 12-3 中 ABC 为结构体系的基本部分,其余杆件均为附属部分。

（2）二型梁：至少有两根杆件是结构的基本部分，所有附属部分杆件两端均直接支撑于基本部分上。在层次图中底层（基本部分）至少包含两根构件，且仅包含两层构件，基本部分和附属部分均只包含一层构件，如图12-4所示。

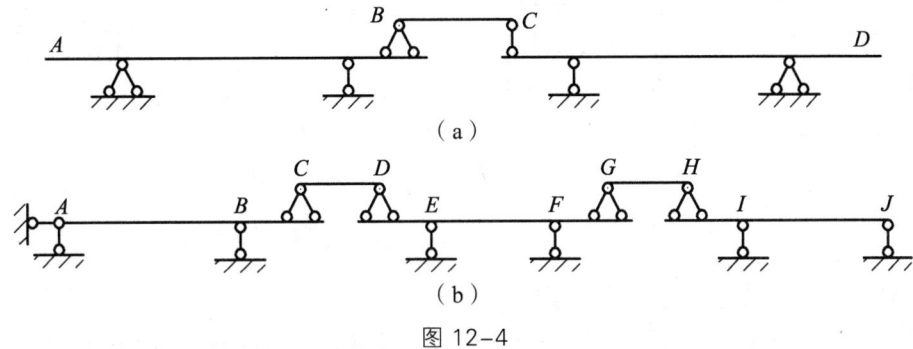

图 12-4

（3）混合型：基本部分至少包含两根杆件，附属部分中存在两类构件，其中一类构件一端支撑在基本部分上或者支撑在需要依赖于基本部分才能承受竖向构件上的荷载，另一端则支撑于大地或者其他不受基本部分影响的支撑物上；另一类构件，两端均直接支撑在基本部分上或者支撑在需要依赖于基本部分才能承受竖向荷载的构件上，如图12-5所示。

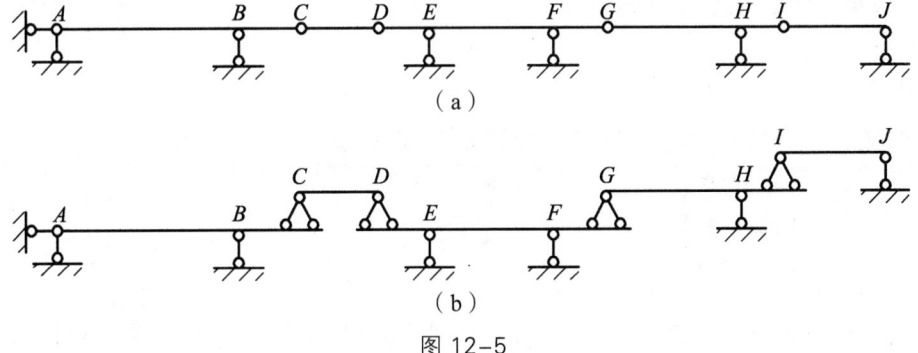

图 12-5

三、多跨静定梁的受力特性及计算方法

由多跨静定梁的几何组成可见：多跨静定梁支座反力多余三个，无法通过整体的平衡条件求解全部反力和各杆的内力，因此在求解其反力时，必须拆开分析，通常将多跨静定梁拆开成单个杆件进行计算并绘制其内力图（这就要求我们熟练掌握单跨梁的计算），然后将各杆计算结果组合起来即可得到全梁的计算结果和内力图等。

由多跨静定梁的支撑关系可知：从属部分构件上的荷载一定要传递到基本部分上，即从属部分构件上所受的荷载对基本部分构件的内力会产生影响；而基本部分上所受的荷载却不会传递至从属部分构件上，故基本结构上的荷载对从属部分构件的内力不会产生影响。

因此，附属部分内力仅取决于自身杆件上所受的荷载。在分析和计算多跨静定梁时，显然就应先分析和计算附属部分杆件，然后按照层次图中的层次自上而下逐层计算，最后计算结构的基本部分。

四、应用举例

例 12-1 作出图 12-6（a）中多跨静定梁的内力图。

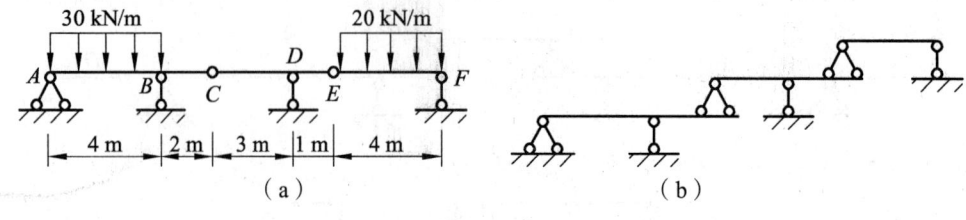

图 12-6

解：

（1）对多跨静定梁进行受力层次分析。

这是一型多跨静定梁。梁 ABC 能独立承受竖向荷载，为结构的基本部分；梁 CDE 直接支撑于基本部分 ABC 上，为一级附属部分；梁 EF 依赖于 CDE 而受力，故为二级附属部分。结构的层次图如图 12-6（b）所示。

（2）确定计算次序。

根据多跨静定梁的支撑关系，计算应按照"先附属后基本"的原则进行。即：先计算梁 EF，再计算梁 CDE，最后计算梁 ABC。

（3）计算梁 EF。

① 求支座反力：梁 EF 的反力计算如图 12-7（a）所示。

② 绘制梁 EF 的剪力图、弯矩图，分别如图 12-7（b）、（c）所示。

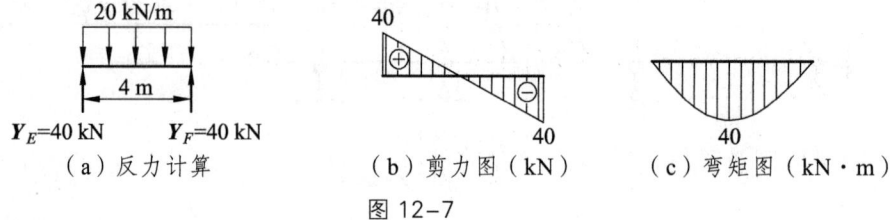

图 12-7

（4）计算梁 CDE。

① 求支座反力：梁 CDE 的反力计算如图 12-8（a）所示。

② 绘制梁 CDE 的剪力图、弯矩图，分别如图 12-8（b）、（c）所示。

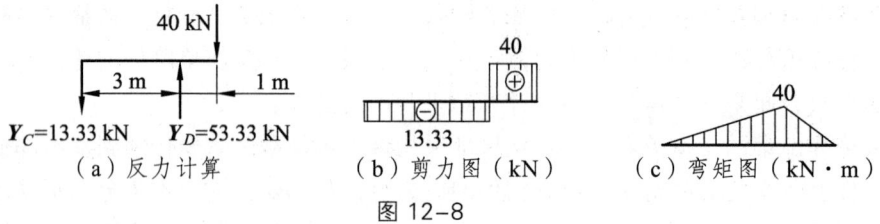

图 12-8

（5）计算梁 ABC。

① 求支座反力：梁 ABC 的反力计算如图 12-9（a）所示。

② 绘制梁 ABC 的剪力图、弯矩图，分别如图 12-9（b）、（c）所示。

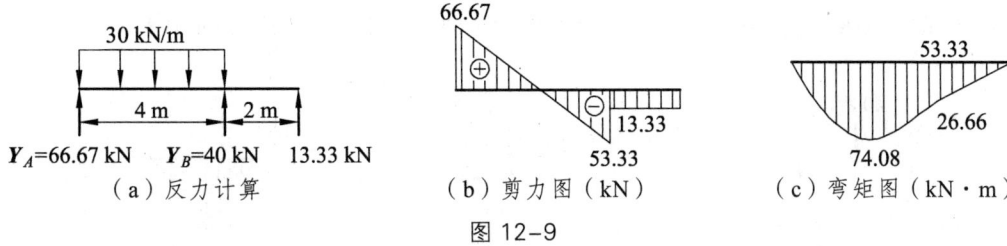

图 12-9

（6）组合以上各梁的内力图，得到多跨静定梁的剪力图和弯矩图如图 12-10 所示。

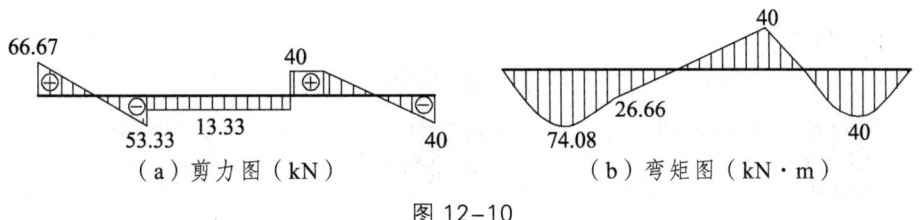

图 12-10

思考题：如果铰 C 处作用有一集中力，在受力分析时，如何处理该集中力？是放在左边还是右边？在计算各杆内力时，是否可以在保持合力不变的情况下，将其任意分解为两个集中力后分别作用于铰 C 两侧构件上？

例 12-2 作出图 12-11（a）所示多跨静定梁内力图。

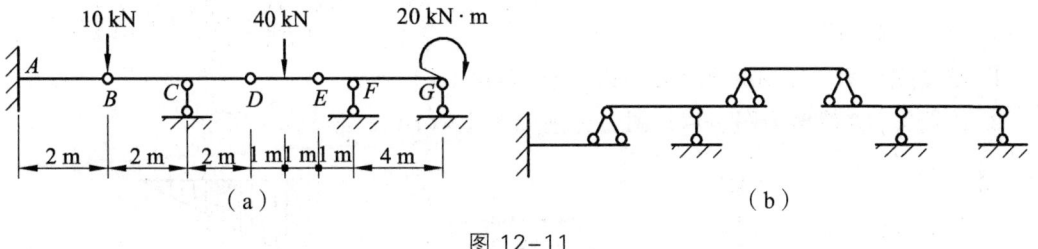

图 12-11

解：

（1）对多跨静定梁进行受力层次分析。

这是混合型多跨静定梁。梁 AB 及梁 EFG 能独立承受竖向荷载，为结构的基本部分；梁 BCD 直接支撑于基本部分梁 AB 上，为一级附属部分；梁 DE 两端均依赖于几何不变部分而受力，对基本部分梁 AB 来说，梁 DE 为二级附属部分（相对基本部分梁 EFG 来说，则为一级附属部分）。结构的层次图如图 12-11（b）中所示。

（2）确定计算次序。

根据多跨静定梁的支撑关系，计算应按照"先附属后基本"的原则进行。即：先计算 DE 梁，然后分别从 DE 梁两端直接相连的构件开始依层次图中的层次逐层取研究对象分别计算，直至算至结构的基本部分。本例在计算完 DE 梁后，先从其左端开始，按照层次图中层次依次取梁 BCD、梁 AB 进行计算，最后再计算右端梁 EFG。

（3）计算梁 DE。

① 求支座反力：梁 EF 的反力计算如图 12-12（a）所示。

② 绘制梁 DE 的剪力图、弯矩图，分别如图 12-12（b）、（c）所示。

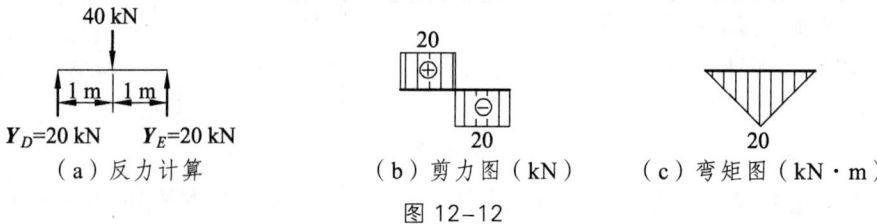

（a）反力计算　　（b）剪力图（kN）　　（c）弯矩图（kN·m）

图 12-12

（4）计算 BCD 梁。

① 求支座反力：梁 BCD 的反力计算如图 12-13（a）所示。

② 绘制梁 BCD 的剪力图、弯矩图，分别如图 12-13（b）、（c）所示。

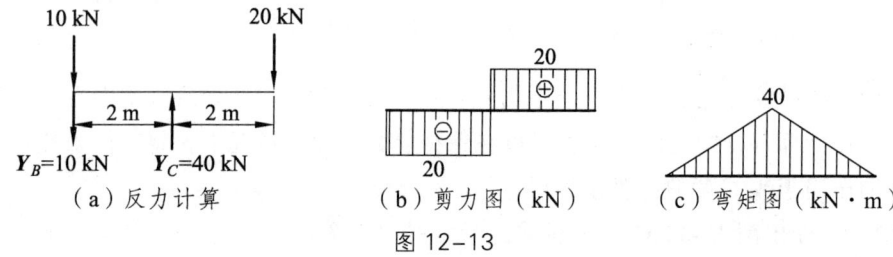

（a）反力计算　　（b）剪力图（kN）　　（c）弯矩图（kN·m）

图 12-13

（5）计算 AB 梁。

① 求支座反力：梁 AB 的反力计算如图 12-14（a）所示。

② 绘制梁 AB 的剪力图、弯矩图，分别如图 12-14（b）、（c）所示。

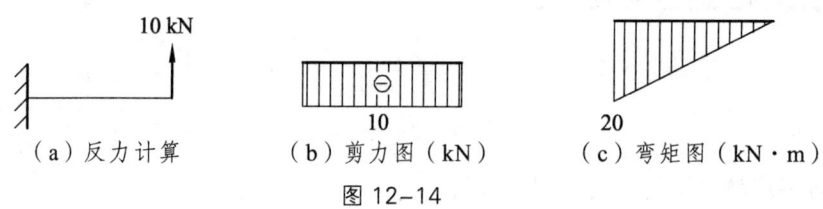

（a）反力计算　　（b）剪力图（kN）　　（c）弯矩图（kN·m）

图 12-14

（6）计算 EFG 梁。

① 求支座反力：梁 EFG 的反力计算如图 12-15（a）所示。

② 绘制梁 EFG 的剪力图、弯矩图，分别如图 12-15（b）、（c）所示。

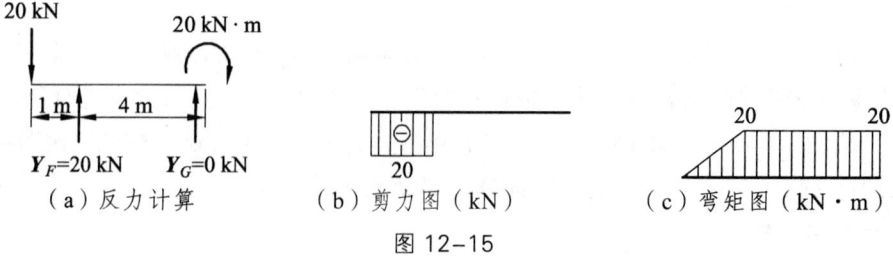

（a）反力计算　　（b）剪力图（kN）　　（c）弯矩图（kN·m）

图 12-15

（7）组合以上各梁的内力图，得到多跨静定梁的内力图，如图 12-16 所示。

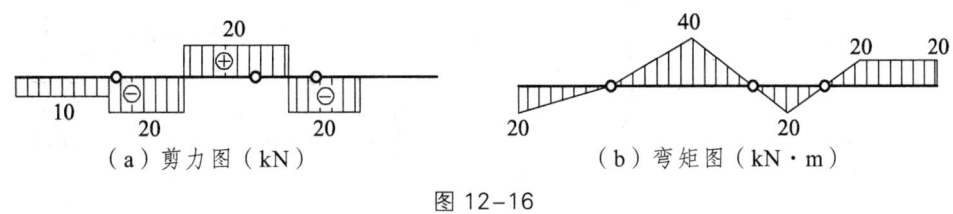

图 12-16

第二节　静定平面刚架

工程中，常常遇到梁和柱连为一体的情况。受力后，梁柱在连接结点处不能发生任何的相对位移，结点处梁柱截面也不能发生相对转角。这种结点叫作刚结点。具有刚结点的结构在力学中通常称为刚架结构，它可能由若干构件通过全部或者部分刚性结点联结而成。刚架结构常用于厂房结构、车站站台、管网支架、加油站点及民用建筑结构等。

图 12-17（a）所示一钢筋混凝土门式刚架，在刚架顶部 C 点两边构件顶端的预埋钢板上，分别焊接一节和二节钢管，连接时用一螺栓插入钢管中间。此种连接方法使刚架左右两部分只能相对转动而不能相对移动，可视为中间铰连接。因刚架的立柱 AD 和斜梁 DC 为整体现浇而成，故 D、E 结点处立柱和斜梁截面之间的夹角，在受力变形前后保持不变，我们把这样的结点（D 和 E）称为刚结点。刚架两个柱子的底端，分别插入钢筋混凝土杯形基础中，用沥青麻丝填缝，这种结构允许柱底有微小的转动，因而可视为铰支座。

该门式刚架计算简图如图 12-17（b）所示。

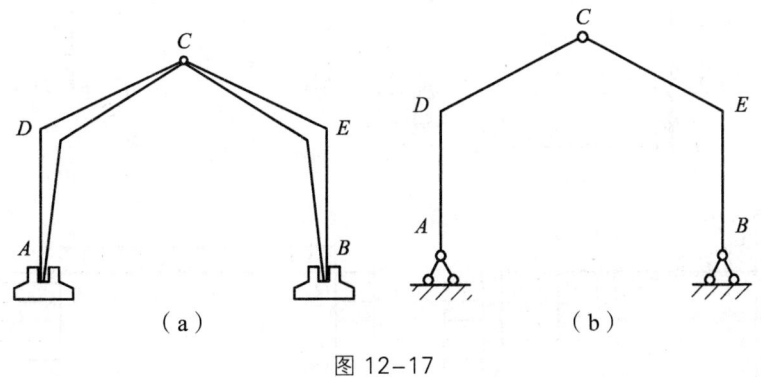

图 12-17

一、静定刚架的分类

常见静定平面刚架主要有三类：悬臂刚架、简支刚架、三铰刚架，如图 12-18 所示。

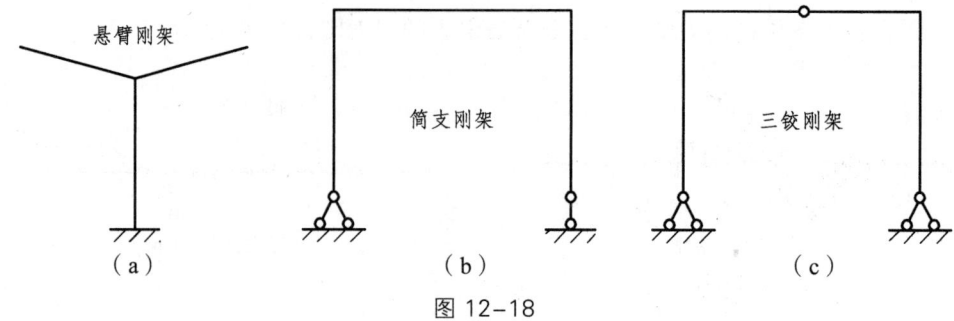

图 12-18

二、平面刚架的计算

由于刚架结构中的刚结点不仅能够传递竖向力和水平力,而且可以传递弯矩,所以刚架的横梁和立柱在通常情况下其内力有弯矩 M、剪力 Q 和轴力 N。

在计算内力时,为了使内力的符号不致发生混淆,常常在内力符号右下方用两个脚标来表明该内力所属的杆。其中,第一个脚标表示该内力所属的杆端截面,第二个脚标表示同一杆的另一端。以弯矩为例,我们以 M_{AB} 和 M_{BA} 分别表示 AB 的 A 端截面和 B 端截面的弯矩。

静定刚架的内力计算,同样采用截面法。下面以图 12-19(a)所示的刚架为例说明刚架内力的计算方法。

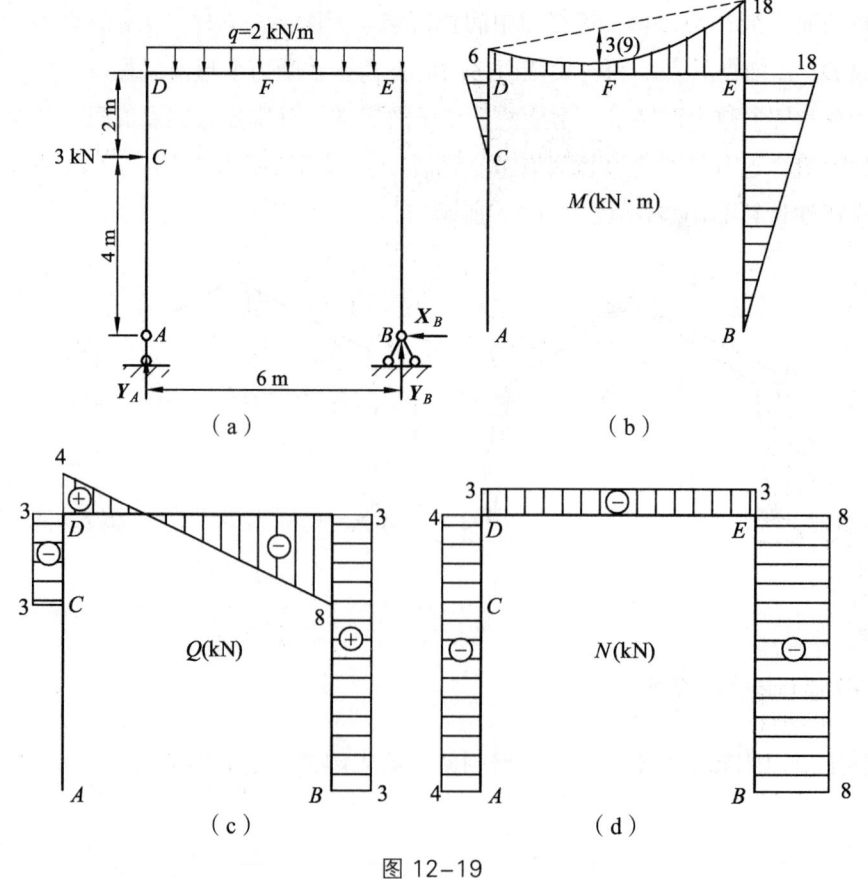

图 12-19

（1）计算支座反力。

取整个刚架为脱离体，受力如图 12-19（a）所示。由平衡条件可得：

$$\sum X = 0 \quad 3 - X_B = 0$$
$$\sum M_B = 0 \quad -Y_A \times 6 - 3 \times 4 + 2 \times 6 \times 3 = 0$$
$$\sum M_A = 0 \quad Y_B \times 6 - 3 \times 4 - 2 \times 6 \times 3 = 0$$
$$X_B = 3 \text{ kN}(\leftarrow), \ Y_A = 4 \text{ kN}(\uparrow), \ Y_B = 8 \text{ kN}(\uparrow)$$

（2）作弯矩图。

作弯矩图时，应逐杆计算，首先标出杆件各控制截面的弯矩，然后根据荷载情况及内力图特征作出各区段内力图。对于无荷载区段只需定出区段两端弯矩控制值，即可连成直线图形；对于承受均布荷载或集中力的区段，则可采用区段叠加法求得。弯矩图可不注明正负号，而将其画在杆件纤维受拉的一边。

具体计算如下：

AD 杆：该杆可分成 AC 和 CD 两个无荷载区段。

AC 段：$M_{AC} = 0$，$M_{CA} = 0$。

CD 段：无荷载作用，弯矩图为一直线。

$$M_{CD} = 0, \ M_{DC} = 3 \times 2 = 6 \text{ kN} \cdot \text{m}(左拉)$$

DE 杆：它受有均布荷载作用，弯矩图为二次抛物线。先求出控制截面的弯矩值，然后利用区段叠加法绘制其弯矩图。

$$M_{DE} = 3 \times 2 = 6 \text{ kN} \cdot \text{m}(上拉)$$
$$M_{ED} = 3 \times 6 = 18 \text{ kN} \cdot \text{m}(上拉)$$

由于 DE 杆的受力相当于图 12-20 所示简支梁的受力，所以 DE 杆中间截面 F 处的弯矩为：

$$M_F = -\frac{6+18}{2} + \frac{1}{8} \times 2 \times 6^2 = -3 \text{ kN} \cdot \text{m}(上拉)$$

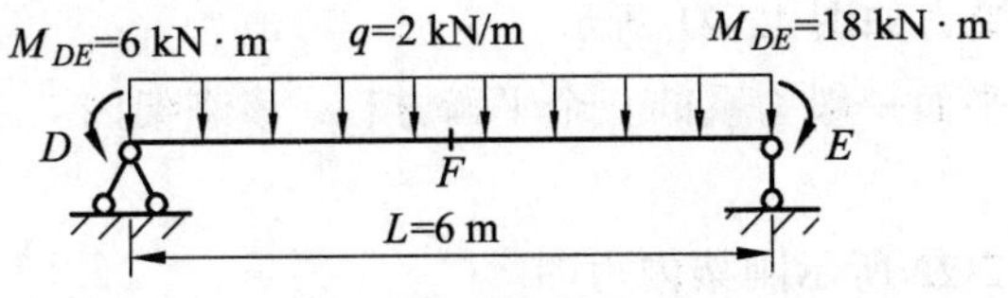

图 12-20

BE 杆：无荷载作用，弯矩图为一直线。

$$M_{BE} = 0$$
$$M_{EB} = 3 \times 6 = 18 \text{ kN} \cdot \text{m}(右拉)$$

各控制点的弯矩标出后，可根据杆间荷载情况及内力图特征作出结构的弯矩图，如图 12-19（b）所示。

（3）作剪力图。

作剪力图时，仍逐杆进行，先根据已知的反力或约束力求出杆端的剪力，然后按单跨静定梁作出该杆的剪力图。剪力仍以绕所切开的截面顺时针转向为正，剪力图可绘于杆件的任一侧，但需注明正负号。对横梁的剪力图，习惯上常将正剪力画在上边，负剪力画在下边。

AD 杆：该杆可分成 AC 和 CD 两个无荷载区段。

AC 段：剪力等于零。

CD 段：剪力图为一平行于杆轴 CD 的直线。

$$Q_{CD} = Q_{DC} = -3 \text{ kN}$$

DE 杆：剪力图为一斜直线。

$$Q_{DE} = Y_A = 4 \text{ kN}, Q_{ED} = -Y_B = -8 \text{ kN}$$

BE 杆：剪力图为一平行于杆端 BE 的直线。

$$Q_{BE} = Q_{EB} = X_B = 3 \text{ kN}$$

各控制点的弯矩标出后，可作出结构的剪力图，如图 12-19（c）所示。

（4）作轴力图。

作轴力图时，根据已求出的反力或均束力，即可逐杆算出其轴力。轴力以拉力为正，压力为负。轴力可画在杆件的任一侧，仍需注明正负号。

$$N_{AD} = N_{DA} = -Y_A = -4 \text{ kN}(压力)$$

$$N_{DE} = N_{ED} = -X_B = -3 \text{ kN}(压力)$$

$$N_{BE} = N_{EB} = -Y_B = -8 \text{ kN}(压力)$$

作出轴力图如图 12-19（d）所示。

（5）校核内力图。

在进行刚架内力校核时，通常可取结点为脱离体进行校核。如计算无误，结点必满足平衡条件。本题以结点 D 为例，结点 D 受平面一般力系作用，受力如图 12-21 所示。

显然，结点 D 满足平面一般力系的三个平衡方程，该刚架内力计算正确。

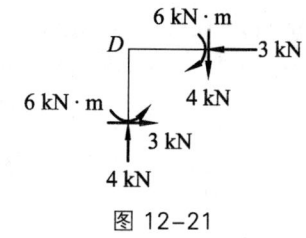

图 12-21

例 12-3 作出图 12-22 所示刚架内力图。

分析：该系统为多个构件的组合，支座反力数目超过三个，仅利用整体三个平衡方程无法求解全部支座反力，故无法进一步求解各控制截面的内力，从而无法作出内力图。在分析和求解这种多个对象组成的静定系统的平衡问题时，往往需将整体系统拆开分析，通过增加研究对象及其平衡方程数量求解多余未知量。

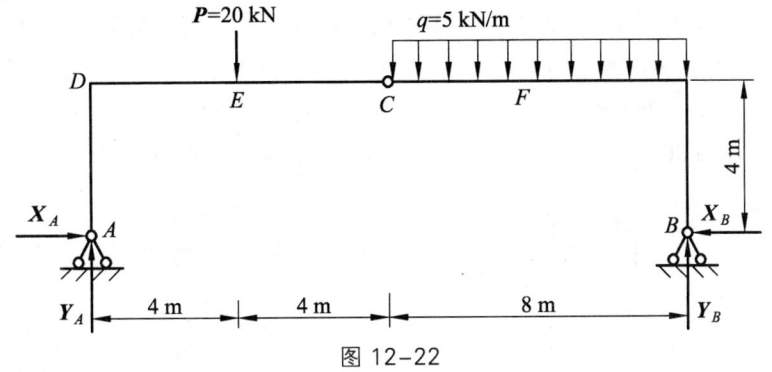

图 12-22

解：首先求出全部支反力及约束力，再逐杆计算各控制截面内力，最后画内力图。

（1）求支座反力及中间铰处约束力。

对整体，受力如图 12-22 所示。由其平衡条件，有：

$$\Sigma X = 0 \quad X_A - X_B = 0$$

$$\Sigma M_B = 0 \quad -Y_A \times 16 + 20 \times 12 + 5 \times 8 \times 4 = 0$$

$$\Sigma M_A = 0 \quad Y_B \times 16 - 20 \times 4 - 5 \times 8 \times 12 = 0$$

得：$X_A = X_B$，$Y_A = 25$ kN(↑)，$Y_B = 35$ kN(↑)

对左半刚架 ADC，受力如图 12-23 所示。由其平衡条件，有：

$$\Sigma M_C = 0 \quad X_A \times 4 + 20 \times 4 - 25 \times 8 = 0$$

得：$X_A = 30$ kN(→)

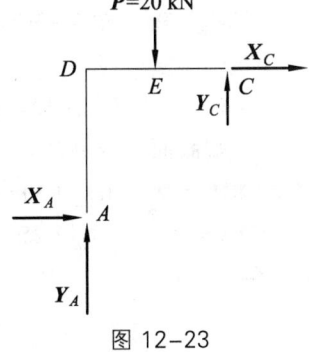

图 12-23

（2）利用脱离体的平衡条件逐个计算各控制截面内力。

对 AD 杆：

A 端截面，取结点 A 为脱离体，受力如图 12-24（a）所示。
由其平衡方程，有：

$\Sigma M_A = 0 \quad M_{AD} = 0 \qquad$ 得：$M_{AD} = 0$

$\Sigma X = 0 \quad Q_{AD} + 30 = 0 \qquad$ 得：$Q_{AD} = -30$ kN

$\Sigma Y = 0 \quad N_{AD} + 25 = 0 \qquad$ 得：$N_{AD} = -25$ kN（压）

D 端截面，取 AD 为脱离体，受力如图 12-24（b）所示。由其平衡方程，有：

$\Sigma M_D = 0 \quad M_{DA} + 30 \times 4 = 0 \qquad$ 得：$M_{DA} = -120$ kN·m（左拉）

$\Sigma X = 0 \quad Q_{DA} + 30 = 0 \qquad$ 得：$Q_{DA} = -30$ kN

$\Sigma Y = 0 \quad N_{DA} + 25 = 0 \qquad$ 得：$N_{DA} = -25$ kN（压）

对 DE 杆：

D 端截面，取 AD 为脱离体，受力如图 12-25（a）所示。由其平衡方程，有：

$\Sigma M_D = 0 \quad M_{DE} + 30 \times 4 = 0 \qquad$ 得：$M_{DE} = -120$ kN·m（上拉）

$\Sigma Y = 0 \quad -Q_{DE} + 25 = 0 \qquad$ 得：$Q_{DE} = 25$ kN

$\Sigma X = 0 \quad N_{DE} + 30 = 0 \qquad$ 得：$N_{DE} = -30$ kN（压）

E 端截面，取 ADE 为脱离体，受力如图 12-25（b）所示。由其平衡方程，有：

$\Sigma M_E = 0 \quad M_{ED} + 30 \times 4 - 25 \times 4 = 0 \qquad$ 得：$M_{ED} = -20 \text{ kN} \cdot \text{m}$（上拉）

$\Sigma Y = 0 \quad -Q_{ED} + 25 = 0 \qquad$ 得：$Q_{ED} = 25 \text{ kN}$

$\Sigma X = 0 \quad N_{ED} + 30 = 0 \qquad$ 得：$N_{ED} = -30 \text{ kN}$（压）

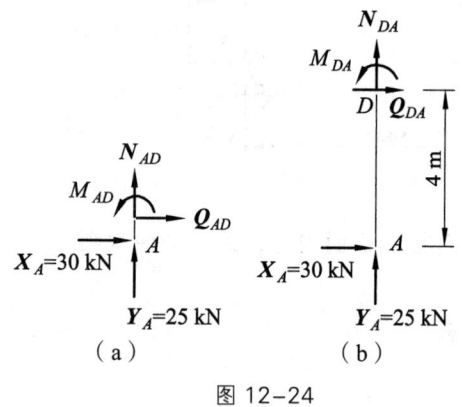

图 12-24

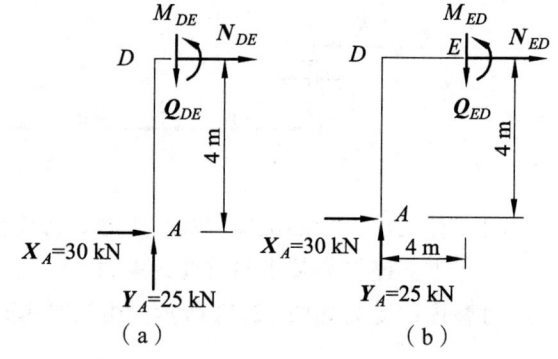

图 12-25

对 EC 杆：

E 端截面，取 ADE 为脱离体，受力如图 12-26（a）所示。由其平衡方程，有：

$\Sigma M_E = 0 \quad M_{EC} + 30 \times 4 - 25 \times 4 = 0 \qquad$ 得：$M_{EC} = -20 \text{ kN} \cdot \text{m}$（上拉）

$\Sigma Y = 0 \quad -Q_{EC} + 25 - 20 = 0 \qquad$ 得：$Q_{EC} = 5 \text{ kN}$

$\Sigma X = 0 \quad N_{EC} + 30 = 0 \qquad$ 得：$N_{EC} = -30 \text{ kN}$（压）

C 端截面，取 $ADEC$ 为脱离体，受力如图 12-26（b）所示。由其平衡方程，有：

$\Sigma M_C = 0 \quad M_{CE} + 30 \times 4 - 25 \times 8 + 20 \times 4 = 0 \quad$ 得：$M_{CE} = 0$

$\Sigma Y = 0 \quad -Q_{CE} + 25 - 20 = 0 \qquad$ 得：$Q_{CE} = 5 \text{ kN}$

$\Sigma X = 0 \quad N_{CE} + 30 = 0 \qquad$ 得：$N_{CE} = -30 \text{ kN}$（压）

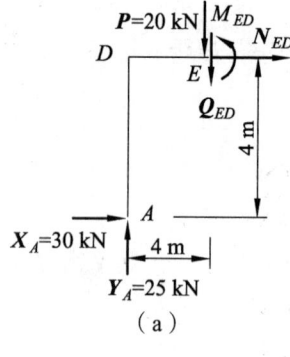

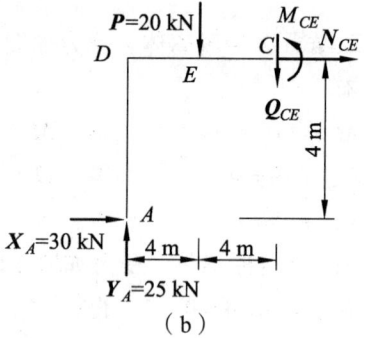

图 12-26

对 BF 杆：

B 端截面，取结点 B 为脱离体，受力如图 12-27（a）所示。由其平衡方程，有：

$\Sigma M_B = 0 \quad M_{BF} = 0 \qquad$ 得：$M_{BF} = 0$

$\Sigma X = 0 \quad Q_{BF} - 30 = 0 \qquad$ 得：$Q_{BF} = 30 \text{ kN}$

$\Sigma Y = 0 \quad N_{BF} + 35 = 0 \qquad$ 得：$N_{BF} = -35 \text{ kN}$（压）

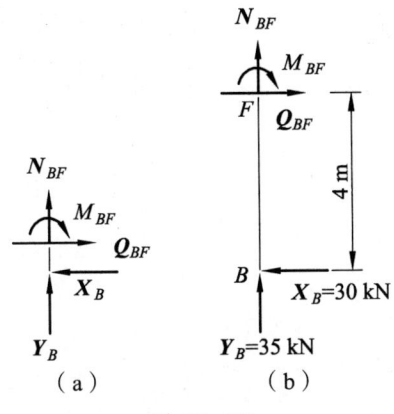

图 12-27

F 端截面，取图示脱离体，受力如图 12-27（b）。由其平衡方程，有：

$\Sigma M_B = 0 \quad -M_{FB} - 30 \times 4 = 0 \quad$ 得：$M_{FB} = -120 \text{ kN} \cdot \text{m}$

$\Sigma X = 0 \quad Q_{FB} - 30 = 0 \quad$ 得：$Q_{FB} = 30 \text{ kN}$

$\Sigma Y = 0 \quad N_{FB} + 35 = 0 \quad$ 得：$N_{FB} = -35 \text{ kN}$（压）

对 FC 杆：

F 端截面，取图示脱离体，受力如图 12-28 所示。由其平衡方程，有：

$\Sigma M_F = 0 \quad -M_{FC} - 30 \times 4 = 0 \quad$ 得：$M_{FC} = -120 \text{ kN} \cdot \text{m}$（上拉）

$\Sigma X = 0 \quad Q_{FC} + 35 = 0 \quad$ 得：$Q_{FC} = -35 \text{ kN}$

$\Sigma Y = 0 \quad -N_{FC} - 30 = 0 \quad$ 得：$N_{FC} = -30 \text{ kN}$（压）

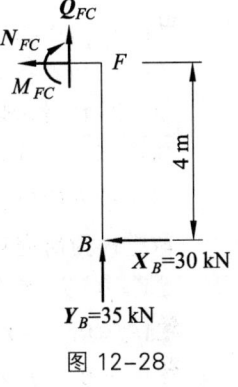

图 12-28

（3）由求得的各控制截面内力值，结合根据杆间荷载情况和相应的内力图特征，即可快速绘制各杆件的内力图，如图 12-29 所示。

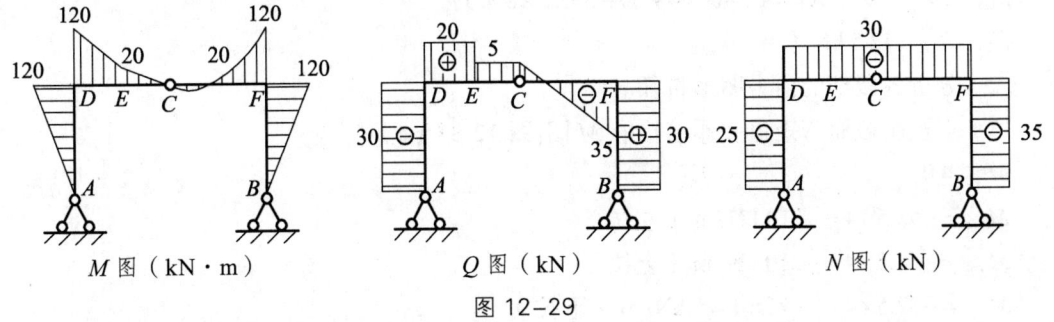

图 12-29

三、用简捷法绘制刚架内力图步骤

用简捷法绘制刚架内力图主要包括以下步骤：

（1）根据杆件上荷载分布情况确定内力图的基本图形（特征）。

（2）确定控制截面。

（3）计算控制截面的内力值。

（4）描点作内力图。

内力图部分特征如下：

① 无均布荷载作用区段：

Q 图水平线；M 图斜直线。

② 有均布荷载作用区段：

Q 图斜直线；M 图抛物线。

③ 有集中力作用处：

Q 图有突变；M 图有尖点。

④ 有集中力偶作用处：

Q 图无影响；M 图有突变。

四、应用举例

例 12-4 作图 12-30 所示刚架的内力图。

解：

（1）求支座反力。

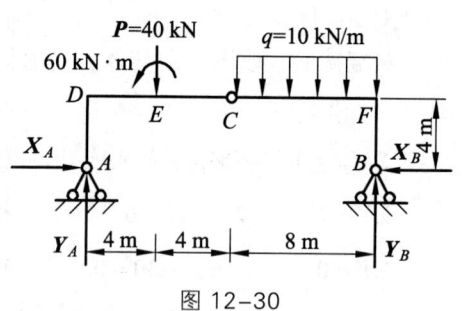

图 12-30

取整体为研究对象，由平衡条件有：

$\Sigma X = 0 \quad X_A - X_B = 0$

$\Sigma M_B = 0 \quad -Y_A \times 16 + 60 + 40 \times 12 + 10 \times 8 \times 4 = 0$

$\Sigma M_A = 0 \quad Y_B \times 16 + 60 - 40 \times 4 - 10 \times 8 \times 12 = 0$

得：$Y_A = 53.75 \text{ kN}(\uparrow)$，$Y_B = 66.25 \text{ kN }(\uparrow)$，$X_A = X_B$

取左半刚架 ADC 为研究对象，由平衡条件有：

由：$\Sigma M_C = 0 \quad X_A \times 4 + 40 \times 4 + 60 - 53.75 \times 8 = 0$

得：$X_A = 52.5 \text{ kN }（\rightarrow）$

（2）分析各段杆的内力图形特征。

（3）求控制截面弯矩值并作结构的 M 图[图 12-31（a）]。

$M_{AD} = 0$

$M_{DA} = -52.5 \times 4 = -210 \text{ kN·m}（左拉）$

$M_{DE} = -52.5 \times 4 = -210 \text{ kN·m}（上拉）$

$M_{ED} = -52.5 \times 4 + 53.75 \times 4 = 5 \text{ kN·m}（下拉）$

$M_{EC} = -52.5 \times 4 + 53.75 \times 4 - 60 = -55 \text{ kN·m}（上拉）$

$M_{CE} = M_{CF} = 0$

$M_{FC} = -52.5 \times 4 = -210 \text{ kN·m}$

$M_{FB} = -52.5 \times 4 = -210 \text{ kN·m}$

$M_{BF} = 0$

（4）作 Q 图[图 12-31（b）]。

$Q_{AD} = Q_{AD} = -52.5 \text{ kN}$

$Q_{DE} = Q_{ED} = 53.75 \text{ kN}$

$Q_{EC} = Q_{CE} = Q_{CF} = 13.75 \text{ kN}$

$Q_{FC} = -66.25 \text{ kN}$

$Q_{AD} = Q_{AD} = 52.5 \text{ kN}$

（5）作 N 图[图 12-31（c）]。

$N_{AD} = N_{DA} = -53.75 \text{ kN}$

$N_{DE} = N_{ED} = -52.5 \text{ kN}$

$N_{EC} = N_{CE} = -52.5 \text{ kN}$

$N_{CF} = N_{FC} = -52.5 \text{ kN}$

$N_{BF} = N_{FB} = -66.25 \text{ kN}$

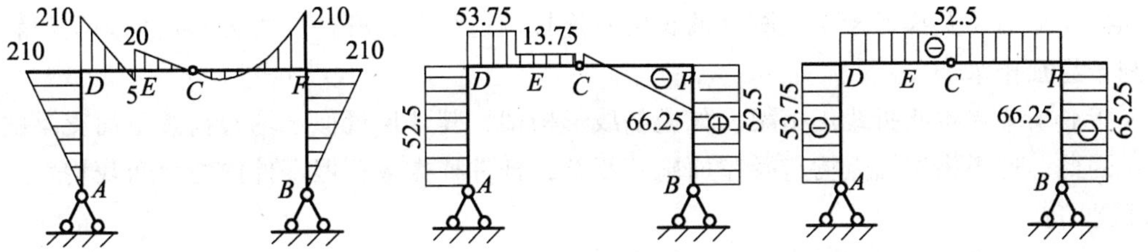

（a）M 图（kN·m） （b）Q 图（kN） （c）N 图（kN）

图 12-31

第三节　静定平面桁架

桁架是一种由若干直杆彼此在两端用铰链连接而成的结构，一般是具有三角形单元的平面或空间结构，可跨越较大空间，广泛用于大跨度房屋结构（如厂房、展览馆、体育馆收费站等）、塔桅结构和桥梁工程中。桁架杆件主要承受轴向拉力或压力，杆件截面受力均匀，从而能充分利用材料的强度，在跨度较大时比实腹梁刚度大、用料省、重量轻。实际工程中，根据所用材料的不同（例如：钢材、木材、钢筋混凝土等），桁架中各杆件往往采用螺栓连接、焊接、铆接、榫接及现浇等多种接头形式。

一、桁架的分类

桁架的形式很多，通常有以下几种分类方法：

1. 按桁架杆的组成材料分类

按桁架杆件的组成材料分为：钢桁架、木桁架、钢与木组合桁架、钢筋混凝土桁架、预应力混凝土桁架、钢与混凝土组合桁架等。

2. 按桁架的外形分类

按桁架的外形分为：三角形桁架、梯形桁架、矩形桁架（也叫平行弦桁架）、折线形桁架（如：抛物线形桁架等），如图12-32所示。

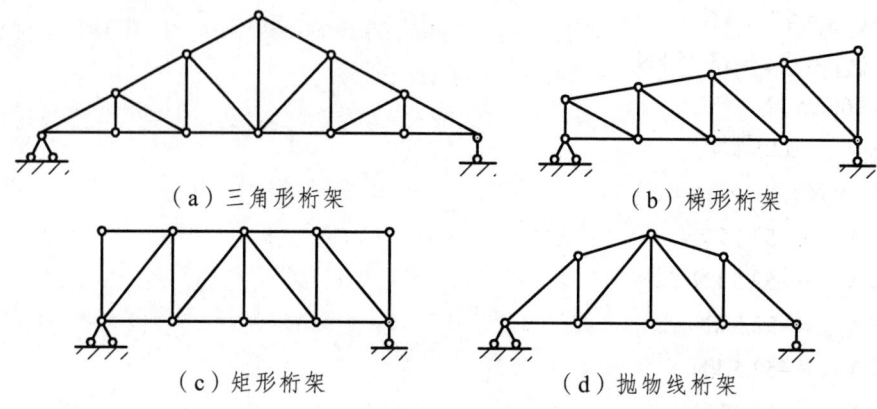

（a）三角形桁架　　　　（b）梯形桁架

（c）矩形桁架　　　　（d）抛物线桁架

图12-32

三角形桁架及梯形桁架：腹杆的长度及连接构造复杂，杆件内力分布不均匀，但斜坡面有利于屋顶排水。

折弦桁架：也叫折线形桁架，如抛物线形桁架，其外形近似于均布荷载下简支梁的弯矩图。因此，这类桁架结点构造及屋面施工复杂，杆件种类多；但杆件内力分布较均匀，材料使用经济。

平行弦桁架：也叫矩形桁架，这类桁架结点构造简单，便于布置双层结构，构件内力分布不够均匀，用作屋面不利于排水需要；但构件种类少，利于标准化生产。

3. 按桁架几何组成规则分类

按桁架几何组成规则分为：简单桁架、联合桁架及复杂桁架等，如图12-33所示。

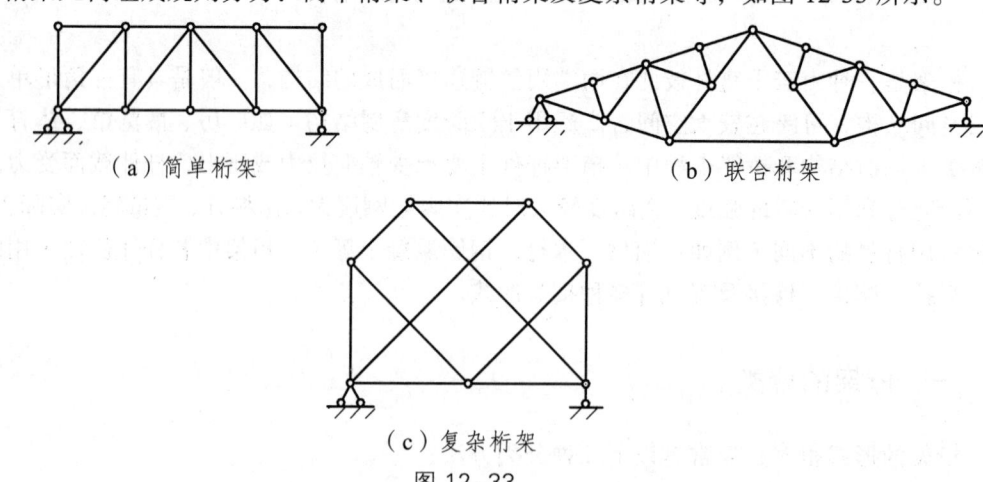

（a）简单桁架　　　　　（b）联合桁架

（c）复杂桁架

图12-33

简单桁架：由一个基本铰接三角形开始，依次增加二元体组成的桁架。
联合桁架：由几个简单桁架按组成几何不变体系的两刚片规则或三刚片规则组成的桁架。
复杂桁架：既不是简单桁架也不是联合桁架的桁架称为复杂桁架。

4. 按桁架的特点分类

按桁架受竖向荷载作用时是否产生水平反力分为：梁式桁架和拱式桁架等，如图 12-34 所示。

无推力的梁式桁架：也称为梁式桁架，与相应的实梁结构比较，掏空率大，用材经济，受力合理，上下弦杆主要用于抗弯，腹杆主要用于抗剪。

有推力的拱式桁架：水平推力减小了跨中弯矩，故能跨越更大的空间，节省材料，但需要有能提供水平推力的支座（支撑物）。

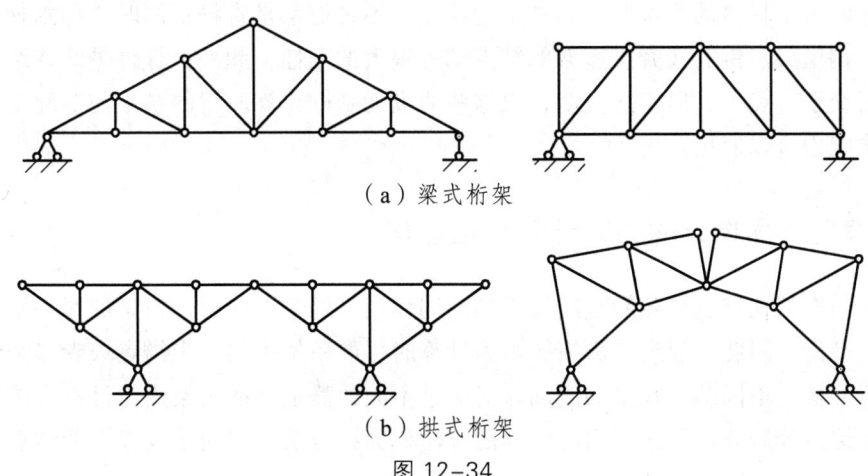

图 12-34

二、理想桁架的组成与计算假定

图 12-35 所示为一中小跨度铁路桥钢桁架，由 17 根等截面直杆通过铆接连接而成。这些直杆的中心线都在同一平面内。直杆的交点称为结点，相邻结点间的水平距离称为节间。该钢桁架共有 10 个结点、4 个节间。位于桁架外围上部的 4 根杆称为上弦杆，位于桁架外围下部的 4 根杆称为下弦杆，位于上下弦之间的杆称为腹杆，包括 5 根竖腹杆（简称竖杆，两端的竖杆也常称为端杆）及 4 根斜腹杆。铁路桥钢桁架总是搁置在两端的桥墩上的，其支承方式可将一端当作固定铰链支座，另一端当作可动铰链支座。相邻支座间的距离称为跨度。

屋架是房屋结构中典型的桁架，常用来承受屋面重量、灰尘、人员检修及积雪等荷载。图 12-36 所示木屋架由 13 根长而细的直木杆榫接而成，包括 8 个结点、4 个节间、4 根上弦杆、4 根下弦杆、3 根竖腹杆及 2 根斜腹杆组成。屋架的高度常称为矢高。

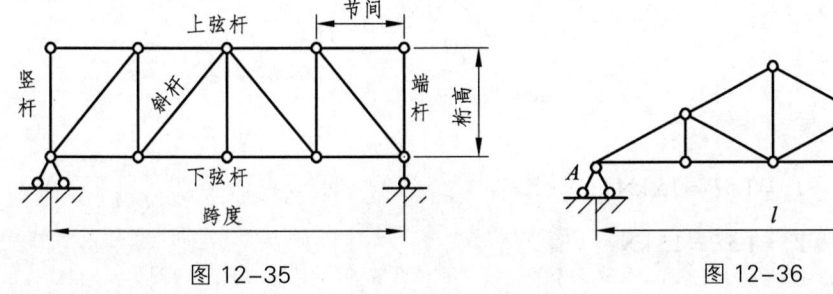

图 12-35　　　　　图 12-36

在分析桁架的内力时，在满足工程精度的前提下，为使计算简化，通常将其视为理想桁架，理想桁架的组成和受力需符合以下几点假设：

（1）组成桁架各杆均为等截面直杆且两端光滑铰接；

（2）杆件自重可以忽略不计（或者已均分至杆端结点上）；

（3）所有桁架上的所有荷载（包括支座反力）都作用在结点上。

根据这些假设，屋架各杆均为二力杆，都只受沿杆轴作用的拉力或压力，从而使屋架的内力计算得以简化。需要说明的是，桁架内力计算的几个假设尽管与工程实际有出入（例如杆件在制作时由于材料的不均匀性和加工的误差，不可能都是直杆；同时，除木材榫接接近于铰接外，钢屋架、钢筋混凝土屋架的结点都有很大的刚性；此外，杆件轴线在结点上各力不一定都汇交于一点）。但实践证明，以这些假设为基础计算所得的结果与实际出入不大，故在工程实践中可以使用。

三、静定平面桁架的内力计算：结点法

静定平面桁架在结点荷载和支座反力的共同作用下处于平衡时，桁架的每一结点、每一部分也一定平衡。因此，静定平面桁架内力计算时可取桁架中的一个结点或者多个结点作为脱离体进行分析。不同结点数量的脱离体对应于不同的静定平面桁架内力计算方法。

以单个结点为研究对象进行内力计算的方法称为结点法。以两个及以上的结点作为研究对象的内力计算方法则称为截面法。这里首先介绍结点法。

结点法中，以单个结点为脱离体，其上不仅作用有外力，还有与其相连的各杆件对该结点的约束力。由于作用于结点上所有的力（包括杆件内力及结点上所作用的外力）都汇交于该结点上。因此，该结点应满足平面汇交力系的平衡条件，故可由平面汇交力系的平衡方程求出未知内力。依次逐点计算就可求出静定桁架各杆的内力。

应当注意：平面桁架结构内力计算时，结点法以单个结点作为研究对象，每个结点在汇交力系作用下处于平衡。由于一个结点在平面内只有两个自由度，根据平面汇交力系的平衡条件，每个结点的平衡只能建立最多两个平衡方程。根据一个结点的平衡条件最多只能求得两个未知杆件的内力。

为避免求解联立方程，宜从未知内力的杆件数量不超过两个的结点开始分析，即所取结点的未知力不宜超过两个。

例 12-5 图 12-37 所示桁架，受三个集中力 P 作用。已知 $a = 4$ m，$P = 10$ kN。用结点法求各杆的内力。

解：

（1）求支反力。

由对称性可知：

$$Y_A = 1.5P = 15 \text{ kN}$$

$$Y_B = 1.5P = 15 \text{ kN}$$

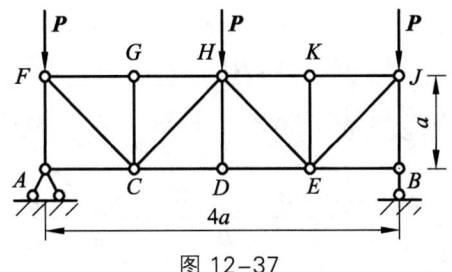

图 12-37

（2）结点法求各杆内力。

依次截取结点 A、F、G、C 进行受力分析，如图 12-38 所示。

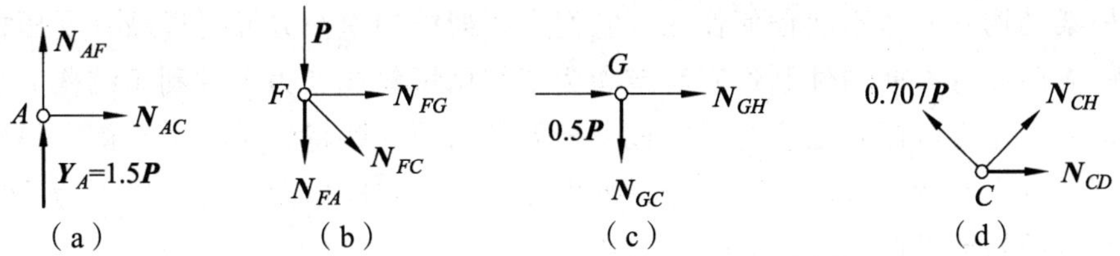

图 12-38

由平衡条件列各结点的平衡方程如下：

结点 A：

$$\Sigma X = 0 \quad N_{AC} = 0$$

$$\Sigma Y = 0 \quad N_{AF} + 1.5P = 0$$

得：$N_{AC} = 0$，$N_{AF} = -1.5P = -15 \text{ kN}$

结点 F：

$$\Sigma X = 0 \quad N_{FG} + N_{FC}\cos\alpha = 0$$

$$\Sigma Y = 0 \quad -N_{FC}\sin\alpha + 0.5P = 0$$

得：$N_{FC} = 0.707P = 7.07 \text{ kN}$，$N_{FG} = -0.5P = -5 \text{ kN}$

结点 G：

$$\Sigma X = 0 \quad N_{GH} + 0.5P = 0$$

$$\Sigma Y = 0 \quad N_{GC} = 0$$

得：$N_{GC} = 0$，$N_{GH} = -0.5P = -5 \text{ kN}$

结点 C：

$$\Sigma X = 0 \quad N_{CD} + N_{CH}\cos\alpha - 0.707P\cos\alpha = 0$$

$$\Sigma Y = 0 \quad N_{CH}\sin\alpha + 0.707P\sin\alpha = 0$$

得：$N_{CH} = -0.707P = -7.07 \text{ kN}$，$N_{CD} = P = 10 \text{ kN}$

（3）作出桁架内力图。

将各杆内力标注于桁架结构上，如图 12-39 所示。

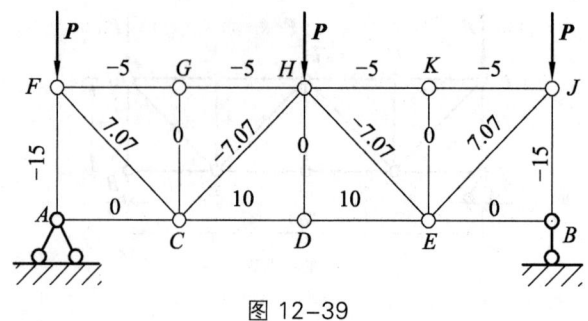

图 12-39

拓展知识：特殊结点的应用。

桁架结构中，有时部分桁架杆件并不受力，我们把这些内力为零的杆称之为零杆。这些杆件在桁架结构中并非不起任何作用，它们在桁架结构中一方面可以减少受压构件计算长度，另一方面还可方便构件制作安装或者为了利用短料或者为了有利于结构美观。在计算桁架结构时，通常可以利用这些零杆或者桁架结构中一些特殊结点的平衡，得到与之相连的某些杆件内力或者一些有用的结论，从而可以快速求解桁架内力。以下为几种特殊结点及其可利用的结点平衡关系。

1. 二杆结点（图 12-40）

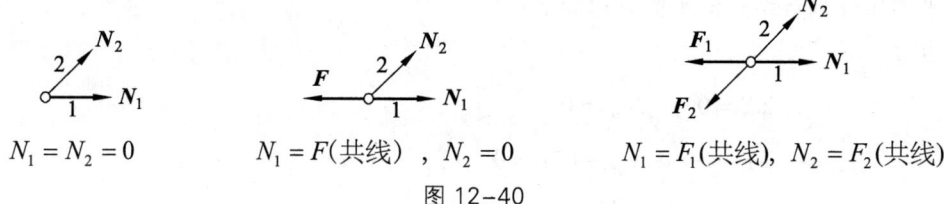

图 12-40

2. 三杆结点（图 12-41）

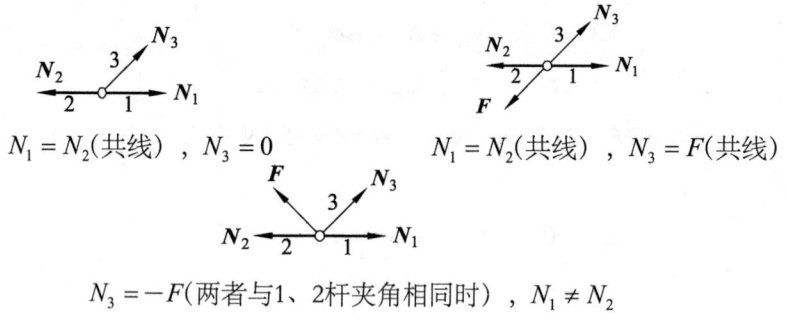

$N_3 = -F$（两者与1、2杆夹角相同时），$N_1 \neq N_2$

图 12-41

3. 四杆结点（图 12-42）

$N_1 = N_2$（共线时），$N_3 = N_4$（共线时）　　　$N_3 = -N_4$（两者与1、2杆夹角相同时），$N_1 \neq N_2$

图 12-42

此外，有时还可以利用结构及荷载的对称性得到更多有用的结论以方便计算。

例 12-6 桁架结构受力如图 12-43（a）、(b) 所示，不通过计算，试判断哪些杆件是零杆。

解：利用特殊情况下结点的平衡关系，根据桁架的内力性质，不通过计算，可直接得桁架结构中内力为零的杆件分别如图 12-43（c）、(d) 所示。

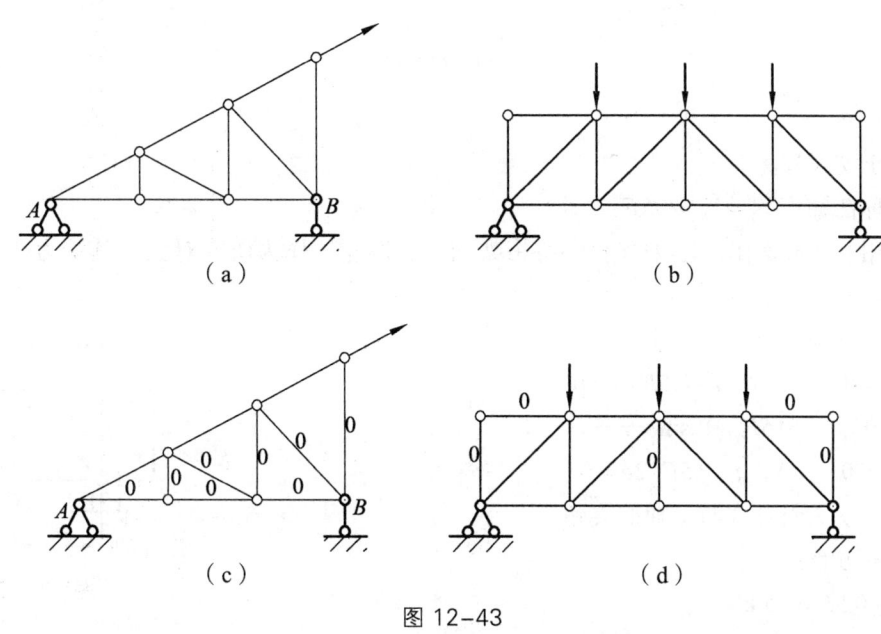

图 12-43

例 12-7 桁架结构受力如图 12-44 所示，不经计算，试判断桁架结构中内力为零的杆件数。

解：根据结点法，由节点 E 的平衡，可判断出杆 EC、EF 为零杆，再由节点 C 和 G 的平衡，可判断出杆 CD、GD 为零杆。由系统的整体平衡可知：支座 A 处只有铅垂方向的约束力，故通过分析节点 A 的受力，可判断出杆 AD 为零杆。

四、静定桁架的内力计算：截面法

截面法是截取桁架结构中一部分（至少含 2 个结点）作为研究对象来计算桁架部分杆件内力的一种方法。截面法将桁架一分为二，其中每一部分至少有一根完整的杆件，对每一部分受力均为平面一般力系。取其中任意一部分作为研究对象时，在平面内均可建立三个方程，可求解三个未知量，故可同时截断三根未知内力的杆。

例 12-8 图示桁架结构受力如图 12-45 所示，已知 $F = 10 \text{ kN}$，$a = 4 \text{ m}$，求杆件 1、2、3 的内力。

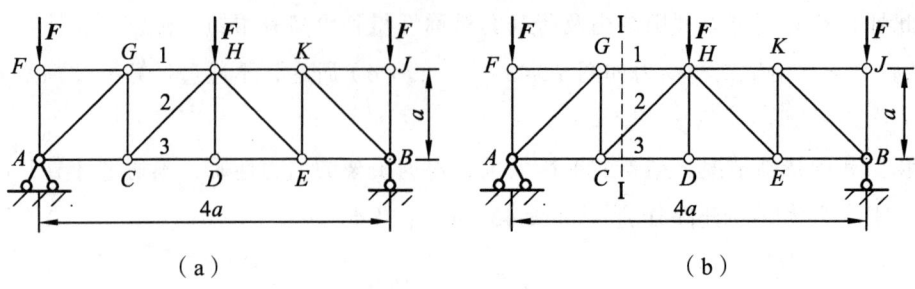

图 12-45

解：

（1）求支座反力。

由对称性知：$Y_A = Y_B = 1.5F$

（2）用 I—I 截面[图 12-45（b）]将桁架切开，取左边作为研究对象，其受力如图 12-46 所示。

（3）列方程：

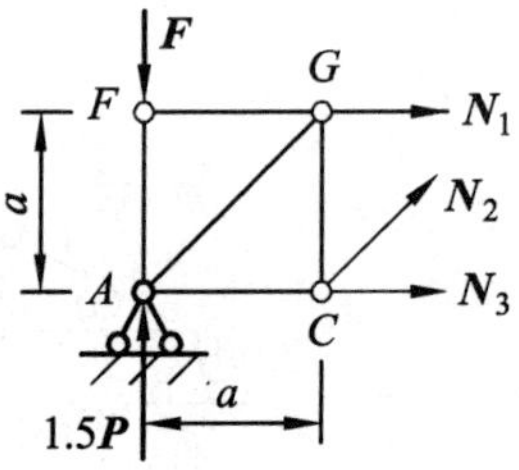

$\Sigma M_C = 0 \qquad -N_1 \cdot a - 0.5F \cdot a = 0$

$\Sigma Y = 0 \qquad 0.5F + N_2 \sin\alpha = 0$

$\Sigma M_H = 0 \qquad N_3 \cdot a - 0.5F \cdot 2a = 0$

其中，α 为斜杆 3 与 x 轴的夹角。

（4）解方程：

$N_1 = -0.5F = -5 \text{ kN}$

$N_2 = -0.707F = -7.07 \text{ kN}$

$N_3 = F = 10 \text{ kN}$

图 12-46

例 12-9 已知 $P = 10 \text{ kN}$，判别图 12-47（a）所示结构中的零杆，并求杆件 1、2、3 的内力。

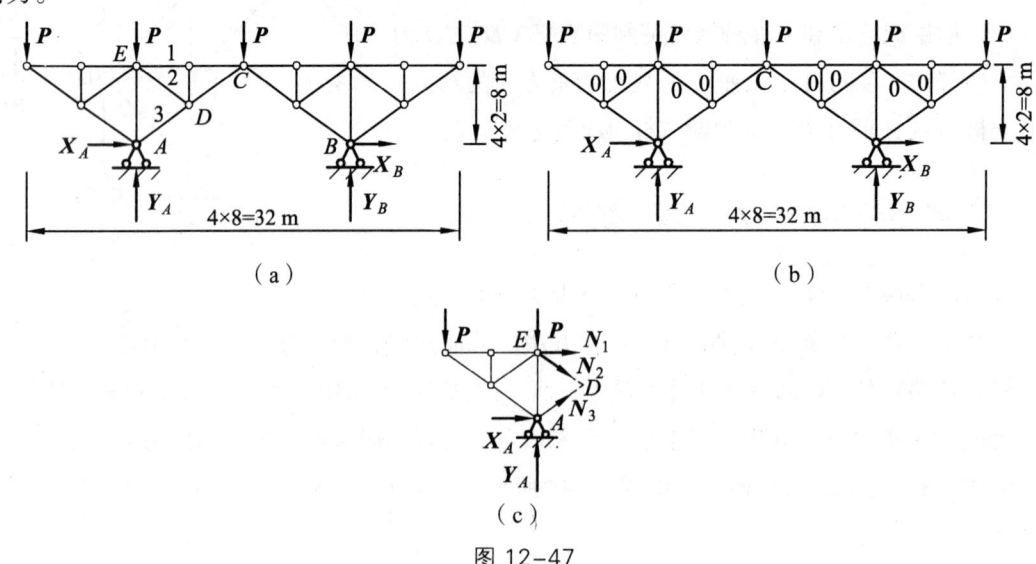

图 12-47

解：

（1）求支反力。

由对称性知：

$$Y_A = Y_B = 2.5P$$

$$H_A = H_B = -0.5P$$

（2）判别结构中的零杆，如图 12-47（b）所示。可见 $N_2 = 0$。

（3）求杆件 1、2、3 的内力。用截面法将杆件 1、2、3 同时截开，取左侧为研究对象，其受力如图 12-47（c）所示。由脱离体的平衡条件，有：

$$\Sigma M_D = 0 \quad -N_1 \times 4 - (Y_A - P) \times 4 + P \times 12 - H_A \times 4 = 0$$

$$\Sigma M_E = 0 \quad N_3 \cos\alpha \times 8 + P \times 8 - H_A \times 8 = 0$$

得：$N_1 = 10$ kN，$N_3 = -7.07$ kN（α 为杆件 3 的轴线与 x 轴正向的夹角）。

例 12-10 已知 $F = 30$ kN，判别图 12-48（a）所示结构中的零杆，并求 1、2、3 杆的内力。

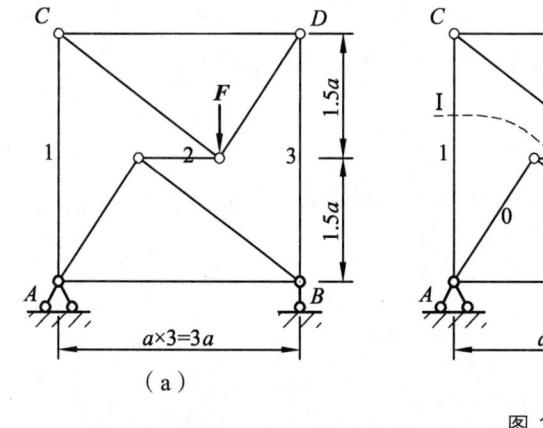
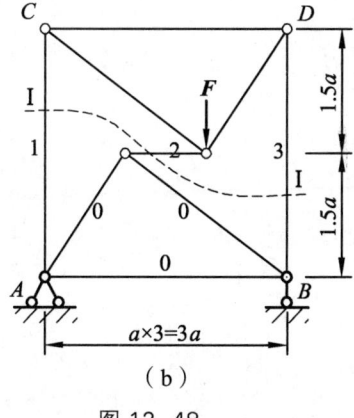
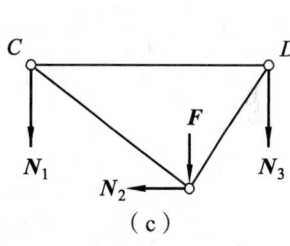

图 12-48

解：

（1）用 Ⅰ—Ⅰ 截面[图 12-48（b）]截取桁架上边部分为研究对象，受力如图 12-48（c）所示。由其平衡条件，有：

$$\Sigma X = 0 \quad N_2 = 0$$

$$\Sigma M_D = 0 \quad N_1 \times 3a + F \times a = 0$$

$$\Sigma M_C = 0 \quad -N_3 \times 3a - F \times 2a = 0$$

得：$N_1 = -F/3 = -10$ kN，$N_2 = 0$，$N_3 = -2F/3 = -20$ kN

（2）判别结构中的零杆，如图 12-48（b）所示。

第四节　静定结构的基本特性

静定结构有静定梁、静定刚架、三铰拱、静定桁架等类型。虽然这些结构类型各有不同，但它们有如下的共同特性：

（1）在几何组成方面，静定结构是没有多余联系的几何不变体系。在静力平衡方面，静定结构的全部反力可以由静力平衡方程求得，其解答是唯一的确定值。

（2）由于静定结构的反力和内力是只用静力平衡条件就可以确定的，它不需要考虑结构的变形条件，所以，静定结构的反力和内力只与荷载、结构的几何形状和尺寸有关，与构件所用的材料、截面的形状和尺寸无关。

（3）由于静定结构没有多余联系，因此在温度改变、支座产生位移和制造误差等因素的影响下，不会产生内力和反力，但能使结构产生位移。

（4）当平衡力系作用在静定结构的某一内部几何不变部分上时，其余部分的内力和反力不受其影响。

（5）当静定结构的某一内部几何不变部分上的荷载作等效变换时，只有该部分的内力发生变化，其余部分的内力和反力均保持不变。所谓等效变换是指将一种荷载变为另一种等效荷载。

第十三章　梁的强度及刚度

前面我们讨论了梁的内力计算和内力图的绘制，但仅知道内力的大小，还不能进行梁的强度计算。在一般情况下，梁横截面上既有剪力也有弯矩，所以在梁的横截面上将同时存在着剪应力和正应力。梁的强度通常是从两方面考虑的：一是按正应力计算，二是按剪应力计算。在工程上，有些梁虽有足够的强度，但由于变形过大也会影响结构的正常使用。例如屋架上的檩条，如弯曲得太厉害，就会引起屋面下陷，积雨灌水；厂房的吊车梁变形过大，就会影响吊车的正常行驶。因此，还应对梁的变形加以限制，以满足使用上的要求，这就是梁的刚度问题。

本章将讨论梁弯曲时的强度和刚度问题。

第一节　梁的正应力强度条件

纯弯曲是平面弯曲的特殊情况。所谓纯弯曲就是梁弯曲时，横截面上只有弯矩 M 而无剪力 Q。例如图 13-1 所示简支梁在 CD 段内就是纯弯曲。在这段梁内，任一截面的剪力 $Q=0$，弯矩 $M=Pa$。

纯弯曲时，梁横截面上只有正应力 σ，而无剪应力 τ。

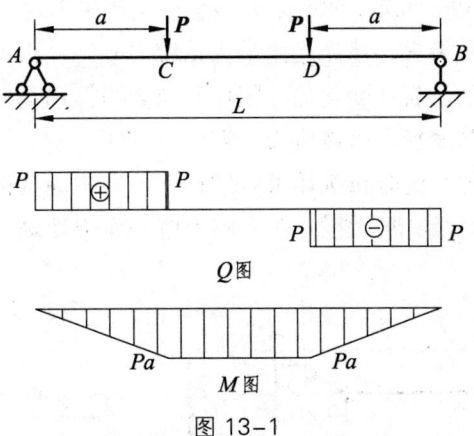

图 13-1

下面通过一个橡皮模型梁的纯弯曲试验，来研究纯弯曲时梁横截面上的正应力 σ 的分布情况并推导出其计算公式。

一、纯弯曲时梁横截面上正应力分布情况

取一块矩形截面的橡皮,并在它的侧面画上许多方格[图 13-2(a)],然后用双手使橡皮的两端受到一集中力偶 M 作用,使它发生弯曲[图 13-2(b)]。橡皮弯曲时,我们可以观察到以下现象:

(1)横线仍为直线,只是横线间有了相对转动,但始终与纵线正交。这说明梁受弯曲时,由这些横线所代表的横截面仍保持平面状态。

(2)纵线变成弧线,而且靠顶面的纵线缩短,靠底面的纵线伸长。

假想梁由许多纵向"纤维"组成,又假定内部弯曲情况与外部完全相同,那么在靠梁底面的各纤维都是拉长的,在靠顶面的各纤维都是缩短的。很显然,在两者之间一定有一层纤维既不伸长又不缩短。这个长度不变的纤维层叫中性层。中性层与横截面的交线叫作中性轴。中性轴的位置是确定的,通常它通过横截面形心,如图 13-2(c)所示。

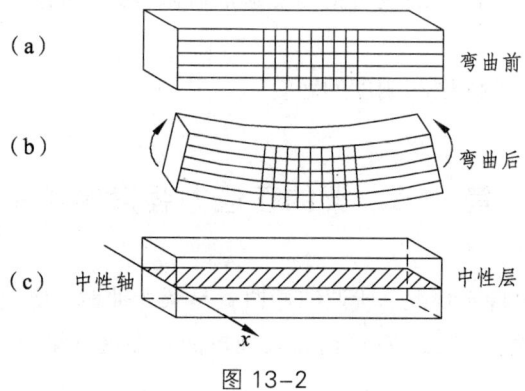

图 13-2

如果我们再假定各纤维之间互不挤压,则可以认为每根纤维仅是受拉或受压。根据拉压杆的应力与应变关系式 $\sigma = E\varepsilon$ 可知,纤维应力不超过比例极限时,应力与应变是成正比例的。由于梁上下边缘的纤维变形最大,该处产生最大正应力 σ_{max}。根据变形后横截面仍保持平面状态可知各纤维变形大小是呈直线变化的。因而,应力沿截面高度也是直线变化。在中性轴上,由于该处纤维没有伸缩变形,所以应力为零。

综上所述,关于梁正应力的分布规律可归纳如下:在平面弯曲中梁的正应力沿截面高度呈三角形分布,上(下)边缘有最大压(拉)应力值,而中性轴上的正应力为零,如图 13-3 所示。

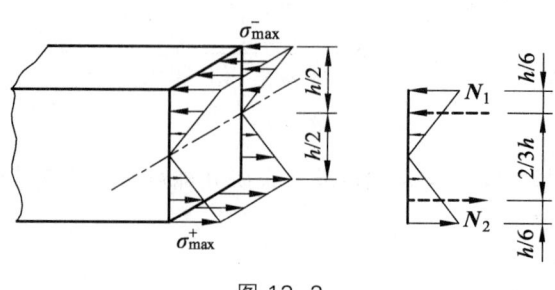

图 13-3

二、矩形截面梁正应力公式的简单推导

以图 13-2 中梁为例,现将截面上受压和受拉的分布内力的合力分别以 N_1 和 N_2 代替,由梁的平衡条件可知 $N_1 = N_2$,而求 N_1、N_2 的大小相当于求一个三角形为底的棱柱体体积,它等于三角形面积乘以棱柱体高度,即:

$$N_1 = \frac{1}{2}\sigma_{\max} \times \frac{h}{2} \cdot b = N_2 \tag{13-1}$$

合力的位置在距梁外边缘 $h/6$ 处(图 13-3)。

因为 N_1 与 N_2 构成力偶,它就是截面的弯矩 M,所以:

$$N_1 \times \frac{2}{3}h = M \tag{13-2}$$

将式(13-1)代入(13-2)得:

$$\left(\frac{1}{2}\sigma_{\max} \times \frac{h}{2} \cdot b\right) \times \frac{2}{3}h = M \tag{13-3}$$

即:

$$\sigma_{\max} = \frac{M}{bh^2/6} = \frac{M}{W_z} \tag{13-4}$$

这里,W_z 称为抗弯截面模量。

对矩形截面:$W_z = \dfrac{bh^2}{6}$

对圆形截面:$W_z = \dfrac{\pi D^3}{32}$

如果需要计算沿截面高度任一点处应力的大小,则可利用相似三角形关系(图 13-4)求得:

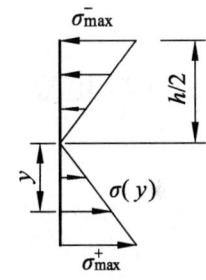

图 13-4

由 $\dfrac{\sigma(y)}{y} = \dfrac{\sigma_{\max}}{h/2}$ 得:$\sigma(y) = \sigma_{\max} \dfrac{y}{h/2}$

将式(13-4)和 W_z 的计算公式代入得:

$$\sigma(y) = \sigma_{\max}\frac{y}{h/2} = \frac{M}{bh^2/6}\frac{y}{h/2} = \frac{My}{h^3/12}$$

$$\Rightarrow \sigma(y) = \frac{My}{I_z} \tag{13-5}$$

式(13-5)是计算横截面上任一点正应力的公式。式中:y 是从中性轴开始算起的;I_z 称为截面的惯性矩。

对矩形截面:$I_z = \dfrac{bh^3}{12}$

对圆形截面:$I_z = \dfrac{\pi D^4}{64}$

必须说明：①式（13-4）、式（13-5）是根据纯弯曲情况得出的。对于非纯弯曲的梁，只要梁的跨度与横截面高度之比大于5（即梁的跨高比，L/h>5）时，公式仍然适用。②对于任意截面形式的梁，经推证，其正应力计算公式仍与式（13-4）、式（13-5）相同，仅需将 I_z 变为相应截面的值。

例 13-1 图 13-5 为一矩形截面的简支梁，跨度 $l=4\text{ m}$，跨中受集中力 $P=20\text{ kN}$ 的作用，截面尺寸如图所示。试计算截面上的最大正应力值。

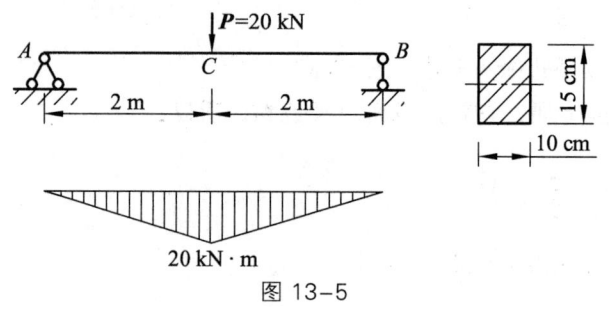

图 13-5

解：

（1）求最大弯矩 $M_{\max}$。

简支梁 AB 的最大弯矩发生在跨中截面。其值为：

$$M_{\max}=\frac{1}{4}Pl=\frac{1}{4}\times 20\times 4=20\text{ kN}\cdot\text{m}$$

（2）计算抗弯截面模量 W_z。

$$W_z=\frac{bh^2}{6}=\frac{10\times 15^2}{6}=375\text{ cm}^3$$

（3）计算最大正应力。

$$\sigma_{\max}=\frac{M_{\max}}{W_z}=\frac{20\times 10^6}{375\times 10^3}=53.33\text{ MPa}$$

三、梁的正应力强度条件

为保证梁在正常使用条件下正常工作，并具有一定程度的安全储备，必须使梁受弯时横截面上的最大正应力 $\sigma_{\max}$ 不超过材料的容许应力 $[\sigma]$。因此，可按下式建立梁的正应力强度条件：

$$\sigma_{\max}=\frac{M_{\max}}{W_z}\leqslant[\sigma] \qquad (13\text{-}6)$$

一些常用工程材料的容许正应力 $[\sigma]$ 可由有关的工程规范中查得。

利用式（13-6）可解决工程中常见的以三类问题：

1. 强度校核

当已知梁的截面形状、尺寸、梁所用的材料及梁上荷载时,可用于校核该梁是否满足强度要求,即判断下式是否成立。

$$\frac{M_{\max}}{W_z} \leqslant [\sigma]$$

2. 截面设计

当已知梁所用的材料及梁上荷载时,可根据强度条件,先按下式计算出所需的抗弯截面模量;然后,依所选的截面形式等条件,由 W_z 值确定该梁的截面尺寸。

$$W_z \geqslant \frac{M_{\max}}{[\sigma]}$$

3. 计算梁所能承受的最大荷载

当已知梁所用的材料、截面的形状和尺寸时,根据强度条件($M_{\max} \leqslant W_z[\sigma]$),算出梁所能承受的最大弯矩,再由 $M_{\max}$ 与荷载的关系,算出梁所能承受的最大荷载。

例 13-2 木梁的受力及截面尺寸如图 13-6 所示,已知 $b \times h = 15 \text{ cm} \times 22 \text{ cm}$,跨度 $l = 5 \text{ m}$,弯曲容许应力 $[\sigma] = 10 \text{ MPa}$,试校核梁的强度。

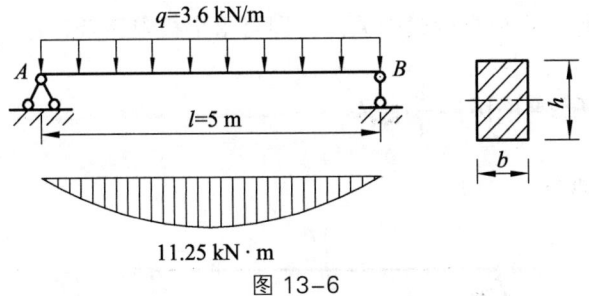

图 13-6

解:梁受均布荷载作用,其内力(最大弯矩)及截面参数计算如下:

$$M_{\max} = \frac{1}{8}ql^2 = \frac{1}{8} \times 3.6 \times 5^2 = 11.25 \text{ kN} \cdot \text{m}$$

$$W_z = \frac{bh^2}{6} = \frac{15 \times 22^2}{6} = 1210 \times 10^3 \text{ mm}^3$$

$$\sigma_{\max} = \frac{M_{\max}}{W_z} = \frac{11.25 \times 10^6}{1210 \times 10^3} = 9.3 \text{ MPa} < [\sigma]$$

可见,梁的强度满足要求。

例 13-3 若将例 13-2 中的荷载增大为 $q = 5 \text{ kN/m}$,试问梁的截面尺寸应选取多大才能保证梁安全工作?

解:这是一个截面设计的问题,由梁的正应力强度条件可得最小抗弯截面模量,有:

$$W_z \geq \frac{M_{max}}{[\sigma]} = \frac{15.625 \times 10^6}{10} = 1.5625 \times 10^6 \text{ mm}^3$$

其中：

$$M_{max} = \frac{1}{8}ql^2 = \frac{1}{8} \times 5 \times 5^2 = 15.625 \text{ kN} \cdot \text{m}$$

对于木梁，通常截面尺寸可按 $b/h = 2/3$ 选用。则有：

$$W_z = \frac{bh^2}{6} = \frac{1}{6}\left(\frac{2}{3}h\right)h^2 = 1.5625 \times 10^6 \text{ mm}^3$$

即：$h = \sqrt{1.5625 \times 10^6 \times 9} = 241 \text{ mm} = 24.1 \text{ cm}$，$b = \frac{2}{3}h = 16.1 \text{ cm}$。

因此，可选用整数尺寸截面：$b \times h = 17 \text{ cm} \times 25 \text{ cm}$。

例 13-4 简支梁由 No.27a 工字钢制成，跨中受一集中荷载 **P** 作用，如图 13-7 所示。已知工字钢的抗弯截面模量 $W_z = 485 \text{ cm}^3$，许用应力 $[\sigma] = 160 \text{ MPa}$。若梁的跨度 $l = 6 \text{ m}$，当不考虑梁的自重时，求 P 的最大容许值。

解： 这是一个计算梁所能承受的最大荷载问题，可根据强度条件，先求出梁所能承受的最大弯矩，然后根据跨中弯矩与荷载的关系，即可求出极限荷载，即：

$$M_{max} = W_z[\sigma] = \frac{1}{4}P_{max}L$$

可得跨中最大荷载为：

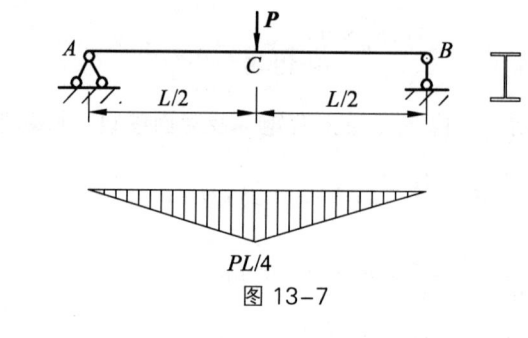

图 13-7

$$P_{max} = \frac{4}{L}W_z[\sigma]$$
$$= \frac{4 \times 485 \times 10^3 \times 160}{6 \times 10^3}$$
$$= 51730 \text{ N} = 51.73 \text{ kN}$$

即：梁能承受的最大荷载为 $P_{max} = 51.73 \text{ kN}$。

第二节 梁的剪应力强度条件

一般情况下,梁以弯曲破坏为主。但在少数情况下,如梁的跨度较小而荷载较大时,在靠近梁支座处,可能因剪应力过大而发生剪切破坏。这时就要按剪应力去校核梁的强度。此外,对某些抗剪能力较差的材料(如木材等)制作的梁,也应按剪应力去进行计算。

剪应力在截面上的分布规律较正应力复杂。工程中,可近似认为梁的横截面中所有剪应力方向相互平行,并与剪力方向一致。对于矩形截面梁,进一步分析表明其剪力大小沿横截面高度呈二次抛物线形分布,在远离中性轴处的截面边缘取值均等于零,在截面中性轴处取得其最大值。这里仅列出横截面上弯曲剪应力的计算公式:

1. 矩形截面

$$\tau(y) = \frac{QS_y^*}{I_z b} \tag{13-7}$$

式中,Q 为横截面上的剪力;I_z 为整个截面对中性轴的惯性矩;b 为所求应力处横截面宽度;S_y^* 为过所求应力处与中性轴平行线以远处全部截面面积对中性轴的面积矩。

例如,求图 13-8 中距中性轴 y 处各点的剪应力时,距离中性轴 y 处以远截面积对中性轴的面积矩为:

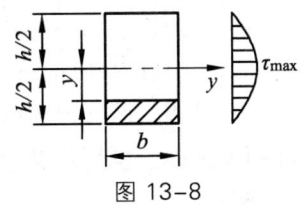

图 13-8

$$S_y^* = b\left(\frac{h}{2} - y\right)\left(\frac{h}{2} + y\right)/2 = \frac{b}{2}\left(\frac{h^2}{4} - y^2\right)$$

$$I_z = \frac{bh^3}{12}$$

将 S_y^*、I_z 代入式(13-7)中,即可得到矩形截面上距中性轴 y 处的剪应力为:

$$\tau(y) = \frac{QS_y^*}{I_z b} = \frac{Q \times \frac{b}{2}\left(\frac{h^2}{4} - y^2\right)}{\frac{bh^3}{12} \times b} = \frac{6Q}{bh^3}\left(\frac{h^2}{4} - y^2\right)$$

由此看出,矩形截面上的剪应力 τ 与坐标 y 有关,剪应力沿截面高度按抛物线变化。当 $y = \pm 0.5h$ 时,$\tau = 0$,即截面上、下边缘处剪应力为 0;当 $y = 0$ 时,即在中性轴处,剪应力最大,其值为:

$$\tau_{max} = \frac{3}{2}\frac{Q}{bh} = 1.5\bar{\tau} \tag{13-8}$$

这里,$\bar{\tau}$ 为横截面上平均剪应力。所以矩形截面梁上的最大剪应力为横截面上平均剪应力的 1.5 倍。

2. 圆形截面

圆形截面多用于木结构,圆形截面梁的剪应力也是在中性轴上取得最大值,其值为:

$$\tau_{\max} = \frac{4}{3}\frac{Q}{\pi r^2} \tag{13-9}$$

3. 工字形截面

工字形截面腹板上最大剪应力则可按下式计算:

$$\tau_{\max} = \frac{QS^*_{\max}}{I_z b} \tag{13-10}$$

式中,Q 为截面上的剪力;I_z 为工字形截面对中性轴的惯性矩;$S^*_{\max}$ 为中性轴以外(以上或以下)部分(包括翼缘)对中性轴的面积矩;b 为中性轴处腹板宽度。

工字形截面翼缘上剪应力通常很小,这里就不讨论了。

由于工字形截面腹板上最大剪应力与最小剪应力相差不大(图 13-9),且截面上剪力 Q 几乎全部由腹板承担(95%~97%),所以可按下式估算腹板中的最大剪应力:

$$\tau_{\max} = \frac{Q}{bh_w} \tag{13-11}$$

式中,h_w 为腹板的净高度(不含翼缘高度在内)。

对于任何形状截面的梁,弯曲剪应力的强度条件为:

$$\tau_{\max} \leqslant [\tau] \tag{13-12}$$

式中,$[\tau]$ 为材料的容许剪应力。

例 13-5 简支圆木檩条如图 13-10(a)所示。已知 $L=3.6$ m,$q=1.04$ kN/m,$[\sigma]=11$ MPa,$[\tau]=1.2$ MPa,试按强度条件选择檩条的截面直径。

解:

(1)确定檩条横截面的最大内力。

$$M_{\max} = \frac{1}{8}qL^2 = \frac{1}{8} \times 1.04 \times 3.6^2 = 1.69 \text{ kN} \cdot \text{m}$$

$$Q_{\max} = \frac{1}{2}qL = \frac{1}{2} \times 1.04 \times 3.6 = 1.87 \text{ kN}$$

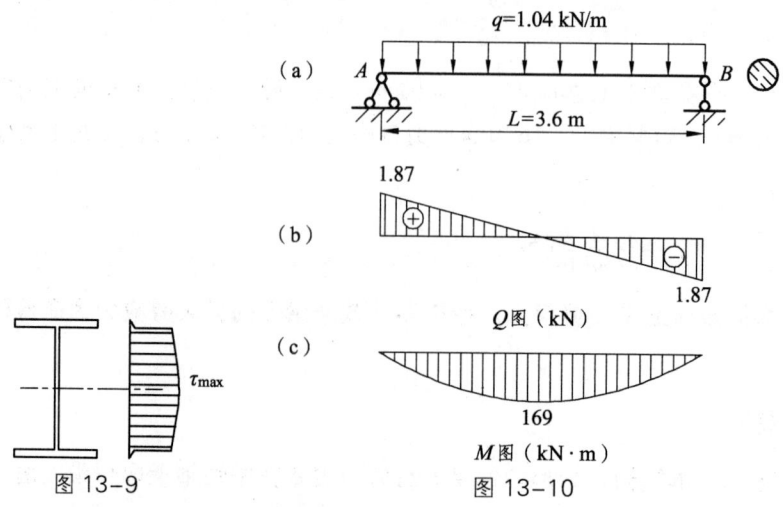

图 13-9

图 13-10

(2)按正应力强度条件选择檩条直径 d。

$$\sigma_{\max} = \frac{M_{\max}}{W_z} \leqslant [\sigma]$$

将 $W_z = \frac{\pi d^3}{32}$,$[\sigma]=11$ MPa 和 $M_{\max}=1.69$ kN·m 代入强度条件。有:

$$\frac{1.69\times 10^6}{\pi d^3/32} \leqslant 11 \Rightarrow d^3 \geqslant \frac{1.69\times 10^6 \times 32}{11\pi} \leqslant 11$$

得:$d \geqslant \sqrt[3]{\frac{1.69\times 10^6 \times 32}{11\pi}} = 116$ mm $= 11.6$ cm

(3)校核剪应力强度。

$$\tau_{\max} = \frac{4}{3}\frac{Q}{\pi r^2} = \frac{4\times 1.87 \times 10^3}{3\pi \times 58^2} = 0.24 \text{ MPa} < [\tau] = 1.2 \text{ MPa}$$

所以,选取直径为 11.6 cm 的檩条是可以的。

第三节 提高梁强度的主要措施

前两节讨论了梁的强度计算问题,但是安全可靠的截面不一定就是经济合理的截面。所谓合理,就是要在满足强度条件的原则下选用最小的截面尺寸,或者说使用尽可能少的材料使梁能承受尽可能大的荷载,以便充分发挥材料的性能。换言之,设计梁时要选用既安全又经济的截面。

从最大弯曲正应力公式 $\sigma_{\max} = \frac{M_{\max}}{W_z}$ 可以看出:等截面梁的最大工作应力与梁内最大弯矩成正比,与梁的抗弯截面模量成反比。因此,为了使梁满足最大弯曲正应力强度条件,在不改变所用材料的前提下,可通过降低最大弯矩或增大梁的抗弯截面系数这两条途径来提高梁的强度。工程中,具体措施有以下几种:

一、选择合理的截面形状

由前述可知,在截面面积相等(即材料用量相同)的情况下,W_z 值越大越经济合理。对于高为 h 宽为 b 的矩形截面(设 $h>b$),它的抗弯截面模量为:

$$W_z = \frac{bh^2}{6} = \frac{Ah}{6}$$

式中,A 表示截面面积。这个式子表明:两个面积相等的矩形截面,高度 h 越大,则抗

弯截面模量 W_z 越大，因而也就越经济合理。

同样一个 $b \times h$ 的矩形截面梁，平放比竖放时强度差得多。原因是 $b<h$，即：平放时 $W_z = \dfrac{hb^2}{6}$ 小于竖放时 $W_z = \dfrac{bh^2}{6}$。工程上，常用 $\dfrac{W_z}{A}$（单位面积的抗弯截面模量）来比较各种截面经济程度。

下面比较一下矩形截面、圆形截面与圆环截面，看哪种截面形状更加合理（图 13-11）。

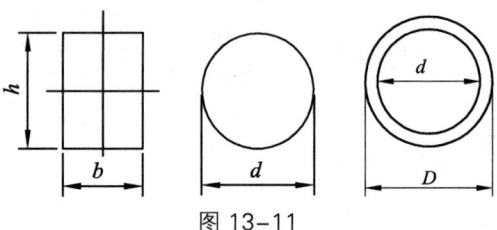

图 13-11

高为 h，宽为 b 的矩形截面：$\dfrac{W_z}{A} = \dfrac{h}{6} = 0.167h$

直径为 d 的圆形截面：$\dfrac{W_z}{A} = \dfrac{\pi d^3/32}{\pi d^2/4} = \dfrac{d}{8}$

圆环截面（$\alpha = d/D$）：$\dfrac{W_z}{A} = \dfrac{(1+\alpha^2)D}{8}$

如果矩形截面、圆形截面及圆环形截面采用同样的高度，即 $h=d=D$，则不难看出矩形截面比圆形截面较为经济合理，圆环截面比圆形截面更为经济合理。

上述结论也可以用正应力在截面上的分布规律予以解释。因为离中性轴越远，正应力就越大，离中性轴最远的上下边缘处正应力最大。但是，圆形截面在上下边缘处只有较少的面积来承受这种正应力。相反，在正应力较小的中性轴附近却有较多的面积，这使得圆形截面中很大一部分材料作用没能得到充分发挥，显然就不经济了。

为了充分利用材料，合理的做法是尽可能地把截面材料集中到远离中性轴的地方。因此，人们就想到把矩形截面中性轴附近的一部分材料移至正应力较大的上下边缘。形成了工字形截面[图 13-12（c）]和槽形截面[图 13-12（d）]等。

对于工字形截面：$\dfrac{W_z}{A} = (0.27 \sim 0.31)h$

对于槽形截面：$\dfrac{W_z}{A} = (0.27 \sim 0.31)h$

由此可见，工字形截面和槽形截面远较矩形截面、圆形截面更加经济合理。

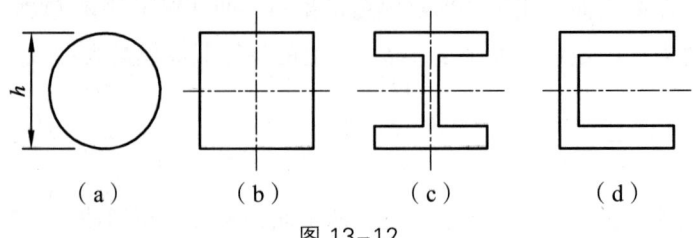

（a）　　　（b）　　　（c）　　　（d）

图 13-12

一般地说，尽可能增加梁截面的高度从而使截面材料远离中性轴是有利的。但是，实际上增加的截面高度有一定的限度。例如，加高一根具有固定截面积的工字钢梁的高度，虽然能充分发挥材料抵抗弯曲变形的潜力，但往往因为侧向刚度过小而容易失去稳定，从而更容易引起结构的破坏。

必须指出：经济的截面形状应当能使边缘上的最大拉应力和最大压应力同时达到材料的容许应力。钢的抗拉强度与抗压强度相等，因此，钢梁截面常采用关于中性轴对称的截面，例如工字形截面[图 13-13（a）]。

有些材料，例如铸铁、混凝土等抗压强度高于抗拉强度，那么就应设法使截面的中性轴偏于强度较弱的一边，采用不对称的截面。例如 T 形截面[图 13-13（b）]，这时最好使中性轴的位置符合下列条件：

$$\frac{y_1}{y_2} = \frac{[\sigma_-]}{[\sigma_+]}$$

这样，可使上下边缘的应力同时分别达到不相等的容许拉应力和容许压应力。

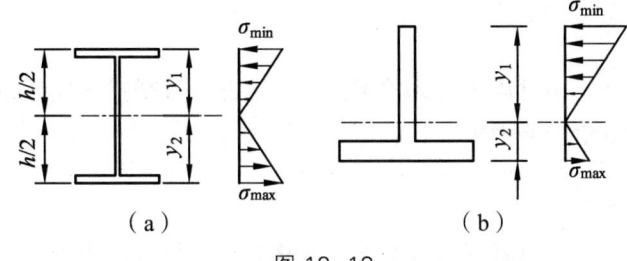

图 13-13

二、采用变截面梁或等强度梁

通常梁上的弯矩随梁截面位置变化而变化。等截面梁中，除了危险截面上危险点处的正应力达到许用应力外，其他截面以及危险截面中和轴附近的点，其正应力远未达到许用应力。因此，从节省材料、减轻结构重量的角度，这样的设计不尽合理。所以，为了节省材料和减轻构件重量，一些情况下，可在弯矩较大处采用尺寸较大的横截面，而在弯矩较小处采用尺寸较小的横截面，也就是梁的横截面尺寸随弯矩的变化而变化，这就是变截面梁；另一些情况下，则可将靠近中和轴的横截面移至远离中性轴处或者直接挖去。

对于横截面尺寸随弯矩变化的变截面梁，当其上每个横截面上的最大弯曲正应力都同时等于材料的许用应力时，称之为等强度梁。显然，等强度梁的材料利用率最高、重量最轻，因而是最合理的。需要注意的是，等强度梁的截面尺寸既可以通过改变截面高度，也可以通过改变截面宽度实现。

但是，设计采用截面尺寸沿梁轴线不断变化的等强度梁为其加工制造带来了困难，故在实际工程中应用十分有限，大都只能设计成近似的等强度梁。例如结构工程中的"鱼腹梁"[图 13-14（a）]、加腋梁[图 13-14（b）]以及钢结构厂房中支撑吊车梁的牛腿[图 13-14（c）]等。

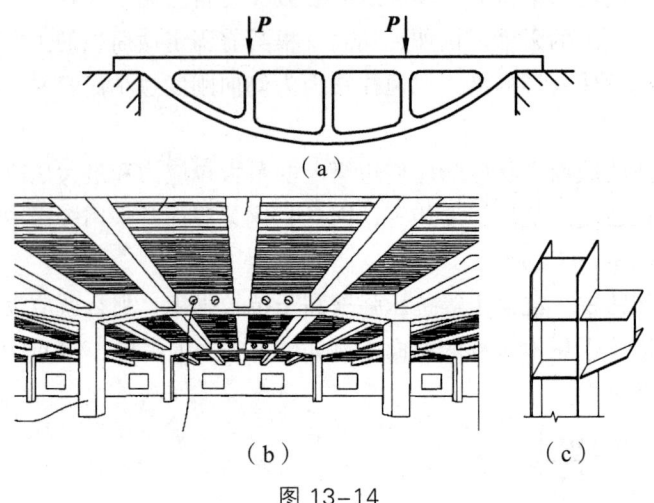

图 13-14

三、改善梁的受力情况

为了提高梁的强度，还可以通过改善梁的受力情况、改变梁的支座位置或者增加梁的支座约束，以降低梁内弯矩的最大值。

1. 改善梁的受力情况

用分布力代替集中力，或者通过分配梁（又称副梁）用分散集中力代替集中力，往往可以降低梁内弯矩或变形。如图 13-15 所示简支梁，图（a）和图（b）中简支梁的荷载及跨度均相同，图（a）所示简支梁最大弯矩为 $PL/4$，图（b）所示简支梁最大弯矩为 $PL/8$，仅为图（a）中最大弯矩的一半。

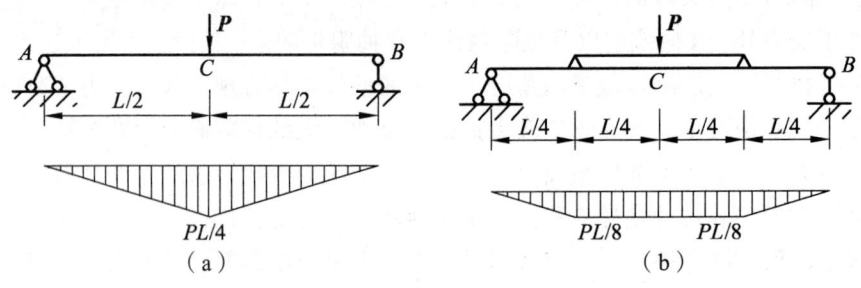

图 13-15

2. 改变梁的支座位置

在可能的情况下，合理地调整支座的位置，也可以降低梁内的最大弯矩。如图 13-16 所示，若将承受均布荷载作用的简支梁两端的支座向跨中移动，当移动至悬挑端长度为 $0.207l$ 时，在梁内的最大弯矩值将由原来简支梁的最大弯矩值 $0.125ql^2$ 下降为原简支梁最大弯矩值的 20%。

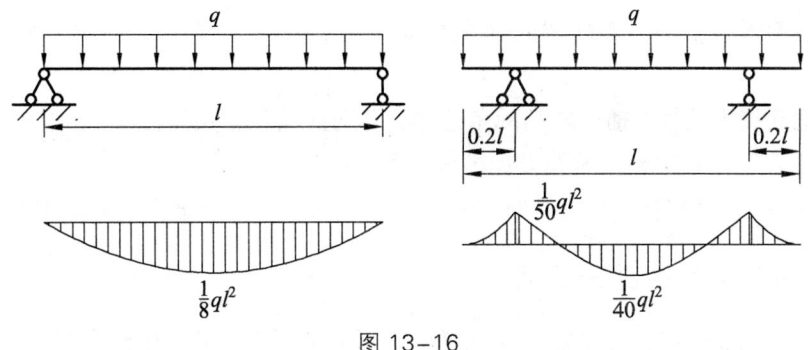

图 13-16

3. 增加梁的支座约束

在可能的情况下，增加梁的支座约束，也可以降低梁内的最大弯矩。如图 13-17 所示，若在承受均布荷载作用下的简支梁跨中增加支杆，使其成为两跨连续梁，在梁内的最大弯矩值将由原来简支梁的最大弯矩值 $0.125ql^2$ 下降为原简支梁最大弯矩值的 25%。

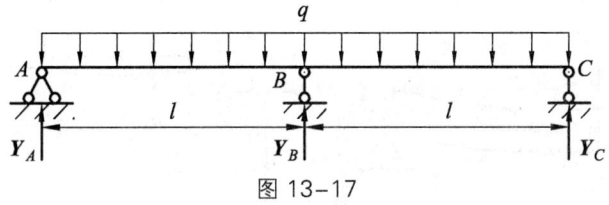

图 13-17

说明： 由于梁的使用或者工艺要求，无论是改变梁的支座位置，还是增加梁的支座约束，在实际工程中，往往都不是很容易实现的。同时，在设计梁时，不仅要考虑其弯曲强度，还应考虑梁的刚度、构件的稳定性，尤其是侧向稳定性和使用的空间、工艺的要求和结构功能等诸多因素。

第四节 梁的变形计算

一、概 述

以梁为典型代表的受弯构件在荷载作用下，既产生应力，同时也产生弯曲变形，其横截面的位置将发生改变。通常把横截面的位置的改变称为位移。如图 13-18 所示悬臂梁，受荷载作用后发生平面弯曲，梁上任一横截面将发生三种位移：

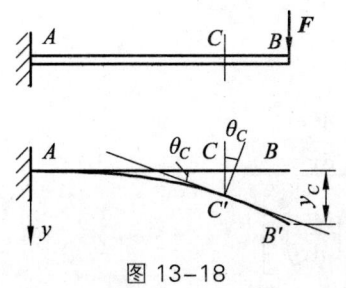

图 13-18

一是横截面形心 C 沿垂直于梁的轴线方向上的线位移,工程中一般称之为挠度,常用 y 或 ω 表示。

二是横截面绕中性轴 z 轴所转动的角位移,称为转角,常用 θ 表示。

三是横截面形心 C 沿初始轴线方向的线位移。

三种位移中,挠度和转角是主要的。在小变形的条件下,轴向位移很小,因而可忽略不计。

二、转角与挠度的微分关系

图 13-19 所示简支梁,在平面弯曲和弹性变形的情况下,梁的轴线会弯曲成外力作用面内的一条光滑连续的平面曲线,该曲线称为"挠度曲线",简称"挠曲线"。在我们选取的 xOy 坐标系中,挠度 y 向下为正,向上为负;转角 θ 以顺时针转为正,反之为负。梁的挠曲线便可用方程 $y = y(x)$ 描述,此方程称为"挠曲线方程"或"挠度方程"。梁变形后挠曲线上任意一点的纵坐标 $y = y(x)$ 代表位置坐标为 x 的横截面形心的挠度。

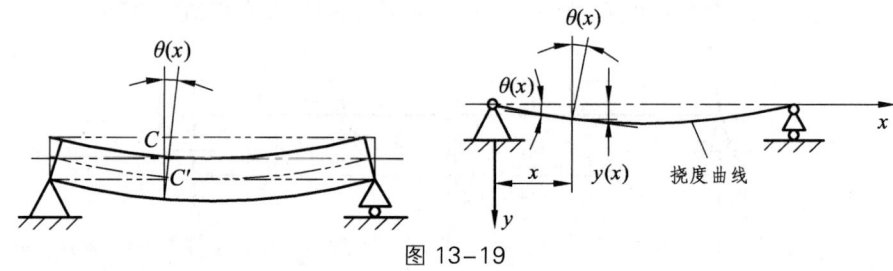

图 13-19

根据平截面假定,梁变形后横截面仍保持平面且垂直于挠曲线。因此,在小变形范围内,任意一横截面的转角 θ 与挠曲线 $y = y(x)$ 间满足以下微分关系:

$$\theta = \tan\theta = \frac{dy}{dx} = y'$$

结构设计中,对梁等受弯构件来说,除应具有足够的强度外,还要求有足够的刚度,也就是要控制梁的变形。需要将其在荷载作用下的变形限制在许可的范围内,从而保证结构构件的正常工作能力。例如精密仪器车间,楼面变形过大将影响产品的加工精度。

三、挠曲线微分方程

进一步分析可知,在弹性范围内,对于细长梁,剪力对梁的变形影响可忽略不计,梁弯曲后中性层的曲率(即为挠曲线的曲率)可按下式计算:

$$\frac{1}{\rho(x)} = \frac{M_z(x)}{EI_z} \qquad (13\text{-}13)$$

根据高等数学知识,可知:

$$\frac{1}{\rho(x)} = \pm\frac{\dfrac{d^2y}{dx^2}}{\left[1+\left(\dfrac{dy}{dx}\right)^2\right]^{\frac{3}{2}}}$$

小变形的条件下，上式中分母可近似取为 1，将其代入式（13-13）中，考虑弯矩的正负号规定（下拉为正）及 y 轴的取向（向下为正）后，可得：

$$\frac{d^2 y}{dx^2} = -\frac{M_z(x)}{EI_z} \tag{13-14}$$

这就是小变形条件下，梁的挠曲线微分方程。

四、积分法求解梁位移

将挠曲线微分方程分别对 x 积分一次和两次便得到梁的转角方程和挠度方程：

$$\theta(x) = \frac{dy}{dx} = \int y'' dx + C = \int \frac{d^2 y}{dx^2} dx + C = -\int \frac{M_z(x)}{EI_z} dx + C \tag{13-15}$$

$$y(x) = -\iint \frac{M_z(x)}{EI_z} dx dx + Cx + D \tag{13-16}$$

式中，C 和 D 均为积分常数，由积分的边界条件确定。

注意：当分段建立弯矩方程时，挠曲线微分方程也应分段建立，此时积分常数，除了取决于边界条件外，还应考虑分段点处的连续条件。

例 13-6 等刚度悬臂梁在自由端处承受集中力作用，如图 13-20 所示。若 P、EI_z、l 均已知，求：梁的挠度方程和转角方程，并确定加力点处截面的挠度与转角。

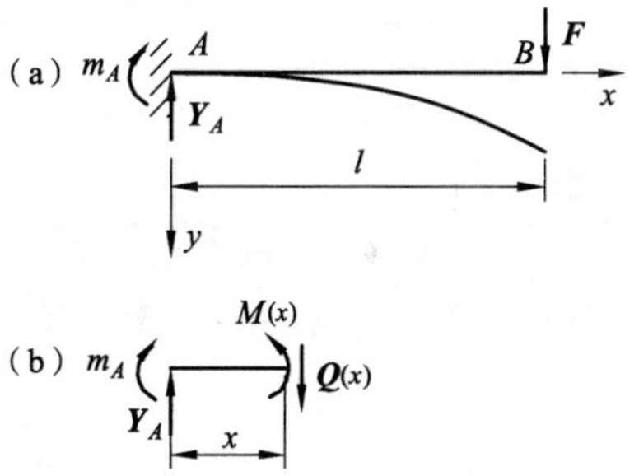

解：建立 Oxy 坐标系（y 轴向下为正），如图 13-20（b）所示。

图 13-20

（1）建立弯矩方程。

悬臂梁的支座反力如图 13-20（a）所示，全梁上（$0<x<l$）荷载无突变，可用一连续函数表达弯矩方程，即：

$$M(x) = Px - Pl \quad (0 \leqslant x \leqslant l) \tag{1}$$

（2）建立挠曲线微分方程、转角方程及挠度方程。

$$\frac{d^2 y}{dx^2} = -\frac{M_z(x)}{EI_z} = -\frac{Px - Pl}{EI_z}$$

积分一次得转角方程为：

$$\theta(x) = \frac{dy}{dx} = -\frac{P}{EI_z}\left(\frac{x^2}{2} - lx\right) + C \tag{2}$$

再积分一次得挠度方程为：

$$y(x) = -\frac{P}{EI_z}\left(\frac{x^3}{6} - \frac{lx^2}{2}\right) + Cx + D \tag{3}$$

（3）利用边界条件确定积分常数。

在固定端处，横截面的转角和挠度均为 0，即：

$$x = 0, \theta(0) = y(0) = 0$$

将其代入（2）、（3）两式，得到积分常数：$C = D = 0$

（4）确定转角方程及挠度方程。

将积分常数代入（2）、（3）两式，便得到给定悬臂梁的转角方程和挠度方程：

$$\theta(x) = \frac{dy}{dx} = -\frac{P}{EI_z}\left(\frac{x^2}{2} - lx\right) \tag{4}$$

$$y(x) = -\frac{P}{EI_z}\left(\frac{x^3}{6} - \frac{lx^2}{2}\right) \tag{5}$$

（5）求 B 截面挠度和转角。

将 B 截面的坐标 $x = l$ 代入（4）、（5）两式，即可得到：

$$\theta_B = \theta(l) = \frac{Pl^2}{2EI_z}$$

$$y_B = y(l) = \frac{Pl^3}{3EI_z}$$

θ_B 为正，说明 B 截面的转角自 x 轴正向转向 y 轴正向；所得 y_B 为正值，说明 B 截面的挠度向下。

例 13-7 等刚度简支梁受均布荷载 q 作用，如图 13-21 所示。若已知 q、EI_z 及 l，试求梁的挠度方程和转角方程，并确定跨中截面的挠度与 A 支座截面转角。

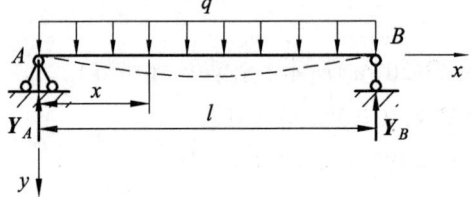

图 13-21

解：建立 Axy 坐标系（y 轴向下为正），如图 13-21 所示。

（1）建立弯矩方程。

简支梁的支座反力如图 13-21 所示，梁的弯矩方程为：

$$M(x) = \frac{ql}{2}x - \frac{qx^2}{2} \quad (0 \leq x \leq l) \tag{1}$$

（2）建立挠曲线微分方程、转角方程及挠度方程。

$$\frac{d^2y}{dx^2} = -\frac{M_z(x)}{EI_z} = -\frac{\frac{ql}{2}x - \frac{qx^2}{2}}{EI_z}$$

积分一次得转角方程为：

$$\theta(x) = \frac{dy}{dx} = -\frac{q}{2EI_z}\left(\frac{lx^2}{2} - \frac{x^3}{3}\right) + C \qquad (2)$$

再积分一次得挠度方程为：

$$y(x) = -\frac{q}{2EI_z}\left(\frac{lx^3}{6} - \frac{x^4}{12}\right) + Cx + D \qquad (3)$$

（3）利用边界条件确定积分常数。

简支梁两端支座处约束条件为：

$$x = 0,\ y(0) = 0;\ x = l,\ y(l) = 0 \text{。}$$

将其代入（2）、（3）两式，得到积分常数：$C = \dfrac{ql^3}{24EI_z}$，$D = 0$。

（4）确定转角方程及挠度方程。

将积分常数代入（2）、（3）两式，便得到给定悬臂梁的转角方程和挠度方程：

$$\theta(x) = -\frac{q}{24EI_z}(6lx^2 - 4x^3 - l^3) \qquad (4)$$

$$y(x) = -\frac{q}{24EI_z}(2lx^3 - x^4 - l^3 x) \qquad (5)$$

（5）求跨中截面的挠度及 A 支座截面转角。

将 A 支座截面坐标 $x = 0$、跨中截面坐标 $x = l/2$ 分别代入（4）、（5）两式，可得：

$$\theta_A = \theta(0) = \frac{ql^3}{24EI_z}$$

$$y\left(\frac{l}{2}\right) = \frac{5ql^4}{384EI_z}$$

θ_A 为正，说明 A 截面的转角自 x 轴正向转向 y 轴正向；所得 $y\left(\dfrac{l}{2}\right)$ 为正值，说明跨中截面的挠度向下。

五、叠加法计算梁的变形

由积分法可见，挠度和转角与作用在梁上的荷载、梁的跨度、截面形状和所用材料有关。

积分法是确定梁位移的基本方法，通过积分法可建立梁的挠度方程和转角方程，从而可以确定任意横截面的位移，但其运算较繁杂，为此在材料力学或许多工程设计手册中，已将简单荷载作用下等截面单跨梁（简支梁、悬臂梁及外伸梁）的挠度、转角的计算结果列成表格，称为挠度表，可供计算时查用。

表 13-1 列举了几种典型梁的转角和最大挠度的计算公式。因此梁在简单荷载作用下的转角和最大挠度的问题，可直接根据该表计算。

表 13-1 梁的挠度与转角公式

荷载类型	转角	最大挠度
① 悬臂梁：集中荷载作用在自由端	$\theta_B = \dfrac{Fl^2}{2EI}$	$w_{\max} = \dfrac{Fl^3}{3EI}$
② 悬臂梁：集中力偶作用在自由端	$\theta_B = \dfrac{Ml}{EI}$	$w_{\max} = \dfrac{Ml^2}{2EI}$
③ 悬臂梁：均匀分布荷载作用在梁上	$\theta_B = \dfrac{ql^3}{6EI}$	$w_{\max} = \dfrac{ql^4}{8EI}$
④ 简支梁：集中荷载作用在跨中位置	$a = b = \dfrac{l}{2}$ 时 $\theta_A = -\theta_B = \dfrac{Fl^2}{16EI}$	$a = b = \dfrac{l}{2}$ 时 $w_{\max} = \dfrac{Fl^3}{48EI}$
⑤ 简支梁：均匀分布荷载作用在梁上	$\theta_A = -\theta_B = \dfrac{ql^3}{24EI}$	$w_{\max} = \dfrac{5ql^4}{384EI}$
⑥ 简支梁：集中力偶作用在梁的一端	$\theta_A = \dfrac{Ml}{6EI}$ $\theta_B = -\dfrac{Ml}{3EI}$	$w_{\max} = \dfrac{Ml^2}{9\sqrt{3}EI}$ （位置：$x = \dfrac{l}{\sqrt{3}}$）

注：I_z 为惯性矩。

表（13-1）所列均为单一荷载作用下梁的挠度表，在实际工程中，梁上可能同时作用有几种（或几个）荷载。在这种情况下，只要变形是微小的，材料处于弹性阶段且服从胡克定律（即：位移与荷载呈线性关系），便可应用叠加法计算梁的变形。具体计算时，叠加法又可分为荷载叠加法和变形叠加法两种。

荷载叠加法：是指梁在几种（或几个）复杂荷载同时作用下在某个截面的变形（转角、挠度），等于它在其上各种（或各个）荷载单独作用下在同一截面产生的变形（转角、挠度）的代数和。梁在各种简单荷载作用下产生的变形都有表可查，因而用叠加法计算梁的变形就比较简便（无须繁冗的计算）。

变形叠加法：是指计算梁中某一部分的变形（转角、挠度）时，不但要考虑自身的变形，还要考虑由于相连梁段的位移对此段梁所引起的刚体转动和平移的影响。该部分的变形（转角、挠度）应等于自身的相对变形与上述刚体转动和平移引起的"牵连"变形的叠加。

例 13-8　一等截面简支梁上所受荷载如图 13-22（a）所示。梁的抗弯刚度为 EI_z。求跨中挠度及截面 A 的转角。

解：图（a）中梁的受力相当于图（b）（均布荷载时）与图（c）（集中荷载作用时）两种情况的叠加。每种荷载单独作用下的跨中挠度和截面 A 的转角，可由表 13-1 查得。

均布荷载单独作用时，梁跨中挠度及截面 A 处转角分别为：

$$y_{C1} = \frac{5qL^4}{384EI_z}(\downarrow)$$

$$\theta_{A1} = \frac{qL^3}{24EI_z}(\text{顺时针})$$

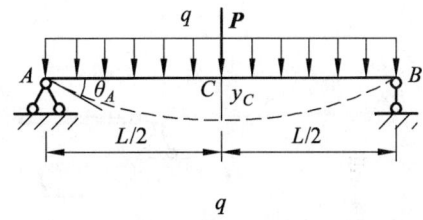

集中荷载单独作用时，梁跨中挠度及截面 A 处转角分别为：

$$y_{C2} = \frac{PL^3}{48EI_z}(\downarrow)$$

$$\theta_{A2} = \frac{PL^2}{16EI_z}(\text{顺时针})$$

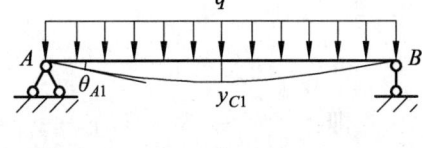

叠加结果为：

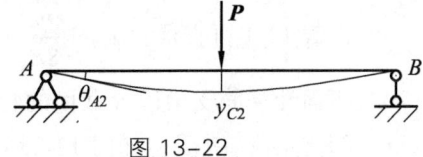

图 13-22

$$y_C = y_{C1} + y_{C2} = \frac{5qL^4}{384EI_z} + \frac{PL^3}{48EI_z}(\downarrow)$$

$$\theta_A = \theta_{A1} + \theta_{A2} = \frac{qL^3}{24EI_z} + \frac{PL^2}{16EI_z}(\text{顺时针})$$

叠加后的 y_C 值即为跨中挠度，θ_A 值为截面 A 的转角。

例 13-9　一等截面外伸梁承受荷载如图 13-23 所示。梁的抗弯刚度为 EI_z，求 C 截面的挠度。

解：在表 13-1 中，没有外伸梁的计算公式，但可先将外伸梁分成悬臂梁 BC 与简支梁 AB 两部分，再利用叠加法进计算。

外伸梁在荷载作用下的挠曲线如图 13-23（a）中虚线所示。两支座处只产生转角，而挠度等于零。在计算 C 截面的挠度时，将梁的 BC 段先看成 B 端为固定端的悬臂梁，如图 13-20（c）所示。此悬臂梁在均布荷载 q 的作用下在 C 截面产生的挠度为 y_{C1}。但实际外伸梁上的 B 截面并非固定不动，而要产生转角 θ_B，即：B 截面转动了 θ_B 角度[图 13-23（d）]，它使得 C 截面也要产生刚性位移和转角（牵连位移），从而影响 C 截面的挠度和转角（类似于牵连运动）。该挠度可用 y_{C2} 表示，如图 13-23（e）所示。将图 13-23（c）中的挠度 y_{C1} 与图 13-23（e）中的 y_{C2} 相叠加就是外伸梁上 C 截面的挠度 y_C。

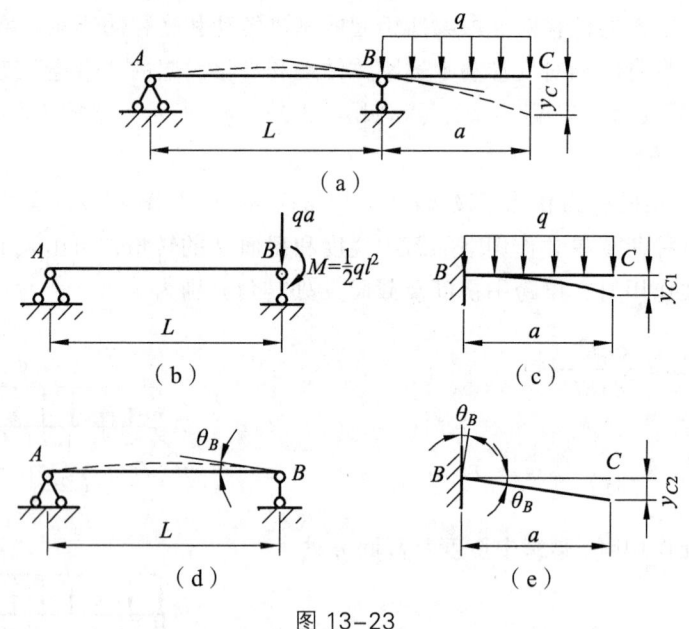

图 13-23

即：
$$y_C = y_{C1} + y_{C2}$$

由表 13-1 可查得：$y_{C1} = \dfrac{qa^4}{8EI_z}$

下面计算简支梁段 B 截面的转角 θ_B：

简支梁段 AB 受力如图 13-23（b）所示，因集中力 qa 是作用在支座上的，它不引起梁的变形，仅有力偶 $M = \dfrac{1}{2}qa^2$ 使梁变形。从表 13-1 中可查得力偶作用下 B 截面的转角 θ_B 为：

$$\theta_B = \frac{ML}{3EI_z} = \frac{\frac{1}{2}qa^2 L}{3EI_z} = \frac{qa^2 L}{6EI_z}$$

因 θ_B 很小，可用 θ_B 代替 $\tan\theta_B$，可得：

$$y_{C2} = a \cdot \theta_B = \frac{qa^3 L}{6EI_z}$$

外伸梁 C 截面的挠度，可通过叠加得到：

$$y_C = y_{C1} + y_{C2} = \frac{qa^4}{8EI_z} + \frac{qa^3 L}{6EI_z} = \frac{qa^3}{24EI_z}(3a + 4L)$$

第五节　梁的刚度条件及提高梁刚度的措施

一、梁的刚度条件

梁的变形过大时，往往不能保证其正常工作。因此，在实际工程中，通常用最大挠度和转角来衡量梁变形的大小，并根据不同的功能要求、技术和工艺要求将其控制在合理的范围。这就是梁的刚度条件（也称刚度准则），其计算公式为：

$$\frac{f_{\max}}{l} \leqslant \left[\frac{f}{l}\right]$$

式中，$\frac{f_{\max}}{l}$ 为受弯构件的相对挠度，即梁的最大挠度与跨度 l 的比值，又称挠跨比；$\left[\frac{f}{l}\right]$ 为受弯构件的容许相对挠度，或称容许挠跨比。

根据受弯构件的不同要求，各种规范对其相对挠度 $\left[\frac{f}{l}\right]$ 都有具体规定。例如铁路钢桁梁的容许挠跨比规定为 1/900。表 13-2 列出了土建工程中一般受弯构件相对挠度的容许值，可供参考。

表 13-2　一般受弯构件相对挠度的容许值

结　构		容许挠跨比（f/l）
《木结构设计标准》GB 50005—2017	1. 椽子	1/150
	2. 檩条	
	$l \leqslant 3.3$ m	1/200
	$l > 3.3$ m	1/250
	3. 吊顶中的受弯构件	1/250
	4. 楼盖梁和格栅	1/250
《混凝土结构设计规范》GB 50010—2010(2015年版)	1. 屋盖、楼盖及楼梯构件（一般情况下）	
	$l_0 < 7$ m	1/200（1/250）
	7 m $< l_0 \leqslant 9$ m	1/250（1/300）
	$l_0 > 9$ m	1/300（1/400）
	2. 吊车梁	
	手动吊车	1/500
	电动吊车	1/600

续表

结构		容许挠跨比（f/l）
《钢结构设计标准》 GB 50017—2017	1. 楼盖梁	
	主梁	1/400
	其他梁	1/250
	2. 屋盖梁	
	主梁	1/250
	椽子及檩条	1/200
	3. 吊车梁和吊车桁架	
	手动起重机和单梁起重机（含悬挂起重机）	1/500
	轻级工作制桥式起重机	1/750
	中级工作制桥式起重机	1/900
	重级工作制桥式起重机	1/1000

注：括号中数值适用于使用上对挠度有较高要求的构件。

需要说明的是：

（1）不同行业、不同构部件等，对刚度条件要求的内容有所不同。例如机械轴承，不仅对其使用阶段的挠度有所要求，还对其弯曲转角位移也有所限制。

（2）强度条件和刚度条件都是梁必须满足的。在一般情况下，强度条件常起控制作用，由强度条件选择的梁，大多能满足刚度要求。因此，在设计梁时，一般是先由强度条件选择梁的截面，然后进行梁的刚度校核。

如果梁的变形太大而不能满足刚度要求时，应设法减小梁的变形。常用方法是：

① 采用惯性矩较大的工字形、槽形等形状的截面。

② 减少梁的跨度或在梁的中间增加支座。至于材料的弹性模量 E，虽然也与挠度成反比，但由于同类材料的 E 值都相差不大，故从材料方面来提高刚度的作用不大。例如普通钢材与高强度材料的 E 值基本相同，从刚度角度来看，采用高强度的材料也没什么意义。

（3）根据刚度条件可进行刚度校核、截面设计、确定许用荷载等三方面的计算。计算时，需要注意单位的一致性。特别是计算角度时，要注意角度（°）和弧度（rad）之间的换算关系。

例 13-10 简支梁如图 13-24 所示，已知 $P=15\text{ kN}$，$L=4\text{ m}$，$[\sigma]=160\text{ MPa}$，$E=2\times10^5\text{ MPa}$，$\left[\dfrac{f}{l}\right]=\dfrac{1}{400}$，试按强度条件选用工字钢型号。

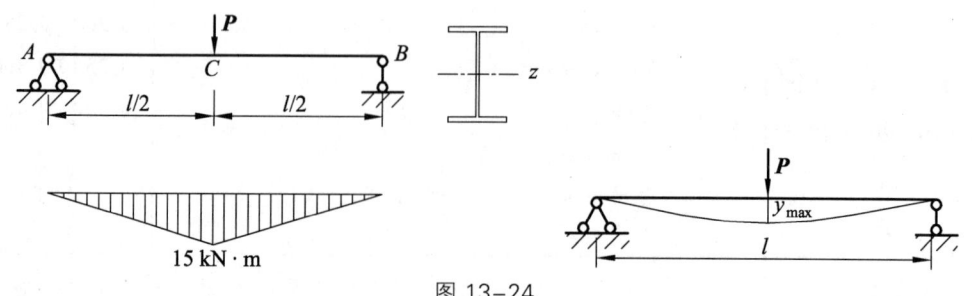

图 13-24

解:
(1) 按强度条件选择工字钢型号。
梁的最大弯矩为:

$$M_{max} = \frac{Pl}{4} = \frac{15 \times 4}{4} = 15 \text{ kN} \cdot \text{m}$$

根据强度条件,得:

$$W \geq \frac{M_{max}}{[\sigma]} = \frac{15 \times 10^6}{160} = 93.75 \times 10^3 \text{ mm} = 93.75 \text{ cm}^3$$

查型钢表,可选取 NO.14 工字钢,其抗弯截面系数和惯性矩分别为:

$$W_z = 102 \text{ cm}^3, \quad I_z = 712 \text{ cm}^4$$

(2) 按刚度条件计算:
查表 13-1 得:

$$f_{max} = \frac{Pl^3}{48EI_z}$$

即:

$$\frac{f_{max}}{l} = \frac{Pl^2}{48EI_z}$$

根据刚度条件 $\frac{f_{max}}{l} \leq \left[\frac{f}{l}\right]$,可知截面惯性矩需满足下式:

$$\frac{f_{max}}{l} = \frac{Pl^2}{48EI_z} \leq \left[\frac{f}{l}\right] = \frac{1}{400}$$

因此,所需最小截面惯性矩为:

$$I_z = \frac{400Pl^2}{48E} = \frac{400 \times 15 \times 10^2 \times 4000^2}{48 \times 2 \times 10^5} = 1000 \times 10^4 \text{ mm}^4 = 1000 \text{ cm}^4$$

因为 $1000 \text{ cm}^4 > 712 \text{ cm}^4$,所以本题应按刚度条件来选取工字钢型号。查表选取 NO.16 工字钢,其截面惯性矩 $I_z = 1130 \text{ cm}^4 > 1000 \text{ cm}^4$ 故 NO.16 工字钢满足要求。

说明: 本题也可以先按刚度条件选择截面,再进行强度条件校核。当其不满足强度条件时,重新按照强度条件进行计算。

二、提高梁刚度的措施

提高梁的刚度就是要使梁在外荷载作用下产生尽可能小的弹性位移。从前面的例题以及简单荷载作用下的简单梁的挠度表可知,梁的位移(转角或者挠度)除了与梁上荷载情况、梁的跨度、梁的支座约束条件有关外，还与其抗弯刚度 EI 有关。因此，考虑这些因素可以找到提高梁的抗弯刚度的措施。

1. 改善荷载的作用情况

在结构允许的情况下，合理地调整荷载的位置及分布情况，可降低结构弯矩，并减小梁的变形，达到提高其刚度的目的。如图 13-25 所示，将集中力分散作用，通过分配梁（又称副梁）用分散集中力代替集中力，或者将集中力改为分布力，可使梁的弯矩降低，变形减小，刚度提高。

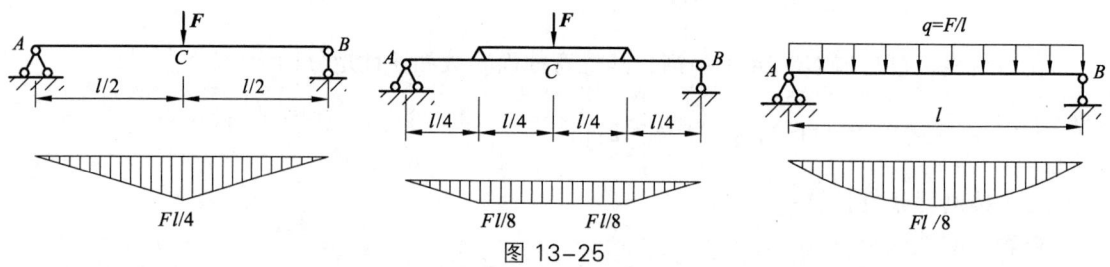

图 13-25

例如，集中力作用于简支梁跨中时的挠度为 $\dfrac{Pl^3}{48EI}$，而同样大小的荷载满布在简支梁上时跨中挠度 $\left(\dfrac{5ql^4}{384EI}=\dfrac{5Pl^3}{384EI}\right)$ 仅为原来的 62.5%。

2. 加强支座约束条件

如将均布荷载作用下的简支梁的简支支座改为两端固定支座，可使梁内最大弯矩和梁的变形大大减少。其他条件相同的情况下，两端固定梁的跨中挠度仅为简支梁跨中挠度的五分之一。

3. 缩短梁的跨度

由表 13-1 可知，简支梁在集中荷载和分布荷载作用下的挠度分别与梁的跨度的三次方或四次方成正比。缩短梁的跨度将使梁的挠度显著减少。在结构构造允许的情况下，可采用以下两种办法减小 l 值：

（1）跨中增加支杆约束数，使其变为两跨或者多跨连续梁。

如图 13-26 所示均布荷载作用下的简支梁和连续梁，其他条件都相同时，其跨中挠度分别为 f_a 和 f_b，经计算 $f_a:f_b \approx 1:38$。可见，增加支座约束数对提高梁的刚度有显著的效果。

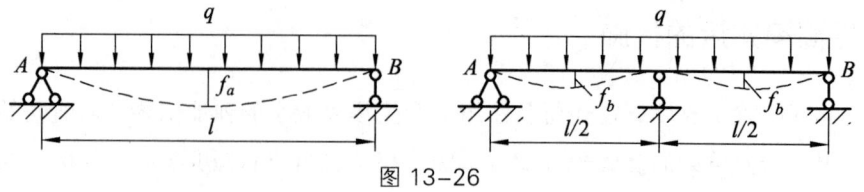

图 13-26

此外，建筑施工中为了提高模板体系的刚度而加密支模架，加固桥梁时增加桥墩数目等都可明显提高相应结构体系刚度。

（2）改变支座位置，如将简支梁变为两端外伸梁。

如图 13-27 所示，将简支梁的支座向中间移动而变成外伸梁，一方面通过减小梁的跨度，可减小梁的跨中挠度；另一方面在梁外伸部分的荷载作用下，梁跨中将产生向上的挠度[图 13-27（c）]，使得梁中段在荷载作用下产生的向下的挠度抵消了一部分，从而进一步减小了梁跨中的最大挠度值。

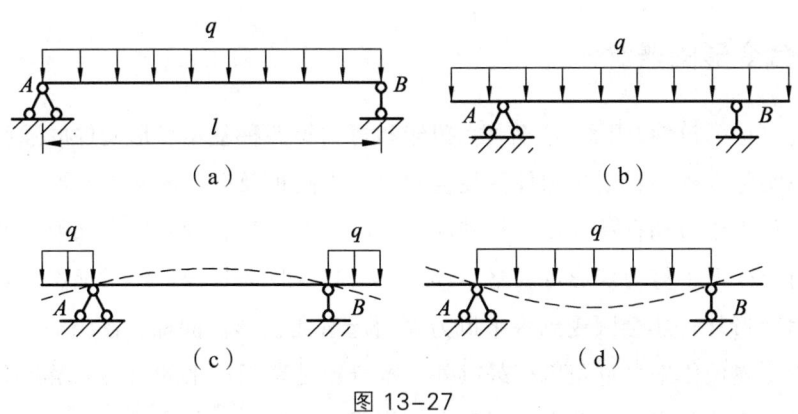

图 13-27

4. 增大梁的抗弯刚度 EI

由表 13-1 可知，梁的挠度和转角与截面抗弯刚度 EI 成反比，为了减少梁的变形，可提高其抗弯刚度 EI，比如采用弹性模量 E 较高的材料。但对于钢结构来说，不同的钢材其弹性模量相差无几，甚至强度更高的某些钢材，其弹性模量还略有降低。因此，对于钢结构来说，通过提高弹性模量来提高梁的抗弯刚度收效甚微。

但是，增大截面惯性矩 I 的大小对于提高梁的抗弯刚度却可以取得显著的效果。在横截面面积相等的情况下，要提高梁的刚度就应选择惯性矩较大的截面形状。例如空心圆截面、工字形、槽形、箱形以及 T 形截面等。

5. 改变结构体系或结构布置，改变传力路径

有时不同的结构方案（例如：不同的结构体系，不同的结构布置，不同的传力路径和不同连接或者支座条件等），将产生不同的结果。某些情况下的结构方案可能会更加合理，同样的使用条件下，在结构构件中引起的内力（弯矩等）以及相应的变形将大大减少。读者可在相关专业课程以及实际工程中进一步学习和了解，此处不再赘述。

第十四章 组合变形

第一节 组合变形的概念

一、组合变形的概念

前面我们讨论了拉伸（压缩）、剪切、扭转和弯曲等四种基本变形构件的强度和变形计算问题，但是在实际工程中，很多构件往往会同时产生两种及以上的基本变形。如图 14-1（a）所示挡土墙，在土压力和自重作用下，截面内力既有弯矩又有轴心压力和剪力产生，挡土墙将产生压弯组合变形（剪切变形可忽略不计）。又如，图 14-1（b）所示烟囱，除因受自重引起的轴向压缩变形外，还会因受到水平风力而引起弯曲变形。同样，图 14-1（c）中厂房柱子，除上柱所受屋盖传来自重及风荷载以外，本身还受墙面传来的风力以及吊车轮压通过吊车梁传来的竖向荷载及水平制动力（刹车力）作用，并且这些荷载往往并不通过柱子截面形心，因而在厂房柱子截面中除引起轴向压缩外，还会引起弯曲变形，这种在构件中同时有几种基本变形形式存在的变形称为组合变形。下面讨论几种组合变形情况下的应力和强度计算问题。

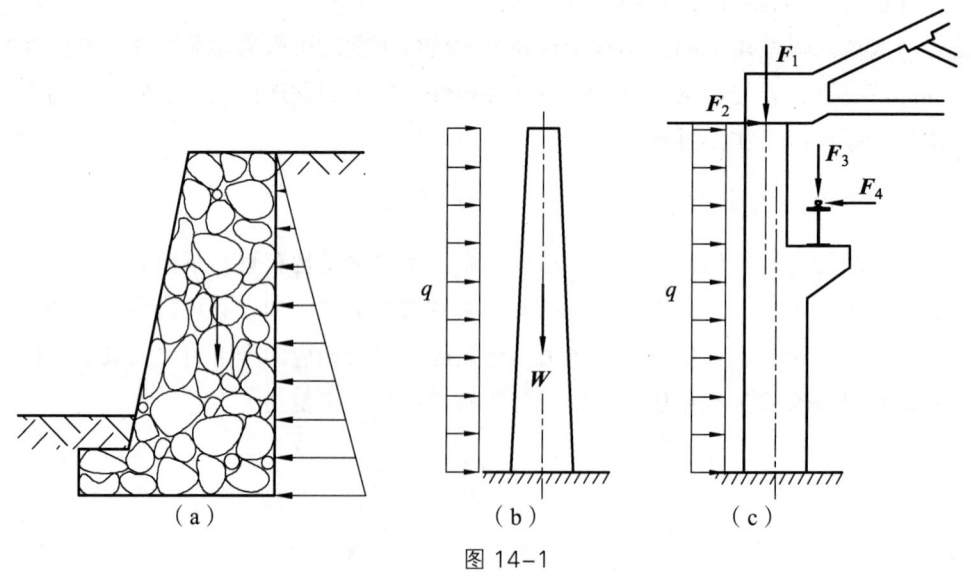

图 14-1

二、组合变形的分析方法及计算原理

计算组合变形构件的基本方法是采用力学中经常采用的先分解后叠加的方法，简称叠加法。叠加原理是解决组合变形计算的基本原理。根据叠加原理，在计算组合变形时可以将几种变形分别单独计算，然后再叠加，即得组合变形杆件的内力、应力和变形。

叠加原理应用条件：材料服从胡克定律，构件产生小变形，所求力学量是荷载的一次函数。叠加法计算组合变形的具体步骤如下：

（1）将构件的组合变形分解为几种单一的基本变形形式。
（2）分别计算构件在每一种基本变形情况下的截面内力、应力和变形等。
（3）将各种基本变形情况下内力、应力和变形叠加起来，便可得到构件在组合变形情况下的内力、应力和变形。

工程和生产实践表明，当构件的变形在材料的弹性范围内时，采用叠加法计算组合变形的结果与实际情况是基本相符的。

第二节　斜弯曲

一、斜弯曲的概念

前面介绍了平面弯曲的概念及其计算，在平面弯曲中，荷载作用仅限于梁的纵向对称平面内，变形后梁的轴线仍然在荷载所作用的这个纵向对称平面内。但在工程实践中，我们常常会遇到荷载并不作用在其纵向对称面内的情况。如图 14-2 所示的檩条受力图中，传至檩条的屋面荷载虽然通过梁的轴线，但并不作用在梁的纵向对称平面内，而是与其成一夹角 α（屋面的倾角）。在这种情况下，梁变形后的轴线并不一定位于荷载的作用平面内。这类梁的弯曲变形称之为斜弯曲。

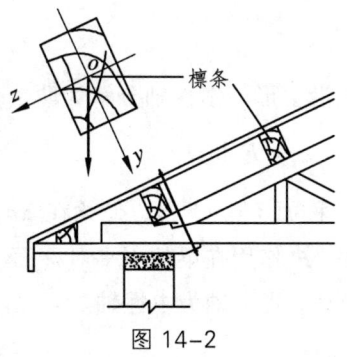

图 14-2

二、斜弯曲时杆件的内力和应力的计算

既然檩条的变形不属于平面弯曲，因此不能直接应用平面弯曲应力公式来计算其横截面上的应力。但在弹性变形范围内，我们可以应用叠加原理求解其内力和应力。

根据叠加原理，斜弯曲总可以看成是两个互相垂直方向的平面弯曲的组合。当梁发生斜弯曲时，可将总荷载 F 沿横截面的两主形心轴分解成两个分力 F_y 和 F_z，梁在两个分力单独作用下，将分别在水平对称平面（oxz 平面）和竖向对称平面（oxy 平面）内发生平面弯曲。因此可以分别求出相应于每一分力作用下的内力（弯矩 M_y 和 M_z），再应用梁的平面弯曲的正应力公式即可由各个弯矩求出截面上任一点处对应的弯曲应力值，最后叠加两个部分的应力即可求出发生斜弯曲时各横截面上各点处的弯曲应力。

下面以图 14-3 所示发生斜弯曲的悬臂梁 AB 为例，介绍其斜弯曲的内力和应力计算方法。

如图 14-3（a）所示，截面为 $b \times h$，跨度为 l 的悬臂梁在自由端 B 截面形心处承受一与 y 轴成角度 φ 的外力 F 作用。

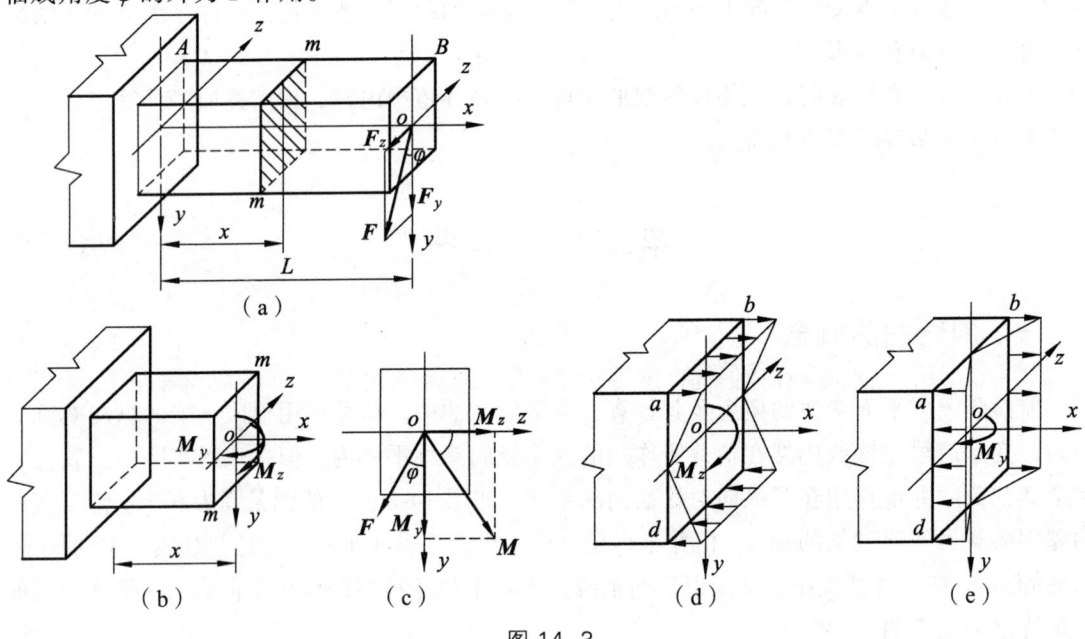

图 14-3

1. 力 F 的分解

为了使用叠加原理，将力 F 沿主形心惯性轴分解为两个分力，分别为：

$$F_y = F\cos\varphi \quad F_z = F\sin\varphi$$

其中：F_y 作用在梁的铅垂对称面（xoy）内，使梁在 xoy 平面内发生平面弯曲，梁各截面绕 z 轴转动，即 z 轴为中性轴；F_z 作用在梁的水平对称面（xoy）内，使梁在 xoz 平面内发生平面弯曲，梁各截面绕 y 轴转动，即 y 轴为中性轴。

2. 各分力引起的内力计算

F_y 和 F_z 在距自由端为 x 的任意截面 $m—m$ 上产生的弯矩为：

$$M_z = F_y(l-x) = F(l-x)\cos\varphi = M\cos\varphi$$
$$M_y = F_z(l-x) = F(l-x)\sin\varphi = M\sin\varphi$$

则总弯矩大小为：

$$M = \sqrt{M_z^2 + M_y^2} = F(l-x)$$

注意：本节 M_z 和 M_y 均采用绝对值。应力计算时，其正负号依其所在点的位置坐标不同而不同，需自行判断。

3. 应力的计算

弯矩分量 M_z 和 M_y 引起的正应力分布如图 14-3（d）、（e）所示。M_z 和 M_y 引起的正应力分别为：

$$\sigma' = -\frac{M_z}{I_z} \cdot y = -\frac{M\cos\varphi}{I_z} \cdot y$$

$$\sigma'' = \frac{M_y}{I_y} \cdot z = \frac{M\sin\varphi}{I_y} \cdot z$$

根据叠加原理，该点处由于斜弯曲引起的总应力 $\sigma_{(y,z)}$ 为：

$$\sigma_{(y,z)} = \sigma' + \sigma'' = M\left(-\frac{\cos\varphi}{I_z}y + \frac{\sin\varphi}{I_y}z\right) = F(l-x)\left(-\frac{\cos\varphi}{I_z}y + \frac{\sin\varphi}{I_y}z\right) \quad (14\text{-}1)$$

式中，I_z、I_y 分别为截面对 z 轴、y 轴的惯性矩；φ 为 F 与 y 轴正向的夹角；$\sigma_{(y,z)}$ 为斜弯曲发生时截面 m—m 上坐标为 (z,y) 的点处正应力；M 为截面 m—m 上总弯矩，$M = F(l-x)$。

显然，应力随点的位置坐标 (y, z) 的不同而变化，$\sigma_{(y,z)}$ 为坐标 y 及 z 的线性函数，故式（14-1）为一平面方程。表明：由叠加法得到的斜弯曲时的正应力在横截面上按平面规律分布，如图 14-4 所示。

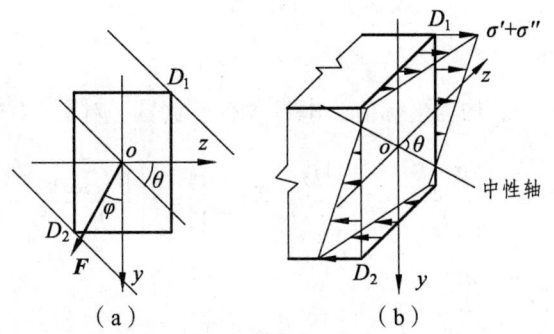

图 14-4

从图 14-4 中可以看出，斜弯曲时横截面上部分区域受拉应力，另一部分区域受压应力，一定存在应力为零的点，它位于应力分布平面与横截面的交线上，该交线即为斜弯曲时的中性轴。令式（14-1）中总应力 $\sigma_{(y,z)}$ 等于零，可得到斜弯曲的中性轴方程。即：

$$\frac{\cos\varphi}{I_z}y_0 - \frac{\sin\varphi}{I_y}z_0 = 0 \quad (14\text{-}2)$$

在坐标原点,即截面形心 o 处,$y_0 = z_0 = 0$ 满足上述方程。因此斜弯曲的中性轴通过截面形心。

设中性轴与 z 轴的夹角为 θ,则:

$$\tan\theta = \frac{y_0}{z_0} = \frac{I_z}{I_y}\tan\varphi$$

可见,当 $I_y \neq I_z$ 时,$\theta \neq \varphi$。表明:斜弯曲时中性轴与加载方向不垂直,梁轴线变为曲线将不在合成弯矩所在的平面内。这是斜弯曲与平面弯曲的重要区别之一。

对于圆形、正方形、正三角形或正多边形等截面,所有通过形心的轴都是形心主轴,这时中性轴总与外力作用面相垂直,即外力无论作用在哪个纵向平面内,梁都只发生平面弯曲。

三、斜弯曲时的强度条件

对斜弯曲构件进行强度计算,与平面弯曲一样,需要确定危险点。在不考虑剪力的情形下,最大正应力作用点即为危险点。

根据叠加原理,两个平面弯曲的最大拉应力作用点或最大压应力作用点均为危险点。

例如,图14-4(b)中所示之悬臂梁,危险截面在固定端处,其上两个方向的弯矩 M_z 和 M_y 均为最大值。显然,M_z 作用下,最大拉应力发生在过 D_1 点的截面上边,最大压应力发生在过 D_2 点的截面下边;M_y 作用下,最大拉应力发生在过 D_1 点的截面右边,最大压应力发生在过 D_2 点的截面左边。两者叠加的结果,梁的最大正应力显然会发生在最大弯矩所在截面上离中性轴最远的点处。即 D_1 点和 D_2 点分别承受最大拉应力和最大压应力[图14-4(b)],其值为:

$$\begin{matrix}\sigma_{\max}\\\sigma_{\min}\end{matrix} = M_{\max}\left(-\frac{\cos\varphi}{I_z}\bigg|\begin{matrix}y_1\\y_2\end{matrix} + \frac{\sin\varphi}{I_y}\bigg|\begin{matrix}z_1\\z_2\end{matrix}\right)$$

这里:y_1、y_2、z_1、z_2 均为坐标值,本身含有正负号。对图14-3中的梁截面,有:

$$\begin{matrix}\sigma_{\max}\\\sigma_{\min}\end{matrix} = \pm\left(\left|\frac{M_{z,\max}}{I_z}y_{\max}\right| + \left|\frac{M_{y,\max}}{I_y}z_{\max}\right|\right) = \pm\left(\left|\frac{M_{z,\max}}{W_z}\right| + \left|\frac{M_{y,\max}}{W_y}\right|\right)$$

式中,$W_z = \dfrac{I_z}{y_{\max}}$,$W_y = \dfrac{I_y}{z_{\max}}$。

斜弯曲时梁横截面上危险点只有正应力作用,故为单向受力状态,其强度条件与平面弯曲时最大正应力点的强度条件相同。即:

$$\sigma_{\max} \leqslant [\sigma]$$

根据斜弯曲时的强度条件,可以进行以下三方面的工作:① 强度校核;② 截面设计;③ 确定容许荷载。

在利用强度条件进行截面设计时,由于未知的几何参数较多,通常须假定截面高宽比范围。一般可按照下列经验数据确定：

（1）矩形截面：

$$\frac{W_z}{W_y} = \frac{h}{b} = 1.2 \sim 2$$

（2）工字形截面：

$$\frac{W_z}{W_y} = \frac{h}{b} = 8 \sim 10$$

（3）槽形截面：

$$\frac{W_z}{W_y} = \frac{h}{b} = 6 \sim 8$$

例 14-1 图 14-5 所示屋架结构，已知屋面坡度为 1：2，相邻屋架间距离为 4 m，木檩条梁间距为 1.5 m，沿坡面屋面重（包括檩条）为 1.4 kN/m²。若木檩条梁采用 $b \times h = 120 \text{ mm} \times 180 \text{ mm}$ 的矩形截面，许用应力 $[\sigma] = 10 \text{ MPa}$，试校核木檩条梁的强度。

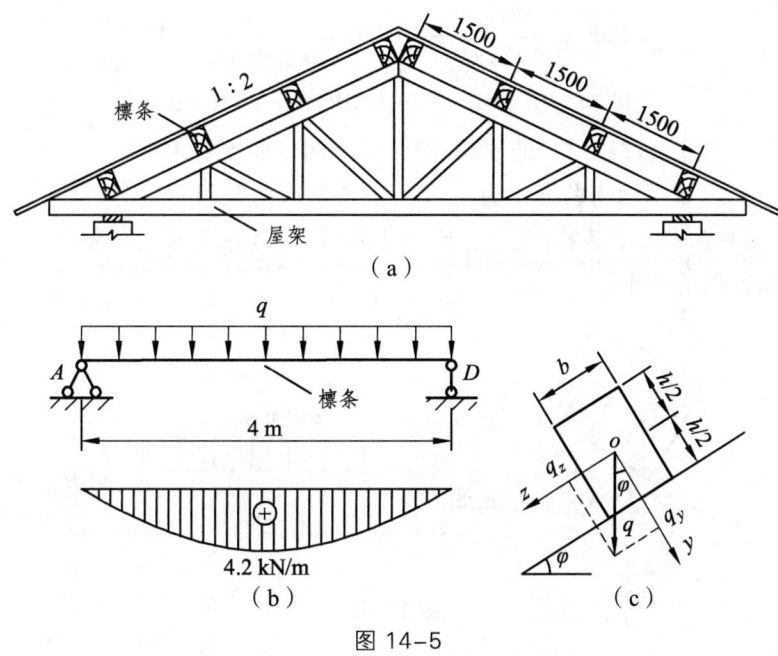

图 14-5

解：

（1）将实际结构简化为计算简图。

$$q = 1.4 \times 1.5 = 2.1 \text{ kN/m}$$

（2）内力及截面惯性矩的计算。

$$M_{\max} = \frac{ql^2}{8} = \frac{2.1 \times 10^3 \times 4^2}{8}$$
$$= 4200 \text{ N} \cdot \text{m} = 4.2 \text{ kN} \cdot \text{m}$$

屋面坡度为 1：2，有：

$$\tan\varphi = \frac{1}{2} \Rightarrow \varphi = 26°34'$$

则有： $\sin\varphi = 0.447$ $\cos\varphi = 0.894$

惯性矩为：

$$I_z = \frac{bh^3}{12} = \frac{120 \times 180^3}{12} = 0.583 \times 10^8 \text{ mm}^4 = 0.583 \times 10^{-4} \text{ m}^4$$

$$I_y = \frac{hb^3}{12} = \frac{180 \times 120^3}{12} = 0.259 \times 10^8 \text{ mm}^4 = 0.259 \times 10^{-4} \text{ m}^4$$

$$y_{max} = \frac{h}{2} = 90 \text{ mm}, \quad z_{max} = \frac{b}{2} = 60 \text{ mm}$$

（3）强度校核。

$$\sigma_{max} = M_{max}\left(\frac{y_{max}}{I_z}\cos\varphi + \frac{z_{max}}{I_y}\sin\varphi\right)$$

$$= 4200 \times \left(\frac{90 \times 10^{-3}}{0.583 \times 10^{-4}} \times 0.894 + \frac{60 \times 10^{-3}}{0.259 \times 10^{-4}} \times 0.447\right)$$

$$= 10.16 \times 10^6 \text{ N/m}^2 = 10.16 \text{ MPa} > [\sigma] = 10 \text{ MPa}$$

最大工作应力不超过许用应力的 5%，故可认为满足强度要求。

例 14-2   图 14-6 所示为两间距为 3 m 的三角形木屋架间的简支檩条，已知屋面坡度 $\alpha = 26°34'$，檩条材料为杉木，其容许应力 $[\sigma] = 12$ MPa，檩条承受竖向荷载作用，$q = 800$ N/m。试设计矩形檩条截面的大小。

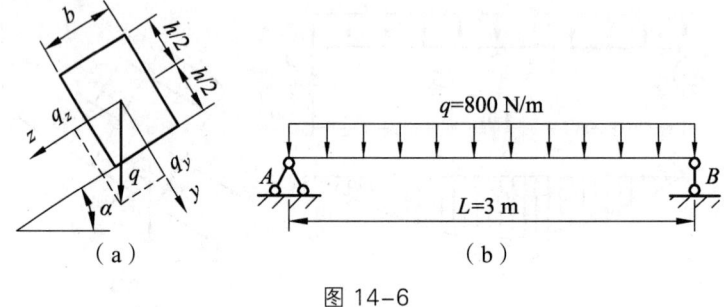

图 14-6

解：

（1）将荷载 q 沿 y 轴和 z 轴方向分解成两个分力 q_y 和 q_z。

$$q_y = q\cos\alpha = 800 \times 0.894 = 715 \text{ N/m}$$

$$q_z = q\sin\alpha = 800 \times 0.447 = 358 \text{ N/m}$$

（2）求各分力作用下的最大弯矩。

$$M_z = \frac{1}{8}q_y L^2 = \frac{1}{8} \times 715 \times 3^2 = 804 \text{ N·m}$$

$$M_y = \frac{1}{8}q_z L^2 = \frac{1}{8} \times 358 \times 3^2 = 403 \text{ N·m}$$

（3）设该檩条截面的高度比 $h/b = 1.5$，则有：

$$\frac{W_z}{W_y} = \frac{h}{b} = 1.5$$

代入强度计算公式，得：

$$\frac{M_z}{W_z} + \frac{M_y}{W_y} \leqslant [\sigma]$$

$$\frac{804 \times 10^3}{W_z} + \frac{403 \times 10^3}{W_z/1.5} \leqslant [\sigma] = 12$$

解得：$W_z \geqslant 117 \times 10^3 \, \text{mm}^3 = 117 \, \text{cm}^3$。

即：$\dfrac{bh^3}{6} = \dfrac{b(1.5b)^3}{6} \geqslant 117 \, \text{cm}^3$

得：$b \geqslant 6.8 \, \text{cm}$，$h \geqslant 10.2 \, \text{cm}$

因此，可选用 $7 \, \text{cm} \times 11 \, \text{cm}$ 的檩条。

第三节 偏心拉（压）构件

在建筑工程中，柱子和梁一样是常见的一种构件。一般情况下，柱子的外力作用线与柱的轴线重合（即外力作用线通过截面形心），这样的柱子叫作轴心受压柱。如图 14-7（a）所示。此时，应力在截面上是均匀分布的，它的强度条件为 $\sigma = N/A = P/A \leqslant [\sigma]$。但在厂房结构里，还存在带有牛腿的厂房柱，如图 14-7（b）所示。所受外力 P_1、P_2 的作用线虽然与其轴线平行，但并不重合（即外力作用线不通过截面形心），而各有一个偏心距离 e_1、e_2，这类柱子称为偏心受压柱。

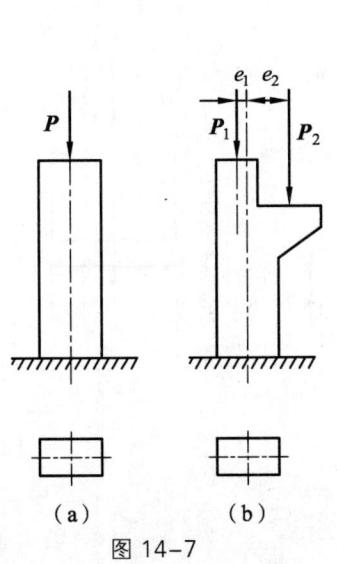

图 14-7

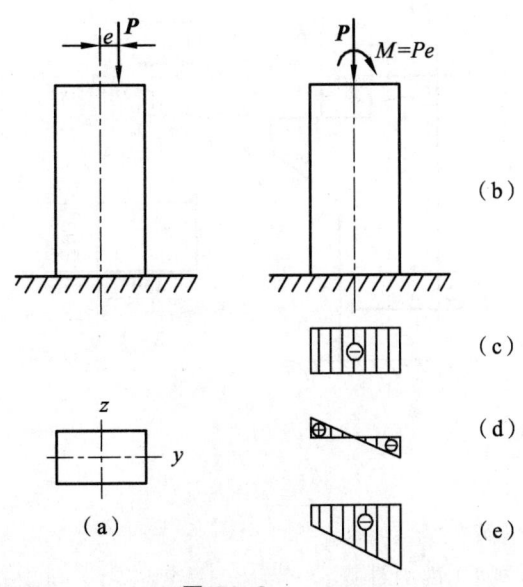

图 14-8

设有一矩形截面柱，如图 14-8（a）所示。在其顶端作用一偏心压力 P，该力作用点 B 到截面形心 C 的距离，即偏心距为 e。为了分析柱子的受力情况，根据力的平移原理，将偏心压力 P 平移到截面形心 C 处，得轴向压力 P 和矩为 $M = Pe$ 的力偶。在轴向压力 P 作用下，柱子轴向受压。各横截面的轴力均为 $N = -P$。此时，截面应力均匀分布，其值为 $\sigma_1 = -P/A$，分布情况如图 14-8（c）所示。在力偶作用下，柱子在 x-y 平面内弯曲，各截面的弯矩均为 $M = Pe$。此时，截面上的应力按三角形规律分布，如图 14-8（d）所示。左边纤维受拉，右边纤维受压，最大应力值为 $\sigma_2 = \pm M/W$。可见，在偏心压力 P 作用下，柱子处于压、弯组合变形。截面上总应力应该是上述两种应力的叠加，应力分布如图 14-8（e）所示。其最大、最小应力值按下式计算：

$$\begin{cases} \sigma_{\max} \\ \sigma_{\min} \end{cases} = -\frac{N}{A} \pm \frac{M}{W} \qquad (14-3)$$

式中，N 为截面所受轴向压力；M 为截面所受弯曲力矩；A 为截面面积；W 为抗弯截面模量。

因此，柱在单向偏心压缩时的强度条件是：

$$-\frac{N}{A} \pm \frac{M}{W} \leqslant \begin{cases} [\sigma^+] \\ [\sigma^-] \end{cases} \qquad (14-4)$$

例 14-3 图 14-9（a）所示厂房边柱，上段截面尺寸为 $10 \text{ cm} \times 10 \text{ cm}$，下段截面尺寸为 $10 \text{ cm} \times 15 \text{ cm}$。在柱的上端受到屋架传来的荷载 $P_1 = 200 \text{ kN}$。在牛腿处有吊车荷载 $P_2 = 100 \text{ kN}$，偏心距 $e_1 = 2.5 \text{ cm}$，$e_2 = 4 \text{ cm}$。试计算截面 2—2 上的应力。

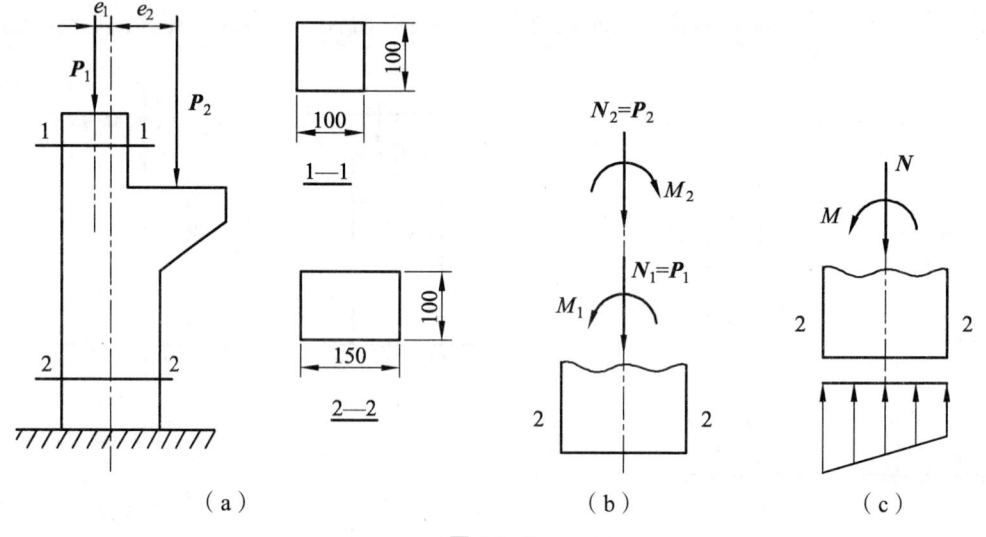

图 14-9

解：
（1）内力计算。

按力的平移法则，柱上所有荷载对下柱截面 2—2 的作用如图 14-9（b）所示。其中：

$N_1 = P_1 = 200 \text{ kN} = 200 \times 10^3 \text{ N}$

$N_2 = P_2 = 100 \text{ kN} = 100 \times 10^3 \text{ N}$

$M_1 = P_1 e_1 = 200 \times 10^3 \times 25 = 5 \times 10^6 \text{ N} \cdot \text{mm}$ （逆时针）

$M_2 = P_2 e_2 = 100 \times 10^3 \times 40 = 4 \times 10^6 \text{ N} \cdot \text{mm}$ （顺时针）

这些内力作用，可综合成如图 14-9（c）所示的 N 和 M 的情况。其中：

$N = N_1 + N_2 = 300 \times 10^3 \text{ N}$

$M = M_1 + M_2 = 5 \times 10^6 - 4 \times 10^6 = 1 \times 10^6 \text{ N} \cdot \text{mm}$

（2）应力计算。

根据公式：

$\sigma_{(\max;\min)} = -N/A \pm M/W$
$= -300 \times 10^3 /(100 \times 150) \pm 1 \times 10^6 /(100 \times 150^2 / 6)$

可得：$\sigma_{\max} = -17.4 \text{ MPa}$；$\sigma_{\min} = -22.6 \text{ MPa}$

截面上的应力分布如图 14-9（c）所示。

例 14-4 图 14-10 所示锥形独立柱基，承受由柱传来的轴心荷载 $N = 100 \text{ kN}$，还有偏心荷载引起的弯矩 $M = 180 \text{ kN} \cdot \text{m}$。设柱基底面积为正方形，边长为 3.6 m。若地基容许应力为 $[\sigma] = 0.2 \text{ MPa}$，试验算地基强度。

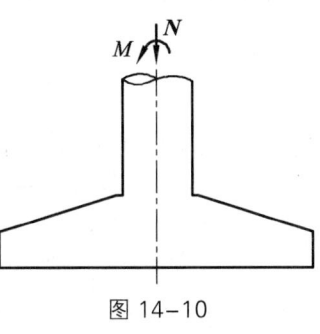

图 14-10

解：柱基底面的应力为：

$\sigma_{(\max;\min)} = -N/A \pm M/W$
$= -100 \times 10^3 /(3.6 \times 3.6 \times 10^6) \pm 1.8 \times 10^8 /(3.6 \times 3.6^2 \times 10^9 / 6)$

$\sigma_{\max} = -0.054 \text{ MPa} < [\sigma] = 0.2 \text{ MPa}$

$\sigma_{\min} = -0.1 \text{ MPa} < [\sigma] = 0.2 \text{ MPa}$

所以地基承载能力符合强度要求。

第四节　截面核心

建筑工程中，很多材料具有抗压性能好，而抗拉强度低的特点，如砖、石、混凝土、铸铁等。由这些材料做成的偏心受压构件，应当力求全截面只出现压应力。为此，我们需要介绍截面核心的概念及其计算方法。

所谓截面核心，是指截面形心周围（包括形心）的一个区域。当压力 P 作用在这个区域内时，截面内只出现压应力而不出现拉应力。对矩形截面受压柱，当外力偏心作用在 x 轴（对称轴）上时，由式（14-3）可知：

$$\sigma_{\max} = \frac{-N}{A} + \frac{M}{W} = -\frac{N}{bh} + \frac{Ne}{bh^2/6} = -\frac{N}{bh} + 6\frac{Ne}{bh^2} = -\frac{N}{bh}\left(1 - 6\frac{e}{h}\right)$$

从以上演算的结果看，要使截面应力 σ 不出现正号（即截面上不出现拉应力），必有：

$$1-6\frac{e}{h} \geqslant 0 \quad 即：e \leqslant \frac{h}{6}$$

同理，当外力偏心作用在 y 轴（另一对称轴）上时，矩形截面不出现拉应力的条件是

$$e \leqslant \frac{b}{6}$$

所以图 14-11（a）中的矩形截面上，阴影部分就是截面核心。可以看出，矩形截面的截面核心是以两对称轴上距形心分别为 $h/6$、$b/6$ 的范围形成的一块面积。也就是说，当荷载作用在这块面积内时，柱子虽偏心受压，截面也不会出现拉应力。

根据同样道理，可推算出圆形截面柱不出现拉应力的条件是：

$$e \leqslant \frac{d}{8} = \frac{r}{4}$$

矩形截面及圆形截面的截面核心如图 14-11 所示。

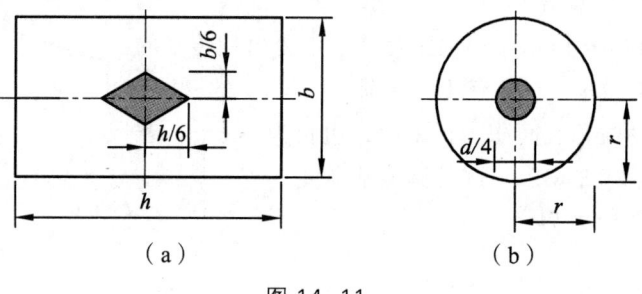

图 14-11

例 14-5　开口链环由直径 $d=12\,\text{mm}$ 的圆钢弯制而成，其形状如图 14-12（a）所示。若已知链环承受的拉力为 800 N，试求链环直段部分的最大拉、压应力。

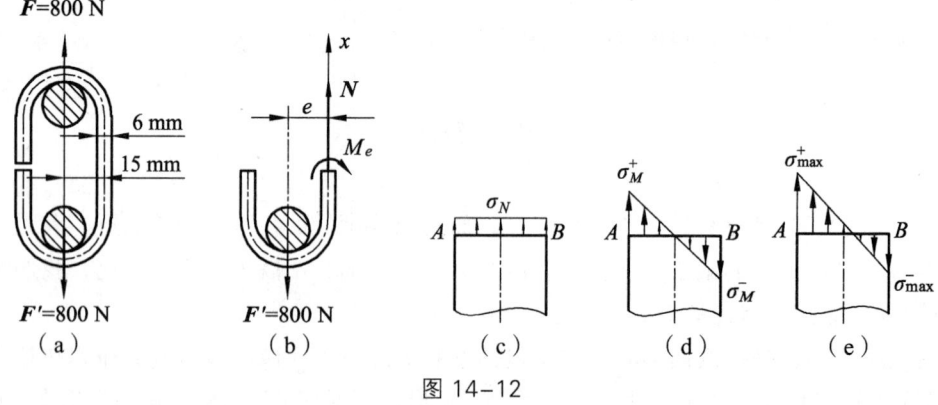

图 14-12

解：由图可见，对直段而言，拉力作用线与所要考察的直段轴线之间的距离即为偏心距，其值为：$e = 15\,\text{mm}$。将链环沿中间截面截开，如图 14-12（b）所示。根据平衡条件，求得截面上的内力为：

$N = 800 \text{ N}$，$M_e = 800 \times 15 = 12 \times 10^3 \text{ N} \cdot \text{mm}$

根据 N 和 M 的方向以及它们所对应的应力分布[图 14-12（c）、（d）]，A 点和 B 点分别承受最大拉应力和最大压应力[图 14-12（e）]，其值分别为：

$$\sigma_{\max}^+ = \frac{N}{A} + \frac{M_z}{W_z} = \frac{4N}{\pi d^2} + \frac{32M_e}{\pi d^3} = \frac{4 \times 800}{\pi \times 12^2} + \frac{32 \times 12 \times 10^3}{\pi \times 12^3} = 77.8 \text{ MPa}$$

$$\sigma_{\max}^- = \frac{N}{A} - \frac{M_z}{W_z} = \frac{4N}{\pi d^2} - \frac{32M_e}{\pi d^3} = \frac{4 \times 800}{\pi \times 12^2} - \frac{32 \times 12 \times 10^3}{\pi \times 12^3} = -63.7 \text{ MPa}$$

第十五章 应力状态与强度理论

第一节 应力状态的概念

一、研究应力状态的原因

通过前面章节的学习，我们知道，构件的横截面上应力增大到一定程度时，构件将发生破坏。小变形条件下，应力和内力成正比，而构件的内力随横截面的不同有所不同，它是横截面位置的函数。因此，应力也将随着横截面的位置变化而变化。显然，其他条件相同时，在各个横截面中，内力最大的横截面相应的应力也最大。从强度意义上，我们称此横截面为危险截面。

然而，在这个危险截面上，应力的分布也是不均匀的，它随点在横截面上的位置变化而变化。有些点直到构件破坏也是很安全的，其应力取值一直都较小。而另外一些点，则可称之为危险点。在危险截面（横截面）上，它可能取得最大正应力，也可能取得最大剪应力，或者同时拥有较大的正应力和剪应力。例如：在受弯构件中的危险截面内，远离截面中性轴处的截面边缘正应力取得最大值 σ_{max}，此处的弯曲剪应力为 0；而中性轴处，弯曲剪应力取得最大值 τ_{max}，此处的弯曲正应力为 0。因此，受弯构件中危险截面内，远离中性轴的截面边缘处以及中性轴处的各点均为潜在的危险点。

为了保证构件安全可靠不致发生材料强度破坏，对于这些危险截面上的危险点，我们分别建立了相应的强度条件。即：

正应力强度条件：最大工作正应力 $\sigma_{max} \leq [\sigma]$

剪应力强度条件：最大工作剪应力 $\tau_{max} \leq [\tau]$

显然，上述的强度条件并不能保证构件足够安全，这主要有以下两方面的原因：

（1）上述的强度条件并不能保证危险截面（横截面）上其他点的强度安全，尤其是某些点处，不仅工作正应力较大，其工作剪应力也很大。也就是说，材料强度破坏并不一定发生在横截面的最大正应力或者最大剪应力处，也可能发生在横截面上工作正应力和工作剪应力都较大的其他点处。这些点都可能是潜在的危险点。为此，需要建立相应的强度准则，或者强度判别标准。

（2）即使在危险截面的危险点处，不同方位的截面上，应力也会有所不同。最终构件材料发生破坏的截面可能并不一定是在横截面内。例如：常见的梁构件边缘处，正应力往往在横截面上取得最大值，而其剪应力则在 45°斜截面上取得最大值。梁构件中性轴处，其正应力在横截面上为 0，而在 45°斜截面上取得最大值；其剪应力则在横截面上取得最大值，而在 45°斜截面上等于 0。

我们知道，不同的材料有不同的抗拉压强度和抗剪强度。构件上同一点不同方位的截面上应力的不同就造成了不同材料组成的构件强度破坏形式也会有所区别。在其他条件相同的情况下，有的材料沿最大正应力所在的横截面拉坏，有的材料则沿着最大剪应力所在的 45°斜截面剪坏。但更多复杂的情况下，例如对于同时存在正应力和剪应力且其取值都较大的危险点处，其正应力和剪应力的最大取值既不在横截面内，也不在 45°斜截面内，而是在其他斜截面内。

基于上述两方面的原因，仅仅根据横截面的 σ_{max} 和 τ_{max} 分别建立强度条件 $\sigma_{max} \leq [\sigma]$ 及 $\tau_{max} \leq [\tau]$ 并不能保证构件的强度和安全。那么材料究竟首先沿哪个点哪个方位发生强度破坏呢？要回答这个问题，就必须首先知道构件受力时，在各个截面、各个点、各个方位应力的大小，然后根据相应的强度理论判断构件材料在这些点这些方位是否危险，这些都是应力状态的范畴。

为此，一方面我们需要根据横截面上一点处的正应力和剪应力以便进一步分析和研究其各个方位上的应力分布情况；另一方面需在已知各点应力状态的情况下基于试验和工程实践，建立相应的强度判别标准（强度准则）。

二、应力状态的概念及其研究方法

所谓一点处的应力状态，是指通过受力构件内某一点处在各个不同方向的截面上的应力情况的总和。一点处的应力状态，反映了该点应力分布变化规律，是构件强度计算的依据。

为了研究某点处的应力状态，通常用围绕该点截取非常微小的正交六面体（称为单元体），并用单元体各个面上的全部应力来表示该点处的应力状态，再利用单元体的平衡条件来研究它在各个不同方向的截面上的应力情况。显然，单元体各面上应力随 A 和 B 而变化。

对于平面杆系结构，通常其横截面和平面内及平面外与其垂直的两个截面上的正应力和剪应力都已知。因此，研究应力状态时，单元体通常由这三个截面及与其平行的另外三个截面截取得到。

图 15-1 所示分别为从受拉构件、受扭构件及受弯构件横截面 m—m 上各点处截取的单元体及其对应的应力状态。

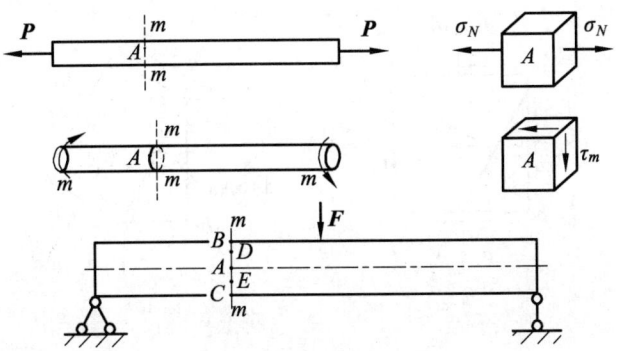

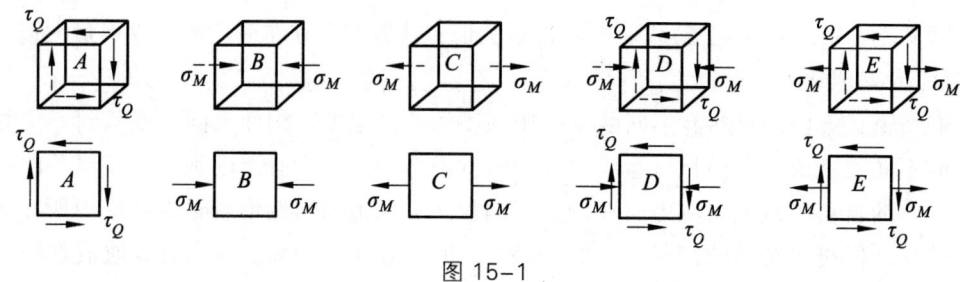

图 15-1

第二节 平面应力状态下任意斜截面上的应力——解析法

一、平面应力状态的一般情况

我们知道,平面应力状态中,单元体各个面上的各应力分量都处于同一平面内(图 15-2),而垂直于该平面的所有应力分量均为 0。因此,可设 z 轴方向无应力分量,则单元体中所有各应力分量都平行于前后两个主平面,即 xoy 平面,如图 15-2(a)所示。这时,单元体平面应力状态可简化表示,如图 15-2(b)所示。

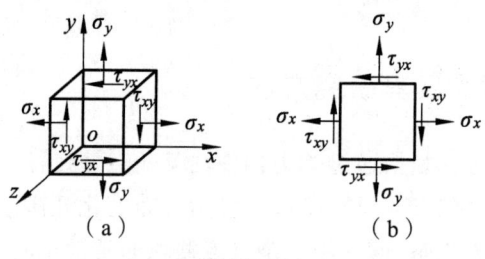

图 15-2

二、平面应力状态下斜截面上的应力

图 15-3(a)所示单元体处于平面应力状态,为研究该点的应力情况,我们需要知道过该点任意一斜截面上的应力大小和性质。为此我们通过法线与 x 轴正向夹角为 α 角的任意一斜截面截取其中的三角形部分作为研究对象,同时沿斜截面及其法线建立 N-T 坐标系,该三角形的三个面上所受应力如图 15-3(b)所示。

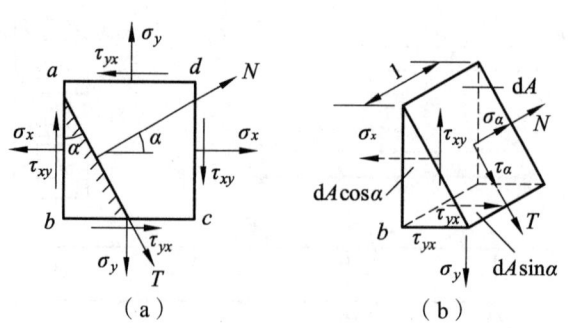

图 15-3

假设斜面面积为 dA，由脱离体的平衡条件，有：

$\sum N = 0 \quad \sigma_\alpha dA - \sigma_x (dA\cos\alpha)\cos\alpha + \tau_{xy}(dA\cos\alpha)\sin\alpha - \sigma_y(dA\sin\alpha)\sin\alpha + \tau_{yx}(dA\sin\alpha)\cos\alpha = 0$

$\sum T = 0 \quad \tau_\alpha dA - \sigma_x(dA\cos\alpha)\sin\alpha + \tau_{xy}(dA\cos\alpha)\cos\alpha + \sigma_y(dA\sin\alpha)\cos\alpha + \tau_{yx}(dA\sin\alpha)\sin\alpha = 0$

有：$\sigma_\alpha = \sigma_x \cos^2\alpha + \sigma_y \sin^2\alpha - 2\tau_{xy}\sin\alpha\cos\alpha$

$\tau_\alpha = (\sigma_x - \sigma_y)\sin\alpha\cos\alpha + \tau_{xy}(\cos^2\alpha - \sin^2\alpha)$

应用三角关系：$\cos^2\alpha = \dfrac{1+\cos 2\alpha}{2}$；$\sin^2\alpha = \dfrac{1-\cos 2\alpha}{2}$；$\sin 2\alpha = 2\sin\alpha\cos\alpha$，得：

$$\sigma_\alpha = \frac{\sigma_x + \sigma_y}{2} + \frac{\sigma_x - \sigma_y}{2}\cos 2\alpha - \tau_x \sin 2\alpha \qquad (15\text{-}1)$$

$$\tau_\alpha = \frac{\sigma_x - \sigma_y}{2}\sin 2\alpha + \tau_x \cos 2\alpha \qquad (15\text{-}2)$$

这里，$\tau_{xy} = \tau_{yx}$，常记为 τ_x；σ_α、τ_α 分别代表法线与 x 轴正向夹角为 α 角的任意一斜截面上的正应力和剪应力。

由以上推导可知，当单元体纵向截面及横截面上应力 σ_x、σ_y、τ_{xy} 已知时，与纸面垂直的任意斜截面（α 截面）上各个应力均可求出，但式中的 σ_x、σ_y、τ_{xy} 均为代数量，均有自身的正负号。其正负号规定如下：

（1）σ_x、σ_y 以拉应力为正，以压应力为负。

（2）τ_{xy} 以单元体左右两横截面上剪应力为准，τ_{xy} 以绕单元体顺时针转动为正，反之为负。

（3）α 为斜截面的外法线与 x 轴正方向夹角。当其由 x 轴正向逆时针转到截面外法线 N 时，转过的夹角 α 取正值；反之，α 取负值。

（4）σ_α 以拉应力为正，以压应力为负；τ_α 以绕其所在的脱离体顺时针方向转动为正，逆时针方向转动为负。

三、示　例

例 15-1　求图 15-4 所示单元体中 ab 截面上应力。

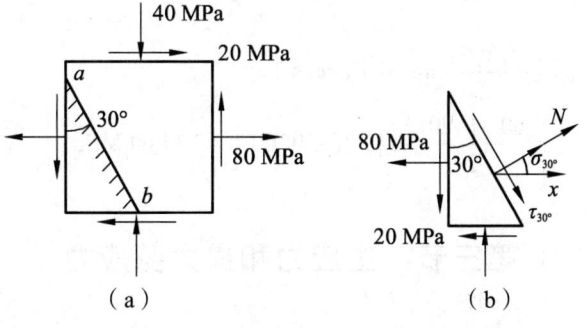

图 15-4

解：由图 15-4 可知单元体上应力分别为：$\sigma_x = 80$ MPa，$\sigma_y = -40$ MPa，$\tau_x = -20$ MPa。

ab 截面外法线与 x 轴正向夹角为：$\alpha = 30°$。

由单元体中任意斜截面上的正应力和剪应力计算式可知：

$$\sigma_{30°} = \frac{\sigma_x + \sigma_y}{2} + \frac{\sigma_x - \sigma_y}{2}\cos 2\alpha - \tau_x \sin 2\alpha$$

$$= \frac{80 + (-40)}{2} + \frac{80 - (-40)}{2}\cos(2 \times 30°) - (-20)\sin(2 \times 30°)$$

$$= 67.3 \text{ MPa}$$

$$\tau_{30°} = \frac{\sigma_x - \sigma_y}{2}\sin 2\alpha + \tau_x \cos 2\alpha$$

$$= \tau_{30°} = \frac{80 - (-40)}{2}\sin(2 \times 30°) + (-20)\cos(2 \times 30°) = 41.9 \text{ MPa}$$

例 15-2 求图 15-5 所示单元体中 bc 截面上应力。

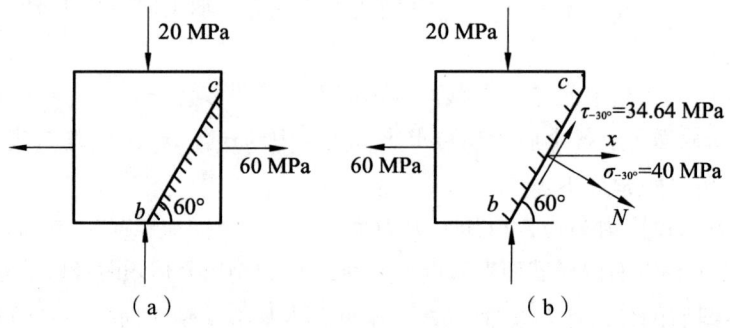

图 15-5

解：由图可知单元体上应力分别为：$\sigma_x = 60$ MPa，$\sigma_y = -20$ MPa，$\tau_x = 0$。bc 截面外法线与 x 轴正向夹角为：$\alpha = -30°$。

由单元体中任意斜截面上的正应力和剪应力计算式可知：

$$\sigma_{-30°} = \frac{\sigma_x + \sigma_y}{2} + \frac{\sigma_x - \sigma_y}{2}\cos 2\alpha - \tau_x \sin 2\alpha$$

$$= \frac{60 + (-20)}{2} + \frac{60 - (-20)}{2}\cos[2 \times (-30°)] - 0 = 40 \text{ MPa}$$

$$\tau_{-30°} = \frac{\sigma_x - \sigma_y}{2}\sin 2\alpha + \tau_x \cos 2\alpha$$

$$= \frac{60 - (-20)}{2}\sin[2 \times (-30°)] + 0 = -34.64 \text{ MPa}$$

第三节 主应力和最大剪应力

一、主应力、主平面及应力状态的分类

在从受力物体内所取的单元体中，若某个截面上的剪应力等于零（最多只存在正应力），

则称该截面为单元体的主平面（也称主面）。作用于单元体主平面上的正应力，称为单元体的主应力。

进一步的研究表明，从变形构件中的任意一点处所取的单元体中总存在着至少三个互相正交的主平面（不存在剪应力的截面）。相应地，这个单元体上至少存在三对相互正交的主应力。通常，主应力以受拉为正，以受压为负。因此，单元体的主应力可正可负可为零。各侧面上剪应力均为零的单元体也称为主单元体，如图 15-6 所示。

对应于一点处的应力状态中的这三对主应力，我们通常将其按照代数值大小进行排序，并分别记为 σ_1、σ_2、σ_3，即：$\sigma_1 \geqslant \sigma_2 \geqslant \sigma_3$。

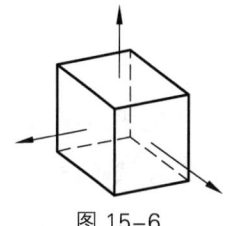

图 15-6

根据单元体上不为零的主应力的数量不同，通常我们把应力状态分为单向应力状态、平面应力状态及空间应力状态等三类。

当表示某点应力情况的单元体对应的三对主应力中只有一对主应力不为零时，我们称这样的单元体处于单向应力状态。如受轴向拉伸与压缩及纯弯曲变形时的等截面直杆内横截面上各点处单元体均处于单向应力状态。

当表示某点应力情况的单元体对应的三对主应力中有且仅有一对主应力为零，其余两对主应力均不为零时，我们称这样的单元体处于平面应力状态。如圆轴扭转时横截面上的各点，低压容器器壁各点处均为平面应力状态。

当上述单元体的三对主应力全都不为零时，此时的单元体则处于空间应力状态。例如小球与板的接触点处（图 15-7），火车轨道在其车轮作用点处，高压容器器壁内各点处的单元体均处于空间应力状态。

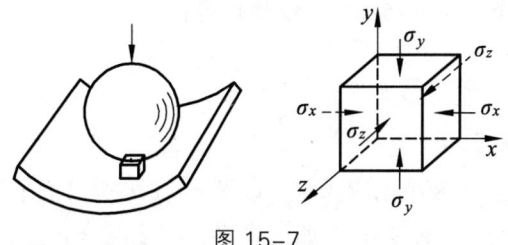

图 15-7

显然，平面应力状态中，上述结论也是成立的。即：单元体中依然存在着至少三个互相正交的主平面，只是在平面应力状态中，我们常常只关注应力不为零的两个主平面。为了讨论问题的方便，此时，我们也常常说受力物体内任意一点有且仅有两个相互垂直的主平面。但在对主应力排序时，我们必须将三个主应力 σ_1、σ_2、σ_3 同时考虑进去。

二、主应力的计算及主平面位置

由单元体内斜截面上应力 σ_α、τ_α 的计算公式可知，σ_α、τ_α 的取值都是角度 α 的连续函数。对于应力的连续函数，我们最为关注的是其极值。因此，我们需要求出这些极值。同时，我们知道应力 σ_α、τ_α 的最大值和最小值是存在的。因此，σ_α、τ_α 的极值就是斜截面上应力 σ_α、

τ_α 的最大值和最小值。下面先利用 σ_α 计算公式对 α 求导以便求得 σ_α 的极值。设 $\alpha = \alpha_0$ 时，正应力 σ_α 取得极值，即：

$\dfrac{d\sigma_\alpha}{d\alpha}\Big|_{\alpha=\alpha_0} = 0$ 得：

$$-2\left[\dfrac{\sigma_x - \sigma_y}{2}\sin 2\alpha_0 + \tau_{xy}\cos 2\alpha_0\right] = 0$$
$$\Rightarrow \tan 2\alpha_0 = -\dfrac{2\tau_{xy}}{\sigma_x - \sigma_y} \tag{15-3}$$

它表示 $\alpha = \alpha_0$ 时，$-2(\tau_\alpha|_{\alpha=\alpha_0}) = 0$，即：剪应力为 0。

由式（15-3）可以看出：σ_α 的极值发生于 $\tau_\alpha = 0$ 的平面，即主平面上。换言之，σ_α 极值就是主应力。或者说，应力 σ_α 在主平面上取得其最大值或最小值。

下面我们求解主平面的位置：

由式（15-3）可求得两个角度 α_0、α_0'，有：

$$\alpha_0 = \dfrac{1}{2}\arctan\left(-\dfrac{2\tau_{xy}}{\sigma_x - \sigma_y}\right); \quad \alpha_0' = \alpha_0 + \dfrac{\pi}{2} \tag{15-4}$$

可见，α_0、α_0' 确定了两个互相垂直的主平面，两个主平面上的主应力中，其中一个为最大值 σ_{max}，另一个为最小值 σ_{min}。知道其中一个主平面的位置另一个的位置也就唯一确定了下来。

将 α_0、α_0' 的表达式代入式（15-1），经整理得：

$$\begin{matrix}\sigma_{max}\\\sigma_{min}\end{matrix} = \left(\dfrac{\sigma_x + \sigma_y}{2}\right) \pm \sqrt{\left(\dfrac{\sigma_x - \sigma_y}{2}\right)^2 + \tau_{xy}^2} \tag{15-5}$$

这里，最大主应力 σ_{max}、最小主应力 σ_{min} 以及 $\sigma = 0$（所讨论平面应力状态所在平面外的主应力）等三个主应力在 σ_1、σ_2 及 σ_3 中如何排序，需要结合 σ_{max}、σ_{min} 的具体数值而定。

至于 σ_{max}、σ_{min} 和 α_0、α_0' 的对应关系，可以证明（此处从略）有以下结论：

（1）当 $\sigma_x \geq \sigma_y$ 时，σ_{max} 在 $\alpha_0 = 1/2\arctan[-2\tau_x/(\sigma_x - \sigma_y)]$ 所确定的主平面上。σ_{min} 所在主平面则由 $\alpha_0' = \alpha_0 + \pi/2$ 所确定。

（2）当 $\sigma_x < \sigma_y$ 时，σ_{min} 在 $\alpha_0 = 1/2\arctan[-2\tau_x/(\sigma_x - \sigma_y)]$ 所确定的主平面上。σ_{max} 则在 $\alpha_0' = \alpha_0 + \pi/2$ 所确定的主平面上（或者说是在 $\alpha_0' = \alpha_0 - \pi/2$ 所确定的平面上）。

三、最大剪应力 τ_{max} 的计算

同样，最大剪应力也可通过对其计算公式求导得到。设 $\alpha = \alpha_1$ 时，剪应力 τ_α 取得极值，令：

$$\frac{\mathrm{d}\tau_\alpha}{\mathrm{d}\alpha} = 2\left(\frac{\sigma_x - \sigma_y}{2}\cos 2\alpha - \tau_{xy}\sin 2\alpha\right) = 0，有：$$

$$\frac{\sigma_x - \sigma_y}{2}\cos 2\alpha_1 - \tau_{xy}\sin 2\alpha_1 = 0，即：$$

$$\tan 2\alpha_1 = \frac{\sigma_x - \sigma_y}{2\tau_{xy}} = 0$$

由此可求得 α_1 的两个值：

$$\alpha_1 = \frac{1}{2}\arctan\left(\frac{\sigma_x - \sigma_y}{2\tau_{xy}}\right);\quad \alpha_1' = \alpha_1 + \frac{\pi}{2} \tag{15-6}$$

这两个角确定了两个互相垂直的平面，这两个平面上分别有最大、最小剪应力。将 α_1、α_1' 代入式（15-2），得：

$$\begin{matrix}\tau_{\max}\\ \tau_{\min}\end{matrix} = \pm\sqrt{\left(\frac{\sigma_x - \sigma_y}{2}\right)^2 + \tau_{xy}^2} = \pm\frac{\sigma_{\max} - \sigma_{\min}}{2} \tag{15-7}$$

由式（15-4）及式（15-6）可知：

$$\tan 2\alpha_0 = -\frac{1}{\tan 2\alpha_1}$$

所以，α_1、α_0 之间有一定关系，即：

$$2\alpha_1 = 2\alpha_0 + \frac{\pi}{2} \to \alpha_1 = \alpha_0 + \frac{\pi}{4}$$

这说明 $\tau_{\max}$、$\tau_{\min}$ 所在平面与主平面的夹角为 $\pi/4$。利用这种关系，只要求出 α_1 和 α_0 中一个取值即可知道另一个的取值。

由以上分析可知，在 $\tau_{\max}$、$\tau_{\min}$ 所在的平面上，有：

$$\frac{\sigma_x - \sigma_y}{2}\cos 2\alpha_1 - \tau_{xy}\sin 2\alpha_1 = 0$$

$$\frac{\sigma_x - \sigma_y}{2}\cos 2\alpha_1' - \tau_{xy}\sin 2\alpha_1' = 0$$

将这种关系代之入式（15-1），则：

$$\sigma_{\alpha_1} = \sigma_{\alpha_1'} = \frac{\sigma_x + \sigma_y}{2}$$

利用式（15-5）可得：

$$\frac{1}{2}(\sigma_{\max} + \sigma_{\min}) = \frac{\sigma_x + \sigma_y}{2}$$

因此，可以得到：

$$\sigma_{\alpha_1} = \sigma_{\alpha_1'} = \frac{1}{2}(\sigma_{\max} + \sigma_{\min}) \tag{15-8}$$

式（15-8）表明，最大、最小剪应力所在截面上主应力相等，数值上都等于最大、最小主应力的平均值。

四、示　例

例 15-3　梁中某点处的平面应力状态如图 15-8 所示。
已知：$\sigma_x = 60$ MPa，$\sigma_y = -40$ MPa，$\tau_x = -30$ MPa，$\alpha = -30°$。
试求：（1）α 斜面上的应力；
（2）主应力大小及主平面方位；
（3）绘出主应力单元体。

解：
（1）计算 α 斜面上的应力。

$$\begin{aligned}
\sigma_\alpha &= \frac{\sigma_x + \sigma_y}{2} + \frac{\sigma_x - \sigma_y}{2}\cos 2\alpha - \tau_x \sin 2\alpha \\
&= \frac{60-40}{2} + \frac{60+40}{2}\cos[2\times(-30°)] + 30\sin[2\times(-30°)] \\
&= 9.02 \text{ MPa}
\end{aligned}$$

$$\begin{aligned}
\tau_\alpha &= \frac{\sigma_x - \sigma_y}{2}\sin 2\alpha + \tau_x \cos 2\alpha \\
&= \frac{60+40}{2}\sin[2\times(-30°)] - 30\cos[2\times(-30°)] = -58.3 \text{ MPa}
\end{aligned}$$

（2）计算主应力大小及主平面方位。

$$\begin{matrix}\sigma_{\max} \\ \sigma_{\min}\end{matrix} = \frac{\sigma_x + \sigma_y}{2} \pm \sqrt{\left(\frac{\sigma_x - \sigma_y}{2}\right)^2 + \tau_{xy}^2} = \frac{60-40}{2} \pm \sqrt{\left(\frac{60+40}{2}\right)^2 + (-30)^2}$$

$$\sigma_{\max} = \frac{60-40}{2} + \sqrt{\left(\frac{60+40}{2}\right)^2 + (-30)^2} = 68.3 \text{ MPa}$$

$$\sigma_{\min} = \frac{60-40}{2} - \sqrt{\left(\frac{60+40}{2}\right)^2 + (-30)^2} = -48.3 \text{ MPa}$$

主平面方位由下式确定：

$$\tan 2\alpha_0 = -\frac{2\tau_x}{\sigma_x - \sigma_y} = -\frac{-60}{60+40} = 0.6 \Rightarrow \alpha_0 = 15.5° \text{或} \alpha_0 = 15.5° + 90° = 105.5°$$

可见：$\sigma_1 = 68.3$ MPa，$\sigma_2 = 0$ MPa，$\sigma_3 = -48.3$ MPa。平面内两个主应力方向分别为：

σ_1 方向：$\alpha_0 = 15.5°$

σ_3 方向：$\alpha_0 = 15.5° + 90° = 105.5°$

（3）主应力单元体如图 15-9 所示。

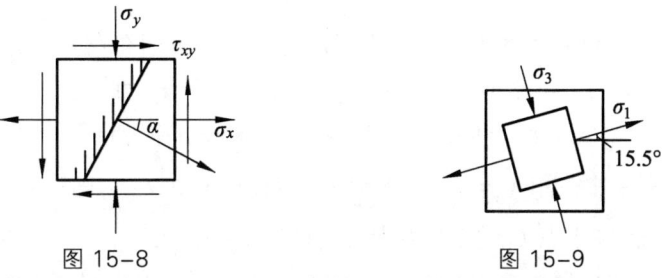

图 15-8　　　　　　　　　　图 15-9

第四节　二向应力状态分析——图解法

一、单元体应力圆方程

前面已导出了平面应力状态下单元体斜截面上应力计算公式为：

$$\sigma_\alpha = \frac{\sigma_x + \sigma_y}{2} + \frac{\sigma_x - \sigma_y}{2}\cos 2\alpha - \tau_x \sin 2\alpha$$

$$\tau_\alpha = \frac{\sigma_x - \sigma_y}{2}\sin 2\alpha + \tau_x \cos 2\alpha$$

将上式改写后，得：

$$\sigma_\alpha - \frac{\sigma_x + \sigma_y}{2} = \frac{\sigma_x - \sigma_y}{2}\cos 2\alpha - \tau_x \sin 2\alpha$$

$$\tau_\alpha = \frac{\sigma_x - \sigma_y}{2}\sin 2\alpha + \tau_x \cos 2\alpha$$

两边平方然后相加，得：

$$\left(\sigma_\alpha - \frac{\sigma_x + \sigma_y}{2}\right)^2 + \tau_\alpha^2 = \left(\frac{\sigma_x - \sigma_y}{2}\right)^2 + \tau_x^2 \tag{15-9}$$

此即为平面应力状态下单元体对应的应力圆方程。

对于一个应力已知的点，σ_x、σ_y、τ_{xy} 是已知量。式中只有 σ_α、τ_α 是未知的，如果以 σ_α 为横轴，τ_α 为纵轴建立坐标系，则上式表示一个圆的方程。

圆心坐标：$\left(\dfrac{\sigma_x + \sigma_y}{2}, 0\right)$

圆的半径：$\sqrt{\left(\dfrac{\sigma_x - \sigma_y}{2}\right)^2 + \tau_x^2}$

这样得到的圆称为莫尔圆，又称应力圆。圆上各点即为斜截面上对应的正应力和切应力大小。

二、应力圆的画法

图15-10（a）所示单元体处于典型的平面应力状态，下面介绍其应力圆的绘制方法：
（1）在单元体上建立 x-y 坐标系，确定 σ_x、σ_y、τ_{xy} 及 τ_{yx} 的大小。
（2）如图15-10（b）所示，建立 σ-τ 坐标系，确定应力比例尺。
（3）在 σ-τ 坐标系中，用（σ_x，τ_{xy}）确定点 D，（σ_y，τ_{yx}）确定点 D'。
（4）连接 DD' 交 σ 轴于点 C，以 C 为圆心，CD 为半径画圆。

这样得到的图形就是与单元体对应的应力圆。其中，D 点坐标对应图 15-10（a）中 cd 面上的应力，D' 坐标对应 ac 面上的应力。

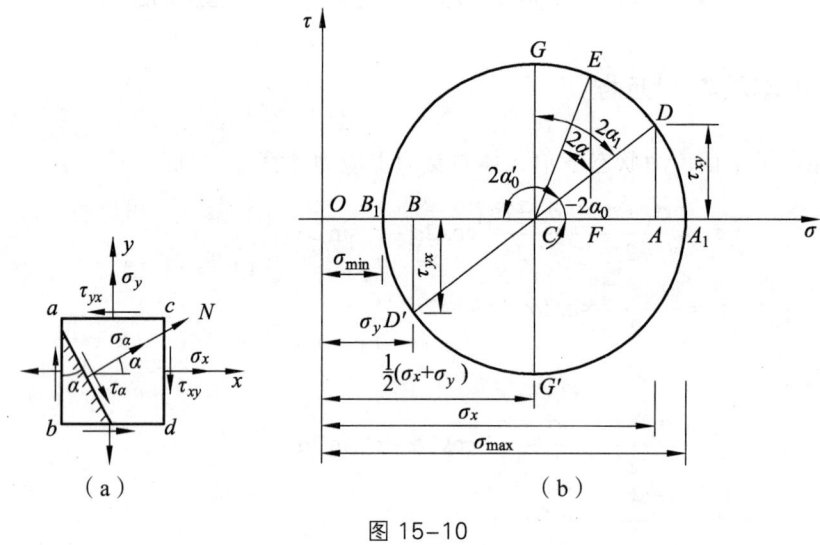

图 15-10

三、应力圆的使用

1. 斜截面应力与应力圆上点的对应关系

要确定单元体 ae 面上的应力 σ_α、τ_α，可将应力圆中半径 CD 反时针转动 2α 角得圆上 E 点，则 E 点的横坐标及纵坐标对应于所要求的斜截面 α 上的应力 σ_α、τ_α。下面证明如下：

证明：由图中几何关系可知：

$$\overline{OF} = \overline{OC} + \overline{CF} \qquad \overline{CD} = \overline{CE} = R$$

$$\overline{OC} = 0.5(\sigma_x + \sigma_y) \qquad \overline{CF} = R\cos(2\alpha - 2\alpha_0)$$

利用三角关系，得：

$$\overline{CF} = R\cos 2\alpha \cos 2\alpha_0 + R\sin 2\alpha \sin 2\alpha_0$$
$$= (R\cos 2\alpha_0)\cos 2\alpha + (R\sin 2\alpha_0)\sin 2\alpha$$
$$= \overline{CA}\cos 2\alpha - \overline{DA}\sin 2\alpha$$
$$= \frac{\sigma_x - \sigma_y}{2}\cos 2\alpha - \tau_{xy}\sin 2\alpha$$

$$\therefore \overline{OF} = \frac{\sigma_x + \sigma_y}{2} + \frac{\sigma_x - \sigma_y}{2}\cos 2\alpha - \tau_{xy}\sin 2\alpha = \sigma_\alpha$$

$$\overline{EF} = R\sin(2\alpha - 2\alpha_0)$$
$$= R\sin 2\alpha \cos 2\alpha_0 - R\cos 2\alpha \sin 2\alpha_0$$
$$= \overline{CA}\sin 2\alpha + \overline{DA}\cos 2\alpha$$
$$= \frac{\sigma_x - \sigma_y}{2}\sin 2\alpha + \tau_{xy}\cos 2\alpha = \tau_\alpha$$

证明完毕。

2. 利用应力圆求解 $\sigma_{\max}$、$\sigma_{\min}$ 及其所在截面 α_0

从图中容易看出：
$$\sigma_{\max} = \overline{OA_1} = \overline{OC} + \overline{CA_1} = \overline{OC} + R$$
$$\sigma_{\min} = \overline{OB_1} = \overline{OC} - \overline{CB_1} = \overline{OC} - R$$
$$\overline{OC} = \frac{1}{2}(\sigma_x + \sigma_y) \quad R = \sqrt{\left(\frac{\sigma_x - \sigma_y}{2}\right)^2 + \tau_{xy}^2}$$
$$\begin{matrix}\sigma_{\max}\\ \sigma_{\min}\end{matrix} = \overline{OC} \pm R = \frac{\sigma_x + \sigma_y}{2} \pm \sqrt{\left(\frac{\sigma_x - \sigma_y}{2}\right)^2 + \tau_{xy}^2}$$

上述结论和利用解析法导出的公式完全相同。至此，我们对公式中的各项含义的理解则更加明确了。

从图中可见，A_1、B_1 对应于主平面位置。按照 α 角正负号规定，点 A_1 对应的主平面与点 D 对应的横截面成 $-2\alpha_0$ 角。故：
$$\tan 2\alpha_0 = -\frac{\overline{DA}}{\overline{CA}} = -\frac{2\tau_{xy}}{\sigma_x - \sigma_y}$$

同样，另一点 B_1 点对应的主平面与点 D 对应的横截面夹角 α_0' 与 α_0 有如下关系：
$$2\alpha_0' = 2\alpha_0 + \pi$$

3. 利用应力圆求解 $\tau_{\max}$、$\tau_{\min}$ 及其所在截面位置 α_1

从图上看出：$\overline{GC} = \tau_{\max}$ $\quad \overline{-GC'} = \tau_{\min}$
$$\begin{matrix}\tau_{\max}\\ \tau_{\min}\end{matrix} = \pm R = \pm\sqrt{\left(\frac{\sigma_x - \sigma_y}{2}\right)^2 + \tau_{xy}^2}$$

$$\tan 2\alpha_1 = \frac{\overline{CA}}{\overline{DA}} = \frac{\sigma_x - \sigma_y}{2\tau_{xy}} \qquad 2\alpha_1' = 2\alpha_1 + \pi$$

前面曾导出过 σ_{α_1}、$\sigma_{\alpha_1'}$ 的表达式，这很容易从应力圆上看出：

$$\sigma_{\alpha_1} = \sigma_{\alpha_1'} = \frac{1}{2}(\sigma_x + \sigma_y) = \frac{1}{2}(\sigma_{\max} + \sigma_{\min})$$

它的几何意义就是应力圆圆心的横坐标。

例 15-4 图解法求解图 15-11（a）中所示单元体斜截面上的正应力和剪应力。

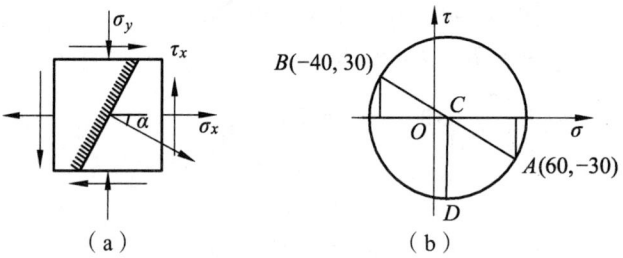

图 15-11

已知：$\sigma_x = 60$ MPa，$\sigma_y = -40$ MPa，$\tau_x = -30$ MPa，$\alpha = -30°$

试求：α 斜面上的正应力和剪应力。

解：首先，按下列步骤作单元体对应的应力圆。

（1）建立 σ-τ 坐标系，如图 15-11（b）所示。

（2）选好应力比例尺，在坐标系中分别标出代表单元体中横截面和水平面上应力大小的点 $A(60,-30)$ 和点 $B(-40,30)$。

（3）以 $\overline{AB}$ 为直径，以中点 C 为圆心作圆，如图 15-11（b）所示。此圆即为已知应力状态的单元体所对应的应力圆。

（4）自 A 点开始将半径 CA 旋转 $2\alpha = -60°$（即：沿顺时针方向旋转 $60°$）得到 D 点。D 点的纵横坐标分别是所求斜截面上的剪应力 τ 和正应力 σ。

（5）按比例量出 $\sigma_\alpha = 9.02$ MPa，$\tau_\alpha = -58.3$ MPa。应力圆法与解析法所得结果相同。

例 15-5 已知 A 点处截面 AB、AC 的应力如图 15-12（a）所示，应力单位为 MPa，试用图解法确定该点处的主应力及其所在的截面方位。

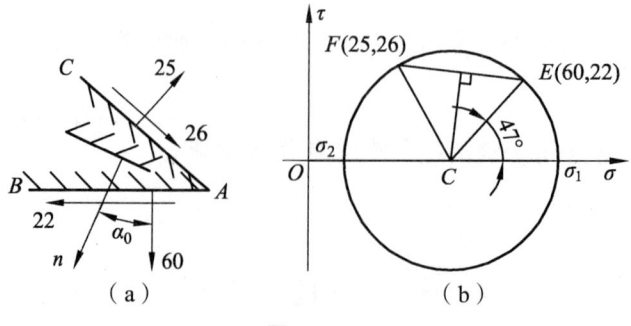

图 15-12

解：

（1）建立 σ-τ 坐标系，并按比例标注坐标点 $E(60, 22)$、$F(25, 26)$，如图 15-12（b）所示。连接 EF，并作其中垂线与 σ 轴交于 C 点，以 C 点为圆心，以 CE（或 CF）为半径作圆，此圆即为所求应力圆，如图 15-12（b）所示。

（2）此圆与 σ 轴交点的坐标值即为主应力值，按比例量得：$\sigma_1 = 70$ MPa，$\sigma_2 = 10$ MPa。

（3）求主应力所在截面的方位角 α。

在图 15-12（b）中，由 CE 开始，顺时针转向 σ 轴，量得：$2\alpha_0 = -47°$，则 $\alpha_0 = -23.5°$，此即为主应力 σ 所在截面的方位角。

在图 15-12（a）中，以 AB 面法线为基准，顺时针转 23.5°，即为主应力平面法线 n 的位置。法线 n 对应的平面就是主应力所在截面。

第五节　三向应力圆的概念

对于三向应力状态，我们不做详细讨论，只介绍在已知单元体三个主应力 σ_1、σ_2 及 σ_3 的情况下，如何利用单元体的三向应力圆求解单元体内最大正应力 σ_{max} 及最大剪应力 τ_{max}，并且只介绍相关内容及结论。

（1）进一步分析表明，利用 σ_1、σ_2 及 σ_3 可以作出三向应力状态下单元体的应力圆，它们由三个圆组成，如图 15-13 所示。各圆及圆与圆之间的不同点在 σ-τ 坐标系中的取值则代表了单元体内所有不同斜截面上的应力值。

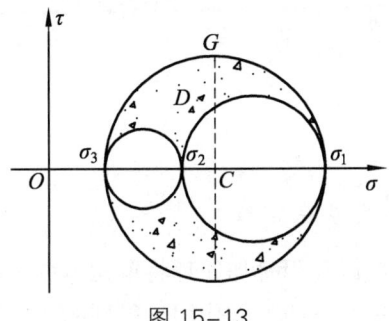

图 15-13

（2）平行于某一主应力的斜面上的应力可以用其余两个主应力决定的应力圆来表示。例如：

平行于 σ_1 的任意斜面上的应力，可用 σ 轴上 σ_3、σ_2 两点为端点的应力圆来确定。

平行于 σ_2 的任意斜面上的应力，可用 σ 轴上 σ_3、σ_1 两点为端点的应力圆来确定。

平行于 σ_3 的任意斜面上的应力，可用 σ 轴上 σ_2、σ_1 两点为端点的应力圆来确定。

其他方位的斜截面上的应力所代表的坐标点则位于上述三个应力圆之间，如图 15-13 中填充区域所示。

（3）σ_{max} 及最大剪应力 τ_{max}。

既然三个圆及圆与圆之间的不同点在 σ-τ 坐标系中的取值代表了单元体所有可能斜面上的应力，那么容易判定，该单元体内最大正应力和最小正应力的取值分别为：

$$\sigma_{max} = \sigma_1 \qquad \sigma_{min} = \sigma_3 \qquad (15\text{-}10)$$

此外，从三向应力圆可以看出，单元体中的 τ_{max} 在 G 点，它作用在与 σ_2 平行的斜截面内，该斜截面法线与 σ_1 及 σ_3 均成 45°角，且有：

$$\tau_{max} = \overline{GC} = 0.5(\sigma_1 - \sigma_3) \qquad (15\text{-}11)$$

可见，σ_{max}、σ_{min} 及 τ_{max} 均是由 σ_1 及 σ_3 决定的应力圆上得到的。其中 τ_{max} 所在斜面与 σ_1 及 σ_3 所在平面成 $\pi/4$ 角。

需要说明的是，在平面应力状态中，在求 τ_{max} 时，在得到的 σ_{max}、σ_{min} 后，我们应在考虑另一主平面上正应力 $\sigma = 0$ 的基础上，对三个主应力 σ_{max}、σ_{min} 及 $\sigma = 0$ 进行排序，并按由大到小的顺序分别赋值给 σ_1、σ_2 及 σ_3，然后再求得该单元体内最大剪应力，即：

$$\tau_{max} = 0.5(\sigma_1 - \sigma_3)$$

第六节　平面状态下应力-应变关系

一、广义胡克定律

1. 基本变形时胡克定律

（1）轴向拉压胡克定律。

轴向变形：$\sigma_x = E\varepsilon_x$

横向变形：$\varepsilon_y = -\mu\varepsilon_x = \dfrac{-\mu\sigma_x}{E}$

（2）纯剪切胡克定律。

$$\tau = G\gamma$$

2. 三向主应力状态下广义胡克定律

在线弹性小变形条件下，可以利用叠加原理将单元体在三向主应力状态下的变形看成是单元体分别在单向应力（三个正交方向上）作用下得到的变形的叠加，如图 15-14 所示。三向应力 σ_1、σ_2、σ_3 作用下的单元体，在 σ_1 方向上的正应变 ε_1 不仅要受自身应力大小的影响，即 $\varepsilon_1' = \sigma_1/E$；还要受与之垂直方向上的两个应力 σ_2 及 σ_3 的大小影响，即：$\varepsilon_1'' = -\mu\sigma_2/E$，$\varepsilon_1''' = -\mu\sigma_3/E$。应用叠加原理，可以写出下列应力-应变关系式，即：

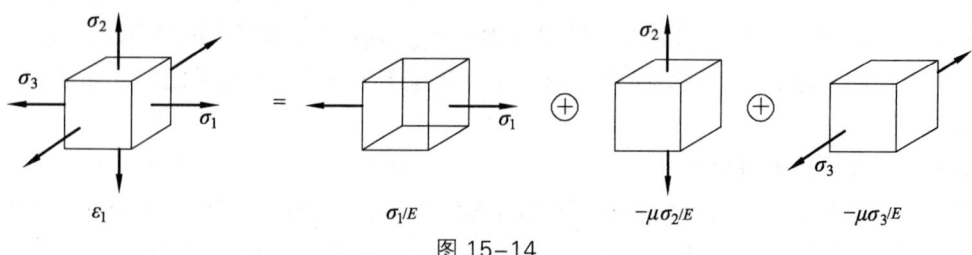

图 15-14

同理，有：
$$\left.\begin{array}{l}\varepsilon_1 = \dfrac{1}{E}[\sigma_1 - \mu(\sigma_2 + \sigma_3)] \\ \varepsilon_2 = \dfrac{1}{E}[\sigma_2 - \mu(\sigma_3 + \sigma_1)] \\ \varepsilon_3 = \dfrac{1}{E}[\sigma_3 - \mu(\sigma_1 + \sigma_2)]\end{array}\right\} \quad (15\text{-}12)$$

式中，ε_1、ε_2、ε_3 分别为三向应力状态下相应于 σ_1、σ_2 及 σ_3 方向的全应变。故又称为主应变。且有：$\varepsilon_{max} = \varepsilon_1$。

ε_1'、ε_1''、ε_1''' 分别为 σ_1、σ_2、σ_3 单独作用下相应于 σ_1 方向的应变。

ε_2'、ε_2''、ε_2''' 分别为 σ_1、σ_2、σ_3 单独作用下相应于 σ_2 方向的应变。

ε_3'、ε_3''、ε_3''' 分别为 σ_1、σ_2、σ_3 单独作用下相应于 σ_3 方向的应变。

E、μ 分别为构件材料的弹性模量及泊松比系数。

利用上述关系式，容易证明：
$$\varepsilon_1 \geqslant \varepsilon_2 \geqslant \varepsilon_3$$

若已知应变 ε_1、ε_2、ε_3，也可以从上式中求解出各个正应力：

$$\left.\begin{array}{l}\sigma_1 = \dfrac{E}{1-\mu^2}[\varepsilon_1 + \mu(\varepsilon_2 + \varepsilon_3)] \\ \sigma_2 = \dfrac{E}{1-\mu^2}[\varepsilon_2 + \mu(\varepsilon_1 + \varepsilon_3)] \\ \sigma_3 = \dfrac{E}{1-\mu^2}[\varepsilon_3 + \mu(\varepsilon_1 + \varepsilon_2)]\end{array}\right\} \quad (15\text{-}13)$$

3. 一般应力状态下广义胡克定律

由于剪应力只引起角应变，不会产生线应变；正应力只会引起线应变，不会引起剪应变。即单元体上应力 σ 和 τ 对正应变的影响是互相分离的。因此，对于最一般的应力状态，如图15-15 所示，单元体的应变计算公式也是成立的。即：

$$\left.\begin{array}{l}\varepsilon_x = \dfrac{1}{E}[\sigma_x - \mu(\sigma_y + \sigma_z)] \\ \varepsilon_y = \dfrac{1}{E}[\sigma_y - \mu(\sigma_z + \sigma_x)] \\ \varepsilon_z = \dfrac{1}{E}[\sigma_z - \mu(\sigma_x + \sigma_y)]\end{array}\right\} \quad (15\text{-}14)$$

$$\gamma_{xy} = \dfrac{\tau_{xy}}{G}, \quad \gamma_{yz} = \dfrac{\tau_{yz}}{G}, \quad \gamma_{zx} = \dfrac{\tau_{zx}}{G} \quad (15\text{-}15)$$

式中，ε_x、ε_y、ε_z 分别为三向应力状态下相应于正应力 σ_x、σ_y 及 σ_z 方向的全应变；γ_{xy}、γ_{yz}、γ_{zx} 分别为三向应力状态下相应于剪应力 τ_{xy}、τ_{yz}、τ_{zy} 方向上剪应变；G 为构件材料的剪切弹性模量。

以上计算中，若已知应变 ε_x、ε_y、ε_z、γ_{xy}、γ_{yz}、γ_{zx}，也可以从上式中求解出应力：

$$\left.\begin{array}{l} \sigma_x = \dfrac{E}{1-\mu^2}[\varepsilon_x + \mu(\varepsilon_y + \varepsilon_z)] \\[4pt] \sigma_y = \dfrac{E}{1-\mu^2}[\varepsilon_y + \mu(\varepsilon_z + \varepsilon_x)] \\[4pt] \sigma_z = \dfrac{E}{1-\mu^2}[\varepsilon_z + \mu(\varepsilon_x + \varepsilon_y)] \end{array}\right\} \qquad (15\text{-}16)$$

$$\tau_{xy} = G\gamma_{xy},\ \tau_{yz} = G\gamma_{yz},\ \tau_{zx} = G\gamma_{zx} \qquad (15\text{-}17)$$

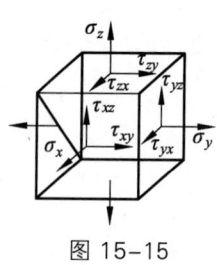

图 15-15

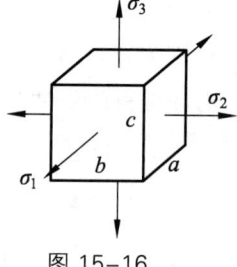

图 15-16

二、体积应变 θ

设单元体各边边长分别为 a、b、c（图 15-16），那么各边变形与其应变关系为：

$$a + \Delta a = a(1+\varepsilon_1)$$
$$b + \Delta b = b(1+\varepsilon_2)$$
$$c + \Delta c = c(1+\varepsilon_3)$$

单元体的体积变化为：

$$\Delta V = (a+\Delta a)(b+\Delta b)(c+\Delta c) - a \cdot b \cdot c$$
$$= abc[(1+\varepsilon_1)(1+\varepsilon_2)(1+\varepsilon_3)] - abc$$

略去高阶微量，得：

$$\Delta V = abc[(1+\varepsilon_1+\varepsilon_2+\varepsilon_3)-1]$$
$$= abc(\varepsilon_1+\varepsilon_2+\varepsilon_3)$$

单元体体积应变则为：

$$\theta = \Delta V / V = \varepsilon_1 + \varepsilon_2 + \varepsilon_3 \qquad (15\text{-}18)$$

将 ε_i（$i=1,2,3$）计算表达式代入上述公式，得：

$$\theta = (1-2\mu)(\sigma_1+\sigma_2+\sigma_3)/E \qquad (15\text{-}19)$$

令 $\sigma_m = (\sigma_1+\sigma_2+\sigma_3)/3$，$K = E/(3(1-2\mu))$

则:
$$\theta = \sigma_m / K \tag{15-20}$$

式中，σ_m 为平均应力，K 被称为体积弹性模量，反映材料的宏观特性，即物体的体积应变与平均应力（某一点三个主应力的平均值）之间关系的一个物理量，它是一个比较稳定的材料常数，其值恒为正。

由式（15-19）可以看出，只要代数和 $\sigma_1 + \sigma_2 + \sigma_3$ 保持不变，无论其中每一个量怎么变化，θ 都不会变化。即：平均应力与体积应变成正比，这个比例系数即为体积弹性模量。

三、示 例

例 15-6 如图 15-17（a）所示的正立方块放在刚性方模内，在方块顶面上受压力 P 作用。已知材料弹性模量为 E，泊松比为 μ。试求立方块四个侧边所受的压力 N_x 和 N_z。各处均不计摩擦。

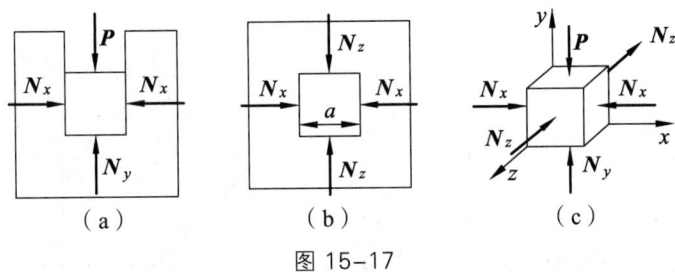

图 15-17

解：假设立方块各面上受力是均匀分布的，则该立方块六个侧面上所受的合力构成一空间汇交力系。

由对称性知：$N_x = N_z$。故仅一个未知量，可通过其变形约束条件求得。为此，须设法找到变形协调条件，建立相应的补充方程。由于刚模四壁对立方块的变形产生约束，因此，立方块受力后沿 x 和 z 方向均不发生变形，由此得到变形协调条件为：

$$\varepsilon_x = \varepsilon_z = 0$$

由广义胡克定律得：

$$\varepsilon_x = \frac{1}{E}[\sigma_x - \mu(\sigma_y + \sigma_z)]$$

$$\varepsilon_x = \frac{1}{E}[\sigma_z - \mu(\sigma_x + \sigma_y)]$$

代入变形协调条件，可建立变形方程为：

$$\sigma_x - \mu(\sigma_y + \sigma_z) = 0 \tag{1}$$

$$\sigma_z - \mu(\sigma_x + \sigma_y) = 0 \tag{2}$$

解联立方程（1）、（2）可得：

$$\sigma_x = \sigma_z = \frac{\mu}{1-\mu}\sigma_y$$

由题意知：$\sigma_y = \frac{-P}{A} = \frac{P}{a^2}$

有：$\sigma_x = \sigma_z = \frac{\mu}{1-\mu}\sigma_y = -\frac{P}{a^2} \times \frac{\mu}{1-\mu}$

因此可得立方块四个侧边所受的压力为：

$$N_x = N_z = a^2 \sigma_x = a^2 \frac{\mu}{1-\mu}\sigma_y = a^2 \frac{\mu}{1-\mu}\left(-\frac{P}{a^2}\right) = -\frac{\mu}{1-\mu}P$$

例 15-7 图 15-18 所示直径为 d 的圆截面轴，其两端承受扭转力偶矩 m 的作用。设由实验测得轴表面上与轴线成 45°方向的正应变 $\varepsilon_{45°}$，试求力偶矩 m 之值。材料的弹性常数 E、μ 均为已知。

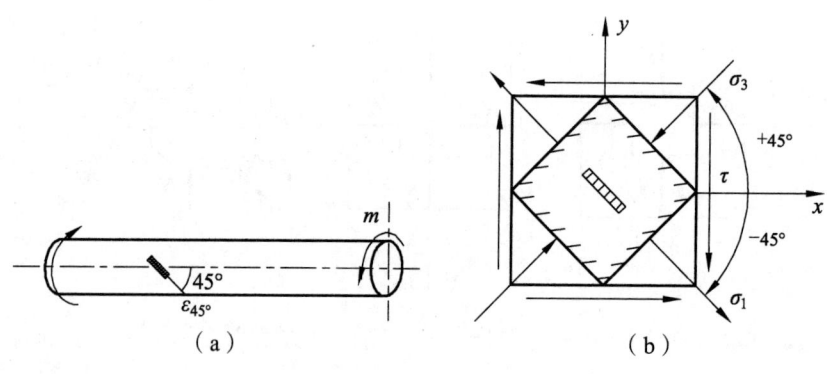

图 15-18

解： 此题有实际意义，传动轴上所受的外力偶矩 m 的大小，有时采用实验方法测定，测得轴上某个方向的正应变，再由应变值计算出外力偶矩的大小。

解题思路：寻找已知量 $\varepsilon_{45°}$ 和未知量间的关系。本题已知正应变 $\varepsilon_{45°}$，通过广义胡克定律可将正应变 $\varepsilon_{45°}$ 和正应力 $\sigma_{45°}$ 联系起来。再通过应力状态分析，找到正应力 $\sigma_{45°}$ 和横截面上的剪应力 τ 的关系，而 τ 是由力矩引起的，由此即可求出外力偶矩 m 的大小。

在圆轴表面测应变处，用纵横截面切取一微元体[图 15-18(b)]，该微元体内与 x 轴成 45°角斜截面上的正应力为 $\sigma_{45°}$，由于微体为纯剪应力状态，用应力圆可求得：

$$\sigma_{45°} = \sigma_1 = \tau \qquad \sigma_2 = 0 \qquad \sigma_{-45°} = \sigma_3 = -\tau$$

由广义胡克定律：

$$\varepsilon_{45°} = \varepsilon_1 = \frac{1}{E}[\sigma_1 - \mu(\sigma_2 + \sigma_3)] = \frac{1}{E}[\tau - \mu(0-\tau)] = \frac{1+\mu}{E}\tau$$

由此可得：

$$\tau = \frac{E}{1+\mu}\varepsilon_{45°}$$

由圆轴扭转公式知：

$$\tau = \frac{T}{W_\rho} = \frac{m}{W_\rho}$$

所以： $m = \tau W_\rho = W_\rho \times \dfrac{E}{1+\mu}\varepsilon_{45°} = \dfrac{\pi d^3}{16} \cdot \dfrac{E}{1+\mu} \cdot \varepsilon_{45°}$

第七节　复杂应力状态下的变形比能

一、比　能

研究表明，某些可变形固体材料的强度破坏主要是因为构件中某些点的比能达到甚至超过了一定限值。为此，我们需要学习比能 U、体积改变比能 U_t、形状改变比能 U_x 等概念及其计算公式，以便为后续强度理论的学习提供计算依据。

所谓的比能是指可变形固体中某点处单位体积材料的变形能。可通过该点处微元体上应力做功求得。

如图 15-19 所示为用三个主平面截取得到的微元体，其各边长分别为 dx、dy、dz，该微元体处于三向主应力状态，假定三个方向的主应力均随 σ_1 按同一比例 k 从 0 增加到最后值 σ_1、σ_2、σ_3，相应各主应力方向的主应变 ε_1、ε_2、ε_3 也将按同一比例 k 从 0 增加到最后值 ε_1、ε_2、ε_3。这里：k 从 0 增大到 1。

下面以微元体为脱离体，计算微元体上各主应力在其变形过程所做的功。首先讨论 σ_1 方向主应力在其变形过程所做的功。

微面 $dydz$ 上应力合力为：$P_1 = k\sigma_1 dydz$

微元体在 dx 方向位移变化：$d\delta_1 = \varepsilon_1 dk dx$

因此，σ_1 在微元体变形过程中的元功为：$\sigma_1\varepsilon_1 kdk dxdydz$

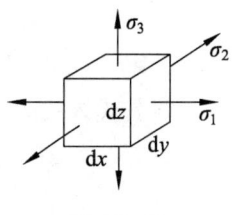

图 15-19

同理可得：σ_2 在微元体变形过程中的元功为：$\sigma_2\varepsilon_2 kdk dxdydz$

σ_3 在微元体变形过程中的元功为：$\sigma_3\varepsilon_3 kdk dxdydz$

在 k 从 0 增大到 1 的过程中，三个方向的总功 W 则为：

$$\begin{aligned}W &= \int_0^1 (\sigma_1\varepsilon_1 + \sigma_2\varepsilon_2 + \sigma_3\varepsilon_3)kdk dxdydz \\ &= \frac{1}{2}(\sigma_1\varepsilon_1 + \sigma_2\varepsilon_2 + \sigma_3\varepsilon_3)dxdydz\end{aligned}$$

由于微元体体积为 $dxdydz$，故得比能为：

$$U = \frac{1}{2}(\sigma_1\varepsilon_1 + \sigma_2\varepsilon_2 + \sigma_3\varepsilon_3) \qquad (15\text{-}21)$$

注意，此处 ε_1、ε_2、ε_3 并不是 σ_1、σ_2、σ_3 分别单独作用时产生的，它应该是三个方向主应力共同作用下微元体的主应变，其值应按照广义胡克定律计算。即：

$$\varepsilon_1 = \varepsilon_1' + \varepsilon_1'' + \varepsilon_1''' = \frac{1}{E}[\sigma_1 - \mu(\sigma_2 + \sigma_3)]$$

$$\varepsilon_2 = \frac{1}{E}[\sigma_2 - \mu(\sigma_3 + \sigma_1)]$$

$$\varepsilon_3 = \frac{1}{E}[\sigma_3 - \mu(\sigma_1 + \sigma_2)]$$

将上式代入（15-21），得：

$$U = \frac{1}{2E}[(\sigma_1^2 + \sigma_2^2 + \sigma_3^2) - 2\mu(\sigma_1\sigma_2 + \sigma_2\sigma_3 + \sigma_3\sigma_1)] \qquad (15\text{-}22)$$

二、体积改变比能 U_t 及形状改变比能 U_x

单元体的比能可分为两部分：单元体保持为正方体而仅体积发生变化的体积改变比能 U_t，单元体体积不变而仅形状发生变化的形状改变比能 U_x（歪形能）。比能 U 与这两部分比能的关系为：

$$U = U_t + U_x$$

1. 体积改变比能 U_t 的计算

如果单元体三个方向都作用平均应力 σ_m，则单元体可保持形状不变，只改变体积，此时：

$$\sigma_m = \frac{1}{3}(\sigma_1 + \sigma_2 + \sigma_3)$$

将其代入式（15-22），得：

$$U_t = \frac{3(1-2\mu)}{2E}\sigma_m^2 = \frac{1-2\mu}{6E}(\sigma_1 + \sigma_2 + \sigma_3)^2 \qquad (15\text{-}23)$$

2. 形状改变比能 U_x 的计算

$$U_x = U - U_t$$

将比能 U、体积改变比能 U_t 的计算公式代入，得：

$$U_x = \frac{1}{2E}[(\sigma_1^2 + \sigma_2^2 + \sigma_3^2) - 2\mu(\sigma_1\sigma_2 + \sigma_2\sigma_3 + \sigma_3\sigma_1)] - \frac{1-2\mu}{6E}(\sigma_1 + \sigma_2 + \sigma_3)^2$$

$$= \frac{1+\mu}{6E}[(\sigma_1 - \sigma_2)^2 + (\sigma_2 - \sigma_3)^2 + (\sigma_3 - \sigma_1)^2]$$

第八节　强度理论及其应用

一、简单拉伸与压缩的强度条件

在常温、静载下，材料在不同应力状态下因为强度不足导致的失效大致可以分为两种形式：一种是屈服或剪断，这种材料强度失效前伴随着明显的塑性变形，破坏断面粒子较光滑，且多发生在最大剪应力面上，例如低碳钢受拉、受扭等；另一种则是脆性断裂，这种材料强度失效前没有明显的塑性变形即发生断裂，断面较粗糙，且多发生在垂直于最大正应力的截面上，如铸铁受拉、受扭，低温脆断等。显然，我们需要为这两类不同的强度失效形式建立不同的强度判别标准，即：强度条件。

简单应力状态下，如轴向拉伸（单向应力状态）和圆轴扭转（纯剪应力状态）时，塑性材料的屈服点 σ_y 及脆性材料的极限强度 σ_b 是这两类材料强度失效的主要判别依据，而且它们都很容易通过材料的力学性能试验来确定。它们都代表了构件材料处于承载能力极限状态下所能承受的极限应力。因此，我们可以据此建立简单应力状态的强度准则（条件）。式（15-24）即为轴向拉压杆的强度条件。

$$\sigma \leqslant \frac{\sigma_n}{n} \qquad (15\text{-}24)$$

式中，σ_n 为材料处于承载能力极限状态下所能承受的极限应力；n 为结构构件的安全系数。对于不同性质的材料，其取值不同，通常按照如下原则确定：

塑性材料（塑性流动）：$\sigma_n = \sigma_y$，如：低碳钢。
脆性材料（脆性断裂）：$\sigma_n = \sigma_b$，如：铸铁。

这里，σ_y、σ_b 分别为塑性材料的屈服点和脆性材料的极限强度。σ_y 及 σ_b 可通过材料力学性能试验得到。

为保证结构构件安全可靠地工作，工程中往往会为材料保留一部分强度储备，也就是将材料的极限应力除以一个大于1的安全系数（n）作为实际结构构件工作应力的限值。为保证结构构件既安全可靠，又经济合理。不同性质的材料 n 的取值有所不同。相比之下，脆性材料因其强度破坏更加突然，破坏时没有明显预兆，其破坏后果更加严重。因此，由脆性材料组成的结构构件，其安全系数取值应该更大。

二、强度理论

上述建立的强度条件，都是针对简单应力状态下的材料而言的，但在更多更复杂的应力状态下，当三个主应力（σ_1、σ_2、σ_3）中有两个或三个不为零时，即使对于同一材料，在不同的主应力比值下，材料达到失效状态时的极限应力值也是各不相同的。

例如，三向等拉时，在很低的应力数值下材料就会失效；而同样的材料在三向等压（例如静水压力）作用下，当应力很高时才发生失效。即便加载时保持主应力（σ_1、σ_2、σ_3）之间的比值，其应力状态也有无穷多种组合，每种应力组合下破坏截面的方位彼此区别；同时，加载的不同路径也可能得到完全不同的结果；此外，复杂应力状态下材料的力学试验也很难实现。所以，要想只通过试验便能确定材料在不同主应力比值下发生失效时的极限应力值，并据此建立材料在复杂应力状态下的强度条件，是根本不可能的。

但是，通过有限的试验，有人大胆猜测：对于同一种材料强度失效形式，其中一定包含着某种规律，它有可能是引起材料强度失效的共同原因，它既适合于复杂的应力状态，也同样适用于材料处于简单应力状态。如果能找到这些共同原因，就有可能利用简单应力状态下材料的力学性能试验结果（例如：单向拉伸试验、纯扭转试验等），去推知材料处于复杂应力状态下是否发生强度失效，也就是利用简单应力状态的试验结果去建立复杂应力状态下的强度准则（强度条件）。

于是，人们在大量试验和工程实践的基础上，找出了其中一些引起强度失效的共同因素，通过判断、推理、概括后，提出了种种关于强度失效的共同原因的假说（推测），然后再将其运用到实践中进行检验，并不断完善，直至在一定范围与实际相符合，上升为强度准则（强度条件）。这种关于材料在不同应力状态下发生强度失效的共同原因的各种假设及计算方法称为强度理论，又称破坏理论。

关于材料强度失效的理论，无论哪一种理论，都认为材料的破坏是由于某一特定因素引起的，当这一因素达到极限值，不管材料处于何种应力状态，材料均会失效。目前运用较多的强度理论主要有以下几种：

（1）关于脆性断裂的强度理论有：最大拉应力理论和最大伸长线应变理论。

（2）关于塑性屈服的强度理论有：最大切应力理论和形状改变比能理论。

需要说明的是：每种强度理论都有其局限性。在运用这些理论时，需要注意其适用范围。下面简单介绍这四种常用的强度理论。

1. 第一强度理论（最大拉应力理论）

最大拉应力理论认为最大拉应力是材料脆性断裂的主要因素，不管材料处于何种应力状态，只要最大拉应力 σ_1 达到该材料（在简单拉伸时）的极限值，就会引起材料脆性断裂。

$$\sigma_1 = \sigma_{1u}$$

σ_1 的确定：无论什么应力状态，上述条件均成立。因此可以选用单向拉伸的试验来确定材料的极限应力 σ_u，而在单向拉伸试验中，有：

$$\sigma_1 = \sigma, \ \sigma_2 = \sigma_3 = 0$$

当 $\sigma = \sigma_b$ 时，材料发生脆断，故 $\sigma_u = \sigma_b$。

因此，复杂应力状态下，由第一强度理论建立的强度条件为：

$$\sigma_1 \leqslant \frac{\sigma_b}{n} = [\sigma] \tag{15-25}$$

试验结果表明，这一理论只适用于材料在各种应力状态下发生脆性断裂的情形。这个理论能很好地解释砖、石料、混凝土及铸铁等脆性材料制成的一般受力构件。由于没有考虑 σ_2

及 σ_3 的影响，对于不存在拉应力的情况（只有压应力）无法适用，如混凝土单轴受压。

2. 第二强度理论（最大伸长线应变理论）

该理论认为：最大伸长线应变是材料脆性断裂的主要因素。不管材料处于何种应力状态，只要最大伸长线应变达到极限值，就会引起脆性断裂。即：

$$\varepsilon_1 = \varepsilon_u$$

脆性材料在破坏时变形极小，可以近似按胡克定律表示线应变。

$$\varepsilon_1 = \frac{1}{E}[\sigma_1 - \mu(\sigma_2 + \sigma_3)] = \varepsilon_u$$

ε_u 的确定：仍用简单拉伸试验来确定其最大伸长线应变的极限值，这种应力状态在破坏时有：$\sigma_1 = \sigma_b$，$\sigma_2 = \sigma_3 = 0$。

$$\varepsilon_u = \frac{1}{E}[\sigma_1 - \mu(\sigma_2 + \sigma_3)] = \frac{\sigma_b}{E}$$

用正应力表示，则为：$\sigma_1 - \mu(\sigma_2 + \sigma_3) = \sigma_b$

因此，复杂应力状态下，由第二强度理论建立的强度条件为：

$$\sigma_1 - \mu(\sigma_2 + \sigma_3) \leqslant \frac{\sigma_b}{n} = [\sigma] \tag{15-26}$$

石块、混凝土等脆性材料在轴向压缩时，出现纵向裂口，可用这一理论进行解释。

3. 第三强度理论（最大剪应力理论）

最大剪应力是引起材料塑性流动的主要因素，不管处于何种应力状态，只要最大剪应力 τ_{max} 达到与材料性质有关的某一极限值，材料就发生塑性流动。即：

$$\tau_{max} = \frac{1}{2}(\sigma_1 - \sigma_3)$$

破坏时，$\frac{1}{2}(\sigma_1 - \sigma_3) = \tau_u$。

τ_u 的确定：用塑性材料的简单拉伸试验确定，材料屈服时，最大剪应力发生在与轴线成 45°的斜截面上。此时，有：

$$\sigma_1 = \sigma_s,\ \sigma_2 = \sigma_3 = 0,\ \tau_u = \frac{1}{2}(\sigma_s - 0) = \frac{1}{2}\sigma_s$$

用正应力表示，则为：$\sigma_1 - \sigma_3 = \sigma_s$。

因此，复杂应力状态下，由第三强度理论建立的强度条件为：

$$\sigma_1 - \sigma_3 \leqslant \frac{\sigma_s}{n} = [\sigma]$$

这种理论能很好地解释塑性材料的屈服，且形式简单，机械工程及钢结构工程中运用十分广泛。

4. 第四强度理论（形状改变比能理论）

该理论认为：形状改变比能理论 U_x 是塑性流动的主要因素，不管材料处于何种应力状态，只要材料的形状改变比能 U_x 达到材料的极限值 $(U_x)_n$，材料就发生塑性流动。

$$U_x = (U_x)_n$$

即破坏时：

$$\frac{1+\mu}{6E}[(\sigma_1-\sigma_2)^2+(\sigma_2-\sigma_3)^2+(\sigma_3-\sigma_1)^2] = (U_x)_n$$

$(U_x)_n$ 的确定：在塑性材料因单向拉伸而破坏时的形状改变比能就是导致屈服的形状改变比能的极限值。此时：$\sigma_1 = \sigma_s$，$\sigma_2 = \sigma_3 = 0$，有：

$$(U_x)_n = \frac{1+\mu}{6E}(2\sigma_s^2) = \frac{1+\mu}{3E}\sigma_s^2$$

用正应力表示，则为：$(\sigma_1-\sigma_2)^2+(\sigma_2-\sigma_3)^2+(\sigma_3-\sigma_1)^2 = 2\sigma_s^2$。

因此，复杂应力状态下，由第四强度理论建立的强度条件为：

$$\sqrt{\frac{1}{2}[(\sigma_1-\sigma_2)^2+(\sigma_2-\sigma_3)^2+(\sigma_3-\sigma_1)^2]} \leqslant \frac{\sigma_s}{n} \tag{15-27}$$

这个理论也能很好地解释塑性流动，它比第三理论更接近试验结果。

5. 强度理论的统一表达式

综合四个强度理论的强度条件，可把它们统一表达为：

$$\sigma_{xd} \leqslant [\sigma] \tag{15-28}$$

其中，σ_{xd} 称为相当应力，对于不同理论，σ_{xd} 表达式不一样。

第一强度理论：$\sigma_{xd1} = \sigma_1$

第二强度理论：$\sigma_{xd2} = \sigma_1 - \mu(\sigma_2+\sigma_3)$

第三强度理论：$\sigma_{xd3} = \sigma_1 - \sigma_3$

第四强度理论：$\sigma_{xd4} = \sqrt{\frac{1}{2}[(\sigma_1-\sigma_2)^2+(\sigma_2-\sigma_3)^2+(\sigma_3-\sigma_1)^2]}$

6. 有关强度理论的选用及说明

（1）常温、静载下，通常的脆性材料用第一、第二强度理论，塑性材料用第三、第四强度理论。

（2）材料的破坏形式和应力状态有关，在特殊情况下要特殊处理。例如三向拉伸时塑性材料发生脆性断裂。

（3）用强度理论可以推算许用应力。

拓展知识：莫尔强度理论。

莫尔认为：最大剪应力是使物体破坏的主要因素，但滑移面上的摩擦力也不可忽略（莫尔摩擦定律）。

综合最大剪应力及最大正应力的因素，把一点处材料破坏时的最大应力圆称为极限应力圆。

莫尔认为：材料在各种不同的应力状态下，发生破坏时的所有极限应力圆的包络线为材料的极限曲线；无论一点处的应力状态如何，只要最大应力圆与极限曲线相切，材料就发生强度失效，其切点对应该破坏面。

莫尔强度条件为：$\sigma_1 - \dfrac{[\sigma_t]}{[\sigma_c]}\sigma_3 \leq [\sigma_t]$

对于拉压强度不同的脆性材料，如铸铁、岩石和土体等，在以压为主的应力状态下，该理论与试验结果符合得较好。

因此，莫尔强度理论中相当应力表达式为：

$$\sigma_{xdM} = \sigma_1 - \dfrac{[\sigma_t]}{[\sigma_c]}\sigma_3$$

式中，σ_{xdM} 称为莫尔强度理论相当应力。

三、强度理论的应用

这里以发生弯扭组合变形的圆轴强度计算为例，介绍强度理论的应用。

如图 15-20 所示，一端固定另一端带圆盘的圆轴在盘的边缘受到切向（竖向）力作用。由于切向力不通过圆轴轴线（截面中心），在计算圆轴时，可将荷载向截面中心简化，得到一个力和一个力偶[图 15-20（b）]，两者分别使圆轴发生弯曲和扭转变形。因此，该圆轴横截面产生了弯矩、剪力和扭矩，并发生了弯扭组合变形。在弯曲与扭转的共同作用下，圆轴的横截面上将产生弯矩和扭矩，这两个内力分量对应于横截面上的正应力和剪应力（与扭转剪应力相比，弯曲剪应力常常忽略不计）。

对这种圆轴进行强度计算时，首先要找到弯矩和扭矩都比较大的危险截面；其次，要根据弯矩和扭矩在危险截面上所引起的应力分布，确定危险点及其应力状态。在大多数情形下，发生弯扭变形的危险点处的应力状态可用图 15-20（c）来表示。由于轴表面无外力作用，故微元体上表面上的正应力和剪应力均为零，因而为平面应力状态，其俯视图如图 15-20（d）所示。

根据弯曲和扭转应力计算公式，可得：

$$\sigma = \dfrac{M}{W_z},\quad \tau = \dfrac{T}{W_p}$$

式中，M 和 T 分别为危险点所在横截面的弯矩和扭矩；W_z 和 W_p 分别为圆轴横截面的抗弯和抗扭截面模量（抵抗矩）。

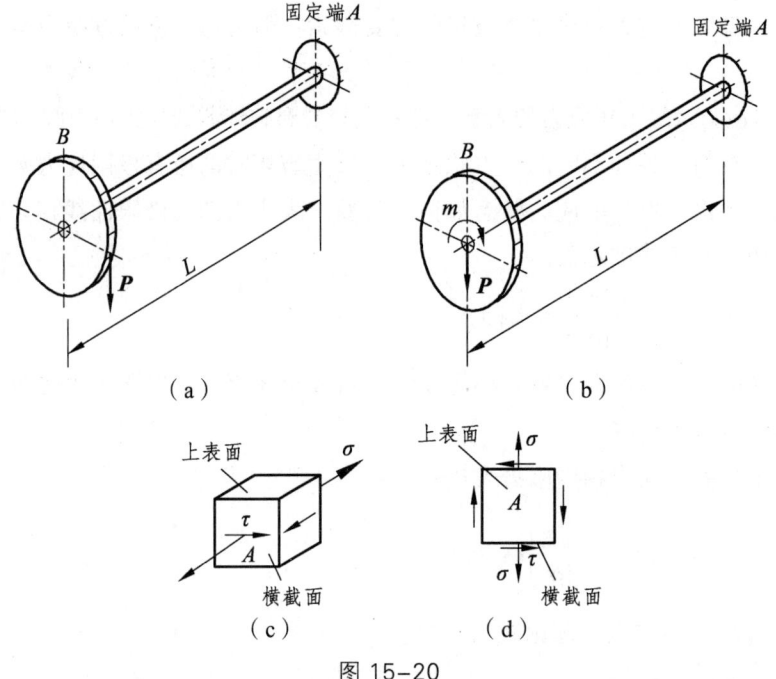

图 15-20

根据平面应力状态下主应力计算公式，可得：

$$\begin{matrix}\sigma_{\max}\\\sigma_{\min}\end{matrix} = \left(\frac{\sigma_x+\sigma_y}{2}\right)\pm\sqrt{\left(\frac{\sigma_x-\sigma_y}{2}\right)^2+\tau_{xy}^2} = \frac{\sigma}{2}\pm\frac{1}{2}\sqrt{\sigma^2+4\tau^2}$$

因此，危险点处三个主应力分别为：

$$\sigma_1 = \frac{\sigma}{2}+\frac{1}{2}\sqrt{\sigma^2+4\tau^2}$$
$$\sigma_2 = 0$$
$$\sigma_3 = \frac{\sigma}{2}-\frac{1}{2}\sqrt{\sigma^2+4\tau^2}$$

在机械工程中，由于圆轴一般由塑性材料制成，在极限状态下，上述应力状态下的危险点处将达到其组成材料的屈服点，故应按照最大剪应力理论（第三强度理论：σ_{r3}）或形状改变比能理论（第四强度理论：σ_{r4}）进行强度计算。即：

$$\sigma_{r3} = \sigma_1-\sigma_3 = \sqrt{\sigma^2+4\tau^2} \leqslant [\sigma]$$
$$\sigma_{r4} = \sqrt{\frac{1}{2}[(\sigma_1-\sigma_2)^2+(\sigma_2-\sigma_3)^2+(\sigma_3-\sigma_1)^2]} = \sqrt{\sigma^2+3\tau^2} \leqslant [\sigma]$$

此即为这类应力状态下，基于第三、第四强度理论，以应力形式表达的塑性材料强度计算公式。

对于发生弯扭组合变形的圆轴，将弯曲和扭转应力计算公式代入其中，并考虑到 $W_p = 2W_z$，还可得到基于第三、第四强度理论（塑性材料），以内力形式表达的圆轴强度计算公式：

$$\sigma_{r3} = \frac{\sqrt{M^2 + T^2}}{W} \leqslant [\sigma]$$

$$\sigma_{r4} = \frac{\sqrt{M^2 + 0.75T^2}}{W} \leqslant [\sigma]$$

这里的 σ_{r3}、σ_{r4} 为相应强度理论的计算应力，又称相当应力。

例 15-8　图 15-21 所示传动轴，电动机功率 $N_p = 7.5$ kW 通过联轴器 A 直接输入，然后通过皮带轮 B 输出。轴的转速为 $n = 100$ r/min，皮带轮直径为 600 mm，且已知皮带拉力 $F_1 > F_2$，$F_2 = 1500$ N，转动轴的材料许用应力 $[\sigma] = 80$ MPa，直径 $d = 60$ mm。试校核该轴是否安全。

解： 作用在皮带上的力都是横向力，并且都不通过圆轴截面的形心，计算传动轴的内力时，可将各横向力向截面形心简化。简化后，得到传动轴的受力简图，如图 15-21（b）所示。

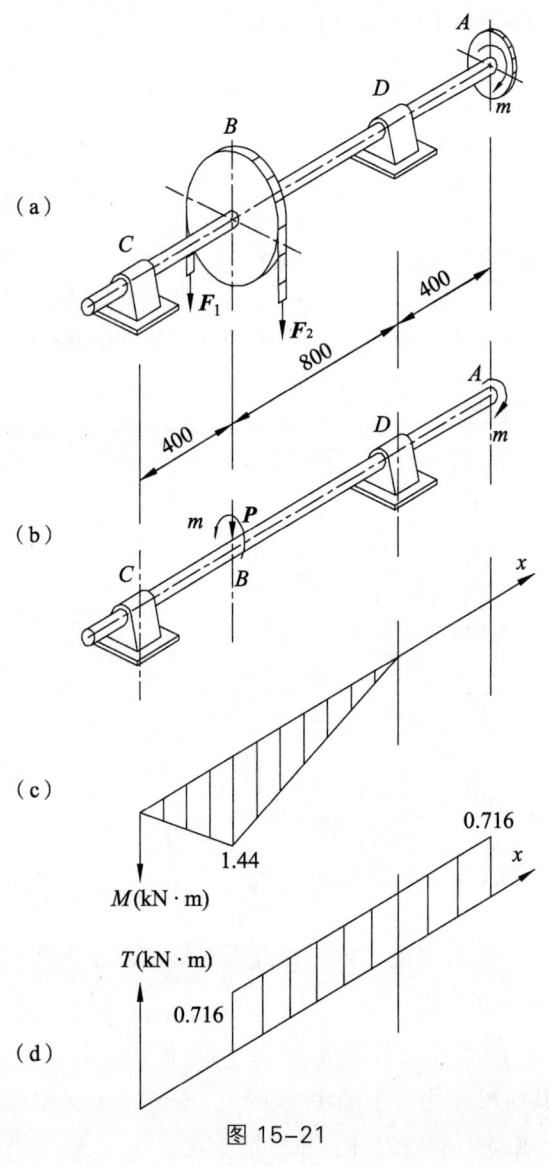

图 15-21

由功率和转速换算公式，可得作用在 A 处绕轴线的外力偶矩 m 大小为：

$$m = 9.55\frac{N_p}{n} = 9.55 \times \frac{7.5}{100} = 0.716 \text{ kN} \cdot \text{m}$$

作用在联轴器和作用在皮带轮上的外力偶矩相互平衡，因而可得：

$$\frac{F_1 D}{2} - \frac{F_2 D}{2} = m$$

将 $D = 0.6$ m，$F_2 = 1.5$ kN 及 m 值代入后，解得：

$$F_1 = 3.9 \text{ kN}$$

$$P = F_1 + F_2 = 1.5 + 3.9 = 5.4 \text{ kN}$$

从计算简图可以看出，轴承受弯曲与扭转组合变形作用，为确定危险截面，须分别画出弯矩图和扭矩图，如图 15-21（c）、（d）所示。从图中可以看出，皮带轮右侧截面为危险截面，其上扭矩与皮带轮以右各截面上扭矩等值。危险截面上的弯矩和扭矩大小分别为：

$$M = 1.44 \text{ kN} \cdot \text{m}, \quad T = 0.716 \text{ kN} \cdot \text{m}$$

由内力形式表达的圆轴强度计算公式可得该轴基于第三、第四强度理论得到的计算应力（相当应力）分别为：

$$\sigma_{r3} = \frac{\sqrt{M^2 + T^2}}{W} = \frac{32\sqrt{m^2 + T^2}}{\pi d^3}$$

$$= \frac{32\sqrt{(1.44^2 + 0.716^2) \times 10^{-6}}}{\pi (60 \times 10^{-3})^3}$$

$$= 75.9 \text{ MPa} < 80 \text{ MPa}$$

$$\sigma_{r4} = \frac{\sqrt{M^2 + 0.75T^2}}{W} = \frac{32\sqrt{m^2 + 0.75T^2}}{\pi d}$$

$$= \frac{32\sqrt{(1.44^2 + 0.75 \times 0.716^2) \times 10^{-6}}}{\pi (60 \times 10^{-8})^3}$$

$$= 72.1 \text{ MPa} < 80 \text{ MPa}$$

两者均小于许用应力，故根据最大剪应力准则和形状改变比能准则，所给传动轴都是安全的。当然，根据后者安全度更高些。

例 15-9 手摇绞车在使用时受力如图 15-22（a）所示。若起吊重物重量为 $P = 500$ N，鼓轮半径为 150 mm，其他尺寸均示于图中（单位：mm）。不计摩擦，若已知轴的许用应力 $[\sigma] = 80$ MPa。试按最大剪应力准则设计铰车轴的直径。

解：

（1）轴的受力分析。

首先，对绞车轴进行受力分析。将作用在缆绳上的重力 P 和作用在摇把上的外力偶矩 m_1 向 AB 轴的轴心简化，得到 AB 轴的计算简图如图 15-22（b）所示。其中：

$$m_1 = m_2 = P \times 150 \ \text{N} \cdot \text{mm}$$

AB 轴在 P 力作用下产生弯曲，其 CB 段在外力偶矩 m_1 和 m_2 作用下产生扭转，所以 CB 段轴承受弯扭组合作用。

（2）内力图与危险截面。

轴的弯矩图和扭矩图分别如图 15-22（c）和（d）所示。其中 C 截面以右与截面 C 无限接近的截面上，弯矩取得最大值，其扭矩则与 BC 段各截面等值。因此该截面为危险截面，其弯矩和扭矩值分别为：

$$M = \frac{Pl}{4} = \frac{500 \times 800}{4} = 100 \times 10^3 \ \text{N} \cdot \text{mm}$$

$$T = P \times 150 = 500 \times 150 \times 10^{-3} = 75 \times 10^3 \ \text{N} \cdot \text{mm}$$

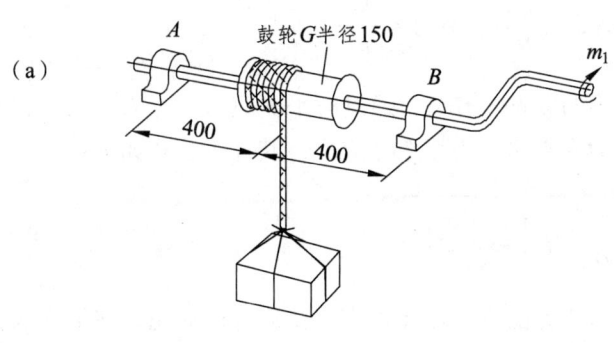

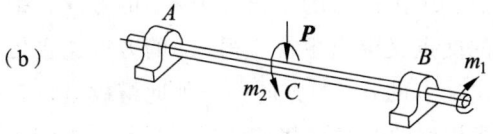

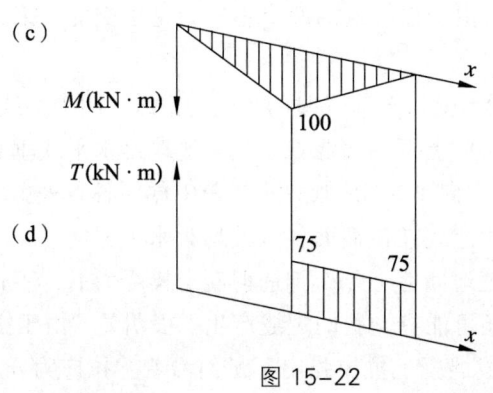

图 15-22

（3）设计轴的直径。

根据最大剪应力强度理论，有：

$$\sigma_{r3} = \frac{\sqrt{M^2+T^2}}{W} \leq [\sigma]$$

这里，$W = \pi d^3/32$，代入上式后，可得弯扭组合作用时，圆轴设计直径的计算公式为：

$$d \geq \sqrt[3]{\frac{32\sqrt{M^2+T^2}}{\pi[\sigma]}} = \sqrt[3]{\frac{32\sqrt{100^2+75^2}\times 10^3}{\pi \times 80}} = \sqrt[3]{\frac{32\times 125\times 10^3}{\pi \times 80}}$$
$$= 2.52\times 10 = 25.2 \text{ mm}$$

第九节　梁的主应力和主应力迹线

通过前面的学习，我们知道梁横截面上的正应力和剪应力公式分别为：

$$\sigma(y) = \frac{My}{I_z} \qquad \tau(y) = \frac{QS_y^*}{Ib}$$

而斜截面上的应力与 σ 和 τ 有关，通过对平面应力状态的学习，我们知道梁内的任意一点处通常存在主拉应力和主压应力两个主应力，其计算公式如下：

$$\begin{matrix}\sigma_{\max} \\ \sigma_{\min}\end{matrix} = \frac{\sigma}{2} \pm \sqrt{\left(\frac{\sigma}{2}\right)^2 + \tau^2}$$

由于主拉应力与压应力的方向相互垂直。我们可以设想，在梁内取若干个截面，如果从其中的任一横截面的任一点开始，求出该点的主拉应力 σ_{ZL} 的方向，把这方向线延长至与邻近的一个横截面相交，在所得的交点又求出主拉应力 σ_{ZL} 的方向，再延长此方向线使之又与另一邻近的横截面相交，又求出交点的 σ_{ZL} 的方向……如此继续进行，可得一折线。我们可以用一根与各点的主应力方向线相切的曲线代替所绘得的折线，曲线上任意一点的切线就是该点的主应力 σ_{ZL} 的方向，这根曲线称为主拉应力 σ_{ZL} 的迹线。用同样方法可以绘出另一根同样形式的主压应力 σ_{ZY} 的迹线。由于任一点的两个主应力是正交的。因此，两条主应力迹线也必然相互正交。

图 15-23（a）所示为简支梁承受均布荷载时的主应力迹线（图中实线表示主拉应力迹线，虚线表示主压应力迹线），在梁的上下两边缘处主应力迹线是水平或垂直的。在中性层处主应力迹线（即主应力 σ_{ZL} 及 σ_{ZY} 方向）成 45°倾斜；在跨中截面各点处剪应力均等于零，其正应力即是主应力，因此，主应力迹线在该截面各点处均为水平方向。

根据主应力迹线，可以清楚地回答为什么钢筋混凝土梁受力后，不仅可能在梁的底部出现垂直裂缝，而且在梁的两端还可能有倾斜的裂缝产生。很明显，由于主拉应力 σ_{ZL} 的存在，并沿着迹线方向作用，就会造成混凝土抗拉强度不足而沿着主拉应力 σ_{ZL} 所在的主平面方向

（垂直于 σ_{ZL}）开裂。在梁的底部，主拉应力 σ_{ZL} 方向是水平的或接近水平的，所以裂缝方向是垂直的。在两端，主应力方向是倾斜的，所以裂缝也是与主应力方向正交成倾斜方向。正因为这样，在钢筋混凝土结构的受弯构件中，必须根据正截面和斜截面强度计算，配置足够的纵向钢筋、弯起钢筋和箍筋以便承担主拉应力，钢筋的布置与梁的主拉应力 σ_{ZL} 迹线大致相近，如图 15-23（b）所示。

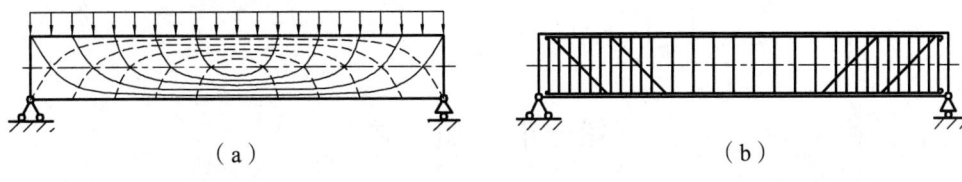

图 15-23

第十六章 静定结构的位移计算

第一节 概 述

一、引起位移的原因

在荷载作用下，组成结构的杆件中将产生内力、应力和应变，其形状和尺寸将发生改变，这种改变称为变形。由于变形，杆件上各点的位置将会发生变化，横截面或其形心将发生相应的转动或移动，这些移动和转动统称为结构的位移。此外，温度改变[图 16-1（a）]、支座移动[图 16-1（b）]、材料的收缩、制造和安装的误差等都可能在结构构件中引起位移，甚至是产生变形。

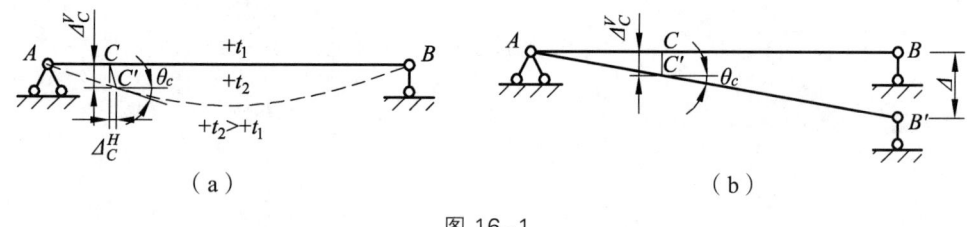

图 16-1

二、计算位移的目的

对结构构件的位移计算或变形计算，主要基于以下三个方面的原因：

（1）验算结构刚度。我们知道，如果结构构件在荷载作用下变形过大时，即使不破坏也会影响结构的正常使用。钢筋混凝土高层建筑的水平位移过大时，可能导致混凝土开裂或次要结构（又称二次结构，如后砌填充墙体等）及室内外装饰层破坏。桥梁竖向位移太大时将造成路面不平顺，行驶的汽车会引起过大的冲击、振动，不仅影响车速，还可能对正常行驶的车辆造成安全事故。此外，过大的变形还会给人以不安全和不舒适感。可见，结构构件除了应满足一定的强度条件外，还必须具有足够的刚度，以保证结构在使用过程中不至于产生过大的变形。为此，在各种结构设计规范中，对结构的刚度都有相应的要求。例如钢结构设计标准（GB 50017—2017）中规定：楼屋盖梁中主梁在永久和可变荷载标准值对应荷载作用下产生的挠度（扣除起拱值）的容许值为 $l/400$（l 为梁的跨度）。再比如有关规范对结构在风力或地震作用等水平荷载作用下，相邻两楼层间的相对水平线位移(简称层间位移)的最大值与层高之比（简称层间位移角）等变形限值做出了相应规定（其值因结构类型及建筑物高度而异)。因此在结构设计时,需验算结构在使用过程中的最大线位移或者转角位移是否超过其允许的限制值。

(2)为超静定结构的静力计算、动力计算以及稳定性计算打下基础。例如,在计算超静定结构内力时,除利用静力平衡条件(平衡方程)外,还需要同时考虑结构的变形协调条件,因此需计算结构的位移。

(3)在结构的制作、架设、养护过程中,有时需要预先知道结构变形后的位置或变形情况,以便采取一定的施工措施,因而需要进行结构的位移计算。例如,多跨钢桁梁桥的现场安装常采用悬臂拼装的方式施工(图16-2),为确保桥段的顺利合龙就位和桥面的顺直,就需要对结构在施工过程中的位移进行计算,以便在施工过程中采取相应的措施。此外,在施工过程中,由于结构自重、操作机械等临时施工荷载的作用,钢桁梁桥悬臂部分将会产生位移(挠度)。若该位移过大,就会影响施工操作机械的正常工作,还会给高空拼装就位带来困难。在厂房钢结构工程或者大跨度网架结构工程中,常常需要吊装屋架、网架结构。此时,需计算起吊时屋架、网架的变形,以便选取的吊点能确保起吊屋架、网架时,其支座能到达其设计位置。再如,在支设有一定跨度的钢筋混凝土主梁底模板时,为保证拆模后梁在自重作用下因变形而回到设计位置,故需计算此时的变形值以便用以确定支设模板时的起拱值。

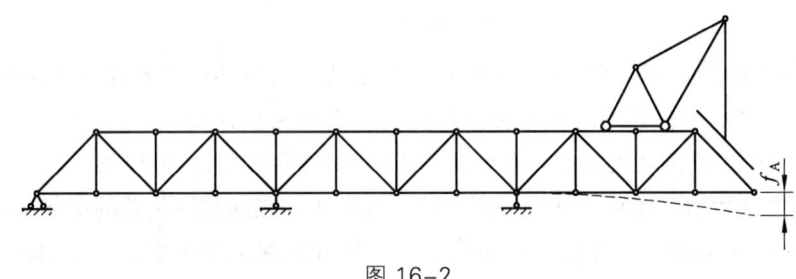

图 16-2

可见,结构的位移计算在工程上具有重要的意义。结构的力学分析中,计算位移是基于小变形线性变形体系而言的,且对于结构体系中的受弯构件(不包括其中两端铰接仅受轴力作用的桁架类杆件)不考虑其轴向变形的影响。对于小变形线性变形体系,其位移的计算满足叠加原理,而简单荷载作用下的位移计算一般方法是以虚功原理为基础的。

因此,本章在介绍了变形体系的虚功原理后再讨论静定结构的位移计算。至于超静定结构的位移计算,在我们学习了超静定结构的内力分析后仍可用这一章的方法进行计算。在介绍虚功原理之前,我们需要学习有关位移的分类以及功的分类。

三、位移的分类

按照不同的需要,结构上的位移有不同的分类,通常人们关注的是杆件截面形心的位移和其横截面所转动的角度。因此,常将结构上的位移分为线位移和角位移两大类。

所谓的线位移,是指杆件轴线(横截面形心连线)上各点变形后相对于初始位置所移动的直线距离。为计算方便,它可进一步分为横向位移和轴向位移。前者是指横截面形心点在垂直于杆件轴线方向的位移。对梁来说,也叫铅垂位移,通常称之为"挠度",用 y 或 w 表示；后者是指横截面形心点沿杆件轴线方向的位移,对梁来说,也叫水平位移。

角位移则是指杆件横截面相对于变形前初始位置所转动的角度。通常称之为"转角",用 θ 或 φ 表示。

例如,图 16-3 所示刚架,横梁上截面形心 A 点变形后移动至 A' 点处,其总线位移为 $\overline{AA'}$,记为 Δ_A。将其分解至竖向和水平方向,得到两个线位移分量,分别为：水平线位移分量,常记为 Δ_A^H；竖向线位移分量,常记为 Δ_A^V。同时,受力后,该刚架横梁上截面 A 发生了转角位移,常记为 φ_A。这里,位移的表示符号物理意义为：下标表示发生位移的截面,上标表示位移的方向（或引起位移的原因）。

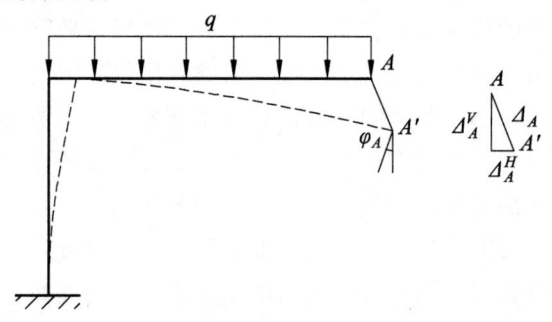

图 16-3

在平面弯曲和弹性变形范围内,梁的轴线在梁变形后弯曲成一条光滑连续的平面曲线,且位于外力作用平面内,该曲线被称为挠度曲线,简称为挠曲线。

有时候,由于研究问题的需要,常计算在不同的参照系下结构的位移。这时,我们常常将位移分为绝对位移和相对位移。其中,两个截面或者两点之间相对位置的变化称为相对位移。

如图 16-4 所示刚架,受力后,截面形心 C、D 分别移动至图中 C'、D' 处。在这个过程中,C、D 两点的水平位移分别为 Δ_C^H、Δ_D^H。C、D 两点的水平相对线位移 Δ_{CD}^H 则可通过 C、D 两点的水平位移得到,即：

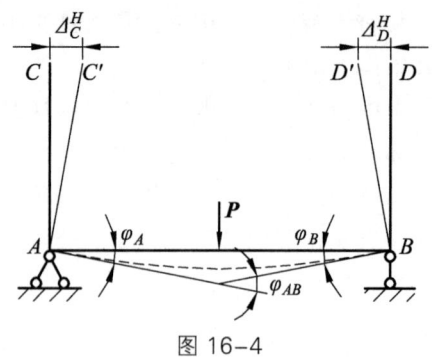

图 16-4

$$\Delta_{CD}^H = \Delta_C^H + \Delta_D^H$$

同样,A、B 两截面的相对转角位移 φ_{AB} 也可由 A、B 两截面的角位移 φ_A、φ_B 得到,即：

$$\varphi_{AB} = \varphi_A + \varphi_B$$

再如,图 16-5 所示刚架中 A、B 两点的水平相对线位移 Δ_{AB}^H 及 C、C' 点的相对线位移 $\Delta_{CC'}^V$

分别为：

$$\Delta_{AB}^H = \Delta_A^H + \Delta_B^H \; ; \quad \Delta_{CC'}^V = \Delta_C^V + \Delta_{C'}^V$$

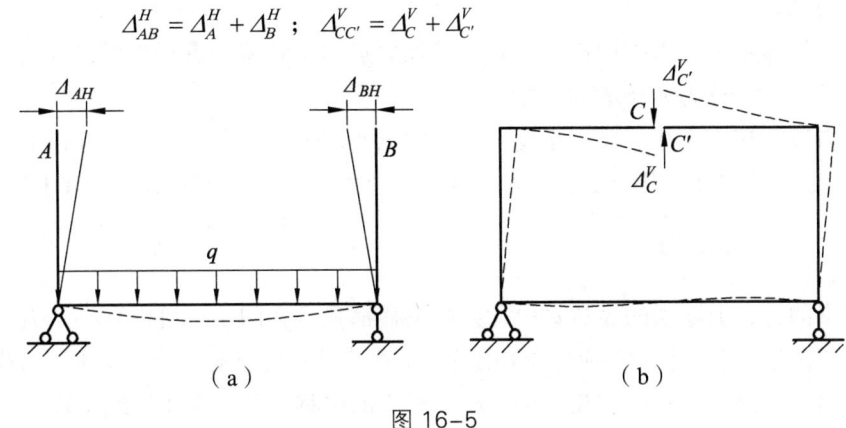

图 16-5

四、功的分类

通常，无论是线位移还是转角位移，绝对位移或相对位移，统称广义位移。记作"Δ"。与广义位移对应的力称为广义力。记作 P，则广义力在广义位移上所作的功记作 W，则有：

$$W = P\Delta \tag{16-1}$$

可见，功是力对物体在一段路程上累积效应的量度，也是传递和转换能量的量度。根据做功的力的性质不同，又可将功分为常力功和变力功、实功和虚功、外力功和内力功。

弹性体在外力作用下将发生变形，在变形过程中，一方面荷载将在相应的位移上做功，称为外力功，用 W 表示；另一方面，弹性体由于变形，其内部存储了能量，这种因变形而存储的能量称为变形能，用 V_ε 表示。根据能量守恒原理，如果荷载是静荷载，则应变能在数值上应等于外力功，即：

$$V_\varepsilon = W$$

利用这个能量原理和在此基础上导出的其他功能关系，可以求解弹性体的变形位移和内力等，这种方法称为能量法。

1. 作用在弹性体系上的外力所作的功

（1）常力功。

弹性体系在平衡力系的作用下，在一定的变形状态下保持平衡。这时，如果某种外界因素使这一变形状态发生改变（图 16-6），在这个过程中，作用在弹性体系上的外力的大小和方向都不改变时，该外力所作的功，是常力功。其大小为：

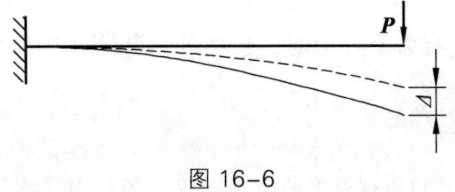

图 16-6

$$W = P\varDelta$$

（2）变力功。

作用在弹性体系上的力[图 16-7（a）]，其加力点的位移将随着杆件所受外力的增加而增大，在这种情形下，外力所作的功称之为变力功。

对于材料满足胡克定律、又在小变形条件下工作的弹性杆件，作用在杆件上的力与位移呈线性关系[图 16-7（b）]。因此，作用在弹性体系上的外力在由其引起的位移上所作的功为：

$$W = \frac{1}{2}P\varDelta \tag{16-2}$$

需要指出的是，上述功的表达式中，力和位移都是广义的。P 可以是一个力，也可以是一个力偶。当 P 是一个力时，对应的位移 $\varDelta$ 是一个线位移；当 P 是一个力偶时，对应的位移 $\varDelta$ 是一个角位移；当 P 是一对等值反向的力时，对应的位移 $\varDelta$ 是一个相对线位移；当 P 是一对等值反向的力偶时，对应的位移 $\varDelta$ 是一个相对角位移。

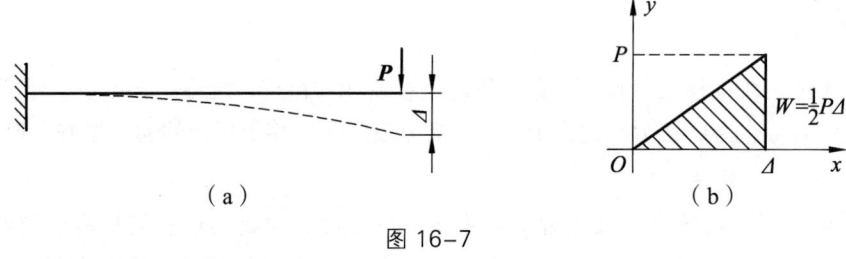

图 16-7

2. 实功与虚功

（1）实功。

力在自身引起的位移上所作的功称为实功。对于理想的线弹性体系，力与其自身引起的位移成正比，故为变力功。当静力加载时，图 16-8 中静力 P 由 0 增加至 P_1 时，竖向位移 $\varDelta$ 也由 0 增加至 $\varDelta_{11}$。则力 P 在位移至 $\varDelta_{11}$ 过程中作实功，其值为：

$$W = \frac{1}{2}P_1\varDelta_{11}$$

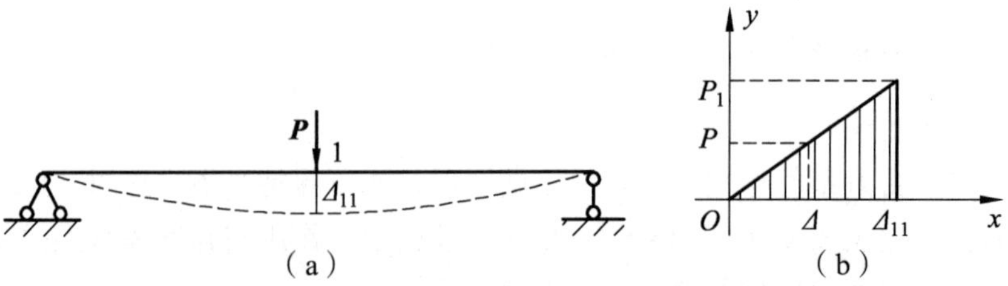

图 16-8

当作用在线弹性体系上有多个外力时，这些外力共同作用所做实功大小为：

$$W = \frac{1}{2}\sum_{i=1}^{n}P_i\varDelta_i$$

上式表明：作用于体系上的所有外力所做总功等于各分力最终值与相应（广义）位移最终值

的乘积之和的二分之一。显然实功与力的最终值不成正比，故实功的计算不能应用叠加原理。

（2）虚功。

力在与力本身无关的其他因素引起的位移上所做的功称为虚功，其特点是位移与作功的力无关。从虚功的定义可以看出，做虚功过程中存在两种状态，一种状态称为力状态，另一种状态称为位移状态，且这两种状态无关。由于力状态中的力的大小在位移状态过程中保持不变，因此虚功属于常力做功。如图 16-9 所示的状态 1 和状态 2 分别为线弹性体系上分别作用静力荷载 P_1、P_2 时的位移状态。根据叠加原理可知，体系中施加 P_1 后再在点 2 处施加静力荷载 P_2 后的位移状态如图 16-9（c）所示。位移 Δ_{12} 为力 P_2 引起的 P_1 的作用点沿 P_1 方向的位移分量。力 P_1 在位移 Δ_{12} 上所作功即为虚功。由实功和虚功的定义有：

实功：$W_{11} = \frac{1}{2} P_1 \Delta_{11}$ $W_{22} = \frac{1}{2} P_2 \Delta_{22}$

虚功：$W_{12} = P_1 \Delta_{12}$

思考题：如果在体系中先施加 P_2 后施加荷载 P_1[图 16-9（d）]，这个过程中，哪些力作实功？哪些力做虚功？其值分别为多少？

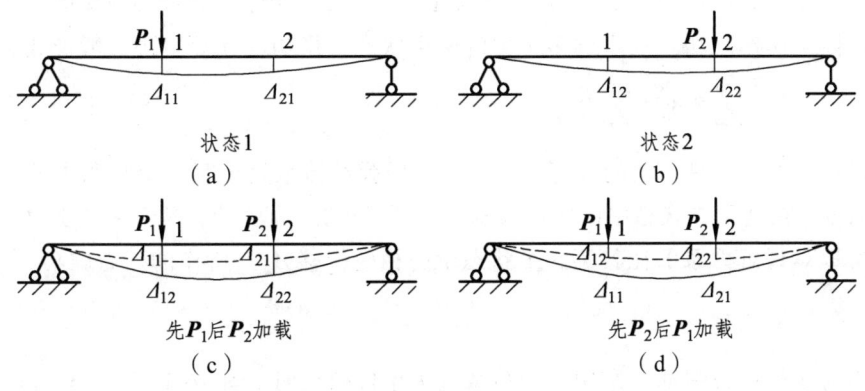

图 16-9

说明：（1）在虚功中，做功的力与虚功中的位移彼此独立无关。

（2）可将做功的力与虚功中的位移分开视为属于同一体系的两种彼此无关的状态，分别称为力状态和位移状态。

（3）虚功中，由于力状态中的力和位移状态中相应于力的位移彼此独立无关，可用叠加原理求虚功。

（4）此处与作功的力无关的位移，不仅限于荷载引起，温度变化、支移移动以及为便于分析问题而假设的各种满足结构约束条件的位移，都可使力作虚功。

（5）力和位移彼此独立无关，故两者之一可虚设，但均应满足各自的条件。即：位移状态中的位移和应变（变形）必须满足变形协调条件及边界条件，力状态中的内力及外力则需满足平衡条件。

（6）若利用虚功研究的是某种实际状态下的未知力，则可取该实际状态作为虚功中的力状态并为之虚设相对应的位移状态，此种状态下的位移称虚位移。反之，利用虚功研究的是某种实际状态中的位移，则可将其作为位移状态，并需要为之虚设力状态，该力则称为虚力。

五、几个互等定理

1. 功的互等定理

当线弹性体系中同时作用有静力荷载 P_1、P_2 时，无论体系中加力的顺序如何，对于线弹性体系来说，根据叠加原理，体系最终位移状态都是一样的（图 16-9）。因此体系中储存的能量（变形能 V_ε）都是相同的，根据能量守恒定律，都等于体系中的力所做的功。即：

$$V_\varepsilon = W_1 = \frac{1}{2} P_1 \Delta_{11} + \frac{1}{2} P_2 \Delta_{22} + P_1 \Delta_{12}$$

$$V_\varepsilon = W_2 = \frac{1}{2} P_2 \Delta_{22} + P_1 \Delta_{11} + P_2 \Delta_{21}$$

得：

$$P_1 \Delta_{12} = P_2 \Delta_{21} \tag{16-3}$$

这里，W_1、W_2 分别为按先 P_1 后 P_2 以及先 P_2 后 P_1 的顺序施加静力荷载时（对应两个状态）外力对体系所作总功。推广到多个力的两个状态，得功的互等定理一般形式为：

$$\sum P_k \Delta_{ki} = \sum P_i \Delta_{ik}$$

这就是功的互等定理。功的互等定理表明：线弹性体系处于第一个状态中的外力 P_k（可以是任意力系）在其第二状态中的相应位移 Δ_{ki} 上所作的外力虚功，等于它处于第二状态中的外力 P_i（可以是任意力系）在其第一个状态中的相应位移 Δ_{ik} 上所作的外力虚功。

2. 位移互等定理

在结构的两种状态中都只作用一个荷载且为单位荷载时（图 16-10），$P_1 = P_2 = 1$。由功的互等定理可知：$\Delta_{12} = \Delta_{21}$，这种单位力作用下引起的位移常称为位移影响系数，并用 δ_{ij} 表示（图 16-10），则有：

$$\delta_{12} = \delta_{21} \tag{16-4}$$

这就是位移互等定理。它表明：第二个广义单位力所引起的第一个广义单位力作用点沿其作用方向的位移，等于第一个广义单位力所引起的第二个广义单位力作用点沿其作用方向的位移。

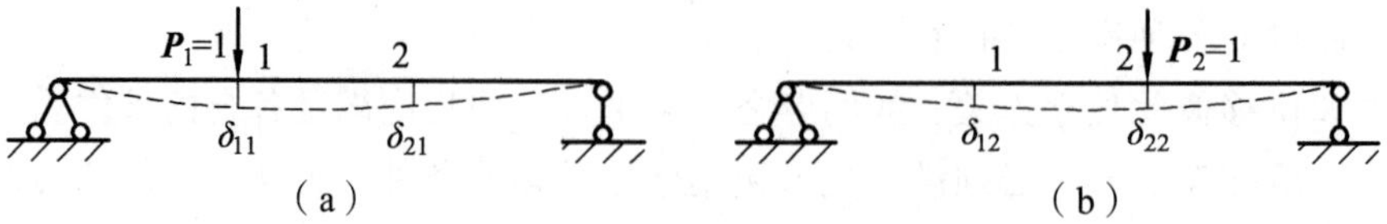

图 16-10

3. 反力互等定理

由功的互等定理可知，在超静定结构中如果两个支座分别发生单位位移时，两个状态中相应支座反力也存在互等关系。如果把单位支座位移引起的支座反力称为反力系数,常用 r_{ij} 表示。根据功的互等定理,有:

$$r_{21} \times 1 = r_{12} \times 1$$
$$r_{21} = r_{12}$$
（16-5）

这就是反力互等定理。它表明：支座 1 发生单位位移在支座 2 处引起的反力,等于支座 2 发生与上述反力相应的单位位移时在支座 1 上引起的反力。

4. 反力与位移互等定理

由功的互等定理可知：单位广义力引起的结构中某支座的反力,等于该支座发生单位广义位移所引起的单位广义力作用点沿其方向的位移（图 16-11）,但符号相反。即：

$$r_{12} = -\delta_{21}$$
（16-6）

这就是反力与位移互等定理。

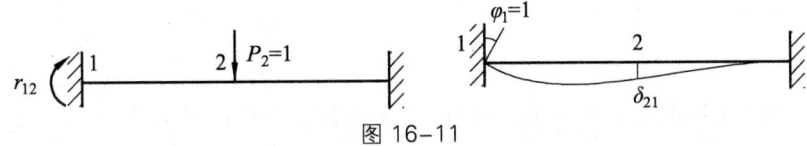

图 16-11

注意：（1）反力互等定理中,支座的位移与该支座的反力在作功关系上的对应关系,即线位移与集中力相对应,角位移与集中力偶相对应,可能 r_{12} 与 r_{21} 一个是反力偶,一个是反力,但两者的数值相等。

（2）本章的荷载和位移都是广义荷载和广义位移,如果力换成力偶,则相应的位移应当是角位移。一般情况下,在这些互等定理中,广义力或者广义位移的量纲可能不相同,但是各种互等关系中的系数,在数值仍然保持相等。

六、示 例

例 16-1 如图 16-12（a）所示悬臂梁,已知梁的抗弯刚度为 EI,若 B 点的垂直位移为 0,试用互等定理求 F_B。

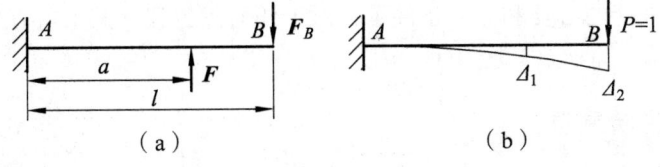

图 16-12

解：过 B 点沿竖直方向施加一单位集中力 $P = 1$,悬臂梁上相应位移如图 16-12（b）所示。其中 Δ_1、Δ_2 为对应于力 F 及 F_B 的广义位移。

查询工程手册挠度表,可知：

$$\Delta_1 = \frac{a^2}{6EI}(3l-a) \qquad \Delta_2 = \frac{l^3}{3EI}$$

根据功的互等定理，第一组力在第二组力引起的位移上作功等于第二组力在第一组力引起的位移上作功。有：

$$-F\Delta_1 + F_B\Delta_2 = 0 \quad 即：\quad -\frac{Fa^2}{6EI}(3l-a) + \frac{F_B l^3}{3EI} = 0$$

解得：
$$F_B = \frac{Fa^2}{2l^3}(3l-a)$$

例 16-2 如图 16-13 所示简支梁，已知梁的抗弯刚度为 EI，若已知跨中截面受力 F 作用时，截面 B 的转角位移，求在梁的 B 端作用有力偶 M 时跨中截面的垂直位移。

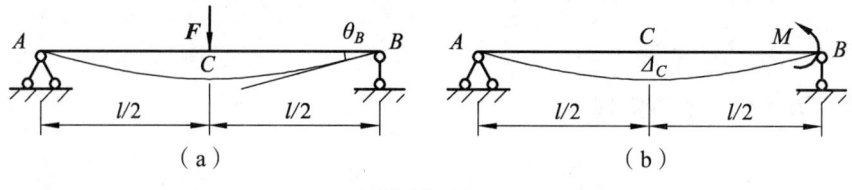

图 16-13

解：根据功的互等定理，力 F 在 M 所引起的位移上所作的功等于 M 在力 F 所引起的位移（角位移）上所作的功，即：

$$F\Delta_C = M\theta_B$$

得：

$$\Delta_C = \frac{Ml^2}{16EI}(\downarrow)$$

第二节 虚功原理和单位荷载法

一、变形体的虚功原理

1. 刚体的虚功原理

刚体系处于平衡的必要和充分条件是：对于任何虚位移，其上所有外力所作虚功的总和为零。

2. 变形体的虚功原理

根据功和能的原理可得变形体的虚功原理：任何一个处于平衡状态（力状态）的变形体，当发生任意一个与该力状态无关的满足变形连续和位移边界的几何可能的虚位移时，变形体的力状态中所受外力（荷载及约束反力等）在该虚设位移状态上所作虚功（称为外力虚功）的总和 W，等于该力状态下变形体中各微段上的内力在虚位移状态下的相应微段的变形上所作虚功（该内力虚功又称为虚变形功）的总和 W_i。即：

$$W_e = W_i \tag{16-7}$$

虚功原理也可以简述为：外力的虚功等于内力的虚变形功。

显然，要求变形体实际状态中的某个位移时，为了利用虚功原理，需要虚设力状态，此时，变形体的虚功原理也称为虚力原理；反之，要求变形体实际状态中的某个力时，为了利用虚功原理，需要虚设位移状态，此时，变形体的虚功原理则称为虚位移原理。

二、单位荷载法

为了应用虚功原理求解实际结构中的位移，需要为之虚设一力状态，即：在结构的实际位移状态中施加与所求位移相应的单位广义力（沿所求位移方向，指向可任意假定），得到虚功中的力状态，然后利用虚功原理即可求解。这种施加单位荷载求实际位移的方法称为单位荷载法。它是利用虚功原理中的虚力原理（只是虚设的力为单位力）求解体系中的位移。

注意：广义力是一个无量纲的量，其大小本可以任意指定，但为了计算简单，常常将其假定为单位力，可称为单位广义力。此外，凡是可以做功的力、力系等都可称为广义力，常用 P 表示。单位广义力则常用 $\overline{X}=1$ 表示；广义力既可以是单独的一个力，也可以是一个力偶，还可以是一组力或者一组力偶等。同样，无论是线位移还是角位移，无论是相对线位移，还是相对转角位移等都统称广义位移，常用 $\varDelta$ 表示。

在单位荷载法中，虚设的单位广义力可以有截然相反的两种指向，计算出的广义位移则有正负之分：正值表示所求广义位移（实际位移）的方向与虚设的单位广义力的指向相同，负值表示所求广义位移的方向与虚设单位广义力的指向相反。

三、变形体系位移计算的一般公式

如图 16-14（a）所示小变形条件下的结构体系由于荷载、温度变化及支座位移等因素作用产生了变形和位移，将其看成虚功中的位移状态，为了求解其中某个广义位移（如 $\varDelta_k$），可虚设相应的单位力状态[图 16-14（b）]，由虚功原理中单位荷载法可得：

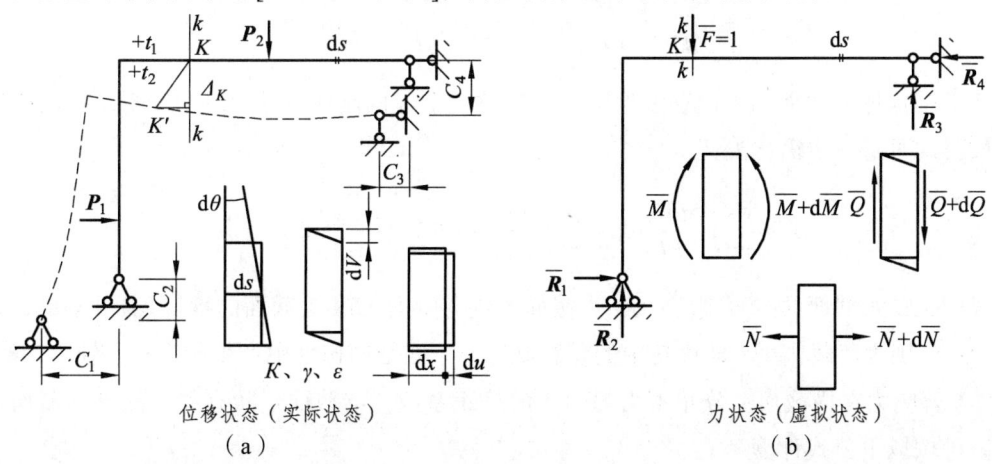

位移状态（实际状态）　　　　　力状态（虚拟状态）
（a）　　　　　　　　　　　（b）

图 16-14

$$\overline{F} \times \Delta_K + \sum \overline{R}_i C_i = \sum \int \overline{M} \mathrm{d}\theta + \sum \int \overline{N} \mathrm{d}u + \sum \int \overline{Q} \mathrm{d}v$$

令 $\overline{F} = 1$，则有：

$$\begin{aligned}\Delta_K &= \sum \int \overline{M} \mathrm{d}\theta + \sum \int \overline{Q} \mathrm{d}v + \sum \int \overline{N} \mathrm{d}u - \sum \overline{R}_i C_i \\ &= \sum \int (\overline{M}\kappa + \overline{Q}\gamma + \overline{N}\varepsilon) \mathrm{d}s - \Sigma \overline{R}_i C_i \end{aligned} \quad (16\text{-}8)$$

这就是计算结构位移的一般公式。

式中，Δ_K 为实际位移状态下所求广义位移；$\overline{F}$ 为与所求广义位移相应的虚设广义力；$\overline{R}_i$ 为虚设力状态下结构中的第 i 个支座约束上相应约束反力；$\overline{M}$、$\overline{N}$、$\overline{Q}$ 为虚设力状态下结构中的弯矩、轴力、剪力；C_i 为实际位移状态下第 i 个支座约束处相应支座位移；$\mathrm{d}\theta$、$\mathrm{d}v$、$\mathrm{d}u$ 分别为实际位移状态下微段两侧横截面相对转角、相对剪切位移以及相对轴向位移；κ、γ、ε 分别为实际位移状态下微段曲率、剪应变及轴向应变。

说明：上述公式之所以称为结构位移计算的一般公式，是因为公式中未给定引起变形位移的原因，故该公式具有普遍性。变形可以是荷载、温度变化、支座移动、制造安装误差及材料收缩等多种因素引起，而且杆件的材料可以是弹性、非弹性、线弹性材料，可用于平面静定结构，亦可用于平面超静定结构。

位移计算结果为正，实际位移方向与虚设的单位广义力方向相同；位移计算结果为负，则表明实际位移方向与虚设的广义单位力方向相反。

第三节　静定结构在荷载作用下的位移计算

一、静定结构只在荷载作用下的位移公式

对于线弹性体系，结构在荷载作用下，有：

$$\varepsilon = \varepsilon_P = \frac{N_P}{EA}, \; \gamma = \frac{kQ_P}{GA}, \; \kappa = \kappa_P = \frac{M_P}{EI}$$

如果结构体系并无支座位移发生，即支座移动引起的刚体位移 $C_i = 0$，则结构位移计算的一般公式可进一步简化为：

$$\Delta_K^P = \sum \int \frac{\overline{M}M_P}{EI} \mathrm{d}s + \sum \int \frac{\overline{N}N_P}{EA} \mathrm{d}s + \sum \int \frac{k\overline{Q}Q_P}{GA} \mathrm{d}s$$

式中，EI 为截面的抗弯刚度；GA 为截面的抗剪刚度；EA 为截面的抗拉（压）刚度；M_P、N_P、Q_P 分别为荷载作用（即虚功中的位移状态）下在结构构件中产生的弯矩、轴力、剪力；k 为由于剪应力在横截面上分布不均匀引入的修正系数，与截面形状有关，故又称截面形状系数，可按以下公式计算：

$$k = \frac{A}{I^2}\int_A \frac{S^2(y)}{b^2(y)}\mathrm{d}A$$

其取值：对矩形截面，$k = 6/5$；对圆形截面，$k = 10/9$。

对于曲杆（曲率半径 r），仅在荷载作用下，结构的位移计算公式为：

$$\Delta_K^P = \sum\int\frac{\overline{M}M_P}{EI}\mathrm{d}s + \sum\int\frac{\overline{N}N_P}{EA}\mathrm{d}s + \sum\int\frac{k\overline{Q}Q_P}{GA}\mathrm{d}s + \underbrace{\sum\int\frac{\overline{N}M_P}{EAr}\mathrm{d}s + \sum\int\frac{\overline{M}N_P}{EAr}\mathrm{d}s}$$

↓　　　　　↓　　　　　↓　　　　　　　↓

弯矩的影响　轴力的影响　剪力的影响　　曲率的影响

注意：公式也适用于超静定结构，只不过在求位移之前需先计算出超静定结构在荷载作用下（即：实际的位移状态）的内力（M_P、N_P、Q_P）及其在虚设单位力状态下的内力（$\overline{M}$、$\overline{N}$、$\overline{Q}$）。

图 16-15 所示矩形截面圆弧形悬臂钢杆，轴线的半径与截面高度之比 $r/h = 10$，弹性模量之比 $E/G = 2.5$，曲杆 B 端形心在竖向荷载 P 作用下的竖向线位移 Δ_B^P 由对应于弯矩、轴力、剪力、曲率四部分作用引起，即：

$$\Delta_B^P = \Delta^M + \Delta^N + \Delta^Q + \Delta^r$$

为求竖向线位移 Δ_B^P，设虚拟力状态如图 16-15（b）所示，用截面法计算出该钢杆在实际位移状态下的内力（M、N 和 Q）及虚设力状态下的内力（$\overline{M}$、$\overline{N}$、$\overline{Q}$）后，代入曲杆在荷载作用下的位移公式，并注意矩形截面的不均匀系数 $k = 1.2$，计算结果为：

$$\Delta_B^P = \frac{\pi P r}{4EA}\left[12\left(\frac{r}{h}\right)^2 + 1 + k\cdot\frac{E}{G} + 2\right] = \frac{\pi P r}{4EA}[1200 + 1 + 3 + 2]$$

结果表明，弯矩、轴力、剪力及曲率四个因素对竖向线位移 Δ_B^P 的影响对应比值为：

$$\Delta^M : \Delta^N : \Delta^Q : \Delta^r = 1200 : 1 : 3 : 2$$

可见，忽略轴力、剪力、曲率对曲梁位移的影响可以满足一般工程所要求的精度。

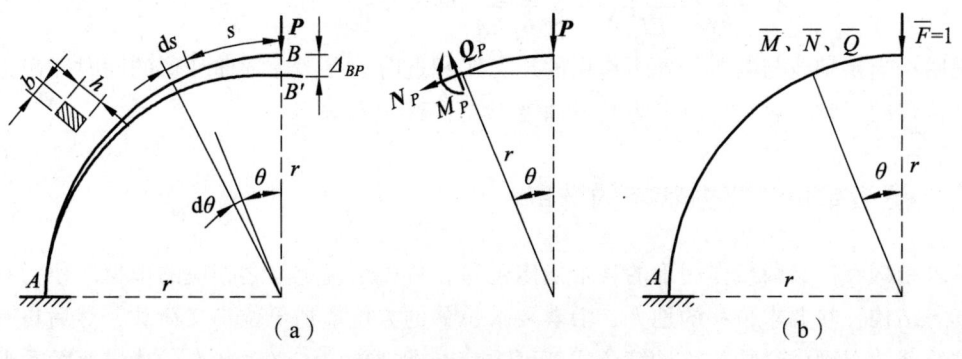

图 16-15

二、各类杆件结构只在荷载作用下的位移公式

1. 梁和刚架

大量计算分析表明，梁式杆的位移中弯矩的影响是主要的，其位移计算公式中仅取弯矩的影响已具有足够的工程精度。故其位移计算公式为：

$$\Delta_K^P = \sum \int \frac{\overline{M} M_P}{EI} \mathrm{d}s \tag{16-9}$$

注意：对于直梁，满足一定条件（这些条件很容易满足）后，可用图形相乘（即图乘法）代替位移计算中的积分运算。对于曲梁则必须运用积分知识计算位移。

2. 桁架结构

桁架结构中各杆均为等截面二力直杆，通常由同一种材料组成，杆内只有轴力，且处处相等。因而其位移计算公式中仅存在轴力对位移的影响，故桁架结构位移计算公式可进一步简化为如下实用的形式：

$$\Delta_K^P = \sum \int \frac{\overline{N} N_P}{EA} \mathrm{d}s = \sum \frac{\overline{N} N_P}{EA} \int \mathrm{d}s = \sum \frac{\overline{N} N_P l}{EA}$$

3. 组合结构

由于组合结构中既有梁式杆，又有等截面二力直杆，前者以弯曲变形为主，后者仅有轴向变形，在计算两者对广义位移的影响时，通常根据杆件的类型不同分别考虑其主要变形对所求广义位移的影响，故组合结构位移计算公式可简化为：

$$\Delta_K^P = \underbrace{\sum \int \frac{\overline{M} M_P}{EI} \mathrm{d}s}_{\text{梁式杆}} + \underbrace{\sum \frac{\overline{N} N_P l}{EA}}_{\text{桁架类杆}}$$

4. 拱

拱结构的位移计算中一般只需计及其轴力和弯矩的影响，剪切变形的影响可忽略不计，则其位移计算公式可简化为：

$$\Delta_K^P = \sum \int \frac{\overline{M} M_P}{EI} \mathrm{d}s + \sum \int \frac{\overline{N} N_P}{EA} \mathrm{d}s$$

说明：当拱轴线与其所受外力作用的压力线相近时，在考虑弯曲变形的同时需考虑轴向变形对位移的影响，否则可只考虑其弯曲变形对位移的影响。

三、虚设单位广义力状态的选取

欲求结构在广义荷载作用下的某个指定位移，首先须确定与之相应的虚拟单位力状态。即取同一结构，在要求位移的地方，沿着要求位移的方位虚加单位广义荷载，然后再利用通过单位荷载法得到的结构位移计算公式即可求解。虚拟单位广义力状态的确定至关重要，不

同的广义位移对应不同的单位力状态。下面举例说明：

（1）欲求图 16-16（a）中 C 点处的竖向线位移 Δ_C^V，应过该点沿该线位移方向施加一个单位集中力 $\overline{X}=1$，如图 16-16（b）所示。

（2）欲求图 16-16（a）中横截面 B 的角位移 φ_B，应在该截面处施加一个单位集中力偶 $\overline{X}=1$，如图 16-16（c）所示。

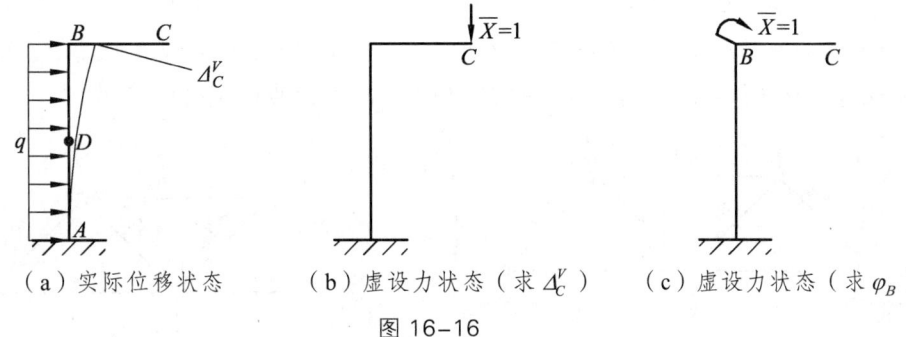

（a）实际位移状态　　（b）虚设力状态（求 Δ_C^V）　　（c）虚设力状态（求 φ_B）

图 16-16

（3）欲求图 16-17（a）中 C、D 两点的相对线位移 Δ_{DC}，应过 C、D 两点沿其连线方向施加一对指向相反的广义单位集中力 $\overline{X}=1$，如图 16-17（b）所示。

（4）欲求图 16-17（a）中 C、D 两截面的相对转角位移 φ_{DC}，应在 C、D 两截面施加一对指向相反的单位集中力偶 $\overline{X}=1$，如图 16-17（c）所示。

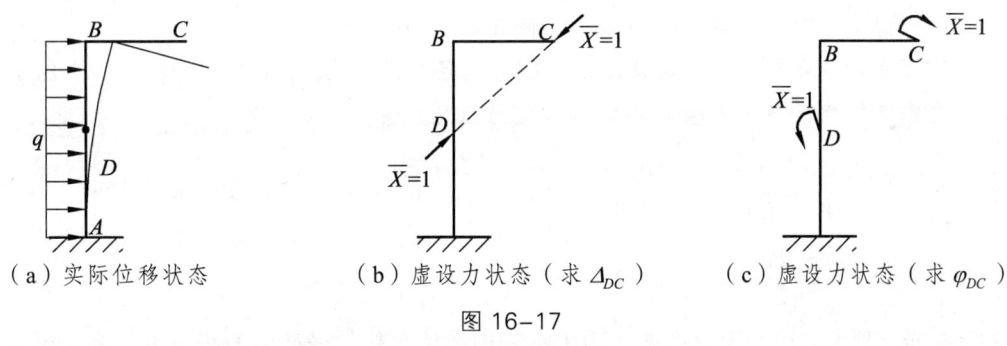

（a）实际位移状态　　（b）虚设力状态（求 Δ_{DC}）　　（c）虚设力状态（求 φ_{DC}）

图 16-17

（5）欲求图 16-18（a）中 AB 杆的转角位移 φ_{AB}，应在杆的两端加一对平行、反向的集中力，两力形成单位力偶 $\overline{X}=1$。如所加力偶臂为 d（可根据需要假设），则每一力的大小为 $1/d$，如图 16-18（b）所示。

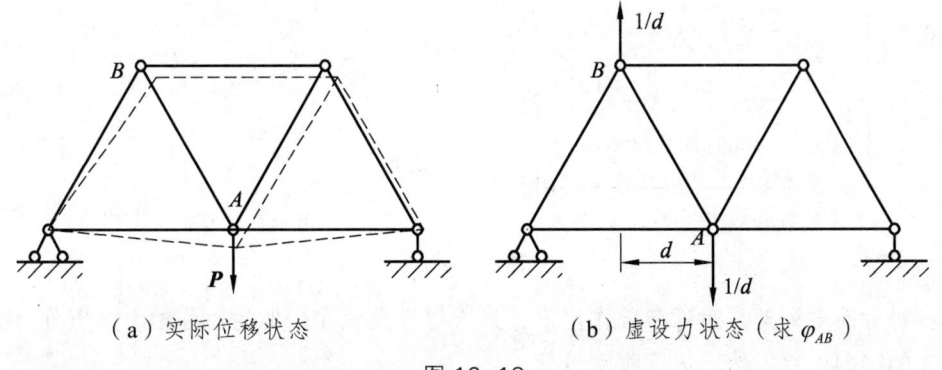

（a）实际位移状态　　　　　　　（b）虚设力状态（求 φ_{AB}）

图 16-18

四、静定结构在荷载作用下的位移计算示例

静定结构的位移计算主要步骤如下：

（1）根据所求位移虚拟相应的单位广义力状态。

（2）计算虚拟单位广义力状态下各杆的内力（$\overline{M}$、$\overline{N}$、$\overline{Q}$）及荷载作用下（位移状态）各杆的内力（M_P、N_P、Q_P）。

（3）根据结构构件的类型不同，采用相应的荷载作用下的位移计算公式计算所求位移。

例 16-3　图 16-19 所示桁架各杆的 EA 相等，求 C 结点的竖向位移 Δ_C^V。

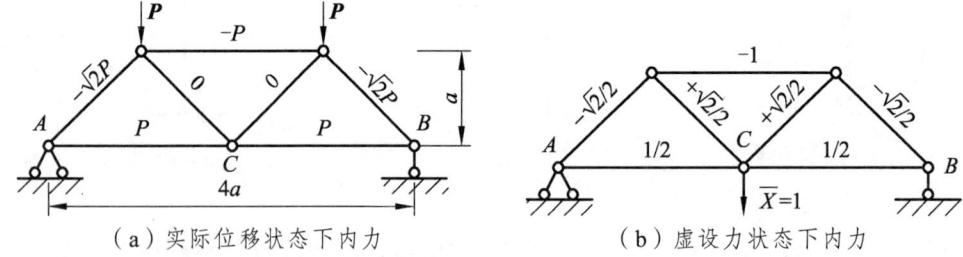

（a）实际位移状态下内力　　　　（b）虚设力状态下内力

图 16-19

解：

（1）过 C 点沿竖向施加单位广义力得到虚拟力状态，如图 16-19（b）所示。

（2）计算虚拟力状态下各杆轴力 $\overline{N}$，如图 16-19（b）所示。

（3）计算实际位移状态下（位移由荷载引起）各杆的轴力 N_P，如图 16-19（a）所示。

（4）由桁架位移计算公式求 C 点的竖向位移 Δ_C^V 如下：

$$\Delta_C^V = \sum \frac{\overline{N} N_P l}{EA} = \frac{1}{EA}\left[2\times\left(-\frac{\sqrt{2}}{2}\right)(-\sqrt{2}N_P)\times\sqrt{2}a + (-1)(-N_P)\times 2a + 2\times\frac{1}{2}N_P\times 2a\right]$$

$$= (4+2\sqrt{2})\frac{Pa}{EA}(\downarrow)$$

例 16-4　图 16-20 所示钢桁架，图中括号内数值为杆件横截面面积（单位为 cm^2），许可挠度 $[w]$ 与跨长 l 的比值为 $1:800$，试校核桁架的刚度。

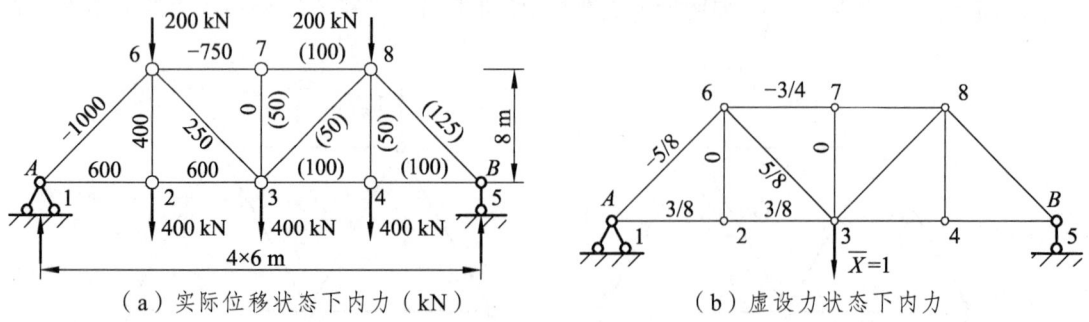

（a）实际位移状态下内力（kN）　　　　（b）虚设力状态下内力

图 16-20

解： 对称简支桁架在对称荷载作用下，最大挠度发生在桁架的对称轴上结点处，故须计算结点 3 的竖向位移，然后进行刚度校核。

（1）过结点 3 沿竖向施加单位广义力得到虚拟力状态，如图 16-20（b）所示。
（2）计算虚拟力状态下各杆轴力 $\overline{N}$，如图 16-20（b）所示。
（3）计算实际位移状态下（位移由荷载引起）各杆的轴力 N_P，如图 16-20（a）所示。
（4）由桁架位移计算公式求结点 3 的竖向位移 Δ_3^P。

半跨桁架的 $\overline{N}N_P\dfrac{l}{A}$ 值计算过程如表 16-1 所示。

表 16-1 半跨桁架的 $\overline{N}N_Pl/A$ 值计算表

杆件	编号	l/mm	A/mm²	l/A/（1/mm）	N_P/N	$\overline{N}$/N	$\overline{N}N_Pl/A$
上弦	6-7	6000	10000	0.6	−750000	−0.75	337500
下弦	1-3	12000	10000	1.2	+600000	+0.375	270000
斜杆	1-6	10000	12500	0.8	1000000	−0.625	500000
斜杆	3-6	10000	5000	2	250000	+0.625	312500
竖杆	2-6						0
竖杆	3-7						0
Σ							1420000

则结点 3 的竖向位移 Δ_3^P 为：

$$\Delta_3^P = \sum \dfrac{\overline{N}N_P l}{EA} = \dfrac{1}{E}\sum \overline{N}N_P \dfrac{l}{A}$$

（5）进行刚度校核。

根据表 16-1，可得该桁架的最大挠度 $w_{\max}$ 为：

$$w_{\max} = \Delta_3^P = \dfrac{1}{E}\sum \overline{N}N_P \dfrac{l}{A} = \left[\dfrac{2\times 1420000}{210000}\right] = 13.5\ \text{mm}$$

$$\dfrac{w_{\max}}{l} = \dfrac{13.5}{24000} = \dfrac{1}{1775} < \left[\dfrac{w}{l}\right] = \dfrac{1}{800}$$

所以，该桁架结构刚度满足要求。

例 16-5 已知图 16-21（a）所示静定桁架各杆 EA 均相等，求 C 点水平线位移。

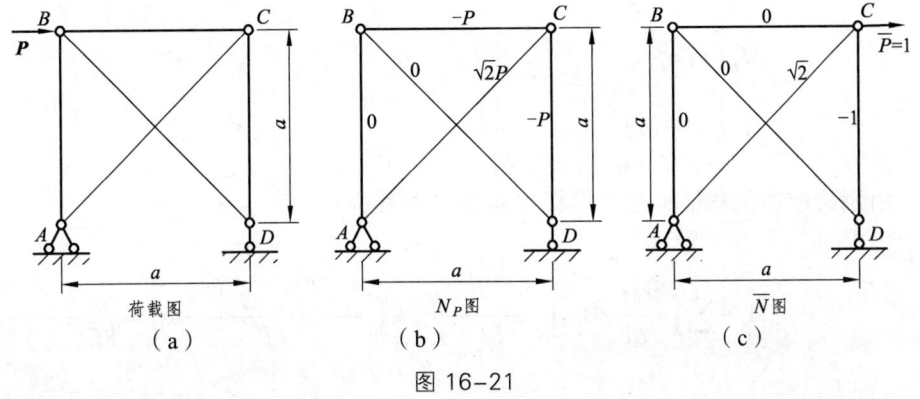

图 16-21

解：

（1）过桁架结点 C 沿水平方向施加一单位集中力得到单位荷载法中力状态，如图 16-21（c）所示。

（2）求虚设力状态下单位轴力图（$\bar{N}$ 图），如图 16-21（c）所示。

（3）求真实状态（位移状态）下荷载轴力图（N_P 图），如图 16-21（b）所示。

（4）由桁架结构位移计算公式可得 C 点水平位移为：

$$\Delta_C^H = \sum \frac{\bar{N} N_P l}{EA} = \frac{1}{EA}[\sqrt{2}\sqrt{2}P\sqrt{2}a + (-1)(-P)] = \frac{(2\sqrt{2}+1)}{EA}Pa(\rightarrow)$$

例 16-6 图 16-22（a）所示静定刚架各杆 EI 均相同，求结点 B 的水平线位移。

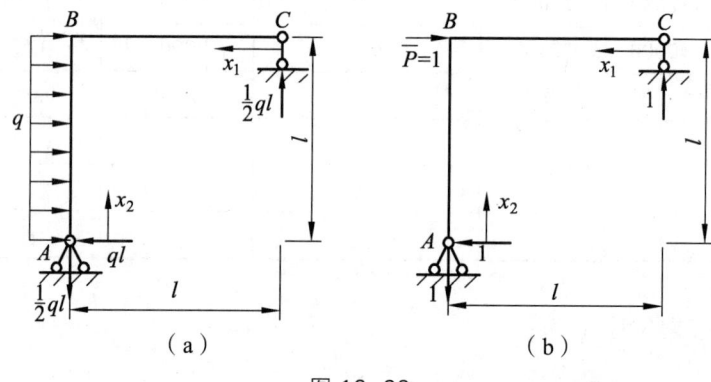

图 16-22

解：

（1）过结点 B 沿水平方向施加一单位集中力得到单位荷载法中力状态，如图 16-22（b）所示。

（2）求虚设力状态下单位弯矩方程 $\bar{M}(x)$。

如图 16-22（b）所示建立各杆件坐标系，有：

$$\bar{M}(x_1) = x_1 \quad 0 \leq x_1 \leq l$$
$$\bar{M}(x_2) = x_2 \quad 0 \leq x_2 \leq l$$

（3）求真实状态（位移状态）下荷载弯矩方程 $M_P(x)$。

$$M_P(x_1) = \frac{1}{2}qlx_1 \quad 0 \leq x_1 \leq l$$
$$M_P(x_2) = qlx_2 - \frac{1}{2}qx_2^2 \quad 0 \leq x_2 \leq l$$

（4）由刚架结构位移计算公式可得 B 点水平位移为：

$$\Delta_B^H = \sum \int \frac{\bar{M} M_P}{EI} ds = \int_0^l \frac{x_1 \cdot \frac{1}{2}qlx_1}{EI} dx_1 + \int_0^l \frac{x_2\left(qlx_2 - \frac{1}{2}qx_2^2\right)}{EI} dx_2 = \frac{3ql^4}{8EI}(\rightarrow)$$

第四节 图乘法

如前所述，刚架与梁的位移计算公式为：

$$\Delta = \sum \int \frac{\overline{M} M_P}{EI} \mathrm{d}s$$

在杆件数量多的情况下，积分运算极不方便。1925 年，莫斯科铁路运输学院在校学生 Vereshagin 提出了计算结构位移的图乘法，该法大大简化了结构的位移计算工作量。图乘法有其适用条件，但在实际工程中，大多数情况都能满足这些条件。因而，图乘法的应用范围十分广泛。

一、图乘法的适用条件

（1）杆段的轴线为直线或分段直线。
（2）杆段的抗弯刚度 EI 为常数或者分段常数。
这样，杆件的抗弯刚度可以从被积函数中提出，直梁和刚架的位移公式可进一步简化为：

$$\Delta = \sum \int_0^l \frac{\overline{M} M_P}{EI} \mathrm{d}s = \sum \frac{1}{EI} \int_0^l \overline{M} M_P \mathrm{d}x$$

（3）被积函数 M_P 和 $\overline{M}$ 中至少有一个直线图形或分段直线图形。

二、图乘法原理

如图 16-23 所示，设某杆端 $\overline{M}$ 图为直线弯矩图，设其坐标原点为 O 点，在距坐标原点为 x 的截面处截取一微段 $\mathrm{d}x$，则有：

$$\int \frac{\overline{M} M_P}{EI} \mathrm{d}s = \frac{1}{EI} \int \overline{M} M_P \mathrm{d}s = \frac{1}{EI} \int x \tan\alpha \cdot M_P \mathrm{d}x = \pm \frac{\tan\alpha}{EI} \cdot x_C \cdot \omega = \pm \frac{\omega y_C}{EI}$$

式中，ω 为等刚度直杆 M_P 图的面积；y_C 则为 $\overline{M}$ 图中与 M_P 图形心相应的纵坐标值。

注意：上述结论也适用于 M_P 图为直线弯矩图的情形，积分同样可以得到简化。此时，ω 是指等刚度直杆 $\overline{M}$ 图的面积，y_C 则为 M_P 图中与 $\overline{M}$ 图形心相应的纵坐标值。

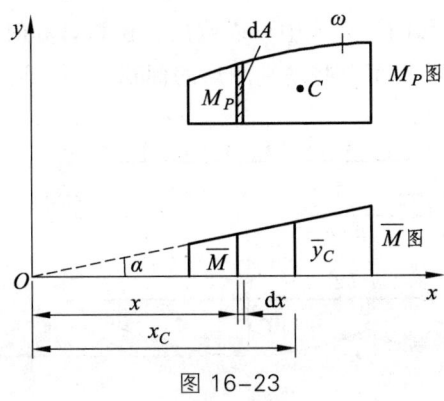

图 16-23

因此，图乘法求位移的一般表达式为：

$$\Delta = \sum \frac{\pm \omega y_C}{EI}$$

式中，ω 代表某一弯矩图的面积；y_C 另一直线弯矩图中与提供面积的弯矩图形心相对应的弯矩图纵坐标。

注意：（1）图乘法计算结构位移时，y_C 应取自直线弯矩图中。

（2）若 ω 与 y_C 在杆件的同侧，取正值；反之，取负值。

（3）若提供纵坐标的直线弯矩图为分段直线时，应先分段再图乘，如图16-24所示。有：

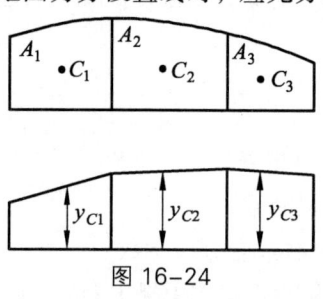

图 16-24

$$\Delta = \frac{1}{EI}[A_1 y_{C1} + A_2 y_{C2} + A_3 y_{C3}]$$

（4）杆段的弯曲刚度 EI 为分段常数时，应先分段后图乘。如图16-25所示为阶梯形截面杆的两个弯矩图，图乘时，应先分三段分别图乘，即：

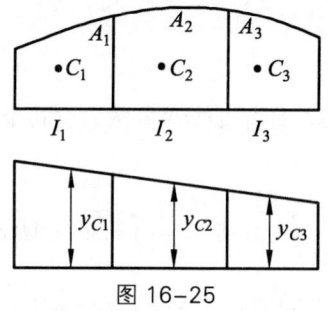

图 16-25

$$\Delta = \frac{A_1 y_{C1}}{E_1 I_1} + \frac{A_2 y_{C2}}{E_2 I_2} + \frac{A_3 y_{C3}}{E_3 I_3}$$

（5）从图乘法求结构位移的计算式中可以看出，位移计算时需知道其中一个弯矩图的面积及其形心位置，图16-26给出了一些规则图形的面积大小、形心位置及其荷载示例。

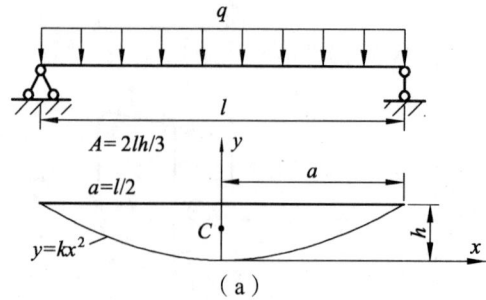

（a）

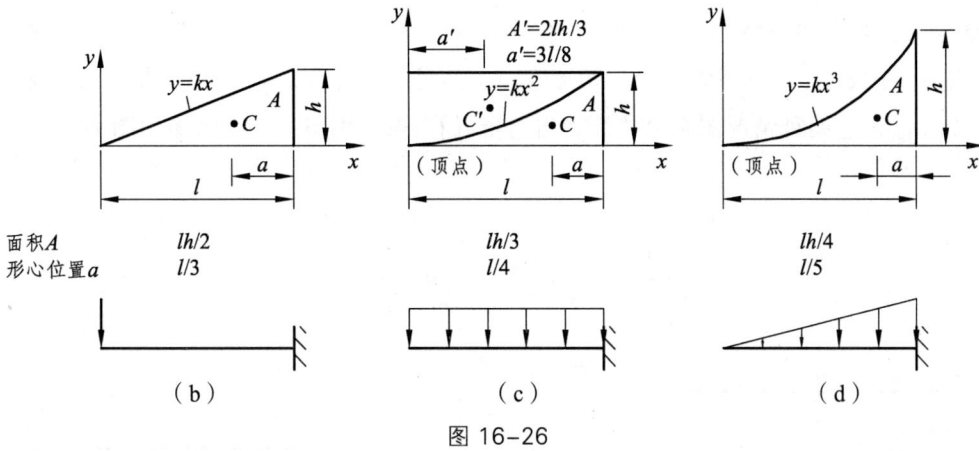

图 16-26

三、弯矩图的分解

当弯矩图形较复杂，其面积或者形心位置不便确定时，可以将其分解成几个简单的图形，分别与另一图形相应的纵坐标相乘。下面举例说明：

（1）梯形弯矩图形的分解。

图乘时，当所要分解的弯矩图形为一个同侧梯形弯矩图形时，可以将其分解为两个同侧三角形弯矩图[图 16-27（a）]，或者分解为一个同侧三角形弯矩图与另一个同侧矩形弯矩图[图 16-27（b）]，再分别与另一个梯形弯矩图图乘，如图 16-27 所示。

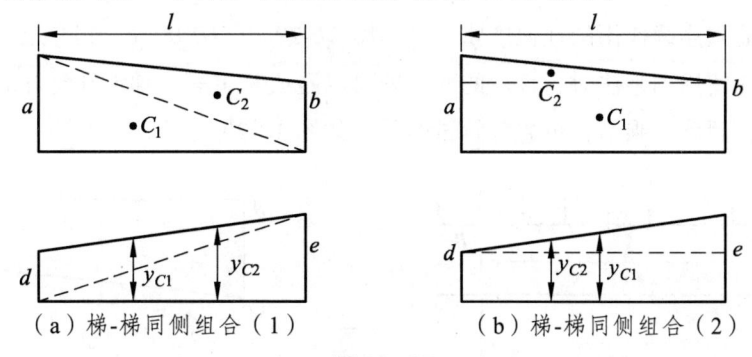

（a）梯-梯同侧组合（1） （b）梯-梯同侧组合（2）

图 16-27

梯-梯同侧组合（1）：

$$\frac{\omega y_C}{EI} = \frac{1}{EI}[\omega_1 y_{C1} + \omega_2 y_{C2}]$$
$$= \frac{1}{EI}\left[\frac{1}{2}la \times \left(\frac{1}{3}e + \frac{2}{3}d\right) + \frac{1}{2}lb \times \left(\frac{2}{3}e + \frac{1}{3}d\right)\right]$$

梯-梯同侧组合（2）：

$$\frac{\omega y_C}{EI} = \frac{1}{EI}[\omega_1 y_{C1} + \omega_2 y_{C2}]$$
$$= \frac{1}{EI}\left(lb \times \frac{1}{2}(d+e) + \frac{1}{2}l(a-b) \times \left[d + \frac{1}{3}(e-d)\right]\right)$$

图乘时，当所要分解的弯矩图形为两个异侧梯形图形时，可将其分解为两个异侧三角形弯矩图[图 16-28（a）]，或者一个三角形弯矩图与另一个异侧的矩形弯矩图[图 16-28（b）、图 16-28（c），这两种情况图乘公式读者自行推导]，再分别与另一个弯矩图图乘。

$$\frac{\omega y_C}{EI} = \frac{1}{EI}[\omega_1 y_{C1} + \omega_2 y_{C2}]$$
$$= \frac{1}{EI}\left[-\frac{1}{2}la \times \left(\frac{2}{3}d - \frac{1}{3}e\right) - \frac{1}{2}lb \times \left(\frac{2}{3}e - \frac{1}{3}d\right)\right]$$

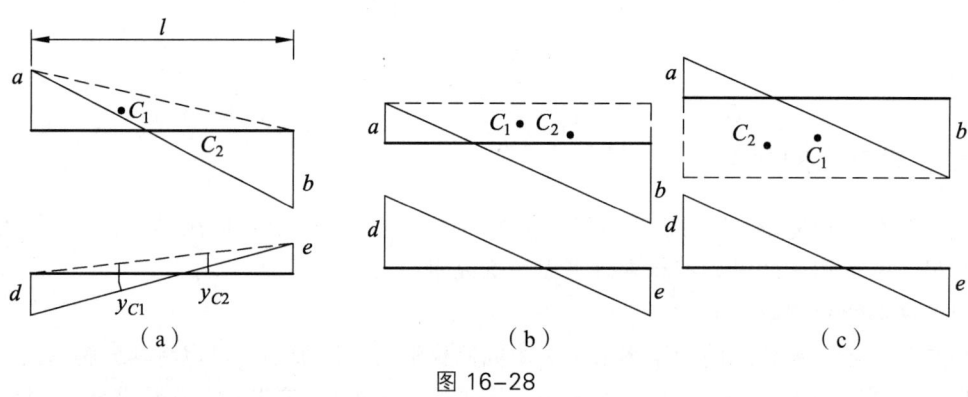

图 16-28

（2）二次抛物线弯矩图形的分解。

在有均布荷载连续作用的任何区段，例如图 16-29 中 AB 区段，其弯矩图可由区段叠加法得到，因此在使用图乘法时，该段的弯矩图可以看成是由一个梯形和对称的标准二次抛物线图形的叠加，因此图乘前，可先分解再图乘，如图 16-29 所示。

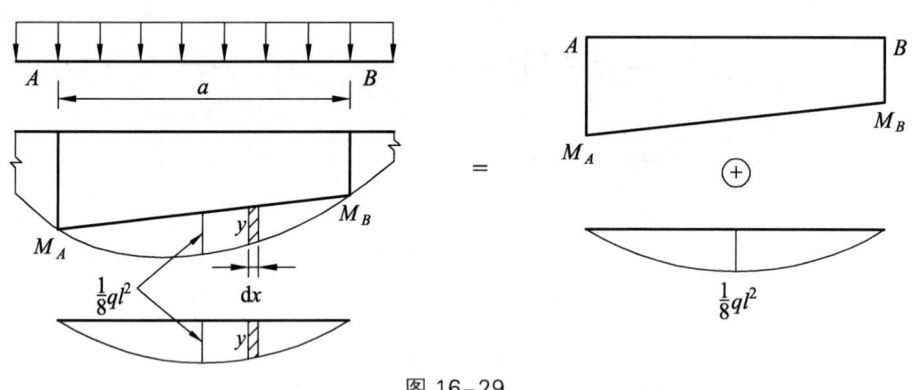

图 16-29

四、图乘法计算结构位移的解题步骤

（1）虚设与所求位移相应的单位广义力状态。

（2）画结构的 M_P 图、$\overline{M}$ 图。

（3）根据图乘法求位移的一般表达式计算结构的位移。

五、图乘法计算直梁和刚架的位移示例

例 16-7 试求图 16-30 所示外伸梁 C 点的竖向位移 Δ_C^V，EI = 常数。

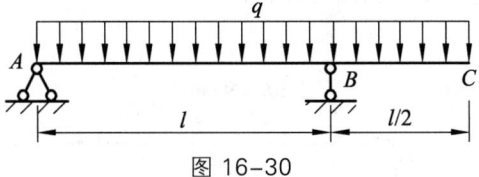

图 16-30

解：
（1）在 C 点沿竖向加单位力，如图 16-31（b）所示。
（2）作外伸梁的荷载弯矩图（M_P 图）及单位弯矩图（$\overline{M}$ 图）分别如图 16-31（a）、（b）所示。
（3）由图乘法求 C 点竖向位移。
BC 段：M_P 图是标准二次抛物线。
AB 段：M_P 图可分解为一个三角形和一个标准二次抛物线图形。
由图乘法计算公式得：

$$\Delta_C^V = \frac{1}{EI}(\omega_1 y_1 + \omega_2 y_2 - \omega_3 y_3) = \frac{1}{EI}\left(\frac{ql^3}{48} \times \frac{3}{8}l + \frac{ql^3}{16} \times \frac{l}{3} - \frac{ql^3}{12} \times \frac{l}{4}\right) = \frac{ql^4}{128EI}(\downarrow)$$

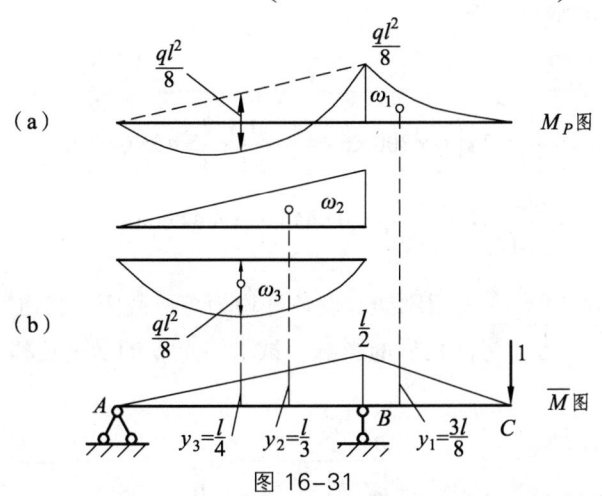

图 16-31

其中：$\omega_1 = \frac{1}{3} \times \frac{l}{2} \times \frac{1}{8}ql^2$，$y_2 = \frac{3}{4} \times \frac{l}{2}$；$\omega_2 = \frac{1}{2}l \times \frac{1}{8}ql^2$，$y_2 = \frac{2}{3} \times \frac{l}{2}$；$\omega_3 = \frac{2}{3}l \times \frac{1}{8}ql^2$，$y_3 = \frac{1}{2} \times \frac{l}{2}$

例 16-8 已知图 16-32 所示伸臂梁 $EI = 1.5 \times 10^5 \text{kN} \cdot \text{m}^2$，求 C 点的竖向位移 Δ_C^V。

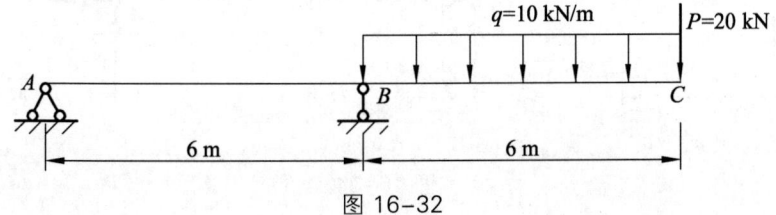

图 16-32

解：

（1）在 C 点沿竖向加单位力，如图 16-33（b）所示。

（2）作外伸梁的荷载弯矩图（M_P 图）及单位弯矩图（$\overline{M}$ 图）分别如图 16-33（a）、（b）所示。

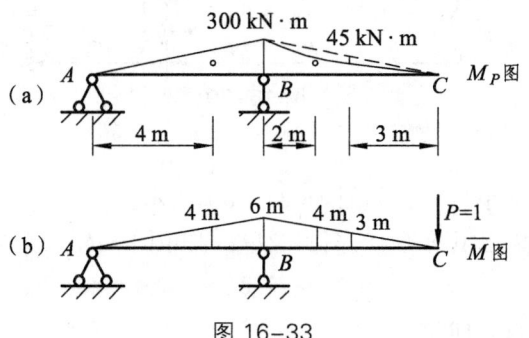

图 16-33

（3）由图乘法计算公式求 C 点竖向位移。

AB 段：荷载弯矩图 M_P 图和单位弯矩图 $\overline{M}$ 图均是三角形图形。

BC 段：M_P 图可看作是由 B、C 两端的弯矩竖标所连成的三角形与相应简支梁在均布荷载作用下的标准抛物线图[即图 16-33（a）中虚线与曲线之间包含的面积]叠加而成。图乘时应将上述各部分分别图乘再叠加。

由图乘法计算公式得：

$$\Delta_C^V = \frac{1}{EI} \times 2 \times \left(\frac{1}{2} \times 300 \times 6 \times 4\right) - \frac{1}{EI} \times \frac{2}{3} \times 45 \times 6 \times 3$$

$$= \frac{6660}{EI} = \frac{6660}{1.5 \times 10^5} = 0.0444 \text{ m} = 4.44 \text{ cm}(\downarrow)$$

例 16-9 如图 16-34（a）所示刚架，设各杆均为矩形截面，截面尺寸为 $b \times h$，惯性矩 $I = bh^3/12$，E 为常数，只考虑弯曲变形的影响。试求结点 B 的水平位移 Δ_B^H。

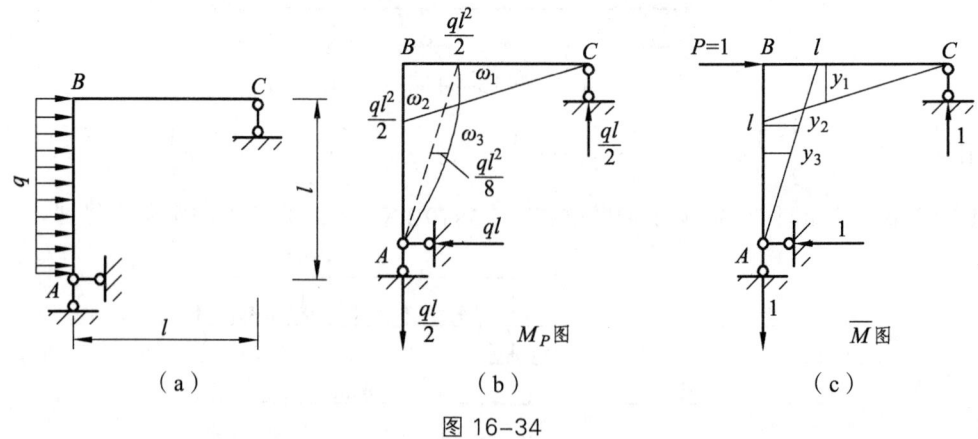

图 16-34

解：

（1）在 B 点沿水平向加单位力，如图 16-34（c）所示。

（2）作刚架的荷载弯矩图（M_P 图）及单位弯矩图（$\overline{M}$ 图）分别如图 16-34（b）、（c）所示。

（3）由图乘法求结点 B 的水平位移。

$$\Delta_B^H = \frac{1}{EI}(\omega_1 y_1 + \omega_2 y_2 + \omega_3 y_3)$$
$$= \frac{1}{EI}\left(\frac{1}{2} \times \frac{1}{2} ql^2 \times l \times \frac{2}{3}l + \frac{1}{2} \times \frac{1}{2} ql^2 \times l \times \frac{2}{3}l + \frac{2}{3} \times \frac{1}{8} ql^2 \times l \times \frac{l}{2}\right)$$
$$= \frac{3ql^4}{8EI}(\rightarrow)$$

第五节　静定结构由于支座移动所引起的位移

静定结构由于支座移动并不产生内力，也无变形，只发生刚体位移。图 16-35（a）所示静定结构，其支座发生了水平位移 C_1、竖向位移 C_2 和转角位移 C_3，现要求由此引起的任一点沿任一方向的位移，例如求 K 点竖向位移 Δ_K。

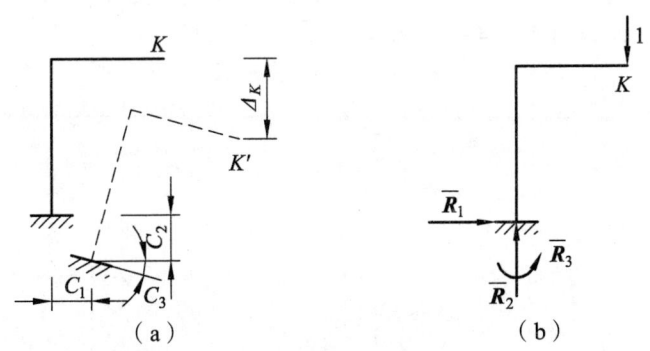

图 16-35

由位移计算的一般公式，得：

$$\Delta_K = \sum\int \overline{M} \cdot d\theta + \sum\int \overline{N} \cdot du + \sum\int \overline{Q} \cdot dv - \sum \overline{R}_i \cdot C_i$$

因实际状态中微段变形为 $d\theta = du = dv = 0$，故静定结构在支座位移时的位移计算公式可简化为：

$$\Delta_K = -\sum \overline{R}_i \cdot C_i$$

式中，$\overline{R}_i$ 为虚拟状态下[图 16-35（b）]的支座反力；C_i 为实际状态的支座位移；$\overline{R}_i \cdot C_i$ 为反力虚功。其中，虚设反力与实际支座位移 C 的方向一致时其乘积取正，相反时取负。

注意： 上式右边前面还有一个负号，不可漏掉。

例 16-10　图 16-36(a)所示静定刚架，若支架 A 发生图示的位移：$a = 1.0$ cm，$b = 1.5$ cm。

试求 C 点的水平位移 Δ_C^H、竖向位移 Δ_C^V。

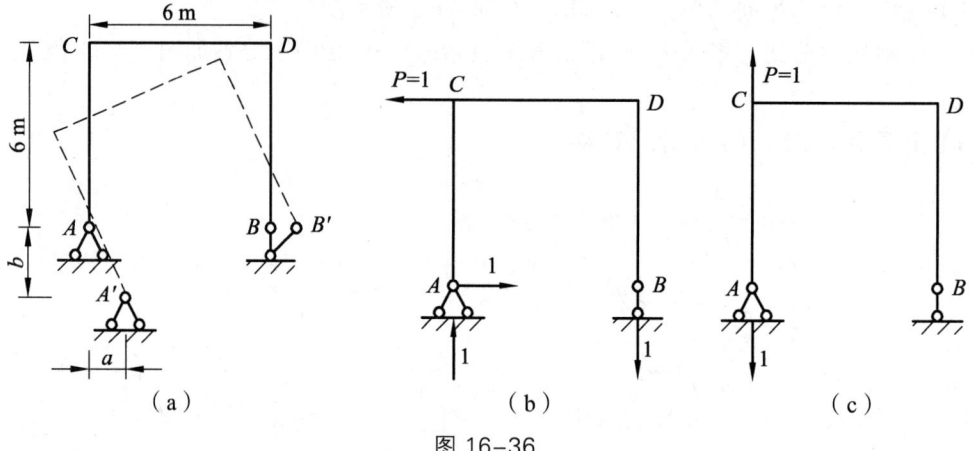

图 16-36

解：在 C 点处分别加一水平和竖向的单位力，求出其支座反力分别如图 16-36（b）、（c）所示。

由支座位移计算公式　$\Delta_K = -\sum \overline{R}_i \cdot C_i$，得：

$$\Delta_C^H = -(1 \times 1.0 - 1 \times 1.5) = 0.5 \text{ cm}(\leftarrow)$$

$$\Delta_C^V = -1.5 \times 1 = -1.5 \text{ cm}(\downarrow)$$

第十七章 力法求解超静定结构

第一节 静定与超静定的概念

一、静不定概念

通过前面介绍的体系的几何组成分析，我们知道静定结构是没有多余约束的几何不变体系，其支座反力和各截面的内力全都可以仅用静力平衡方程唯一确定，并且静定结构在支座移动、制造误差、温度变化、材料收缩等广义荷载作用下，体系中不会产生内力。因此，静定结构也有着十分广泛的运用。

实际工程中，并非所有的结构均是静定结构，由于没有多余约束，静定结构中任何一个构件的破坏都将造成整个结构体系的失效。为了增加结构的安全裕度，降低结构构件中的内力和应力，减少结构构件的位移和变形，或者由于某种制造工艺或结构构造上的要求，常常在静定结构的基础上增加结构体系的约束数，这时体系具有了多余约束，由于具有多余约束，全部未知力数目将超过体系独立的平衡方程数目，其平衡方程数就不足以求解其全部反力和全部内力(可能求出部分反力和内力)，这种具有多余约束的几何不变体系称之为超静定结构，求解超静定结构的反力和内力的相关问题常称为"静不定问题"。

与静定结构不同，在广义荷载作用下，超静定结构中通常还会产生内力（应力）和变形（应变）。超静定结构由于有多余约束的存在，常用于较为重要的结构体系中，并且有着更加广泛的用途，但其结点构造、构件的制造加工以及安装难度加大，并且还需具备添加多余约束的条件。

如图 17-1 所示，图（a）中结构体系的三个独立的平衡方程刚好可以求解其三个未知反力，体系中没有多余约束，故为静定简支刚架。图（b）的结构体系中有四个约束反力，显然，其四个未知约束反力不可能仅由其三个独立的平衡方程求出，体系中存在维持其平衡的多余约束。因此，图（b）中的结构为超静定刚架结构。

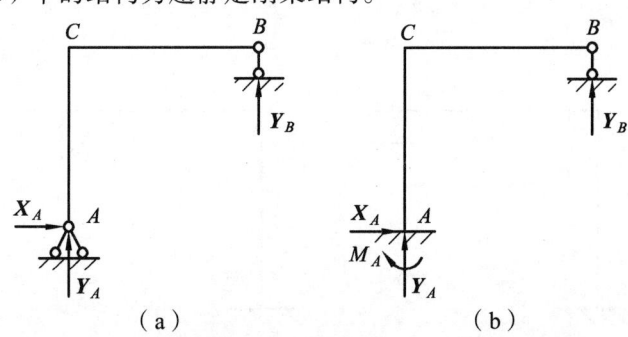

图 17-1

需要说明的是，超静定结构体系中的多余约束，虽然这些约束对于体系保持平衡是多余的，但它们对于提高结构的强度和刚度是需要的。

二、超静定次数的确定

对于超静定结构，其多余约束既可能来自结构体系的支座，也可能来自结构体系内部。在力学分析中，多余约束对于结构体系的作用是以相应的约束反力（广义力）的形式体现出来的。我们把多余约束中的这种未知约束反力（广义力）习惯上称之为多余未知力。

超静定结构体系中未知约束反力的数目必然超过其独立的静力平衡方程数目，我们把未知约束反力的数目超过其独立平衡方程数的数目称为超静定次数。因此，超静定的次数就等于多余约束或者多余未知力的数目，在数值上等于未知力个数与独立平衡方程数目的差值。

确定结构体系的超静定次数，最直接的方法就是在原结构上去掉多余联系，直至超静定结构变成静定结构（也称基本结构），所去掉的多余联系的数目，就是原结构的超静定次数。

从超静定结构上去掉多余联系的方式通常有以下几种：

（1）去掉支座处的支杆或切断一根链杆（只通过其上两个铰链与体系中其他杆件相连的杆即为链杆），相当于去掉一个联系，如图 17-2（a）、（b）所示结构分别为一次、二次超静定结构。

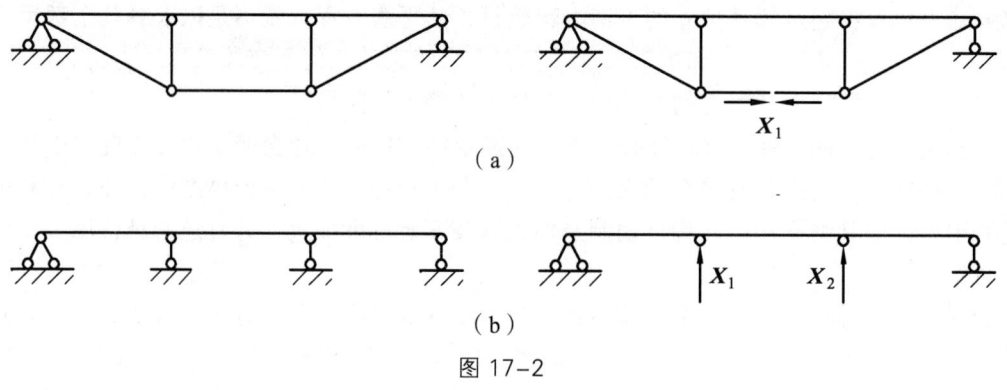

图 17-2

（2）撤去一个铰支座或撤去一个单铰，相当于去掉两个联系，如图 17-3（a）、（b）所示结构均为二次超静定结构。

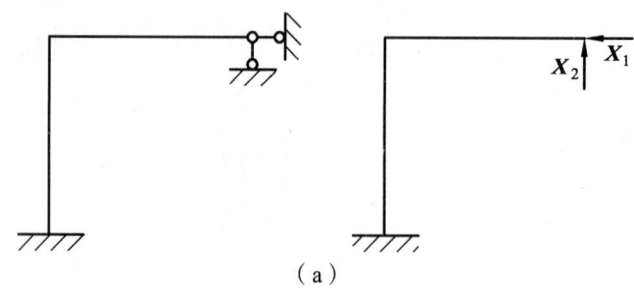

（a）

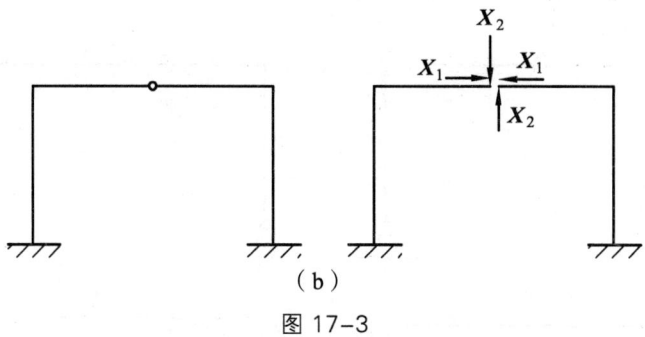

图 17-3

（3）切断一根梁式杆或去掉一个固定支座，相当于去掉三个联系，如图 17-4 所示结构为三次超静定结构。

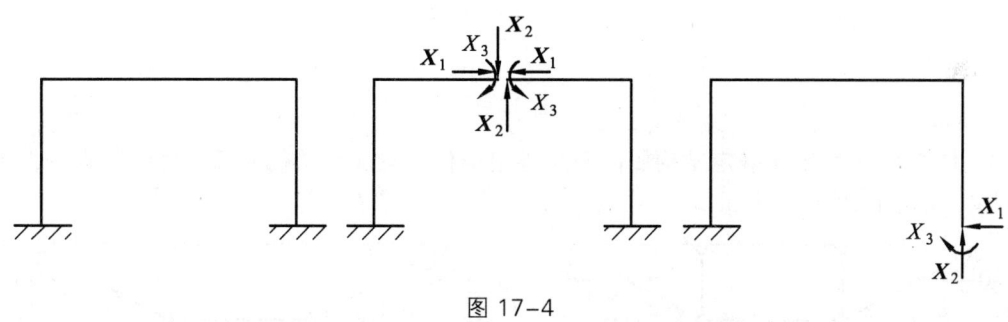

图 17-4

（4）将一刚结点改为单铰联结或将一个固定支座改为固定铰支座，相当于去掉一个联系，如图 17-5 所示结构为一次超静定结构。

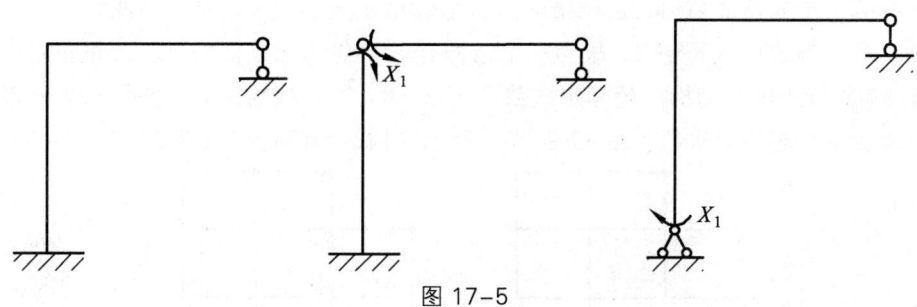

图 17-5

对于同一个超静定结构，可用各种不同的方式去掉多余联系而得到不同的静定结构。但应注意，为了保证基本结构的几何不变性，有时结构中的某些约束（联系）是不能去掉的，这些联系常称为必要约束（联系）。

如图 17-6（a）所示刚架，具有一个多余联系。若将横梁某处改为铰接，即相当于去掉一个联系得到图（b）所示静定结构；当去掉 B 支座的水平链杆则得到图（c）所示静定结构，它们都可作为基本结构。但是，若去掉 B 支座的竖向链杆（或 B 支座的竖向链杆），即成图

（d）所示瞬变体系，显然是不允许的，当然也就不能作为基本结构。

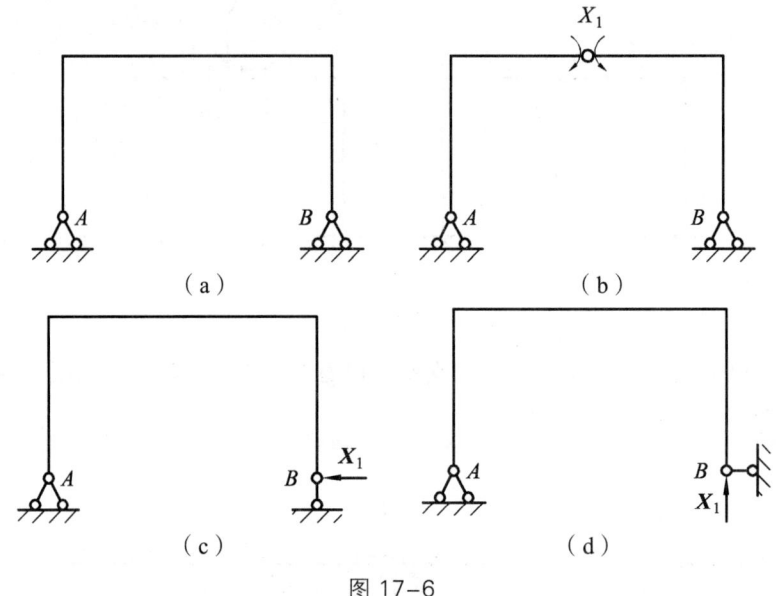

图 17-6

图 17-7（a）所示超静定结构属内部超静定结构，只能在结构内部去掉多余联系得到基本结构，如图 17-7（b）所示。

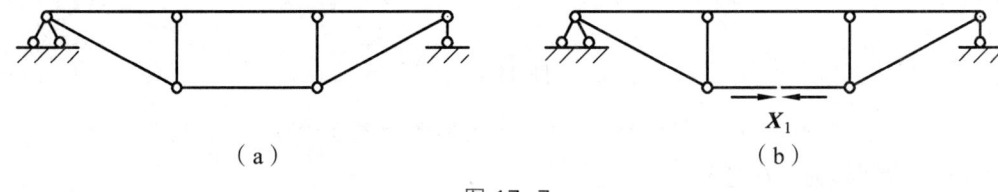

图 17-7

对于具有多个框格的结构，按框格的数目来确定超静定的次数是较方便的。一个封闭的无铰框格，其超静定次数等于 3，故当一个结构有 n 个封闭无铰框格时，其超静定次数等于 $3n$。如图 17-8（a）所示结构的超静定次数等于 $3 \times 8 = 24$。当结构的某些结点为铰接时，则一个单铰减少一个超静定次数。图 17-8（b）所示结构的超静定次数等于：$3 \times 8 - 4 = 20$。

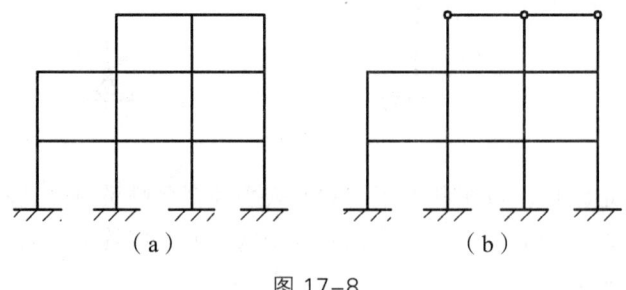

图 17-8

三、静不定问题的求解方法

对于超静定结构，由于多余未知力数目超过了其独立的静力平衡方程数。因此，为了求解它，除了静力平衡方程外，还必须建立补充方程。

显然，静不定结构中，由于多余约束（约束力）的存在，一方面使未知力的个数多于平衡方程的数目，使问题变为静力学不可解；另一方面由于多余约束在相应约束力方向上，对结构构件的位移（变形）的某种限制，使得结构中各构件或结点的变形（位移）必须满足某种约束关系，以保证变形（位移）与多余约束间协调一致。根据这个受到限制的位移（变形）条件（也叫变形协调条件）可建立体系的变形几何相容方程。

而构件的位移（变形）与力或者其他产生变形的因素之间存在一定的物理关系，将物理关系带入变形几何相容的方程，即可建立这些未知力之间的关系，即得到未知力之间区别于平衡条件的补充方程。

根据以上分析，求解静不定问题时，作用在结构构件上的力除了由静力平衡条件列出平衡方程外，还需在多余约束处寻找各构件或结点变形保持协调一致的几何关系（各构件的变形协调一致的关系，常称为"变形协调条件"），据此建立静不定问题的变形协调方程，进而通过力和变形之间的关系（对线变形体系即为胡克定律）建立物理方程。最后，联立求解平衡方程、变形协调方程和物理方程，便可求得全部未知力。这就是综合运用变形的几何相容条件、物理关系和静力平衡条件求解超静定问题的方法。

四、示　例

例 17-1 如图 17-9 所示，两端固定等截面梁 AB，其跨中 C、D 截面处均承受有大小为 P 的轴向荷载。已知：各段梁长 a、梁的截面积 A 及材料的弹性模量 E。求：杆内的最大拉应力和最大压应力。

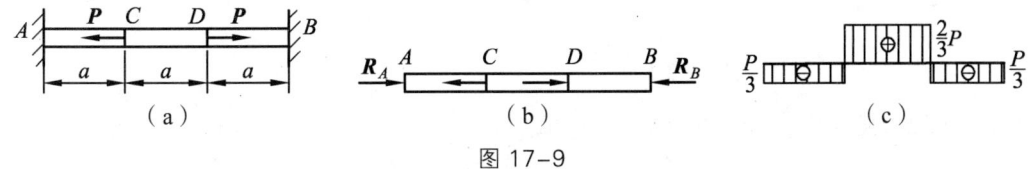

图 17-9

解：

（1）取梁 AB 为研究对象，进行受力分析。

由于杆件只承受轴向荷载，根据纵向对称性（为了掌握常规解题步骤，此处暂不利用横向对称性）可知，梁 AB 的固定端处只存在轴向约束力，设为 R_A、R_B。则 AB 梁受力如图 17-9（b）所示。可见，梁上共有两个未知力，此梁为拉压杆，梁上作用有共线力系，仅有一个独立的平衡方程，故此梁为一次超静定结构，须同时利用平衡方程及补充方程求解其未知力。

（2）建立平衡方程。

由梁 AB 的平衡条件可得：

$$\sum X = 0 \quad R_A - P + P - R_B = 0 \Rightarrow R_A = R_B \tag{1}$$

由截面法，可得各段梁的轴力分别为：

$$N_{AC} = -R_A \quad N_{CD} = P - R_A \quad N_{DB} = -R_B \tag{2}$$

（3）建立变形协调方程。

由于梁的三段均受轴力作用，因而均存在轴向变形。但根据梁的约束条件，发生轴向变形后的梁长度不变，即三段梁的总的轴向变形量应为0。即：

$$\Delta l_{AB} = \Delta l_{AC} + \Delta l_{CD} + \Delta l_{DB} = 0 \tag{3}$$

（4）建立物理方程。

由于平衡条件建立的是力与力之间的关系，而变形协调条件建立的是变形之间的几何关系。显然由这两个条件尚不能求解未知力，要求解未知力，还必须利用能将力和变形联系起来的物理条件，即物理方程。

根据胡克定律，在弹性范围内加载时，各梁段的变形与其所受轴力的关系（即物理条件）为：

$$\Delta l_{AC} = \frac{N_{AC}a}{EA} \quad \Delta l_{CD} = \frac{N_{CD}a}{EA} \quad \Delta l_{DB} = \frac{N_{DB}a}{EA} \tag{4}$$

（5）求解未知力。

由（1）、（2）、（3）、（4）四式联立求解，可得：

$$R_A = R_B = \frac{P}{3} \tag{5}$$

方向与图中所设一致。

（6）求应力。

求出未知力后，可得各梁段内力，并据此画出各梁段的轴力图如图 17-9（c）所示。对于等截面梁 AB，可以看出，其最大拉应力发生在 CD 段，其值为：

$$\sigma_{max}^+ = \frac{N_{CD}}{A} = \frac{2P}{3A} \quad （拉）$$

最大压应力则发生在 AC 和 DB 段，其值为：

$$\sigma_{max}^- = \frac{N_{AC}}{A} = \frac{N_{DB}}{A} = -\frac{P}{3A} \quad （压）$$

例 17-2 如图 17-10 所示，刚性梁 ABC 由抗拉刚度均为 EA 的三杆悬挂着，各部分尺寸如图 17-10（a）所示（单位：cm）。已知外力 P 的大小，试求各杆的内力。

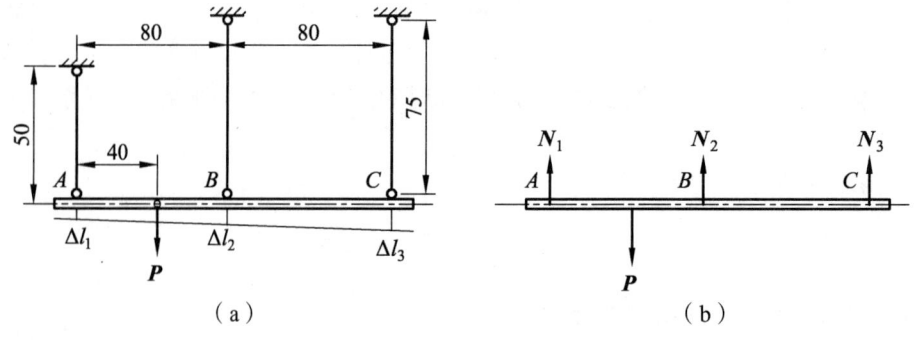

图 17-10

解：

（1）对刚性梁 ABC 进行受力分析。

除力 **P** 外，刚性梁 ABC 还受有三根二力直杆的拉力（或者压力，这里假定为拉力）作用，故为平面平行力系，其受力如图 17-10（b）所示。梁上共有三个未知力作用，平面平行力系仅有两个独立的平衡方程，故此体系为一次静不定体系。

（2）由刚性梁的平衡条件可得：

$$\sum Y = 0 \quad N_1 + N_2 + N_3 - P = 0 \tag{1}$$

$$\sum M_A = 0 \quad 0.8N_2 + 1.6N_3 - 0.4P = 0 \tag{2}$$

（3）建立变形协调方程。

根据假定，刚性梁 ABC 受力后不变形，其上三杆均发生伸长变形。体系变形图如图 17-10（a）所示。根据变形协调条件，三杆下端在变形后应在同一直线上。据此可建立如下的几何关系，即：

$$2\Delta l_2 = \Delta l_1 + \Delta l_3 \tag{3}$$

（4）建立物理方程。

根据胡克定律，有：

$$\Delta l_1 = \frac{0.5 N_1}{EA} \quad \Delta l_2 = \frac{0.75 N_2}{EA} \quad \Delta l_3 = \frac{0.75 N_3}{EA} \tag{4}$$

（5）求解未知力。

由（1）、（2）、（3）、（4）四式联立求解，可得：

$$N_1 = \frac{21}{34}P \quad N_2 = \frac{9}{34}P \quad N_3 = \frac{4}{34}P$$

例 17-3 如图 17-11 所示两端固定的等截面圆轴，在其截面 C 处受力偶矩为 m 的外力偶作用，现由试验测得其 C 截面相对于 A 端扭转角为 φ_{AC}。已知轴所用材料的剪切弹性模量为 G，轴的直径为 D，求外力偶矩 m。

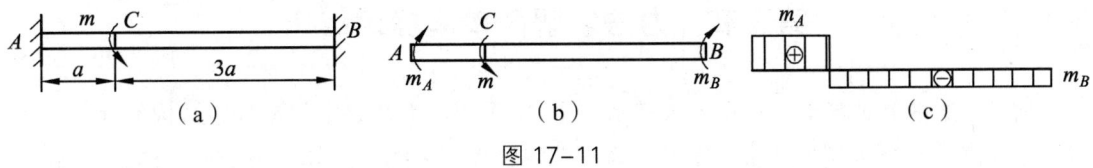

图 17-11

解：

（1）对轴 AB 进行受力分析。

轴 AB 在截面 C 受到外力偶矩 m 作用，忽略轴向反力的作用，根据轴对称性可知，固定端 A、B 两处只产生作用在垂直于轴线平面内的约束力偶，分别设为 m_A、m_B。轴的受力如图 17-11（b）所示。轴 AB 共受三个矢量方向共线的力偶作用，其中两个为未知量。由于力偶是自由矢量,该力系可看作是平面力偶系,故仅有一个独立的平衡方程。此体系为一次静不定体系。

(2)由轴 AB 的平衡条件可得:

$$\sum m = 0 \quad m_A + m_B - m = 0 \tag{1}$$

由截面法可得各段轴中内力为:

$$T_{AC} = m_A \quad T_{CB} = -m_B$$

(3)建立变形协调方程。

根据截面 C 处的位移协调条件(即位移连续条件)可知,AC、CB 两轴的扭转角大小相等,据此可建立如下的位移协调关系,即:

$$\varphi_{AC} + \varphi_{CB} = 0 \tag{2}$$

(4)建立物理方程。

根据胡克定律,有:

$$\varphi_{AC} = \frac{T_{AC} l_{AC}}{GI_P} = \frac{am_A}{GI_P} \quad \varphi_{CB} = \frac{T_{CB} l_{CB}}{GI_P} = \frac{-3am_B}{GI_P} \tag{3}$$

(5)求解未知力。

由(1)、(2)、(3)联立求解,可得:

$$m_A = \frac{3m}{4} \quad m_B = \frac{m}{4}$$

据此,可得到轴 AB 的扭矩图,如图 17-11(c)所示。

(6)求解外力偶 m。

由于已知 φ_{AC},由图 17-11(c)可得:

$$m = \frac{4m_A}{3} = \frac{4GI_P}{3a}\varphi_{AC} = \frac{D^4 G}{24a}\varphi_{AC}$$

第二节 力法求解简单超静定结构

前面介绍的有关超静定结构的求解示例中,所采用的方法是求解超静定结构的普遍方法。对于较为简单的拉压变形、扭转变形等静不定问题较常采用,尤其适用于求解拉压杆超静定次数较少的情况。对于受弯为主的结构,如多跨连续梁、刚架等,其超静定次数往往较多,采用本节将要介绍的力法求解则更加方便。力法是计算超静定结构的基本方法之一。它是基于结构的变形协调条件、静力学平衡条件和力与位移之间的物理关系等三方面来求解超静定结构的。

力法解题的基本原理是:首先将超静定结构中的多余联系去掉,代之以多余未知力。以去掉多余联系后得到的静定结构作为基本结构,以多余未知力作为力法的基本未知量,利用基本结构在荷载和多余未知力共同作用下的变形条件建立力法方程(称为力法的基本方程),从而求解多余未知力。求得多余未知力后,超静定问题就转化为静定问题,可用平衡条件求解所有未知力。

简言之,力法是将超静定结构用与其等效的静定结构来代替,其后的各种计算均针对等效的静定结构而言。等效前提是两种结构的受力和位移完全相同,根据位移相同的条件即可建立力法方程并求解。

一、力法求解超静定结构的主要步骤

下面以图 17-12(a)所示三次超静定结构为例(超静定次数不为三时,求解过程类似)介绍力法求解超静定结构的主要步骤:

1. 将多余约束对结构的作用用多余未知力来代替

去掉结构中的多余约束(去掉的约束数应等于结构的超静定次数),并代之以相应的广义力,这些广义力也称为多余未知力。这样就得到一个等效的静定基本结构,又称基本静定系或相当系统。去掉约束的方法有多种,但这并不影响最后的结果。也就是说,在力法计算中,同一结构的静定基本结构可有各种不同的形式,应尽量选择计算简单的基本结构,且基本结构必须是几何不变且无多余联系的静定结构。

由于多余约束已被多余未知力等效代替了,力法解题过程中就不再考虑多余约束的存在了,其后的各种计算均针对等效的静定结构而言,原结构已等效为受原荷载和多余未知力共同作用下的静定结构了。

图 17-12(b)所示为解除原结构中 C 支座处的固定端上的三个多余约束,并代之以相应的多余未知力 X_1、X_2、X_3 后得到的力法基本结构。

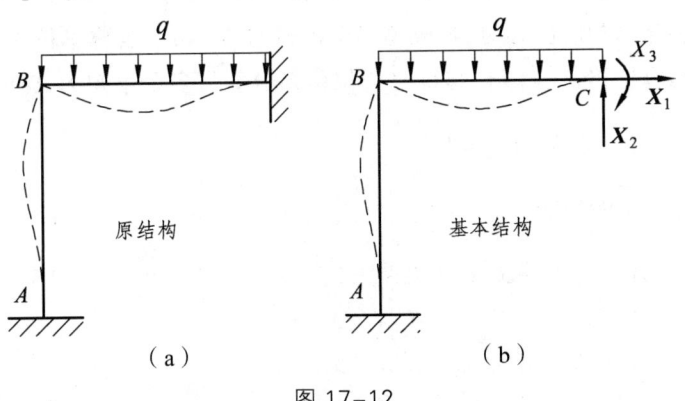

图 17-12

2. 建立力法典型方程

为使基本静定结构能完全等效代替原结构的受力和变形,解除约束后的基本静定结构在原荷载(也可以是温度变化、支座移动等广义荷载)及全部多余力共同作用下,在全部多余未知力方向上的相应广义位移应分别与原结构相同，这个等效条件称为变形协调条件。由于是线性变形体系，因此叠加原理成立，该广义位移可看成是基本结构分别在原荷载和各个多余未知力单独作用时在静定基本结构上引起的相应的广义位移的叠加。叠加后的广义位移应与原结构相应位移相同，据此可建立力法方程。每个变形协调条件都对应一个力法方程。因此，n 次静不定结构就有 n 个变形协调方程，这正好弥补了静不定结构平衡方程数目的不足，故通过力法方程可求出全部的广义未知力。

本例中，原结构的受力和变形与基本结构的受力与变形等效的条件是：在原荷载及全部多余未知力共同作用下，基本结构沿多余力 X_1、X_2 和 X_3 方向（去掉约束处）的位移 Δ_1、Δ_2 和 Δ_3 都应与原结构的相应位移相等，本例都应等于零。根据线性变形体系的叠加原理，可得力法方程为：

$$\Delta_1 = \Delta_{11} + \Delta_{12} + \Delta_{13} + \Delta_{1P} = 0$$
$$\Delta_2 = \Delta_{21} + \Delta_{22} + \Delta_{23} + \Delta_{2P} = 0$$
$$\Delta_3 = \Delta_{31} + \Delta_{32} + \Delta_{33} + \Delta_{3P} = 0$$

这里：

$\Delta_i (i=1,2,3)$：力法基本结构中，原荷载及全部多余未知力共同作用下，第 i 个多余未知力 X_i 方向上相应的广义位移，与假设的未知力 X_i 方向相同为正，反之为负。

$\Delta_{ij} (i,j=1,2,3)$：力法基本结构中，在第 j 个多余未知力 X_j 的单独作用下，在第 i 个多余未知力 X_i 方向上引起的广义位移。即：第一个下标表示位移的方向，第二个下标表示引起位移的原因。Δ_{ij} 方向与假设的未知力 X_i 方向相同为正，反之为负。

$\Delta_{iP} (i=1,2,3)$：又称自由项，它表示力法基本结构中，原荷载单独作用下，在第 i 个多余未知力 X_i 方向上引起的广义位移。其方向与假设的未知力 X_i 方向相同为正，反之为负。

由于力法方程中不显含多余未知力，利用叠加原理，可将各个多余未知力 X_j 单独作用在静定基本结构上引起的相应位移 Δ_{ij} 看成是多余未知力 $X_j = 1$（也称单位未知力）时在静定基本结构上引起的相应位移 δ_{ij}（该位移称之为位移系数）与多余未知力 X_j 的乘积。即：

$$\Delta_{ij} = \delta_{ij} X_j \quad (i,j=1,2,3)$$

则前述力法方程可改写为：

$$\Delta_1 = \delta_{11} X_1 + \delta_{12} X_2 + \delta_{13} X_3 + \Delta_{1P} = 0$$
$$\Delta_2 = \delta_{21} X_1 + \delta_{22} X_2 + \delta_{23} X_3 + \Delta_{2P} = 0$$
$$\Delta_3 = \delta_{31} X_1 + \delta_{32} X_2 + \delta_{33} X_3 + \Delta_{3P} = 0$$

式中，$\delta_{ij} (i,j=1,2,3)$ 称为位移系数，它表示在第 j 个多余未知力 $X_j = 1$ 的单独作用下，在第 i 个多余未知力 X_i 方向上引起的广义位移。δ_{ij} 的方向与假设的未知力 X_i 方向相同为正，反之为负。

说明：并非所有力法方程右侧均为 0，其值取决于原结构在多余约束处的实际位移。

3. 作基本结构的单位内力图和荷载内力图，并求力法方程中各项系数（δ_{ij} 及 Δ_{iP}）

根据位移系数 δ_{ij} 及自由项 Δ_{iP} 的物理意义，两者均为静定基本结构在荷载作用下的位移，故可按与静定结构位移计算相同的方法计算其值。为此，需首先做出基本结构中，各个单位未知力作用下结构的内力图及荷载内力图（图 17-13），然后根据构件的受力性质和变形特征选用不同的计算公式求解位移系数 δ_{ij} 及自由项 Δ_{iP}。

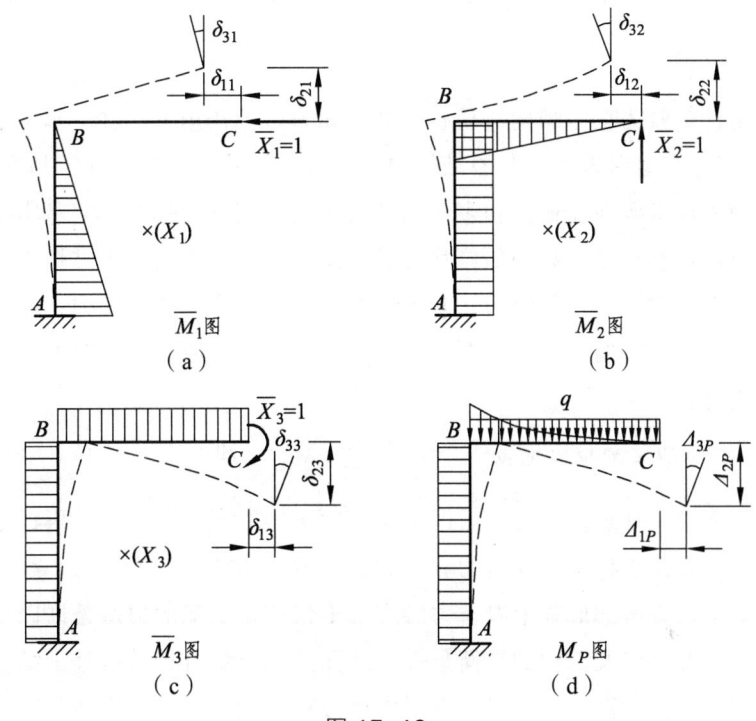

图 17-13

（1）对于梁和刚架：

$$\delta_{ij} = \sum \int \frac{\overline{M}_i \overline{M}_j}{EI} ds \qquad \Delta_{iP} = \sum \int \frac{\overline{M}_i M_P}{EI} ds$$

当其满足图乘法的条件时，位移系数 δ_{ij} 及 Δ_{iP} 可采用图乘法计算。

（2）对于桁架：

$$\delta_{ij} = \sum \frac{\overline{N}_i \overline{N}_j l}{EA} \qquad \Delta_{iP} = \sum \frac{\overline{N}_i N_P l}{EA}$$

（3）对于组合结构：

通常根据杆件的类型不同分别考虑其主要变形对所求广义位移的影响，故 δ_{ij} 及 Δ_{iP} 的计算公式为：

$$\delta_{ij} = \underbrace{\sum \int \frac{\overline{M}_i \overline{M}_j}{EI} ds}_{\text{梁式杆}} + \underbrace{\sum \frac{\overline{N}_i \overline{N}_j l}{EA}}_{\text{桁架类杆}} \qquad \Delta_{iP} = \underbrace{\sum \int \frac{\overline{M}_i M_P}{EI} ds}_{\text{梁式杆}} + \underbrace{\sum \frac{\overline{N}_i N_P l}{EA}}_{\text{桁架类杆}}$$

说明：由以上公式不难看出：$\delta_{ij} = \delta_{ji}$（进一步验证了位移互等定理）。当 $i = j$ 时，位移系数 δ_{ij} 常称为主系数；当 $i \neq j$ 时，δ_{ij} 称为副系数。主系数（δ_{ii}）恒大于零；副系数 δ_{ij} 和自由项 Δ_{iP} 可能小于零或等于零，也可能大于零。

4. 求解力法方程

位移系数 δ_{ij} 及自由项 Δ_{iP} 的计算完成后，可据此求解力法方程中的全部未知力。

5. 求解原结构

由于原结构已等效为在原结构荷载和多余未知力共同作用下的静定基本结构，用力法求解出全部未知力后，将这些未知力与原结构中的荷载一起看成是等效静定基本结构的外荷载，即可用静力平衡条件求解在原荷载和多余未知力共同作用下的等效静定基本结构的所有反力和内力。此外，还可利用静定结构的位移计算公式计算等效静定基本结构在这些外荷载作用下产生的各个广义位移等。这些反力、内力以及位移即为原结构的反力、内力和位移。

需要说明是，也可利用单位内力图，按照叠加公式求出原结构的内力。例如：杆端弯矩计算的叠加公式为：

$$M = X_1 \bar{M}_1 + X_2 \bar{M}_2 + \cdots + X_n \bar{M}_n + M_P$$

对梁和刚架来说，计算杆端弯矩后即可绘制原结构的弯矩图，然后再根据平衡条件求得其剪力和轴力。一般是先计算杆端剪力、绘制剪力图，再计算杆端轴力、绘制轴力图。

说明：仅就力法方程的形式上看，力法方程中仅体现了变形协调条件以及力和位移之间的物理关系，似乎并不涉及结构的平衡条件。然而建立力法方程是以静定结构位移计算为基础的。而静定结构位移计算中，已经包含了平衡方程。同时，在求出多余未知力后，在求解原结构时，依然需要利用平衡条件才能求得原结构的全部反力和内力。

二、示 例

例 17-4 试分析图 17-14（a）所示刚架，EI = 常数。

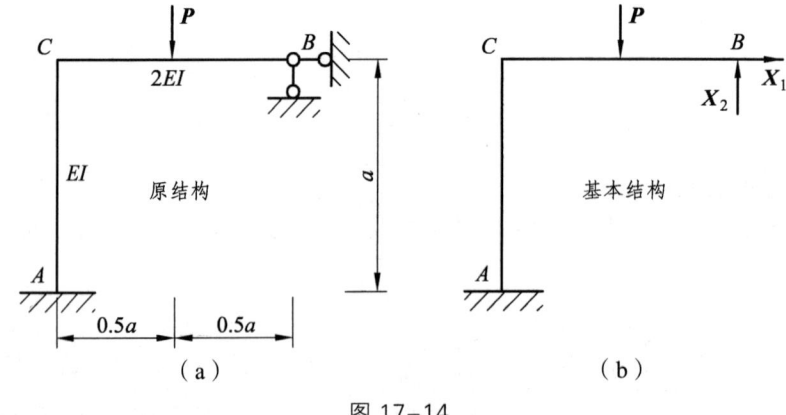

图 17-14

解：
（1）基本结构的选取。

此刚架是两次超静定结构，可去掉刚架 B 支座处的两根支座链杆，代以多余力 X_1 和 X_2，得到力法基本结构如图 17-14（b）所示。

（2）建立力法典型方程。

$$\delta_{11}X_1 + \delta_{12}X_2 + \Delta_{1P} = 0$$
$$\delta_{21}X_1 + \delta_{22}X_2 + \Delta_{2P} = 0$$

（3）绘出各单位弯矩和荷载弯矩图，如图 17-15（a）、（b）、（c）所示。

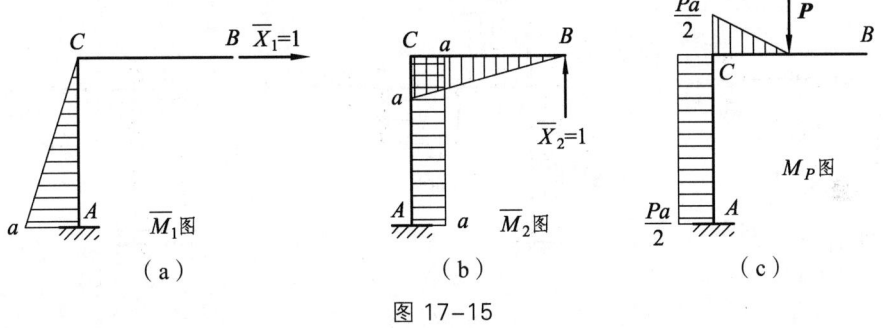

图 17-15

（4）利用图乘法求得各系数和自由项。

$$\delta_{11} = \frac{1}{EI}\left(\frac{a^2}{2} \times \frac{2a}{3}\right) = \frac{a^3}{3EI}$$

$$\delta_{22} = \frac{1}{2EI}\left(\frac{a^2}{2} \times \frac{2a}{3}\right) + \frac{1}{EI}(a^2 \times a) = \frac{7a^3}{6EI}$$

$$\delta_{12} = \delta_{21} = -\frac{1}{EI}\left(\frac{a^2}{2} \times a\right) = -\frac{a^3}{2EI}$$

$$\Delta_{1P} = \frac{1}{EI}\left(\frac{a^2}{2} \times \frac{Pa}{2}\right) = \frac{Pa^3}{4EI}$$

$$\Delta_{2P} = -\frac{1}{2EI}\left(\frac{1}{2} \times \frac{Pa}{2} \times \frac{a}{2} \times \frac{5a}{6}\right) - \frac{1}{EI}\left(\frac{Pa^2}{2} \times a\right) = -\frac{53Pa^3}{96EI}$$

（5）求解多余力。

将以上系数和自由项代入力法典型方程，化简后得：

$$\frac{1}{3}X_1 - \frac{1}{2}X_2 + \frac{P}{4} = 0$$
$$-\frac{1}{2}X_1 + \frac{7}{6}X_2 + \frac{53P}{96} = 0$$

解联立方程，得：

$$X_1 = -\frac{9}{80}P(\leftarrow)$$

$$X_2 = \frac{17}{40}P(\uparrow)$$

（6）作内力图。

根据弯矩叠加公式 $M = X_1\bar{M}_1 + X_2\bar{M}_2 + \cdots + X_n\bar{M}_n + M_P$ 可作出原结构的弯矩图，据此可进一步求作其剪力图和轴力图，分别如图 17-16（a）、（b）、（c）所示。

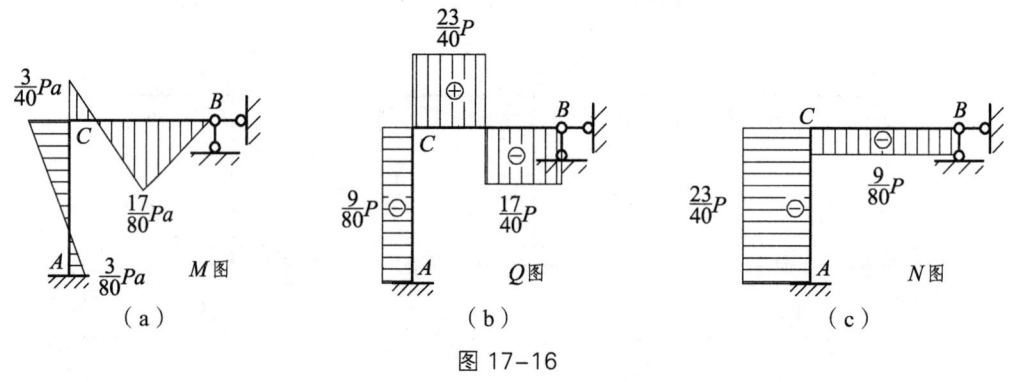

图 17-16

说明：力法计算的关键是：确定基本未知量，选择基本结构，建立基本方程。力法方程中位移系数和自由项的计算就是求静定结构的位移。因此，要使系数、自由项的计算准确，必须保证静定结构的内力（或内力图）的正确和位移计算的准确。

拓展知识：对称性的利用。

力法求解超静定结构时，利用结构及荷载的对称性，往往可使计算得到简化。因此，有必要对其作一简单介绍。限于篇幅，此处仅介绍概念和结论，读者可自行通过示例验证。

（1）选取对称的基本结构。

用力法解算超静定结构时，结构的超静定次数愈高，多余未知力就愈多，计算工作量也就愈大。但在实际的建筑结构工程中，很多结构是对称的，利用结构的对称性，恰当地选取力法基本结构，可使力法典型方程中尽可能多的副系数等于零，从而使计算工作得到简化。所谓的对称结构，指的是结构的几何形状、支座情况、杆件的截面及弹性模量等均对称于某一根或者多根几何轴线时，这样的结构称为对称结构，如图 17-17（a）所示结构即为对称结构。

力法求解对称结构时，可选取对称的基本结构，如图 17-17（b）所示。在对称轴处切开，以多余未知力（广义力）来代替所去掉的多余联系（注意作用力与反作用力的关系）。那么，对称轴处的多余力（广义力）必然是对称或者反对称的。相应的单位内力图也必然是对称或者反对称的。由位移系数及自由项的计算公式可知，部分位移系数中将出现取值为 0 的情况。力法典型方程将分成两组：一组只包含对称的未知力；另一组只包含反对称的未知力。这将大大简化力法方程的计算。

（2）荷载对称性的利用。

当对称结构所受荷载也是对称或者反对称的时候，如果选取对称的力法基本结构，部分自由项的取值也将等于0，力法方程将得到进一步的简化。

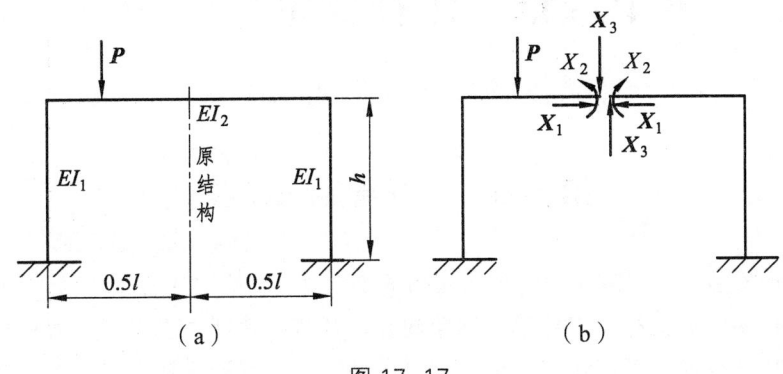

图 17-17

当对称结构承受非对称荷载时，利用荷载的对称性有时也可将计算工作量大大简化。即将非对称的外荷载分解为对称荷载和反对称荷载两种情况分别计算然后叠加，如图 17-18 所示。

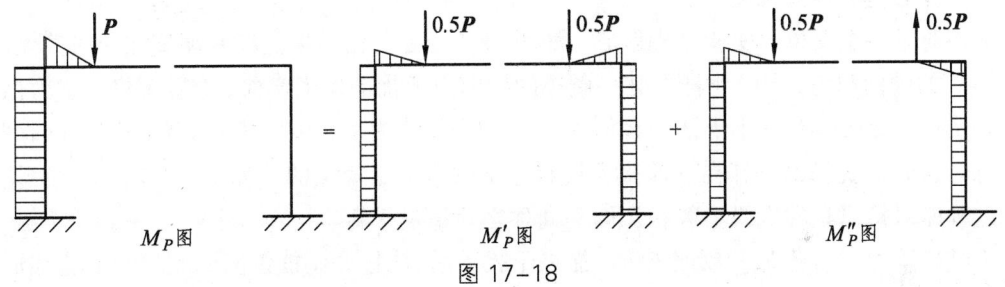

图 17-18

显然对称荷载和反对称荷载作用下的内力图也呈现出对称性（正对称或者反对称），在力法方程中某些自由项必然等于0。这样力法方程必将得到进一步的简化。在对称荷载作用下，反对称未知力为零，即只产生对称内力及变形；在反对称荷载作用下，对称未知力为零，即只产生反对称内力及变形。

第十八章 压杆稳定

第一节 压杆稳定的概念

生活和生产实践中，常遇到承受轴向压力的细长直杆（简称压杆），例如活塞连杆机构中的连杆、凸轮机构中的顶杆、千斤顶、钢屋架弦杆及某些腹杆、支架或者模板加固体系中的撑杆等。对于这类杆件，既可能因为强度不足而破坏，还可能在轴力较小时不能保持原有直线平衡状态突然变弯而丧失承载能力，也就是因为稳定性不足而失效（称之为压杆失稳）。因此，在结构、构件设计中，除对压杆进行强度计算、刚度验算外，还必须对其稳定性加以校核。那么什么是压杆失稳呢？

下面通过一个简单的实验来理解它，如图 18-1 所示。在一根直杆两端施加一对等值反向大小为 F 的轴向压力，同时使杆在某一微小的横向力干扰下发生弯曲，最后又将干扰力撤去。实验表明：当轴向压力 F 小于某一数值 F_{cr} 时，撤去干扰力后，压杆能恢复到它原有的直线平衡状态。这时，我们说压杆在它原来直线状态下的平衡是稳定的，如图 18-1（c）所示。我们把这种能保持原有的直线平衡状态的平衡称之为稳定平衡。

当轴向压力 F 等于某一数值 F_{cr} 时，撤去干扰力后，压杆并不能恢复到它原来的直线形状，而是处于弯曲状态，如图 18-1（d）所示。这就是说，压杆在它原有直线形状下的平衡就变得不稳定了，这种不能保持原有的直线平衡状态的平衡称之为不稳定的平衡。

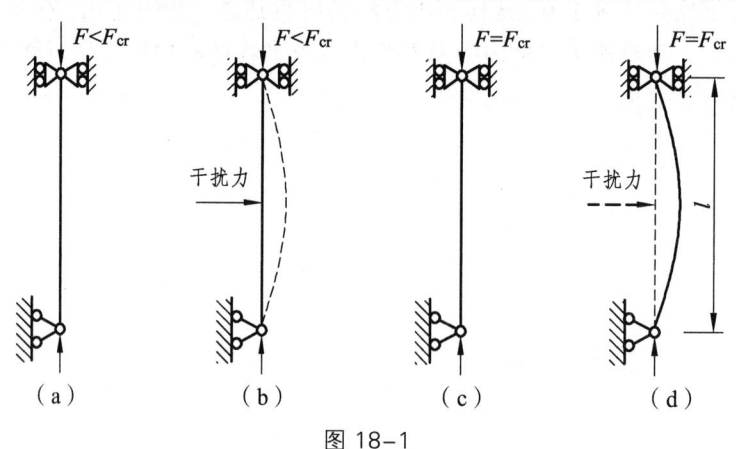

图 18-1

随轴向压力 F 的增加，当其略微大于某一数值 F_{cr} 时，如果没有干扰力，压杆仍可能保持其原有直线平衡，只是这时的平衡状态是不稳定的。如果经受哪怕是微小的瞬时干扰力，压杆也不能恢复到它原来的直线形状并保持平衡，它将在某一微微弯曲的位置处达到新的平衡状态，该平衡位置将随轴向压力的增加而更加远离原有稳定的直线平衡位置。继续增加不大的 F 值时，压杆将变得越来越弯曲，最终发生失稳破坏。

需要说明的是，各种因素的影响（如横向干扰力、材料不均匀等）都将使杆件脱离直线状态而发生弯曲或简称失稳。压杆能否在直线状态下维持稳定平衡，取决于轴向压力的限值 F_{cr}，这个使压杆不能保持直线形式的平衡，由稳定转变为不稳定的轴向压力值，叫作压杆的"临界力"或者"临界荷载"，只有当压力小于 F_{cr} 时压杆的直线平衡才是稳定的。

压杆由直线形状的稳定平衡过渡到不稳定平衡时所对应的轴向压力，称为压杆的临界压力或临界力，其值用 F_{cr} 表示。当压杆所受的轴向压力值 F 小于其临界值 F_{cr} 时，杆件就能够保持稳定的平衡，这种性能称为压杆具有稳定性；而当压杆所受的轴向压力值 F 大于或者等于 F_{cr} 时，杆件就会因不能保持稳定的平衡而失稳。

第二节 临界力和临界应力

一、细长压杆临界力计算公式——欧拉公式

压杆稳定问题的关键是确定临界力的数值 F_{cr}，对于小位移细长压杆，当材料处于弹性阶段时，即压杆内应力不超过材料比例极限 σ_p 时，细长压杆临界力数值 F_{cr} 可用欧拉公式计算。不同约束条件下细长压杆临界力计算公式——欧拉公式为：

$$F_{cr} = \frac{\pi^2 EI}{(\mu l)^2} \tag{18-1}$$

式中，E 为杆件材料的弹性模量；I 为杆件横截面在可能的失稳方向的惯性矩；l 为杆件长度；μ 为杆件计算长度系数，它取决于压杆杆端约束条件，反映了各种不同支承情况对临界荷载的影响。不同约束条件下的压杆计算长度系数见表 18-1。μl 则称为计算长度，在压杆临界力计算时，它表示将不同的杆端约束条件下的压杆折算成临界力与其相等的两端铰支压杆的计算长度。

表 18-1 压杆长度系数

杆端支撑情况	一端自由，一端固定	两端铰支	一端铰支，一端固定	两端固定	一端固定，一端可移动，但不能转动
挠曲线图					
长度系数	2	1	0.7	0.5	1

由式（18-1）可见，临界力 F_{cr} 与抗弯刚度 EI 成正比，因为压杆的抗弯刚度愈大，抵抗弯曲的能力也愈强，也就愈不容易发生纵向弯曲变形，因而临界力也越大。

值得注意的是，有的压杆横截面在两个方向的惯性矩是一样的，例如圆形截面。但是有的压杆其横截面绕不同形心轴的惯性矩是不同的。例如，矩形截面可以有两个不同的惯性矩数值 $I_z = bh^3/12$ 和 $I_y = hb^3/12$。槽钢、工字钢等也有两个不同的惯性矩。当两个方向支撑条件相同时，由于压杆总绕较弱的轴失稳，也就是绕惯性矩较小的一个方向弯曲，所以公式中的 I 应当用较小的数值。

从公式（18-1）中还可以看出，临界力 F_{cr} 与杆长的平方成反比，说明杆件越长越容易被压弯。此外，临界力 F_{cr} 与压杆两端的约束情况有关，其他情况相同时，某一个方向惯性矩越大，并且约束越强，那么这个方向的临界力 F_{cr} 就越大。

二、欧拉公式的适用范围

1. 临界应力和柔度

当压杆在临界力 F_{cr} 作用下处于直线形式的临界平衡状态时，其横截面上的平均压应力等于临界力 F_{cr} 除以横截面面积 A，称为临界应力，用 σ_{cr} 表示。即：

$$\sigma_{cr} = \frac{F_{cr}}{A} = \frac{\pi^2 EI}{(\mu l)^2 A}$$

令 $I = i^2 A$ 或 $i = \sqrt{\dfrac{I}{A}}$，则有：

$$\sigma_{cr} = \frac{\pi^2 E i^2}{(\mu l)^2} = \frac{\pi^2 E}{\left(\dfrac{\mu l}{i}\right)^2}$$

令 $\lambda = \dfrac{\mu l}{i}$，则有：

$$\sigma_{cr} = \frac{\pi^2 E}{\lambda^2} \tag{18-2}$$

式中，i 为惯性半径，它是与截面尺寸和形状有关的几何量；λ 称为柔度，它综合反映了压杆的长度、截面的几何性质（形状与尺寸）以及支承情况（μ）对临界力的影响。压杆的柔度值越大，则其临界应力越小，压杆就越容易失稳。

由式（18-2）可见，对于一定的细长压杆，$\pi^2 E$ 是常数。因此，细长压杆的临界应力 σ_{cr} 仅与柔度 λ 平方成反比。柔度越大，临界应力越小，压杆稳定性越不好，越容易发生失稳；反之柔度越小，临界应力越高，其稳定性越好。

2. 欧拉公式的适用范围

实践和经验告诉我们，短粗杆是不会发生失稳破坏的，细长压杆却存在失稳问题。对于计算细长压杆的临界荷载及临界应力的欧拉公式，它的建立是基于线弹性小位移的挠曲线微分方程导出的。因此，它适用于弹性稳定问题，压杆内应力不能超过材料的比例极限 σ_p。即：

$$\sigma_{cr} = \pi^2 E / \lambda^2 \leqslant \sigma_p$$

用柔度表示则为：

$$\lambda \geqslant \pi \sqrt{E/\sigma_p} \quad (18-3)$$

若设 $\lambda_p = \pi \sqrt{\dfrac{E}{\sigma_p}}$，它代表了压杆的临界应力达到材料的比例极限时的柔度值。则有：

$$\lambda \geqslant \lambda_p$$

也就是说，当压杆的柔度不小于 λ_p 时，压杆会发生弹性屈曲，此时才可以应用欧拉公式计算临界力或临界应力。这类压杆称为大柔度杆或细长杆，欧拉公式只适用于较细长的大柔度杆。

不同材料的压杆，E、σ_p 各不相同，因此得到的 λ_p 值也不同。例如：A3 钢，$E = 200$ GPa，$\sigma_p = 200$ MPa，可得其 $\lambda_p = 100$。

欧拉公式中的 I 是压杆失稳发生弯曲时，截面对其中性轴的惯性矩。对于各个方向约束相同的情形（例如球形铰链），I 为截面对形心轴惯性矩中之最小者，即 $I = I_{\min}$，对于不同方向具有不同约束条件的情形，计算时，应根据截面惯性矩和约束条件，先判断失稳时的弯曲方向，从而确定截面的中性轴以及相应的惯性矩。有时可能需要计算几个方向失稳时的临界力，然后取其最小者作为压杆的临界荷载。

三、压杆的临界力计算公式

根据柔度的大小，可将压杆分为三种类型：细长杆、中长杆和短粗杆。

对于"细长杆"，发生弹性失稳的可能性较大；对于"粗短杆"，则可能不发生失稳问题，而在压力作用下发生屈服或断裂；介于两者之间者，称为"中长杆"，虽然有可能发生失稳问题，但其临界应力已超过比例极限，局部区域已进入塑性。这三类问题分别称为"弹性屈曲""弹-塑性屈曲""屈服"。因此，对于三类不同的压杆，需要采用不同的公式计算其临界力。

1. "大柔度杆"或"细长杆"

$\lambda \geqslant \lambda_p$，构件处于弹性稳定状态，会发生弹性屈曲，其临界应力不超过材料的比例极限。并由下式确定。

$$\sigma_{cr} = \pi^2 E / \lambda^2 \qquad F_{cr} = A\sigma_{cr} = \frac{\pi^2 EI}{(\mu l)^2}$$

2. "中柔度杆"或"中长杆"

$\lambda_y \leqslant \lambda \leqslant \lambda_p$，构件处于弹塑性稳定状态，这类压杆也会发生屈曲，但屈曲时，其横截面上临界应力已超过比例极限而未达到屈服强度，材料处于弹塑性状态，故为"弹-塑性屈曲"。这类压杆的临界应力需根据弹-塑性稳定理论确定。目前的设计中，对这类压杆，各国大都基于试验和实践资料分析、归纳出了用于计算其临界力或临界应力的经验公式。我国常采用较为简单的直线公式。即：

$$\sigma_{cr} = a - b\lambda$$

式中，a、b 为只与材料的力学性能有关的常数（MPa），其量纲为[力]/[长度]^2。

由于"中柔度杆"临界应力不能超过材料的受压屈服强度。否则，压杆将在压力作用下发生屈服或断裂。此时，它已是名副其实的"短粗杆"了。即：

$$\sigma_{cr} = a - b\lambda \leqslant \sigma_s \Rightarrow \lambda \geqslant \frac{a - \sigma_s}{b}$$

令 $\lambda_s \geqslant \frac{a - \sigma_s}{b}$，它代表了压杆的临界应力达到材料的屈服极限时的柔度值，即"中柔度杆"的柔度下限。因此，计算"中柔度杆"临界应力的直线经验公式的适用范围为：

$$\lambda_p \geqslant \lambda \geqslant \lambda_s$$

需要说明的是，各种材料的 a、b、λ_s、λ_p 取值可查阅相关资料。例如，对于 A3 钢，$\sigma_s = 235$ MPa，$a = 304$ MPa、$b = 1.12$ MPa，代入上式后解得 A3 钢的 $\lambda_s = 61.6$。

3."小柔度杆"或"粗短杆"。

$\lambda < \lambda_s$ 的压杆称为"小柔度杆"或"粗短杆"。对于这类压杆一般不发生屈曲，而可能发生屈服（塑性材料）或破裂（脆性材料）。于是，其临界应力的表达式为：

$\sigma_{cr} = \sigma_y$（塑性材料）

$\sigma_{cr} = \sigma_b$（脆性材料）

四、临界应力总图

根据三类不同压杆的不同临界应力表达式，在 λ-σ_{cr} 坐标系中可以画出 $\sigma_{cr} = f(\lambda)$ 曲线，称为"临界应力总图"，它反映了压杆的临界应力与其柔度之间的关系，如图 18-2 所示。图中：ED 段为"短粗杆"，DC 段为"中柔度杆"，CB 段为"大柔度杆"（"细长杆"）。

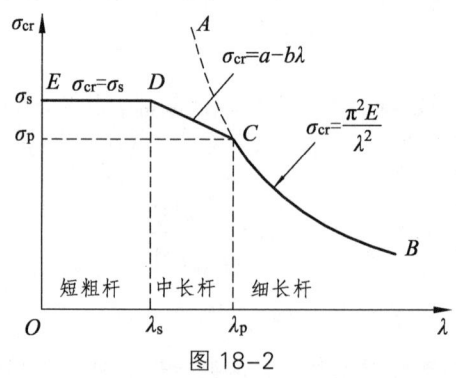

图 18-2

显然，柔度越大，压杆的临界应力越小，临界荷载 $F_{cr} = \sigma_{cr} A$ 也越小。对"大柔度杆"（图中的 CB 曲线段），σ_{cr} 及 F_{cr} 随柔度增加迅速减小。

五、示　例

例 18-1　图 18-3（a）所示桁架是由两根抗弯刚度为 EI 的细长杆组成。设荷载 P 与杆 AB 轴线的夹角为变量 θ，且 $0 \leq \theta \leq \pi/2$。试求荷载 P 小于何值时，结构不致失稳。已知：$\angle BAC = 60°$，$\angle ACB = 30°$。

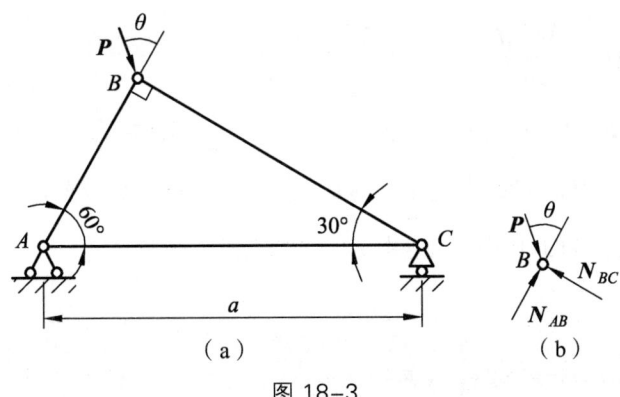

图 18-3

解法一：取结点 B 为研究对象，受力如图 18-3（b）所示。
由平衡条件得：

$$N_{BC} = P \sin \theta$$
$$N_{AB} = P \cos \theta$$

当杆 BC 失稳时，其临界力为：

$$[N_{BC}]_{cr} = \frac{\pi^2 EI}{l_{BC}^2} = P \sin \theta$$

$$\therefore P = \frac{\pi^2 EI}{l_{BC}^2 \sin \theta}$$

显然当 $\theta = \pi/2$ 时，P 值最小，即：

$$[P] = \frac{\pi^2 EI}{l_{BC}^2} = \frac{\pi^2 EI}{\left(\frac{\sqrt{3}}{2} a\right)^2} = \frac{4\pi^2 EI}{3a^2}$$

同样，当杆 AB 先失稳时，其临界力为：

$$[N_{AB}]_{cr} = \frac{\pi^2 EI}{l_{AB}^2 \cos \theta} = P \cos \theta$$

$$\therefore P = \frac{\pi^2 EI}{l_{AB}^2 \cos\theta}$$

显然当 $\theta = 0$ 时，P 值最小，即：

$$[P] = \frac{\pi^2 EI}{l_{AB}^2 \cos\theta} = \frac{\pi^2 EI}{\left(\frac{1}{2}a\right)^2} = \frac{4\pi^2 EI}{a^2}$$

比较后取：

$$[P] = \frac{4\pi^2 EI}{3a^2}$$

解法二：由于 AB、BC 两杆的 EI 相同，而 $l_{BC} > l_{AB}$，故在轴心受压时，两杆的临界力满足 $[N_{BC}]_{cr} < [N_{AB}]_{cr}$。又因 $\angle ABC$ 为直角，当 $\theta = \frac{\pi}{2}$ 时，力 P 沿 BC 杆作用，这时，所有荷载均加在 BC 杆上，所以结构的许用荷载应由 BC 杆的临界力确定。

由平衡条件得：

$$[N_{BC}] = P\sin\theta \bigg|_{\theta = \frac{\pi}{2}} = P$$

$$[N_{BC}] = [P]$$

$$\frac{\pi^2 EI}{l_{BC}^2} = [P]$$

$$[P] = \frac{\pi^2 EI}{\left(\frac{\sqrt{3}}{2}a\right)^2} = \frac{4\pi^2 EI}{3a^2}$$

例 18-2 图 18-4 所示为两端铰支的圆形截面受压杆，用 Q235 钢制成，材料的屈服应力 $\sigma_s = 235$ MPa，弹性模量 $E = 200$ GPa，直径 $d = 40$ mm，试分别计算下面三种情况下压杆的临界力：（1）杆长 $l = 1.5$ m；（2）杆长 $l = 0.8$ m；（3）杆长 $l = 0.4$ m。

解：经查工程手册：Q235 钢，$\sigma_s = 235$ MPa，$a = 304$ MPa，$b = 1.12$ MPa，$\lambda_p = 100$，$\lambda_s = 61.6$。此杆为两端铰支，计算长度系数 $\mu = 1$。截面的惯性半径 i 为：

$$i = \sqrt{\frac{I}{A}} = \frac{d}{4} = \frac{40}{4} = 10 \text{ mm}$$

（1）计算杆长 $l = 1.5$ m 时的临界力。

柔度：$\lambda_1 = \dfrac{\mu l}{i} = \dfrac{1 \times 1500}{10} = 150 > \lambda_p = 100$

此杆为大柔度杆，可用欧拉公式计算临界应力 σ_{cr} 及临界力 F_{cr}：

$$\sigma_{cr} = \frac{\pi^2 E}{\lambda^2} = \frac{3.14^2 \times 2 \times 10^5}{150^2} = 87.64 \text{ MPa}$$

$$F_{cr} = \sigma_{cr} A = \sigma_{cr} \times \frac{\pi d^2}{4} = 87.64 \times \frac{3.14 \times 40^2}{4} = 110.08 \times 10^3 \text{ N} \approx 110 \text{ kN}$$

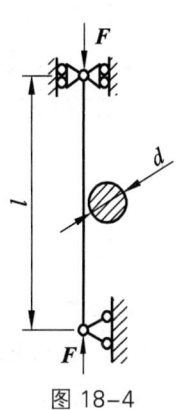

图 18-4

（2）计算杆长 $l = 0.8$m 时的临界力。

柔度：$\lambda_s < \lambda_2 = \frac{\mu l}{i} = \frac{1 \times 800}{10} = 80 < \lambda_p = 100$。

此杆为中长杆，应用临界应力总图中经验公式计算其临界应力。

$$\sigma_{cr} = a - b\lambda = 304 - 1.12 \times 80 = 214.4 \text{ MPa}$$

$$F_{cr} = \sigma_{cr} A = \sigma_{cr} \times \frac{\pi d^2}{4} = 269.4 \text{ kN}$$

（3）计算杆长 $l = 0.5$ m 时的临界力。

柔度：$\lambda_3 = \frac{\mu l}{i} = \frac{1 \times 500}{10} = 50 < \lambda_p = 62$

此杆为短粗杆，其临界应力及临界力分别为：

$$\sigma_{cr} = \sigma_s = 235 \text{ MPa}$$

$$F_{cr} = \sigma_{cr} A = \sigma_s \times \frac{\pi d^2}{4} = 235 \times \frac{3.14 \times 40^2}{4} = 295.3 \text{ kN}$$

第三节　压杆的稳定计算

一、压杆的稳定条件

当压杆中的应力达到（或超过）其临界应力时，压杆会丧失稳定。因此，在工作时，压杆在直线平衡时横截面上的正应力 $\sigma = P/A$（称为"工作应力"），不能超过其临界应力 σ_{cr}。为了保证一定安全裕度，压杆的工作应力不能超过其临界应力的许用值 $[\sigma_{cr}]$。即压杆的工作应力 σ 或工作荷载 P 应满足下述条件：

$$\sigma \leqslant [\sigma_{cr}] = \frac{\sigma_{cr}}{n_{st}} \tag{18-4}$$

或写成：
$$P \leqslant [P_{cr}] = \frac{P_{cr}}{n_{st}} \tag{18-5}$$

式中，$[\sigma_{cr}]$ 为稳定许用应力，常记为 $[\sigma_{st}]$ 或者 $[\sigma]_{st}$；$[P_{cr}]$ 为稳定许用压力，常记为 $[P_{st}]$ 或 $[P]_{st}$；n_{st} 为稳定安全系数（因子），其值一般大于强度安全系数。对于钢杆一般取 1.8~3.0，铸铁一般取 5.0~5.5，木材一般取 2.8~3.2。之所以取较高的数值，主要因为临界公式是基于理想压杆建立的，不能直接用于实际压杆，实际压杆难免存在各种缺陷，如压杆的微小初始弯曲变形，材料不均匀和制造误差、压力的微小偏心等都会显著降低临界力，从而严重影响压杆的稳定性。因此，实际压杆应规定较高的安全系数 n_{st}。

为将临界应力 $[\sigma_{cr}]$ 与材料的允许应力 $[\sigma]$ 统一起来，并方便计算。令 $[\sigma_{cr}] = \varphi[\sigma]$，即：

$$\varphi = \frac{[\sigma_{cr}]}{[\sigma]} = \frac{\sigma_{cr}}{n_{st}[\sigma]} \quad (18\text{-}6)$$

式中，φ 称为稳定折减系数，它反映了稳定许用应力 $[\sigma_{st}]$ 与强度条件中允许应力 $[\sigma]$ 之间的关系。由于 $[\sigma]$ 只与材料有关，而 $[\sigma_{cr}]$ 除了与材料有关外，还与压杆的长细比有关。因此，稳定折减系数 φ 也与材料的种类、压杆的长细比有关。同一材料制成的压杆，折减系数 φ 值仅取决于压杆的长细比，它是长细比 λ 的函数，即：$\varphi = \varphi(\lambda)$。不同材料的折减系数 φ 值可查询相关工程手册，表18-2列出了Q235钢材a类截面轴心受压构件的稳定折减系数 φ 值。

表18-2　Q235钢材a类截面轴心受压构件的稳定折减系数值（φ）

λ	0	10	20	30	40	50	60	70	80	90	100
φ	1.00	0.995	0.981	0.963	0.941	0.916	0.883	0.839	0.783	0.713	0.637
λ	110	120	130	140	150	160	170	180	190	200	210
φ	0.562	0.494	0.434	0.382	0.339	0.302	0.270	0.243	0.219	0.199	0.182

注：本表参考了压杆的稳定性安全系数（因子）随压杆柔度而改变的因素。

将式（18-6）代入式（18-4），可得允许应力 $[\sigma]$ 表达的压杆的稳定条件：

$$\sigma = \frac{F}{A} \leqslant \varphi[\sigma] \quad \text{或} \quad \frac{F}{A\varphi} \leqslant [\sigma] \quad (18\text{-}7)$$

二、稳定条件的应用

利用压杆的稳定条件，可以进行以下三个方面的计算：

1. 压杆的稳定性校核

已知结构体系中压杆的几何尺寸、材料以及所承受的压力等，验算其是否满足稳定条件。

这类问题，首先应计算压杆的长细比 λ，然后根据 λ 查出（或计算出）相应的稳定折减系数 φ，再利用压杆的稳定条件进行校核。

2. 计算压杆稳定时的许用荷载

已知结构体系中压杆的几何尺寸、材料，按稳定条件计算其所能承受的许用荷载值。

这类问题，首先计算出压杆的长细比 λ，根据 λ 查出相应的稳定折减系数 φ；再按照压杆的稳定条件（$F \leqslant A\varphi[\sigma]$）计算其所能承受的临界力；最后根据结构计算简图中压杆与外荷载之间的关系求出结构体系的许用荷载。

3. 对压杆进行截面设计（一般采用"试算法"）

已知结构体系中压杆的长度、所用材料以及承受的外力，按照压杆的稳定条件计算其所需的截面尺寸。

这类问题，一般采用"逐渐接近"的"试算法"，其实质也是稳定性校核。这是因为在压杆的截面尺寸未知的情况下无法计算其长细比，因而无法得到压杆的稳定折减系数 φ，也就无法根据压杆的稳定条件（$F \leqslant A\varphi[\sigma]$）得到其截面积 A。因此，只能采用试算法，过程如下：先按 $P/A \leqslant [\sigma]$ 估算压杆截面面积（可兼顾构件的规格选择截面积），或者先在 0 与 1 之间假定稳定折减系数 φ 值，并由稳定条件计算所需截面面积 A；然后计算压杆的长细比 λ；再计算（或查表）其稳定折减系数 φ；最后验算其是否满足稳定条件。

如果不满足稳定条件，应再重新加大截面尺寸，重新假定稳定折减系数 φ 值，重复上述验算过程，直到满足稳定条件为止；若初选截面面积过大，可适当减小压杆截面尺寸，重复上述步骤，直至稳定储备不过大为止。

三、压杆稳定性校核步骤

压杆的稳定性校核主要有以下几个主要步骤：
（1）根据压杆的支承条件确定其计算长度系数 μ。
（2）计算压杆的柔度 λ。
（3）根据 λ 的取值选用临界应力计算公式，计算压杆临界应力 σ_{cr}。
下面分别介绍各个步骤的具体做法：
首先，根据以下公式计算（或者采用查表法确定）压杆的界限长细比 λ_p 和 λ_s。

$$\lambda_p = \pi(E/\sigma_p)^{0.5}$$

$$\lambda_s = \frac{a - \sigma_s}{b}$$

然后，根据柔度大小按照临界应力总图，选用相应公式计算压杆临界应力 σ_{cr}。

当 $\lambda \geqslant \lambda_p$ 时，用欧拉公式计算：$\sigma_{cr} = \pi^2 E / \lambda^2$。

当 $\lambda_p \geqslant \lambda \geqslant \lambda_s$ 时，用经验公式计算：$\sigma_{cr} = a - b\lambda$。

当 $\lambda < \lambda_s$ 时，按强度问题校核压杆。

（4）根据 $P_{cr} = \sigma_{cr} A$ 计算临界荷载。
（5）根据下述稳定条件判断压杆是否满足稳定性要求。

$$P \leqslant P_{cr}/n_{st} = [P_{cr}] \text{ 或 } \sigma \leqslant \sigma_{cr}/n_{st} = [\sigma_{st}]$$

利用压杆的稳定条件进行计算时，应注意以下问题：

① 由于压杆的稳定性取决于整个杆件的抗弯刚度，而局部的截面削弱对杆件的整体刚度来说影响很小。因此在确定压杆的临界荷载或临界应力时，可不必考虑杆件局部的削弱（如油孔、铆钉孔、钻孔以及开口等）的影响，而仍按未削弱横截面的尺寸计算惯性矩 I 和截面

积 A（毛面积），对于削弱的横截面则应进行强度校核。

② 压杆的稳定条件中，稳定折减系数 φ 取决于其柔度 λ 值。工程应用时，不同的专业往往都在相关领域的实践和试验的基础上给出了不同的计算公式，使用时应遵从相关规定。例如：木结构设计标准（GB 50005—2017）第 5.1.4 条及 5.3.3 条以及钢结构设计标准（GB 50017—2017）第 7.2.1 条及 8.2.1 条都分别对这两种结构形式受压构件稳定折减系数 φ 的取值做出了相应规定。

四、示 例

例 18-3 如图 18-5 所示的结构中，梁 AB 为 No.14 普通热轧工字钢，杆 CD 为直径 $d = 20$ mm 的圆截面直杆，两者材料均为 Q235 钢。A、C、D 三处均为球铰约束。已知 $F = 25$ kN，$l_1 = 1.25$ m，$l_2 = 0.55$ m，$\sigma_s = 235$ MPa。强度安全因数 $n = 1.45$，稳定安全因数 $n_{st} = 2.0$。试校核此结构是否安全。

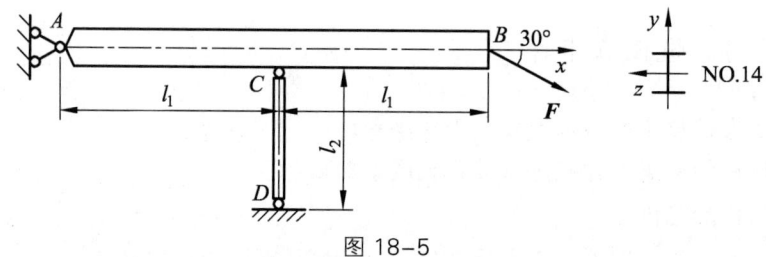

图 18-5

解：图示结构中，梁 AB 承受拉弯组合作用，存在强度问题；杆 CD 承受压缩作用，应考虑其稳定条件。下面分别校核它们的强度和稳定性是否满足要求。

（1）梁 AB 的强度校核。

梁 AB 在截面 C 处为危险截面，其上的弯矩和轴力分别为：

$$M_{max} = Fl_1 \sin 30° = 25 \times 1.25 \times 0.5 = 15.63 \text{ kN·m}$$

$$N = F\cos 30° = 25 \times 0.866 = 21.65 \text{ kN}$$

由型钢表查得 No.14 号普通热轧工字钢的截面几何参数分别为：

抗弯截面模量：$W_z = 102 \times 10^{-6} \text{ m}^3$

截面面积：$A = 21.5 \text{ cm}^2$

梁 AB 横截面上的最大正应力为：

$$\sigma_{max} = M_{max}/W_z + N/A = 153.2 + 10.1 = 163.3 \text{ MPa}$$

而 Q235 钢的许用应力为：

$$[\sigma] = \sigma_s/n = 235/1.45 = 162.1 \text{ MPa}$$

σ_{max} 略大于 $[\sigma]$，但 $(\sigma_{max} - [\sigma])/[\sigma] = 0.74\% < 5\%$，工程上可认为该梁强度是安全的。

(2)支撑柱 CD 的稳定性校核。

由梁 AB 的平衡条件可求得杆 CD 的轴力为:

$$N_{CD} = 2F\sin 30° = 25 \text{ kN}$$

其惯性半径、长度系数及柔度系数分别为:

$$i_{CD} = d/4 = 5 \text{ mm}$$

$\mu = 1.0$(两端为球铰约束)。

$$\lambda = \mu l/i = 0.55/0.005 = 110 > \lambda_p = 100$$

因此,压杆 CD 为细长杆,故可按欧拉公式计算其临界荷载:

$$F_{cr} = \sigma_{cr} A = \pi^2 E/\lambda^2 \times \pi d^2/4 = 52.8 \text{ kN}$$

于是,压杆的工作安全因数为:

$$n_{st} = \sigma_{cr}/\sigma = F_{cr}/N_{CD} = 52.8/25 = 2.11 > n_{st} = 2.0$$

这一结果说明,压杆的稳定性是安全的。

上述两项计算结果表明:整个结构的强度和稳定性都是安全的。

例 18-4 如图 18-6 所示,构架由两根直径相同的圆杆构成,杆的材料为 Q235 钢,直径 $d = 20$ mm,材料的许用应力 $[\sigma] = 170$ MPa,已知 $h = 0.4$ m,作用力 $F = 15$ kN。试在计算平面内校核两杆的稳定。

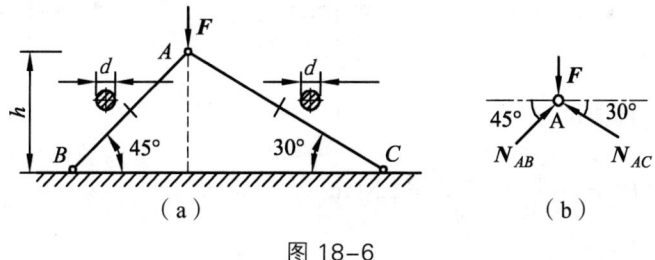

图 18-6

解:

(1)计算各杆承受的压力。

以结点 A 为研究对象,受力如图 18-6(b)所示。由其平衡条件可得:

$$\sum X = 0 \quad N_{AB} \cdot \cos 45° - N_{AC} \cdot \cos 30° = 0$$
$$\sum Y = 0 \quad N_{AB} \cdot \sin 45° + N_{AC} \cdot \sin 30° - F = 0$$

AB 杆:$N_{AB} = 0.896F = 13.44$ kN

AC 杆:$N_{AC} = 0.732F = 10.98$ kN

(2)计算各杆的柔度 λ。

AB 杆:$l_{AB} = \sqrt{2}h = \sqrt{2} \times 0.4 = 0.566$ m;$\lambda_{AB} = \dfrac{\mu l_{AB}}{i} = \dfrac{4\mu l_{AB}}{d} = \dfrac{4 \times 1 \times 0.566}{0.02} = 113$

AC 杆：$l_{AC} = 2h = 2 \times 0.4 = 0.8 \text{ m}$；$\lambda_{AC} = \dfrac{\mu l_{AC}}{i} = \dfrac{4\mu l_{AC}}{d} = \dfrac{4 \times 1 \times 0.8}{0.02} = 160$

（3）根据柔度查折减系数 φ（线性插值）。

AB 杆：$\varphi_{AB} = \varphi_{113} = \varphi_{110} - \dfrac{\varphi_{110} - \varphi_{120}}{10} \times 3 = 0.515$

AC 杆：$\varphi_{AC} = \varphi_{160} = 0.272$

（4）按照稳定条件进行验算。

AB 杆：$\sigma_{AB} = \dfrac{N_{AB}}{A\varphi_{AB}} = \dfrac{13.44 \times 10^3}{\pi(0.01)^2 \times 0.515} = 83 \times 10^6 \text{ Pa} = 83 \text{ MPa} < [\sigma]$

AC 杆：$\sigma_{AC} = \dfrac{N_{AC}}{A\varphi_{AC}} = \dfrac{10.98 \times 10^3}{\pi(0.01)^2 \times 0.272} = 128 \times 10^6 \text{ Pa} = 128 \text{ MPa} < [\sigma]$

可见，各杆均满足稳定条件。

例 18-5 如图 18-7 所示支架，BD 杆为正方形截面木杆，长度 $l = 2$ m，截面边长 $a = 0.1$ m，木材的许用应力 $[\sigma] = 14$ MPa，试从满足 BD 杆的稳定条件考虑，计算该支架能承受的最大荷载 $F_{\max}$。

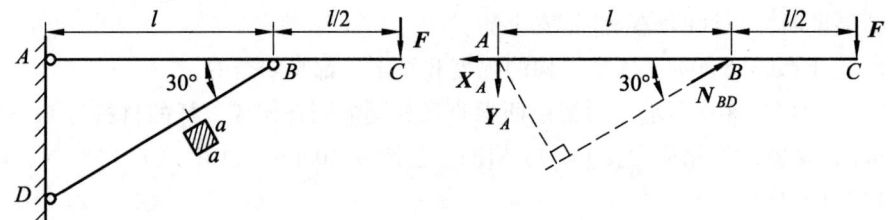

图 18-7

解：

（1）计算 BD 杆的柔度。

$$l_{BD} = \dfrac{l}{\cos 30°} = \dfrac{2 \times 2}{\sqrt{3}} = 2.31 \text{ m}$$

$$\lambda_{BD} = \dfrac{\mu l_{BD}}{i} = \dfrac{\mu l_{BD}}{a/\sqrt{12}} = \dfrac{1 \times 2.31}{0.1/\sqrt{12}} = 80$$

（2）求 BD 杆能承受的最大压力。

根据柔度查表，得 $\varphi_{BD} = 0.470$，则 BD 杆能承受的最大压力为：

$$N_{BD\max} = A\varphi[\sigma]$$
$$= 0.1^2 \times 0.470 \times 14 \times 10^6 = 65.8 \times 10^3 \text{ N} = 65.8 \text{ kN}$$

（3）根据外力 F 与 BD 杆所承受压力之间的关系，求出支架能承受的最大荷载 $F_{\max}$。

$$\sum M_A = 0 \Rightarrow N_{BD} \cdot \dfrac{l}{2} - F \cdot \dfrac{3}{2}l = 0 \quad F = \dfrac{1}{3}N_{BD}$$

该支架能承受的最大荷载：

$$F_{\max} = \frac{1}{3} N_{BD\max} = \frac{1}{3} \times 65.8 = 21.93 \text{ kN}$$

可见，该支架能承受的最大荷载取值为：$F_{\max} = 21.93$ kN

例 18-6 图 18-8 所示结构用低碳钢 A3 制成，试求荷载 P 的允许值。已知：弹性模量 $E = 205$ GPa，$\sigma_s = 275$ MPa，$\sigma_{cr} = 338 - 1.21\lambda$，$\lambda_p = 90$，$\lambda_s = 50$，$n = 2$，$n_{st} = 3.0$。

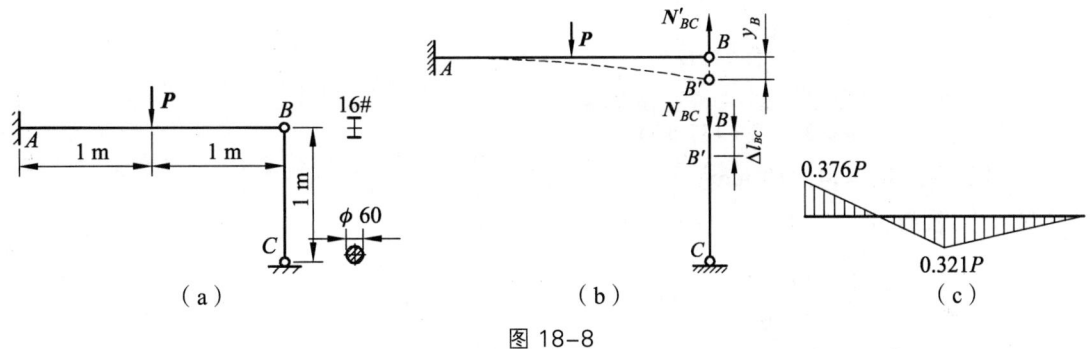

图 18-8

解：体系为一次超静定结构，为求用 P 所表示的 BC 杆的轴力，需建立变形协调方程。由 B 点的竖向位移 y_B 等于 BC 杆受压后的压缩量 Δl_{BC}，有：

$$y_B = \Delta l_{BC}$$

查工程手册可知：

$$y_B = \frac{5Pa^3}{6EI} - \frac{N_{BC}(2a)^3}{3EI}$$

这里 a 为力 P 至固定支座 A 的距离。由拉压杆变形计算公式，有：

$$\Delta l_{BC} = \frac{N_{BC}a}{EA}$$

由此可得：$N_{BC} = 0.312P$（压）

（1）由 BC 杆的稳定条件确定 P 的允许值。

BC 杆柔度为：$\lambda = \mu l / i = \dfrac{4\mu l}{d} = \dfrac{4 \times 1 \times 1}{0.06} = 66.7 \begin{cases} < \lambda_p = 90 \\ > \lambda_s = 50 \end{cases}$

可见，BC 杆为中柔度杆，其临界应力为：

$$\sigma_{cr} = a - b\lambda = 338 - 1.21 \times 66.7 = 258 \text{ MPa}$$

BC 杆为中柔度杆，其临界力为：

$$N_{cr} = \sigma_{cr} A = 258 \times \frac{\pi \times 60^2}{4} = 728 \text{ kN}$$

BC 杆的允许临界力为：

$$[N_{cr}] = \frac{N_{cr}}{n_{st}} = \frac{728}{3} = 242.7 \text{ kN}$$

则有：

$$P = \frac{[N_{cr}]}{0.312} = 779 \text{ kN}$$

（2）根据梁的强度确定 P 的允许值。

梁的弯矩图如图 18-8（c）所示，$M_{max} = 0.376P$。

$$\sigma_{max} = \frac{M_{max}}{W_z} \leq [\sigma]$$

其中：$[\sigma] = \sigma_s / n = 275/2 = 137.5 \text{ MPa}$

16 号工字钢 $W_z = 141 \times 10^3 \text{ mm}^3$

代入上式，得：

$$\frac{0.376P \times 10^3}{141 \times 10^3} \leq 137.5$$

∴ $\quad P = 51.5 \text{ kN}$

综上所述，荷载 P 的允许值应取上述两个 P 值的最小值，即：$P = 51.5 \text{ kN}$。

第四节 提高压杆稳定的措施

由于受压杆件的失稳，造成结构体系发生坍塌，不仅会造成物质上的巨大损失，而且还会危及人民的生命。早在 19 世纪末，瑞士的一座铁路桥，在一列客车通过时，由于钢桁架中的压杆失稳致使整个桥梁结构发生灾难性坍塌，最终造成两百人遇难。在建筑工程中，每年都会有大量因为脚手架中压杆失稳而造成的坍塌事故。为了提高压杆的承载能力，必须综合考虑材料性能、压杆的长度、杆件截面的合理性以及构件的约束条件等诸多因素的影响。

一、合理选择材料（E）

对于大柔度杆，由欧拉公式可知，其临界力及临界应力与材料的弹性模量成正比（与材料的强度无关）。因此，相同情况下，钢制压杆临界力大于铜、铸铁或铝制压杆的临界力。但工程中普通碳素钢、合金钢及高强钢等各种不同钢材的弹性模量都较为接近（约为 200~210 MPa），因此选用高强度钢、合金钢或者优质钢并不能明显提高大柔度杆的稳定性。对于由稳定性起控制作用的大柔度杆，工程中一般采用普通碳素钢制造，既经济又合理。

而中粗杆及短粗杆的临界力及临界应力则与材料的强度有关，采用高强度钢材，在一定程度上可以提高这类压杆抵抗失稳的能力。

二、选择合理的截面形状（I）

在压杆的长度及横截面面积确定（即材料用量确定）的情况下，由柔度计算公式及临界应力总图可知，其压杆的临界力及临界应力随其柔度的减少而变大，因而随截面的惯性矩增加而增加。因此，可通过选择合理的截面形状来增大截面的惯性矩（回转半径），也就是尽可能使材料远离截面形心轴，从而减少压杆的柔度，提高其抵抗失稳的能力。

如图 18-9（a）、（b）所示，采用空心截面比实心截面更为合理。但应注意压杆的空心截面壁厚须满足局部稳定性的要求，以免因为过薄而发生局部失稳现象。

如图 18-9（c）所示，对于多型钢组成的格构柱，两槽钢面对面布置比背对背布置得到的组合截面对于提高受压构件的稳定性更为合理。

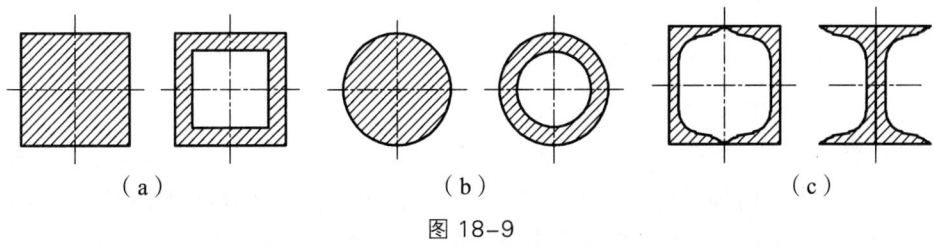

图 18-9

三、改善约束条件、减小压杆计算长度（μl）

由临界应力总图可知，压杆的临界力及临界应力与其柔度直接相关，为提高压杆稳定性，在压杆截面材料、形状、尺寸和布置一定的情况下，应尽量减少压杆的计算长度 μl。这可从以下几方面采取措施：

1. 减少压杆的支承长度

在其他条件相同的情况下，减少压杆的支承长度 l，可使其柔度 λ 变小，临界应力显著提高。

如图 18-10 所示桁架中①、④两杆均为压杆，但图 18-10（b）中的①、④杆由于杆长远小于图 18-10（a）中的①、④杆杆长，因而图 18-10（b）中结构所能承受的荷载要比图 18-10（a）中的结构高。

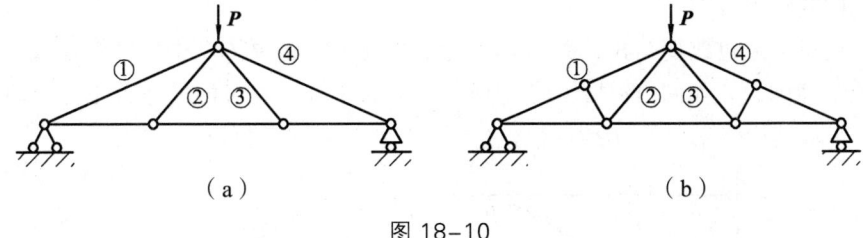

图 18-10

如果不具备减少压杆支承长度的条件时，也可利用增加压杆中间支承的办法来提高其临界力。如图 18-11（a）所示的两端铰支细长压杆，如在其中点增加一铰支座，使其长度减为原来的一半，如图 18-11（b）所示，则其柔度变为原来的二分之一，如果增加中间支承后依然为细长压杆，按照欧拉公式，其临界应力可增大到原来的四倍。

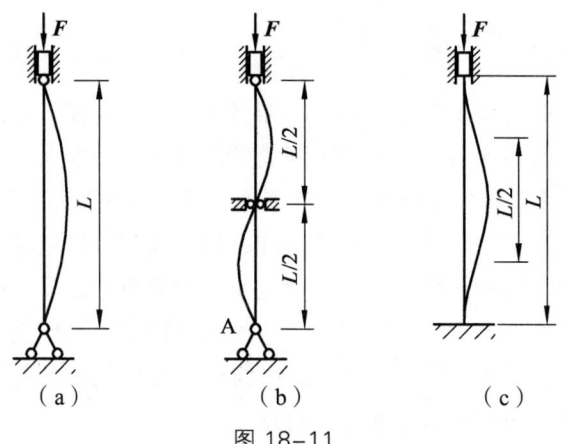

图 18-11

2. 增加杆端支承的约束刚度

由柔度的概念可知，压杆两端固定得越牢固，压杆杆端约束刚度越大，其计算长度（μl）以及柔度取值就越小，临界应力越大。换言之，采用 λ 值小的支座形式可以提高压杆的稳定性。图 18-11（a）所示的细长杆，如把杆端铰支改为固定端，如图 18-11（c）所示，因 $\mu = 0.5$，其临界力可增大到原来的四倍。当然在实际工程中很难达到理想固定端的情况。其临界力提高较之四倍有所减少。

四、说　明

压杆的失稳总是发生在柔度大的纵向平面内。因此，在轴心压力作用下，最理想的设计是使压杆在两个相互垂直的纵向平面内有相等或者相近的柔度，以便使压杆在两个主轴方向有相等或者近似相等的稳定性。其他条件不变时，根据柔度的定义可知：

当压杆在截面两个主轴方向的约束条件相同时，采用圆形、方形截面较之矩形截面更为合理。

当压杆在截面两个主轴方向的约束条件不同时，为避免浪费，相应地可选择在两个方向具有不同惯性矩的截面，如采用矩形或者工字形截面。

当选取的压杆截面在两个方向具有不同惯性矩，设计时也应对压杆在两个主轴方向相应地施加不同的约束条件。

此外，还可以通过改变结构体系，在可能的情况下，将原体系中压杆转变成拉杆，从根本上消除稳定性问题。如图 18-12（a）所示：AB 为压杆，在可能的条件下，可将其改成图 18-12（b）所示结构体系，使 AB 杆变成拉杆，则可回避体系的稳定性问题。

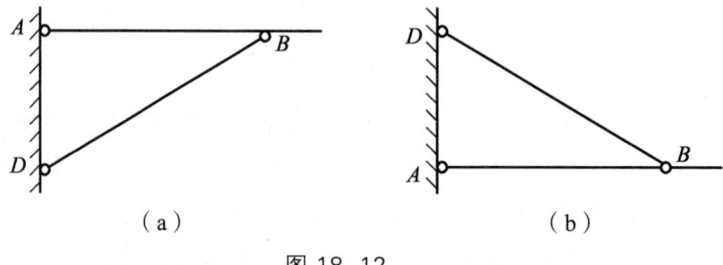

图 18-12

参考文献

[1] 肖燕. 建筑力学[M]. 北京：中国水利水电出版社，2011.
[2] 柳素霞，郭宁秀. 建筑力学[M]. 北京：清华大学出版社，2012.
[3] 黄梅，袁旭东. 建筑力学[M]. 北京：中国建材工业出版社，2014.
[4] 于英. 建筑力学[M]. 4版. 北京：中国建筑工业出版社，2017.
[5] 李前程，安学敏. 建筑力学[M]. 2版. 北京：高等教育出版社，2013.
[6] 江怀雁，陈春梅. 建筑力学[M]. 北京：机械工业出版社，2018.
[7] 屈钧利，韩江水. 建筑力学[M]. 徐州：中国矿业大学出版社，2017.
[8] 金舜卿，贺萍，詹凤程. 建筑力学[M]. 南京：东南大学出版社，2016.
[9] 苏振超. 建筑力学[M]. 西安：西安交通大学出版社，2012.
[10] 沈养中，王国菊. 建筑力学同步辅导与题解[M]. 北京：科学出版社，2018.
[11] 高健. 建筑力学[M]. 杭州：浙江大学出版社，2011.
[12] 张庆霞，金舜卿. 建筑力学[M]. 武汉：华中科技大学出版社，2010.
[13] 王培兴，杨梅. 建筑力学[M]. 3版. 南京：南京大学出版社，2021.
[14] 刘明晖. 建筑力学[M]. 3版. 北京：北京大学出版社，2021.